SENS HORAIRE : VVITAL/SHUTTERSTOCK ©, MAGIC26/SHUTTERSTOCK ©, MATT LAVIGNE/SHUTTERSTOCK ©

La Havane (p. 46)

Carnet pratique

Comprendre

W0415935

YUKI MAO/GETTY IMAGES ©

La Habana Vieja (p. 52)

CUBA

LE VOYAGE COMMENCE ICI

Complexe, chaotique et parfois exaspérante, Cuba est une île qui charme néanmoins les voyageurs grâce à sa beauté, sa musique, sa nature sauvage et l'accueil de ses habitants. Malgré l'oppressante présence d'un parti unique qui dirige tout depuis plus d'un demi-siècle – c'est un des derniers bastions du communisme – et qui a plongé le pays dans un marasme économique sans précédent, les Cubains font du mieux qu'ils peuvent pour vivre. Un fort désir de changement souffle sur Cuba et, même si les manifestations pour faire bouger les choses sont toujours très durement réprimées, les Cubains ne baissent pas les bras. Vous devrez redoubler d'efforts pour appréhender le pays dans toutes ces acceptions, mais le voyage reste le meilleur moyen d'apprendre. Quand je reviens de Cuba, je garde en mémoire les expériences bouleversantes que ce pays m'a offertes.

Claire Boobbyer

@claireboobbyer

Mon expérience préférée ? Flâner dans les rues de La Habana Vieja, munie de mon appareil photo, à la découverte de l'architecture, du street art, des dernières expos photo, des nouveaux bars et restaurants, sans oublier d'échanger quelques mots avec les habitants croisés au coin d'une rue.

lonely planet

CUBA

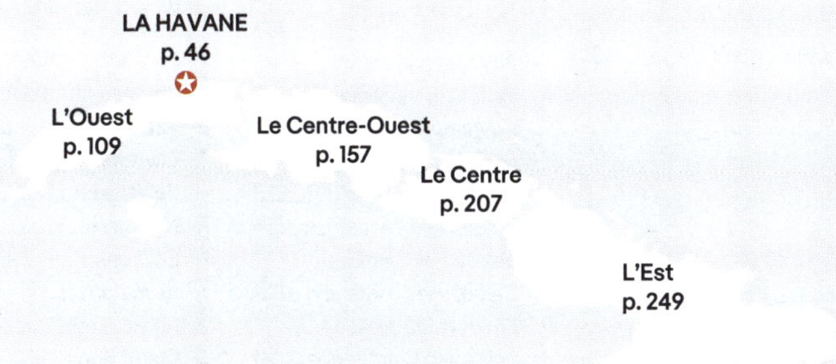

Ray Bartlett, Katya Bleszynska,
Claire Boobbyer, Brendan Sainsbury

SOMMAIRE

Préparer son voyage

Sur la route

Varadero (p. 162)

Trinidad (p. 212)

SUR LE TERRAIN

Nos auteurs présentent les lieux qui, pour eux, incarnent le mieux Cuba.

LUKASZ NYCZ/SHUTTERSTOCK ©

J'ai toujours voulu visiter Cuba. Si je ne devais choisir qu'un seul endroit de cette île magnifique, ce serait **Trinidad** (p. 212). J'aime son histoire, son architecture, ses rues pavées, sa vie nocturne et ses plages à proximité, propices à la détente.

Ray Bartlett

@kaisoradotcom, kaisora.com

Auteur de voyage et photographe renommé, Ray est aussi romancier.

KATYA BLESZYNSKA ©

La route côtière (p. 281) qui relie les provinces de Granma et de Santiago de Cuba a de quoi rebuter : elle est couverte de nids-de-poule, et longue à parcourir. Mais c'est la métaphore parfaite de Cuba : malgré des conditions difficiles, la beauté est bien là.

Katya Bleszynska

@explorerpensadora

Auteure britannique qui vit à La Havane.

STOCKPHOTOMG/SHUTTERSTOCK ©

Cœur battant de La Havane, le **Malecón** (p. 69) est l'endroit où je me rends en premier lorsque j'arrive à Cuba. C'est là que je me reconnecte à l'île et que je mesure ce qui a changé. Et en moins d'une heure, je prends le pouls de la capitale.

Brendan Sainsbury

@sainsburyb

Brendan a écrit et coécrit plus de 60 ouvrages pour Lonely Planet.

Capitolio Nacional, La Havane
S'émerveiller devant l'architecture et les dorures de l'emblématique Capitole cubain (p. 73)

Museo Nacional de Bellas Artes, La Havane
L'art Cubain – peinture, sculpture, arts graphiques – dans deux lieux emblématiques de la capitale (p. 72)

Matanzas
Se déhancher au rythme de la rumba dans le berceau de la danse à Cuba (p. 172)

Quartier artistique de San Isidro, La Havane
Flâner dans le quartier tendance de San Isidro pour découvrir ses peintures murales et ses galeries (p. 57)

Bahía de Cochinos
Sites de plongée au milieu des poissons tropicaux et des coraux (p. 179)

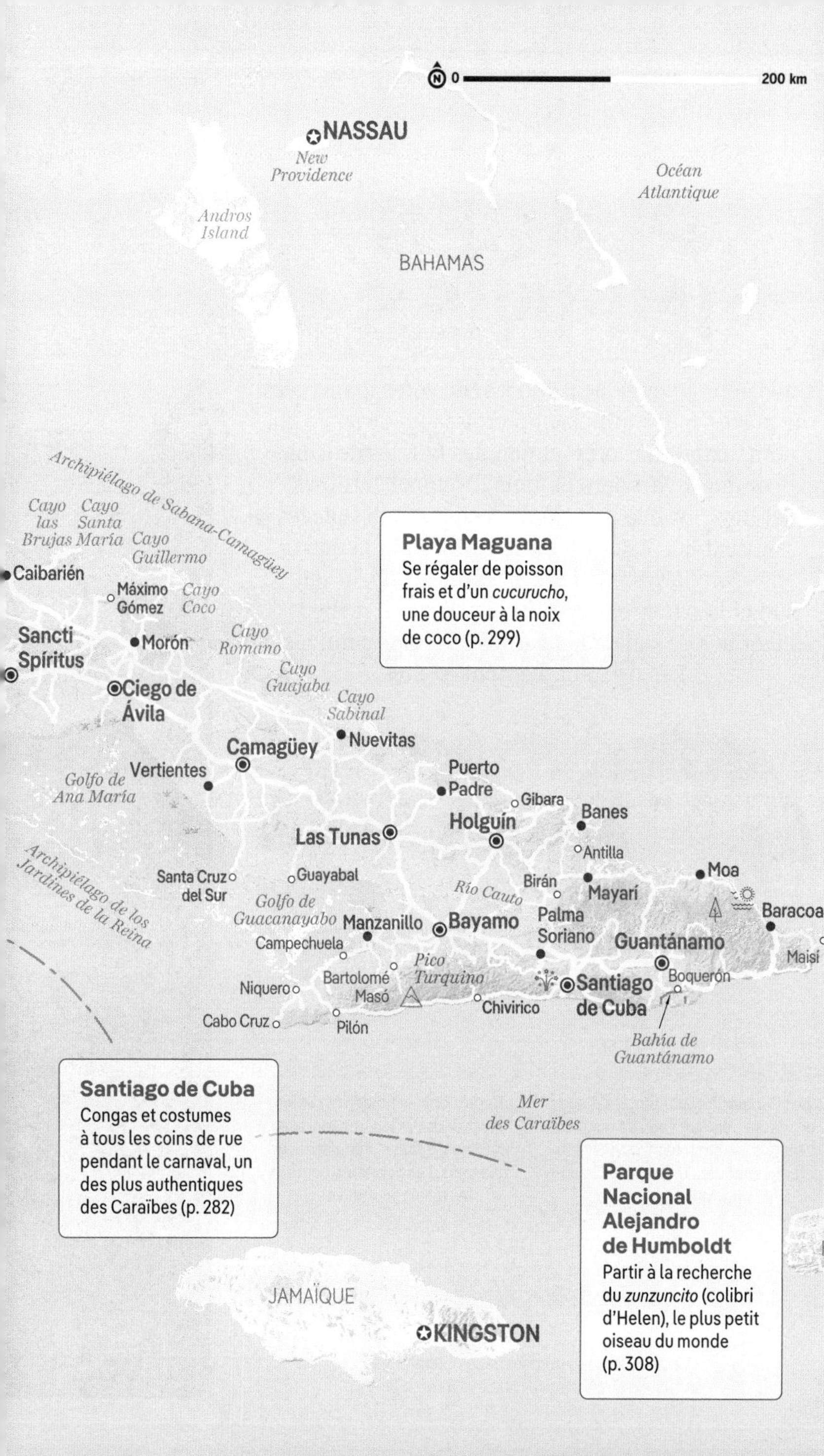

Playa Maguana
Se régaler de poisson frais et d'un *cucurucho*, une douceur à la noix de coco (p. 299)

Santiago de Cuba
Congas et costumes à tous les coins de rue pendant le carnaval, un des plus authentiques des Caraïbes (p. 282)

Parque Nacional Alejandro de Humboldt
Partir à la recherche du *zunzuncito* (colibri d'Helen), le plus petit oiseau du monde (p. 308)

PLAGES INFINIES

Cuba compte quelque 5 700 km de côtes, ponctuées de plages, entre minuscules croissants de sable fin, petits bancs de corail et longues bandes de sable comme à Varadero et dans l'archipel Jardines del Rey. Sur l'île principale, les plus belles plages ourlent la côte nord, où se trouvent la plupart des complexes hôteliers. L'ouest de l'île, la côte sud et la partie est, plus isolée, abritent de belles étendues de sable plus petites et moins connues. Les prix augmentent en été.

Au fil de saisons

Les Cubains fréquentent les plages en masse pendant l'été. La baignade reste possible toute l'année, l'eau étant cependant un peu plus fraîche en hiver.

Transports

Rares sont les plages cubaines desservies par les transports en commun. Il faut s'organiser avec des taxis. Les habitants peuvent les réserver pour vous.

Équipement de rigueur

Crème solaire et antimoustique obligatoires. Pas facile d'en trouver sur place et ils sont chers.

Playa Maguana (p. 299)

NOTRE SÉLECTION

Émerveillement garanti sur les deux plus belles plages de Cuba, **Playa Mégano** et **Playa Ensenachos** ❶ du Cayo Ensenachos. (p. 201)

Observez les étoiles de mer orangées dans les hauts-fonds et dégustez des langoustes sur la plage prisée de **Cayo Jutías** ❷. (p. 122)

Aventure et vie sauvage sur la plage isolée de **Punta Francés** ❸, bordée d'arbres. (p. 150)

Participez à la pêche pour le déjeuner du jour à **Playa Maguana** ❹, avec des hébergements isolés sur le rivage. (p. 299)

Mojito sur la plage et ambiance de liberté au village de Caletón, non loin de **Playa Larga** ❺, le seul lieu à Cuba où *casas particulares* et restaurants sont aménagés à même la plage. (p. 178)

Plongée, Bahía de Cochinos (Baie des Cochons) (p. 178)

SOUS L'EAU

L'île de Cuba est bordée par l'océan Atlantique sur sa côte nord et par la mer des Caraïbes au sud. Dans ces eaux tropicales chaudes évoluent tortues marines, lamantins, dauphins et requins, aux côtés de nombreuses espèces coralliennes aux couleurs vives. Les plongeurs y croisent à l'occasion des requins-baleines, des raies mantas et des cachalots.

Saisonnalité

Snorkeling et plongée sont possibles toute l'année. Pour avoir une chance d'apercevoir des requins-baleines, plongez à l'archipel des Jardines de la Reina entre juillet et novembre.

Apporter son équipement

Les amateurs de plongée (apnée ou bouteille) penseront à apporter leur masque et leur tuba. Impossible d'acheter le moindre matériel de plongée sur l'île.

NOTRE SÉLECTION

Plongez au milieu des requins, des crocodiles et des mérous Goliath de 270 kg lors d'une croisière dans les eaux cristallines autour de l'archipel des **Jardines de la Reina** ❶. (p. 234)

Sillonnez les eaux couleur saphir de la **Bahía de Cochinos** ❷, pour voir raies, poissons colorés, une épave coulée lors de l'invasion de 1961 et une paroi de corail profonde de 275 m. (p. 178)

Guettez requins de récif, requins bleus, raies aigles, raies pastenagues, tortues caouannes et tortues à écailles qui peuplent les récifs coralliens de **Cayo Largo del Sur** ❸, à 2 km au large. (p. 144)

Approchez-vous des requins-bouledogues à **La Boca** ❹. Les requins s'assemblent autour de l'épave d'un galion espagnol. La rencontre avec ces prédateurs est soigneusement organisée. (p. 219)

Plongez dans les deux magnifiques piscines de mer remplies de poissons, creusées dans le calcaire sur le rivage de la **Península de Guanahacabibes** ❺. (p. 126)

EN PLEINE NATURE

Montagnes escarpées, réserves de biosphère, forêts, lacs, cascades et régions côtières reculées de Cuba sont autant d'occasions d'observer la faune endémique peu commune de l'île... Admirez flamants et spatules rosées posés sur une saline, surprenez le plus petit oiseau du monde dans la forêt tropicale ou découvrez des escargots aux couleurs étonnantes. La plupart des espaces sauvages de l'île sont protégés, avec un réseau de plus de 250 parcs et réserves qui couvre 20% du territoire terrestre et maritime.

Observation de la faune

Restez sur les sentiers dans les zones protégées. Respectez la faune, y compris les espèces marines.

Préparer son excursion

Les équipements sont rares dans la plupart des parcs et réserves. Munissez-vous d'une gourde avec filtre, de quoi grignoter et de papier toilette.

Bien voir

Apportez vos jumelles – impossible d'en acheter à Cuba – pour observer les oiseaux, dont certaines espèces rares et leurs multiples records.

ADMIRER LA FAUNE

Repérez le plus petit battement d'aile au monde avec le **colibri d'Helen** ❶ dans le Parque Nacional Alejandro de Humboldt. (p. 308)

Observez les **flamants roses** et les **spatules rosées** ❷ des Salinas de Brito dans la Ciénaga de Zapata. (p. 180)

Parcourez la réserve de biosphère de la Sierra del Rosario pour débusquer deux espèces endémiques aux couleurs très vives : le **trogon** et le **todier de Cuba** ❸. (p. 128)

Gagnez le village de Cocodrilo pour voir éclore les **tortues marines vertes** ❹, une espèce en danger. (p. 146)

Découvrez le **crocodile de Cuba** ❺, une espèce gravement menacée au Criadero de Cocodrilos, à Boca de Guamá. (p. 180)

Émerveillez-vous devant la *Polymita picta*, une espèce d'escargot endémique, chez un habitant du **canyon de Yumurí** ❻. (p. 304)

MÚSICA !

Sur la terre du *son*, de la salsa, de la rumba et de la trova, tout est spontané et offert avec un certain panache. Le chanteur romantique passe de bar en bar, le percussionniste de rumba déploie son talent dans la rue, le string et les plumes sont de rigueur dans les spectacles de cabaret ; dans les maisons, les anciens fredonnent avec plaisir des boléros suaves… La liste est longue. Le talent musical légendaire de Cuba est une bénédiction pour les amateurs de très bonne musique et de danse.

La fièvre de l'après-midi

Cuba ne vit pas que la nuit. Recherchez les sessions très prisées en après-midi, les spectacles en matinée et les festivals de plusieurs jours dans les salles de spectacle et dans les rues.

Au programme

Pas facile de s'y retrouver dans la programmation ! Consultez notamment le site lapapeleta.cu pour connaître l'actualité de la musique, de la danse et autres. Voir aussi les panneaux d'affichage devant les salles de spectacle, et les réseaux sociaux.

Soirées à La Havane

D'excellents musiciens jouant en plein air dans des restaurants fréquentés, c'est la tendance en plein essor dans la capitale. Parmi les adresses à retenir : Hotel Claxon, Yarini, La Guarida et Malecón 663.

DE GAUCHE À DROITE : EB ADVENTURE PHOTOGRAPHY/SHUTTERSTOCK ©, RIDERFOOT/SHUTTERSTOCK ©, PAUL SPRINGETT D/ALAMY STOCK PHOTO ©

Casa de la Música, Trinidad (p. 215)

❶❷❸
❺
❹

NOTRE SÉLECTION

Quelques pas de **salsa** ❶ au son d'un groupe de timba dans une débauche de percussions à la Casa de la Música de Miramar, à La Havane. (p. 89)

Groovez aux sons de la **musique électronique mixée des DJ** ❷ à la Fábrica de Arte Cubano, la locomotive des soirées endiablées de La Havane. (p. 82)

Dansez la **rumba** ❸ dans les rues de Matanzas et ne manquez pas le festival Timbalaye, qui célèbre la rumba, en août et septembre. (p. 172)

Virevoltez sur la piste de la **Casa de la Trova** dans une savante présentation de **rueda de casino** ❹ à Santiago de Cuba. (p. 282)

Mêlez-vous aux habitués qui dansent la **salsa** ❺ sur les marches de la Casa de la Música, devant l'église à Trinidad. (p. 212)

Las Parrandas de Remedios (p. 199)

LE SENS DE LA FÊTE

Malgré l'austérité, le rationnement et les multiples privations, le calendrier à Cuba est jalonné de festivals de culture, de danse et de musique qui figurent au rang des plus beaux spectacles. Un festival est toujours l'occasion d'une joyeuse effervescence, et les Cubains savent faire la fête. On vous aura prévenu...

Attention complet !

Réservez tôt votre hébergement pour la biennale d'art de Las Parrandas et le carnaval de Santiago. À Remedios, réservez 1 an à l'avance.

Planifier

Cuba ne facilite pas les choses pour obtenir des renseignements sur les réservations et les prix. Suivez les réseaux sociaux et consultez le site du ministère de la Culture : ministeriodecultura.gob.cu.

NOTRE SÉLECTION

La veille de Noël, à Remedios, feux d'artifice, chars, musique et danse animent la ville durant **Las Parrandas** ❶. (p. 199)

En janvier, venez écouter les grands artistes cubains et internationaux à La Havane durant le **Festival de Internacional jazz** ❷. (p. 33)

Mêlez-vous à la foule, observez les *comparsas* (parades de musiciens et danseurs) et faites la fête toute la nuit durant le **carnaval de Santiago** ❸. (p. 287)

En décembre, achetez vos billets pour le Festival Internacional del Nuevo Cine Latinoamericano de La Havane. À voir aussi : le **Festival Internacional de Cine de Gibara** ❹. (p. 272)

Lors de la **Bienal de La Habana** ❺ admirez les œuvres d'artistes cubains et internationaux. (p. 33)

DE L'ART !

Bien que soumis à une réalité économique douloureuse et à un régime communiste autoritaire depuis plus d'un demi siècle, les Cubains débordent de créativité. Peinture, dessin, photographie et sculpture sont présentés dans les galeries d'art gérées par l'État, comme dans les nouveaux espaces d'art qui fleurissent chez des particuliers et dans des ateliers privés. La Bienal de La Habana (prochaine édition 15 nov 2024-28 fév 2025), est un rendez-vous important de l'agenda culturel.

Beaux-arts

Les collections du Museo Nacional de Bellas Artes de La Havane, réparties dans deux édifices distincts (p. 72), sont remarquables.

Lecture

Pour en savoir plus sur l'art cubain, rendez-vous à la boutique du **Museo Nacional de Bellas Artes (Arte cubano)**, et dans les librairies de La Habana Vieja.

Fête sous le signe de l'art

Le billet complet de la Bienal de La Habana donne accès à toutes les fêtes les plus sympas de la *farándula*, la communauté artistique branchée de Cuba.

❶❷❸ ❹ ❺

NOTRE SÉLECTION

Découvrez le **Museo Nacional de Bellas Artes (Arte cubano)** ❶, qui expose l'art cubain du XVIe siècle à nos jours. (p. 72)

Dans le **quartier artistique de San Isidro** ❷ à La Havane, photographiez ses trésors d'art de rue. (p. 57)

Parcourez la **Calle Medio** ❸ à Matanzas pour vous imprégner d'art et d'architecture. (p. 174)

Allez voir le travail des artistes et des artisans talentueux de **Camagüey** ❹. (p. 258)

Explorez le travail d'artistes locaux et nationaux et les œuvres design de la **Galería René Valdés** ❺ à Santiago de Cuba. (p. 285)

ARCHITECTURE ÉCLECTIQUE

Cuba mêle avec brio différents styles d'architecture, du mauresque espagnol au néoclassique français, en passant par le baroque colonial, l'Art nouveau, l'Art déco et le Bauhaus. Nourrie de ces diverses influences, l'architecture cubaine offre un visage unique et séduisant. Vous trouverez des édifices surprenants sur toute l'île.

Les quatre places

La balade reliant les quatre places de La Havana Vieja est un rite de passage incontournable. Un guide vous fera revivre leur histoire.

Points de vue

Avis aux photographes, certains monuments sont bien plus photogéniques vus depuis le bâtiment qui leur fait face. Repérez les accès aux toits-terrasses.

DE GAUCHE À DROITE : CEZARY ZAREBSKI PHOTOGRPAHY/GETTY IMAGES ©, SEAN PAVONE/SHUTTERSTOCK ©, PORT_FOLIO/SHUTTERSTOCK ©

Edificio Bacardí, La Havane (p. 74)

❶❷❸
❹❺

NOTRE SÉLECTION

Visitez l'**Edificio Bacardí** ❶ en marbre et granit, ancien siège de la célèbre fabrique de rhum des années 1930 à La Havane. Sa tour est surmontée d'une chauve-souris, emblème de la marque. (p. 74)

L'**Edificio Focsa** ❷ à La Havane, dans le Vedado, a été construit entre 1954 et 1956, sans l'aide d'aucune grue. (p. 78)

Dans la salle des pas perdus du Capitolio Nacional, longue de 120 m et inspirée de Versailles, se dresse **La República** ❸ monumentale statue dorée. (p. 73)

Assistez à un spectacle au **Teatro Tomás Terry** ❹ de Cienfuegos, cet auditorium à deux niveaux en forme de fer à cheval, au plafond couvert de fresques. (p. 187)

Découvrez comment la canne à sucre a fait la fortune de certaines familles au **Museo Municipal de Trinida** ❺ (Palacio Cantero) de Trinidad, une demeure avec tour, toute en miroirs, statues de marbre et porcelaine. (p. 214)

PAGE D'HISTOIRE

Une fuite depuis un yacht en perdition, des guérilleros aux idéaux plus ou moins précis, une lutte décisive pour l'histoire du pays : rien de tel que de se rendre directement sur les sites pour essayer de comprendre les divers chapitres de la révolution cubaine de 1959. Depuis plus de soixante ans le souvenir est soigneusement entretenu par le parti au pouvoir et pratiquement rien n'a changé.

Entrée dans La Havane

Chaque année, le 8 janvier un convoi de camions, de voitures et de membres du Parti communiste part de Santiago de Cuba jusqu'à La Havane pour célébrer l'entrée de Fidel Castro dans la capitale le 8 janvier 1959.

Déjà-vu

C'est un fait peu connu : le 26 juillet de chaque année, durant les célébrations de carnaval, des acteurs rejouent aux premières heures du jour la scène de l'attaque contre la caserne Moncada à Santiago du Cuba.

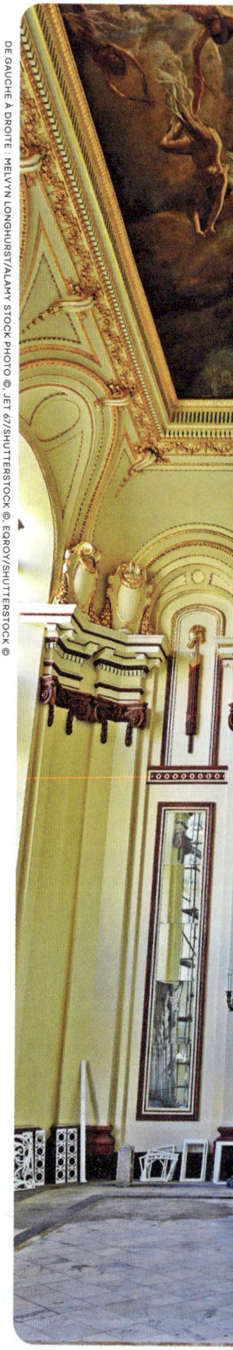

DE GAUCHE À DROITE : MELVYN LONGHURST/ALAMY STOCK PHOTO ©, JET 67/SHUTTERSTOCK ©, EQROY/SHUTTERSTOCK ©

Museo de la Revolución (p. 67)

❸ ❺ ❷ ❹ ❶

NOTRE SÉLECTION

Le **Cuartel Moncada** ❶ à Santiago de Cuba, aujourd'hui devenu musée, fut la cible d'une attaque manquée de la part de Fidel Castro, le 26 juillet 1953. (p. 286)

Le **Presidio Modelo** ❷ sur l'Isla de la Juventud fut le lieu de détention des frères Castro jusqu'à leur amnistie par Fulgencio Batista et leur libération en 1955. (p. 147)

Admirez l'architecture et l'intérieur du **Museo de la Revolución** ❸ à La Havane, toile de fond luxueuse pour le récit orchestré d'une révolution avec objets, machines, montage et bizarreries à l'appui. (p. 67)

Dans la Sierra Maestra visitez la **Comandancia de la Plata** ❹, quartier général de Fidel Castro. Cet ensemble de constructions regroupe des chambres, un hôpital, des cuisines et une station de radiodiffusion. (p. 277)

Le **Sitio-Museo Acción Contra El Tren Blindado** ❺ de Santa Clara commémore le déraillement d'un train blindé transportant les troupes de Batista, orchestré par les hommes de Che Guevara. (p. 196).

VILLES ET RÉGIONS

Composez votre voyage selon vos envies.

La Havane

DES TRÉSORS CACHÉS SOUS LA PATINE DU TEMPS

En route pour la magnificence délabrée des bâtiments, de jolies places et un magnifique front de mer dans cette ville qui a fêté ses 500 ans. Allez voir ses musées, ses voitures d'une époque révolue, ses cigares et sa scène artistique qui n'a rien à envier au reste du monde. En creusant un peu plus, vous découvrirez son dynamisme créatif : concerts dans des bars installés en toits-terrasses, restaurants branchés, boutiques indépendantes où dénicher de jolis cadeaux, sans oublier les arts et la danse.

p. 46

L'Ouest

PLANTATIONS DE TABAC ET SITES HISTORIQUES

Direction le cœur de la culture du tabac et la splendide vallée de Viñales. Observez les oiseaux, les vestiges de plantations de café et les traces de la crise des missiles dans la Sierra del Rosario, au relief accidenté. Enfoncez-vous jusqu'à l'extrême pointe ouest de Cuba. Découvrez l'histoire du sucre et des récifs colorés de Mayabeque, avant une échappée sur L'Isla de la Juventud et Cayo Largo pour profiter de la faune sauvage et de plages splendides.

p. 109

Le Centre-Ouest

PLAGES, SITES CLASSÉS AU PATRIMOINE MONDIAL ET CULTURE

Les plages de sable doré de Varadero sont parmi les plus belles de Cuba. Loin des complexes hôteliers, découvrez l'art contemporain et la rumba à Matanzas, antithèse touristique de Varadero ; faune sauvage et récifs vous attendent dans la Ciénaga de Zapata, avant une session art et théâtre à Cienfuegos. Puis rendez-vous à Santa Clara, ville dynamique, culturelle et impertinente.

p. 157

Le Centre

UN CREUSET DE LA DIVERSITÉ CUBAINE

La sublime Trinidad est un joyau architectural. Vous en apprécierez la dimension historique, la scène musicale animée et profiterez d'échappées rafraîchissantes dans la montagne proche, avec randonnées et cascades à la clé. Sancti Spíritus est une jolie ville historique, à l'écart des circuits touristiques. Ciego de Ávila vous captivera avec ses plages, ses innombrables espèces d'oiseaux et son kitesurf, sans oublier Jardines de la Reina, un paradis pour les requins.

p. 207

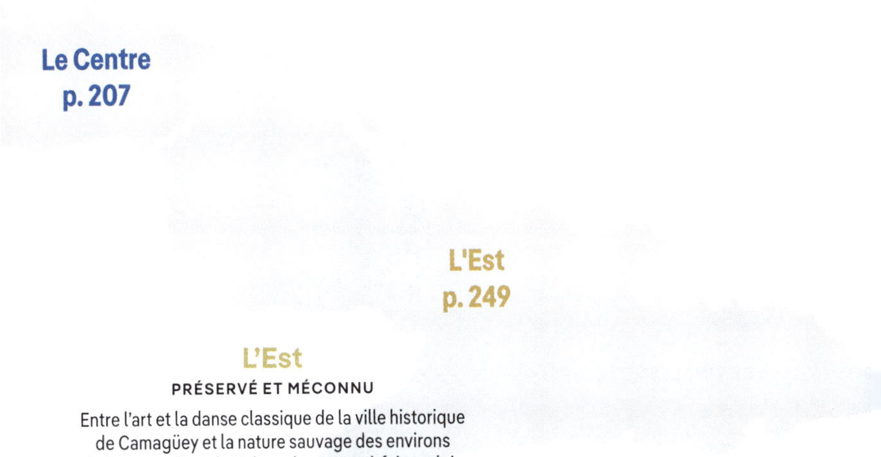

L'Est

PRÉSERVÉ ET MÉCONNU

Entre l'art et la danse classique de la ville historique de Camagüey et la nature sauvage des environs de Baracoa, l'est de Cuba a des atouts à faire valoir. Visitez des grottes à Gibara et empruntez l'impressionnante route côtière de la province de Granma. Imprégnez-vous de la culture musicale de Santiago de Cuba avant de vous diriger vers les plages sauvages de Baracoa pour déguster une excellente cuisine et vous immerger dans l'histoire des Taïnos.

p. 249

SABINO PARENTE/SHUTTERSTOCK ©

Plantation de tabac, vallée de Viñales (p. 114)

ITINÉRAIRES

L'ouest de Cuba

Durée : 7 jours **Distance :** 664 km

Partez randonner, vous balader à cheval et observer les oiseaux dans la vallée de Viñales. Poussez jusqu'à l'extrémité ouest pour plonger dans les récifs de corail et voir une faune extraordinaire. Évadez-vous dans les montagnes de Las Terrazas, ou partir sur les traces de la crise des missiles à Artemisa.

1

VALLÉE DE VIÑALES 3 JOURS

Quittez La Havane en bus pour un trajet de 3 heures 30. Vous entrez dans la magnifique **vallée de Viñales** (p. 114), première région cubaine dédiée à la culture du tabac. Ces collines couvertes de forêt, classées au Patrimoine mondial, vous réservent des vues splendides. Balades à cheval, randonnées et exploration de grottes sont au programme. Après une journée d'aventures, sirotez un cocktail en attendant le repas dans un restaurant de village, avant une soirée festive.

*Détour : rendez-vous à **Cayo Jutías** ou à **Cayo Levisa** pour profiter du soleil et des sports nautiques. 1 jour*

2

MARÍA LA GORDA 2 JOURS

L'étape suivante vous mène à la pointe occidentale de l'île. Plongez parmi les récifs de corail de **María la Gorda** (p. 126) et flânez sur la plage ourlée de cocotiers. Direction le merveilleux paysage dessiné par les kilomètres de roche calcaire de la Península de Guanahacabibes pour explorer des grottes, profiter de magnifiques plages désertes et d'une mer remplie de poissons coralliens, et observer les animaux et les oiseaux endémiques dans cette région très isolée du pays.

*Détour : visitez une **plantation de tabac** en route vers l'ouest. 2 heures*

SEAN SHAPIRO/GETTY IMAGES ©, FOTOSEARCH/GETTY IMAGES ©

3

CAÑÓN DEL RÍO SANTA CRUZ ⏱ 1 JOUR

Le **cañón del Río Santa Cruz** (p. 137), parsemé de *mariposas blancas* parfumées, la fleur nationale à Cuba, et de piscines naturelles, fait forte impression avec ses parois vertigineuses. Vous pouvez aussi regagner à cheval les contreforts de la Sierra del Rosario pour visiter des vestiges de l'ère atomique datant de la crise des missiles de Cuba de 1962 (p. 136).

4

LAS TERRAZAS ⏱ 1 JOUR

Le village de montagne de **Las Terrazas** (p. 129), lové au bord d'un lac, est entouré par la forêt tropicale. Parcourez les sentiers de randonnée et observez les oiseaux alentour. Explorez les ruines enveloppées de mystère des anciennes plantations de café, ou guettez les espèces sauvages endémiques avant de vous détendre dans des bassins d'eau cristalline et vivifiante. Initiez-vous à la cuisine végétarienne et découvrez les artistes et les boutiques installés sur les rives du lac San Juan.

Détour : *profitez du merveilleux jardin d'orchidées, de la vue sur les cascades et des bains d'eau thermale de* ***Soroa****, toute proche.* ⏱ *4-5 heures*

ITINÉRAIRES

Le triangle classique

Durée : 7 jours
Distance : 996 km

Après l'effervescence de La Havane, profitez du rythme plus lent de Viñales, dont vous explorerez la vallée luxuriante à pied, à vélo ou à cheval. Regagnez ensuite l'élégante Cienfuegos, sa culture musicale et sa brise marine, avant de continuer vers Trinidad, la perle architecturale de Cuba. Sa scène musicale s'anime à la nuit tombée.

Trinidad (p. 212)

ANNA JEDYNAK/SHUTTERSTOCK ©

FLORIAN AUGUSTIN/SHUTTERSTOCK ©

1

VALLÉE DE VIÑALES ⏱ 2 JOURS

Quittez La Havane en voiture (3 heures) ou en bus (3 heures 30) vers la magnifique **vallée de Viñales** (p. 114). Entre les *mogotes* (monolithes de calcaire), les champs de tabac d'un vert éclatant et la terre rouge se cachent de ravissantes chambres d'hôtes. Dans la vallée, vous pouvez faire du cheval, randonner, visiter des grottes ou rencontrer des paysans et producteurs locaux. Profitez de l'essor des restaurants, bars et autres lieux de vie nocturne dans la région.

***Détour :** visitez une **plantation** pour en savoir plus sur la culture du tabac et la fabrication des cigares. ⏱ 2 heures*

2 CIENFUEGOS ⏱ 2 JOURS

Des *colectivos* assurent le long trajet entre la vallée de Viñales et **Cienfuegos** (p. 182), surnommée "la perle du Sud", bijou d'architecture néoclassique du XIXe siècle aux accents français. Profitez du cadre idéal de cette cité maritime, lovée dans la baie naturelle la plus spectaculaire du pays. Rendez-vous à Punta Gorda, qui se targue d'un ensemble de palais éclectiques du début du XXe siècle, de charmantes maisons en bois et du Palacio de Valle de style mudéjar. Poussez la porte des galeries d'art et assistez à un spectacle au Teatro Tomás Terry.

***Détour :** à **El Nicho**, les chutes d'eau se déversent dans des piscines de couleur vert turquoise. Cette cascade est la plus belle de Cuba. ⏱ 2 heures*

3 TRINIDAD ⏱ 3 JOURS

La splendide ville coloniale de **Trinidad** (p. 212), structurée autour de demeures colorées et bien restaurées, d'églises imposantes, de rues pavées et de cours fraîches, est un paradis pour photographe. Poussez la porte des musées, des boutiques et des galeries d'art, puis partez dans le Valle de los Ingenios pour en savoir plus sur les plantations de canne à sucre et l'histoire de l'esclavage. Ne vous privez pas d'un plongeon à **Playa Ancón** (p. 219), la plus belle plage de cette côte caribéenne, 13 km plus loin.

***Détour :** respirez l'air frais de la montagne dans le **Gran Parque Natural Topes de Collantes** lors d'une randonnée ou d'une baignade dans les piscines naturelles alimentées par des cascades. ⏱ 4 heures*

VVITAL/SHUTTERSTOCK ©

Varadero (p. 162)

ITINÉRAIRES

Inoubliable Matanzas

Durée : 6 jours **Distance :** 161 km

Après deux jours passés à lézarder sur la sublime plage de Varadero, visitez Matanzas, surnommée l'"Athènes cubaine", pour ses galeries d'art et son théâtre. La Bahía de Cochinos, avec sa multitude d'oiseaux, est aussi une belle occasion de baignade, de plongée et de snorkeling.

Ciénaga de Zapata (p. 180)

ROBERTO MACHADO NOA/GETTY IMAGES ©

KAMIRA/SHUTTERSTOCK ©

1 VARADERO 2 JOURS

La très belle plage de **Varadero** (p. 162) permet de s'évader du quotidien. Cette longue bande de sable blanc s'étirant sur 21 km et qui s'enfonce lentement dans une mer turquoise peu profonde peut être classée dans le peloton de tête mondial. Au programme : baignade, soleil et cocktails. Envie de bouger un peu ? Optez pour une excursion en catamaran ou partez à la découverte d'une grotte en snorkeling.

***Détour :** grâce à des sentiers très bien éclairés, les **Cuevas de Bellamar** sont une merveille spéléologique facile d'accès avec des enfants. 1 jour*

2

MATANZAS 1 JOUR

Matanzas (p. 172) est un joyau à l'état brut. Sa culture musicale est sans égale, avec ses groupes de musique et ses festivals. Vous adorerez assister à une authentique séance de rumba dans les rues du Barrio Marina. Des galeries d'art en plein air, un musée unique en son genre (Museo Farmacéutico), de la musique, du théâtre et de la danse au Teatro Sauto et à la Sala de Conciertos José White vous attendent. Ne manquez pas les livres fabriqués à la main des Ediciones Vigía..

Détour : *partez à l'aventure à* ***Boca de Canasí*** *et à la sucrerie Central Camilo Cienfuegos. 4 heures*

3

BAHÍA DE COCHINOS 3 JOURS

La **Ciénaga de Zapata** (p. 180) est un trésor naturel fait de marais, de postes d'observation des oiseaux, de cénotes (puits naturels creusés dans le calcaire), de récifs, le tout bordé par une mer de toute beauté. Faites du village de Caletón, pratique avec ses *casas particulares* et ses restaurants sur la plage, votre base pour explorer les merveilles naturelles du coin. Les férus de pêche remonteront le **Río Hatiguanico** (p. 179), au nord.

Détour : ***San Miguel de los Baños****, ancienne cité thermale à la splendeur fanée, véritable site muséal en soi. 1 heure*

Cayo Santa María (p. 201)

ITINÉRAIRES

Au centre de l'île

Durée : 8 jours **Distance :** 622 km

Découvrez Santa Clara, ville dotée d'une scène artistique dynamique, puis Remedios, célèbre pour son festival endiablé. Paressez sur les plages de Cayo Santa María et des Jardines del Rey avant de parcourir la Sancti Spíritus et Camagüey, charmantes villes historiques.

1

SANTA CLARA 1 JOUR

Forte d'une importante population étudiante, **Santa Clara** (p. 192) est une ville séduisante, organisée autour de sa place centrale. Certains visiteurs viennent pour le mausolée de Che Guevara. Prenez le temps de flâner pour apprécier les groupes de musique et de danse, assister à un spectacle de théâtre ou vous déhancher dans l'immanquable discothèque El Mejunje.

2

REMEDIOS 1 JOUR

Ville coloniale près des plages de la côte nord de Cayo Santa María, **Remedios** (p. 199), à la veille de Noël, s'enflamme lors de Las Parrandas, grande fête cubaine. Les habitants se divisent alors en deux camps, selon leur quartier, et concourent pour le titre de meilleur musicien, chanteur ou danseur sur des chars illuminés. Un musée est dédié à cet événement.

3

CAYO SANTA MARÍA 2 JOURS

Une succession de *cayos* reliés par une chaussée forment les Cayerías del Norte, ou **Cayo Santa María** (p. 201), en dessinant une boucle dans l'océan Atlantique, au nord de Remedios. Les plages sont exceptionnelles et la mer d'un bleu idyllique. Séjournez dans un des complexes hôteliers et partez en excursion pour faire du snorkeling ou du catamaran.

4 SANCTI SPÍRITUS 1 JOUR

Peu fréquentée des touristes, **Sancti Spíritus** (p. 221) est une ville coloniale historique aux multiples bâtiments intéressants, dont une église, un joli musée, une place centrale et une bibliothèque remarquable, dominée par un chandelier gigantesque. Prenez le temps de flâner pour goûter à la sérénité du lieu.

5 JARDINES DEL REY 2 JOURS

Cayo Guillermo (p. 237) et **Cayo Coco** (p. 237), ainsi qu'une ribambelle de minuscules *cayos* composent l'archipel des Jardines del Rey. On vient pour se dorer au soleil, s'adonner au kitesurf ou repérer les flamants et les ibis qui pataugent dans les mangroves. C'est le paradis des complexes hôteliers et des formules "tout compris".

6 CAMAGÜEY 1 JOUR

Camagüey (p. 254) est un labyrinthe de rues qui fut conçu pour empêcher les pirates de s'emparer de la ville. Prenez le temps de découvrir ses places et ses galeries d'art. Vous êtes plutôt nature ? Explorez les grottes et les cratères, et observez les oiseaux de la Reserva Ecológica Limones-Tuabaquey, ou tracez la route jusqu'à La Boca, une des plus belles plages de Cuba.

ITINÉRAIRES

Cap à l'est

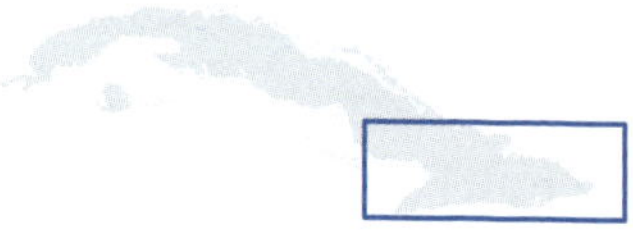

Durée : 12 jours
Distance : 1 087 km

L'est de Cuba, de par son éloignement, est la promesse d'aventures, de plages sauvages, de paradis musicaux et d'excellente cuisine régionale. Les provinces de Granma et de Santiago de Cuba comptent plusieurs hauts lieux historiques tandis que les environs de Santiago et de Baracoa cachent de belles plages sauvages.

1
LA COMANDANCIA DE LA PLATA 2 JOURS

De **Bayamo** (p. 275), direction Santo Domingo, village de montagne en bordure du Río Yara. Dans les montagnes de la Sierra Maestra, vous pourrez visiter le quartier général de Fidel Castro et ses compagnons, d'où ils coordonnèrent leurs actions, commentant leur progression sur Radio Rebelde.

2
LA ROUTE CÔTIÈRE 2 JOURS

Cette route, la plus spectaculaire de Cuba, passe au pied de la Sierra Maestra, dont les monts accidentés plongent dans les eaux tumultueuses de l'océan de couleur légèrement turquoise. Par endroits, la mer emporte des morceaux de route.
Le trajet est exaltant, les vues imprenables. Les petits bourgs que vous traversez font autant d'étapes agréables.

3
SANTIAGO DE CUBA 2 JOURS

Ancienne capitale de l'île, **Santiago de Cuba** (p. 282) est une ville culturelle resplendissante qui a joué un rôle déterminant dans l'évolution de la littérature, la musique, l'architecture, la politique et la société cubaines. Ne manquez pas le château, impressionnant, ni les vestiges des anciennes plantations de café classées au Patrimoine mondial, non loin de La Gran Piedra. Juillet résonne de carnavals endiablés.

4 BARACOA 4 JOURS

L'attrait de **Baracoa** (p. 295) tient à sa beauté, son histoire, ses fables et légendes, et sa cuisine savoureuse. Première ville de Cuba fondée par les colons espagnols, elle est accolée à la côte Atlantique. Elle est adossée à des montagnes où coulent pas moins de 29 rivières. Plages sauvages, cascades naturelles, sites archéologiques et sentiers de randonnée vous attendent.

***Détour :** baignade dans les gouffres de **Punta de Maisí**, à l'extrémité orientale de Cuba. 2 heures*

5 CAYO SAETÍA 1 JOUR

Après avoir longé la plus mauvaise route du pays, l'île de **Cayo Saetía** (p. 273) est un émerveillement. Des animaux exotiques vivent sur cet îlot. Vous croiserez des autruches, des zèbres, des antilopes et des buffles d'eau lors d'un safari, avant de vous détendre sur l'une des plages les plus pittoresques de Cuba. Il est même possible d'y passer la nuit.

***Détour :** pour les curieux, la maison natale de Fidel Castro à **Birán**. 1 heure*

6 GUARDALAVACA 1 JOUR

Rejoignez les plages de **Guardalavaca** (p. 273) par les routes secondaires. Cette région rurale de l'est, a inspiré l'une des chansons les plus connues de Cuba, "Chan Chan", écrite et composée par Compay Segundo. Guardalavaca désigne une succession de plages et de criques ourlées de palmiers le long de la côte nord.

***Détour :** visitez le ravissant port de pêche de **Gibara**, ses grottes, ses cenotes et son festival de cinéma. 3-4 heures*

QUAND PARTIR

Toute l'année ! La période idéale est de novembre à mars. Il faudra être plus vigilant et flexible entre juin et octobre à cause des ouragans.

La haute saison à Cuba correspond à la saison la plus fraîche sur l'île qui va de novembre à avril, après la fin de la saison officielle des ouragans et avant les pluies du mois de mai. Juillet et août sont également considérés comme faisant partie de la haute saison car des vacanciers du monde entier arrivent et les plages sont prises d'assaut par les Cubains. L'eau est un peu fraîche en hiver. En mars-avril, la mer est à 27°C en moyenne. La basse saison à Cuba correspond aux mois pluvieux de mai, juin et septembre. Les averses tropicales sont fréquentes, mais la pluie s'évapore immédiatement. Cela ne doit pas vous dissuader de venir. Quand vous organiserez votre visite, consultez le programme des festivals car les grandes manifestations et les périodes de vacances font grimper le prix des hébergements.

Hébergement

En règle générale, les hôtels sont chers mais un peu moins en mai, juin, septembre et octobre. Les pics de la haute saison coïncident avec Noël, le Nouvel An et Pâques.

PAROLE D'HABITANT

CYCLOTOURISME

Jackson Herrera est un guide à vélo, établi à La Havane. Il travaille pour Cubania Travel et pour son compte. @unqbano1978

Le cyclotourisme à Cuba n'est pas qu'un métier pour moi, c'est aussi une passion. Malgré la chaleur, le vélo est parfait pour découvrir l'île et ses habitants. Le meilleur moment pour pédaler à Cuba va de novembre à avril, les mois les plus "frais". Si vous voulez juste emprunter ce mode de transport pour découvrir La Havane et ses environs, chaque mois de l'année vous offrira une facette différente.

Feux d'artifice, La Havane (p. 46)

FRENTE FRÍO

Il n'est pas rare qu'il fasse presque froid entre décembre et février (la sensation est accrue quand votre corps s'est habitué aux 25-30°C qu'il fait presque toujours sur place). En raison des "fronts froids", les soirées peuvent être assez fraîches. Prévoyez une petite laine et des chaussettes dans vos bagages.

La météo au fil des mois (La Havane)

JANVIER	FÉVRIER	MARS	AVRIL	MAI	JUIN
Température moyenne : **25,8°C**	Température moyenne : **26,4°C**	Température moyenne : **27,7°C**	Température moyenne : **29,6°C**	Température moyenne : **30,2°C**	Température moyenne : **31,2°C**
Jours de pluie : 6	Jours de pluie : 4	Jours de pluie : 4	Jours de pluie : 4	Jours de pluie : 4	Jours de pluie : 10

UN PETIT COIN DE PARAPLUIE

Quand il pleut, il pleut ! Un *aguacero* (averse) peut vous surprendre en toute saison, et mieux vaut avoir un parapluie avec soi. Il sera également utile en guise d'ombrelle (nombre de Cubains s'abritent ainsi du soleil).

Les grands rendez-vous

Le **Festival Internacional de Jazz** de La Havane est le plus prestigieux festival de musique cubaine. Il réunit des pointures internationales et cubaines. Les spectacles se déroulent dans plusieurs lieux de la capitale. **Janvier**

Amateurs de cigares cubains, enflammez-vous lors du **Festival del Habano** de La Havane, avec des visites de plantations, des ventes de *humidores* (caves à cigares), des dégustations, un concours de roulage… et des fêtes. **Février**

Entre le **Festival del Caribe** (p. 287) et le **Carnaval** de Santiago de Cuba (p. 287), la culture caribéenne est à l'honneur en juillet. Conga, rhum, rumba, expositions, poésie, rituels et costumes emplissent les rues de Santiago de Cuba. Ambiance garantie ! **Juillet**

Le Ballet national de Cuba accueille le **Festival Internacional de Ballet de La Habana**, organisé tous les deux ans. Il attire des compagnies et des étoiles de la danse du monde entier. Le Gran Teatro de La Habana "Alicia Alonso" accueille le festival durant une semaine intense. **Octobre**

Fêtes locales et festivals

La **Bienal de La Habana**, est la plus importante manifestation artistique du pays. Le programme annexe est aussi exaltant que l'officiel. **Nov 2024-fév 2025**

Baracoa est en fête pendant la **Semana de la Cultura Baracoesa**, à grand renfort de carnaval, de musique, de danse et de cuisine locale. **Mars**

Le ravissant port de pêche de Gibara accueille le **Festival Internacional de Cine de Gibara** (p. 272). Des réalisateurs cubains et internationaux participent à cet événement qui, pendant 5 jours, résonne de musique, de danse et d'art. **Août**

Tous les ans, le 17 décembre, les Cubains se rendent nombreux au **Santuario de San Lázaro** (p. 99), à El Rincón, dans les faubourgs de La Havane. L'église abrite une statue de saint Lazare (qui est aussi Babalú Ayé, un *orisha* de la *santería*). Les pèlerins s'y rassemblent après avoir parcouru des kilomètres à genoux, pieds nus, ou en rampant sur le dos, pour remercier leprotecteur des malades. **Décembre**

PAROLE D'HABITANT

OBSERVER LES OISEAUX

Angel Eduardo Hurtado est un guide naturaliste basé à San Cristóbal, Artemisa. @edgardo_z_

J'adore partir en montagne et je photographie la nature, les oiseaux et la vie quotidienne. Randonner de novembre à avril est idéal car il fait plus frais ; les mois d'avril à septembre sont propices à l'observation des espèces endémiques d'oiseaux ; en décembre, les oiseaux migrateurs apprécient les pluies.

Colibri, Playa Larga (p. 178)

OURAGANS

La saison des ouragans s'étend de juin à novembre. Les ouragans s'abattent sur Cuba plutôt en août, septembre et octobre. Afin de garantir la sécurité de tous, il existe un protocole strict. Les touristes sont regroupés dans des hôtels sécurisés, le temps de traverser la tempête.

JUILLET	AOÛT	SEPTEMBRE	OCTOBRE	NOVEMBRE	DÉCEMBRE
Température moyenne : **31,7°C**	Température moyenne : **32,1°C**	Température moyenne : **31,7°C**	Température moyenne : **30°C**	Température moyenne : **27,8°C**	Température moyenne : **26,7°C**
Jours de pluie : 9	Jours de pluie : 10	Jours de pluie : 10	Jours de pluie : 11	Jours de pluie : 7	Jours de pluie : 6

LAETITIA FERNANDEZ/ GETTY IMAGES ©, DE DROITE À GAUCHE : MARY EVANS PICTURE LIBRARY LTD/PRIME/ALAMY STOCK PHOTO ©

Cayo Jutías (p. 122)

AVANT DE PARTIR À CUBA

Nos recommandations pour bien se préparer

Dans sa valise

Habillement : bermudas, tongs et sandales, chaussures de ville et baskets pour randonner, robes légères, blouses, chemises et T-shirts sont parfaits pour le climat chaud et humide de Cuba. Les cinémas et théâtres refusent généralement les hommes en short. Les tenues décontractées sont à proscrire dans les restaurants et si vous devez faire des démarches administratives. Chapeau, lunettes de soleil et maillot de bain bien sûr ! Prévoyez un pull chaud pour les trajets en bus – la climatisation est souvent glaciale.

Les indispensables : une petite trousse médicale, des antalgiques et tout traitement en cours ; du répulsif anti-insectes, une crème solaire, des lingettes désinfectantes et des comprimés ou des gouttes, comme le Micropur (vendu en pharmacie) pour stériliser l'eau car il ne faut pas boire l'eau du robinet. Pensez également à prendre au moins un rouleau de papier toilette (ou des lingettes) et de la solution hydroalcoolique.

À savoir

Les Cubains sont courtois et chaleureux, et les règles à observer sont peu nombreuses.

Se saluer Serrez la main à quelqu'un que vous rencontrez pour la première fois ; la bise (une ou deux) se pratique entre un homme et une femme, et entre femmes, qui se connaissent déjà.

Conversation Si certains sont parfois d'une étonnante franchise, les Cubains n'apprécient pas forcément de parler politique, sujet délicat, surtout avec des inconnus.

LIRE

Cuba, art et histoire de 1968 à nos jours (Collectif, 2008). La passionnante histoire de l'art cubain, superbement illustrée.

Le Siècle des Lumières (Alejo Carpentier, 1962). Un des grands romans cubains, qui évoque à travers une vaste fresque les répercussions de la Révolution française dans les Caraïbes.

Les Brumes du passé (Leonardo Padura, 2006). Un superbe roman noir mélancolique de l'un des meilleurs écrivains cubains actuels.

Raúl et Fidel, la tyrannie des frères ennemis (Jacobo Machover, 2011). L'histoire de la passation de pouvoir entre les deux frères.

Le roi de La Havane (Pedro Juan Gutiérrez, 1999). Une plongée dans La Havane des plus défavorisés et des marginaux en tout genre.

Avant la nuit (Reinaldo Arenas, 1992). Le récit autobiographique d'un écrivain qui fut longtemps persécuté et incarcéré par le régime castriste pour son homosexualité.

En quelques mots

Hola (o·la) : bonjour/salut.
Buenos días (*bwé*·nos *di*·as) : bonjour
Buenas (*bwé*·nas) : formule plus familière utilisée à tout moment de la journée.
¿Que bola? (*ké* bol·a) : signifie "quoi de neuf ?" en argot.
¿Todo bien? (*to*·do byén) : littéralement "tout va bien ?". Expression courte pour demander "comment ça va".
Hasta luego (*as*·ta *lwé*·go) : à plus tard.
Por favor (por *fa*·vor) : s'il vous plaît.
Gracias (*gra*·syas) : merci.
Con mucho gusto (konn *mou*·tcho *gou*·sto) : avec plaisir.
La cola (la *ko*·la) : la file d'attente au marché, pour monter dans le bus, etc.
¿El último? (el *oul*·ti·mo) : est la formule de politesse pour intégrer une file d'attente. Les Cubains disent "*¿Quien es el último?*" (qui est le dernier arrivé dans la queue ?) ou, simplement "*¿Ultima persona?*" (dernier arrivé ?).
Tarjeta (tar·*Rhé*·ta) : carte bancaire.
Divisa/efectivo (di·*vi*·sa/ e·fec·*ti*·vo) : les espèces ; selon l'endroit où vous faites des achats, on peut vous demander le mode de paiement que vous utiliserez.
Jinetero/a (Rhi·né·*té*·Rho/a) : rabatteur et rabatteuse qui harcèlent les touristes pour demander de l'argent, vendre des objets ou faire des propositions à caractère sexuel.
Guagua (*wa*·wa) : bus – dites "*wawa*" quand vous voulez connaître l'horaire de passage du prochain bus.
Almendrón (al·mèn·*dronn*) et **máquina** (*ma*·ki·na) : termes d'usage à La Havane pour désigner les taxis collectifs.

VOIR

Guantánamera (Tomás Gutiérrez Alea et Juan Carlos Tabío, 1995, voir photo). Comédie dans laquelle des personnages traversent le pays d'un bout à l'autre en transportant un cadavre.

La Mort d'un bureaucrate (Tomás Gutiérrez Alea, 1966). Satire irrésistible d'une bureaucratie kafkaïenne.

Adieu Cuba (Andy García, 2005). Une famille cubaine prise dans la tourmente de la révolution.

Retour à Ithaque (Laurent Cantet, 2014). Cinq amis de longue date sont réunis pour fêter le retour d'un des leurs après 16 ans d'exil.

ÉCOUTER

Como los peces (Carlos Varela, 1995). Un magnifique album de cette figure de la *nueva trova* cubaine.

Buena Vista Social Club (Buena Vista Social Club, 1996). Des grands classiques cubains interprétés par des voix inoubliables.

El Enjambre (à partir de 2019) L'œuvre collective de jeunes Cubains est un podcast qui explore les dilemmes hebdomadaires dans le pays.

A mí no me gusta la política pero yo le gusto a ella, compañeros (Porno para Ricardo, 2010). Le groupe de punk rock cubain le plus critique envers le régime (et le plus persécuté).

CHRISPICTURES/SHUTTERSTOCK ©, EN HAUT À DROITE : HEMIS/ALAMY STOCK PHOTO ©

Marché, La Havane (p. 46)

À TABLE !

Découvrez la cuisine cubaine, entre *comida criolla* (cuisine créole) roborative, spécialités régionales et nouveaux cocktails artisanaux.

Si les produits de base comme le lait, les œufs, la farine ou le café, manquent cruellement dans les foyers cubains – la *libreta*, c'est-à-dire le carnet de rationnement instauré il y a 60 ans, a toujours cours –, l'offre dans les restaurants qui accueillent des touristes s'est diversifiée. Les chefs cubains innovent avec un certain talent. Surfant sur cette tendance, La Havane et d'autres villes se targuent de nombreux restaurants privés.

Grâce à l'incroyable talent inventif des Cubaines, le riche patrimoine culinaire de l'île est resté bien vivant. Les repas cubains, plus connus sous le nom de *comida criolla* (cuisine créole), sont toujours à base de *congrí* (riz et haricots noirs) – baptisé *moros y cristianos* dans l'Oriente –, de bananes plantains frites et de salade (tomates, concombre, avocat et chou blanc râpé).

Le porc est la viande la plus consommée. Parmi les plats les plus courants, citons le *lomo ahumado* (échine fumée aux aromates), les *chuletas* (côtelettes) et la fricassée avec des poivrons et des oignons. Le *pollo* (poulet) est frit ou grillé, et les *huevos* (œufs) sont préparés en *tortilla* (omelette), sur le plat, ou durs, mélangés à une salade avec mayonnaise. Vous mangerez aussi du *pescado* (poisson), de la langouste ou des crevettes. L'intégralité du cheptel bovin étant propriété de l'État – comme la langouste –, le *res* (bœuf) est difficile à trouver sauf dans les restaurants. Goûtez la *ropa vieja* (bœuf effiloché préparé avec un *sofrito* – huile, tomates, piment, ail, oignons.

Les végétariens auront du mal à varier leur alimentation et devront s'adapter au régime local.

Les essentiels

ROPA VIEJA
Bœuf effiloché préparé avec un *sofrito*, servi avec du riz et des haricots noirs.

CERDO ASADO EN PÚA
Porc mariné cuit à la broche.

CONGRÍ
Haricots noirs mijotés avec des épices et servi avec du riz blanc.

PICADILLO DE RES
Bœuf haché avec raisins secs, ail, oignon et des épices.

En accompagnement, la *yuca* (manioc) et la *calabaza* (courge ressemblant à la citrouille) sont servies avec une sauce exquise, le *mojo*, faite avec de l'huile, de l'ail et de l'orange amère. Vous trouverez aussi des pommes de terre, des *tostones* (tranches frites de banane plantain), des haricots verts, des betteraves et des avocats énormes et succulents.

Au petit-déjeuner

Le petit-déjeuner – café cubain exquis, jus de fruits, omelette, tartines et assiette de fruits (ananas, bananes, goyaves, papayes et mangues) – était jadis inclus dans le prix d'une chambre chez l'habitant. Aujourd'hui, vos hôtes vous factureront un supplément (5-8 $US). Les fruits coûtent cher, et l'ouragan Ian en 2022 a presque anéanti les plantations de bananes de l'île.

Prendre un verre

Les Cubains sont amateurs de boissons sucrées. Le *guarapo* (jus de canne à sucre) a longtemps servi d'aliment. Le café, cultivé en altitude, est consommé du matin au soir et souvent servi sucré. La bière comme la Cristal (légère), la Bucanero (plus ambrée) et des bières régionales comme la Mayabe, la Cacique et la Tínima sont appréciées.

Ropa Vieja

La découverte, par Facundo Bacardí, des secrets de fabrication du vieux rhum sur les quais de Santiago de Cuba a signé la notoriété internationale du rhum cubain. Sur l'île, le rhum est fabriqué à partir de la mélasse de la canne à sucre.

EXPÉRIENCES CULINAIRES

Avant de réserver un circuit, renseignez-vous bien sur les tarifs.

Circuit gastronomique de Jíbaro Dans La Habana Vieja, il comprend un passage au marché, le déjeuner et un cours de mixologie. Allez voir sur instagram.com/therealjibaros.

Cours de mixologie El del Frente (photo) Les propriétaires de ce bar en vogue de La Habana Vieja sont des as de la mixologie. Appelez le +53-5322-7901.

Dégustation de cuisine afro-cubaine Initiez-vous à la cuisine afro-cubaine grâce au projet Beyond Roots. Une immersion gastronomique et culturelle dans le quartier de Guanabacoa (beyondroots.net/product/tasting-afro-cuban-culture-experience).

ConBac Les bars les plus en vue de la ville se donnent rendez-vous mensuellement pour créer, ensemble, de nouveaux cocktails artisanaux. Ambiance garantie ! Dates sur instagram.com/conbachavana.

Havana's Sunset Taste Cette nouvelle dégustation de rhum par Sabor Café (instagram.com/_sabor_cafe) et Jíbaro (@therealjibaros), organisée autour des rhums du pays, s'accompagne d'explications nourries et de tapas à déguster.

FLAN
Le flan aux œufs, lait et sucre est aimé de tout le monde.

TOSTONES
Tranches de banane plantain frites deux fois – salées et moelleuses à l'intérieur.

CROQUETAS
Croquettes frites fourrées au fromage coulant, au jambon ou autres ingrédients.

FRITURAS DE MALANGA
Bouchées de malanga frit mélangées à de l'œuf, de l'ail et du persil.

Spécialités

Savourez notre sélection de délices culinaires de Cuba.

En-cas et cuisine de rue

Pan con lechón Effiloché de porc mariné fourré dans un pain rond.
Pan con minuta En-cas très apprécié lors des festivals ; petit filet de poisson pané et mayonnaise épicée dans un pain rond.

Plats du quotidien

Ajiaco Ragoût populaire, à base de viande, légumes et épices.
Congrí Haricots noirs mijotés avec des épices et riz savoureux.

Délices régionaux

Poisson de Baracoa Filet de poisson blanc servi dans une sauce crémeuse à la noix de coco, souvent légèrement épicée.
Bacán *Tamal* ou papillote fourrée de purée de banane, de crabe et de noix de coco.
Tetí Cuit dans du lait de coco, ce minuscule poisson endémique du Río Toa, est une spécialité de Baracoa.
Prú Boisson fermentée à base de racines, de plantes, de sucre de canne et de piment de la Jamaïque. Spécialité de l'Oriente.

Churros

Cucurucho Douceur de Baracoa : mélange de miel, de coco, de goyave et de noix présenté dans une feuille de palmier pliée en forme de cône.

Douceurs sucrées

Turrón Nougat fabriqué avec les meilleures cacahuètes, cultivées dans l'extrémité ouest de l'île.
Pan con timba Sandwich à base de goyave et de fromage.
Churros Vous connaissez certainement déjà ces beignets allongés, saupoudrés de sucre !
Coquitos Bonbons à la noix de coco, fondants au cœur.
Batido de mamey Milk-shake de *mamey* (sapote), fruit antillais à la chair orangée.

BONNES TABLES

Otramanera (p. 90) Restaurant gastronomique qui sert une cuisine méditerranéenne aux accents cubains.
Restaurante Ortiz (p. 300) Ineldis Trutié Ortiz est passé maître dans la préparation des produits de Baracoa – crevettes et thon dans une sauce à la mangue.
Grados (p. 85) Raulito Bazuk réinterprète des recettes cubaines dans son établissement du Vedado.
Restaurante El Cuajaní (p. 115) Le chef José prépare des plats raffinés et frais dans son établissement installé devant un *mogote* à Viñales.
Finca Tungasuk (p. 136) Formée à Paris, la chef Annabelle Cantarero a sa propre *finca* (ferme), non loin de Las Terrazas, et utilise des produits locaux. Dans l'assiette, des plats savoureux à déguster en profitant d'une belle vue.

UNE ANNÉE DANS L'ASSIETTE

PRINTEMPS

Tomates, *mamey* (*sapote*), *yuca* (manioc), oignons, laitues, carottes, pommes de terre, pastèques et *frutas bombas* (papayes). Récolte des bananes et bananes plantains de mars à juillet.

ÉTÉ

Avocats, goyaves, courges, prunes, patates douces, quénettes (*mamoncillos*) et mangues. Vendanges d'août à décembre ; récolte des citrons d'août à octobre.

AUTOMNE

Récolte du café d'août à novembre, celles des oranges d'octobre à avril et des ananas de novembre à mai. L'ouragan Ian (septembre 2022) a fait de gros dégâts dans les bananeraies.

HIVER

Récolte de la canne à sucre durant tout l'hiver jusqu'en mai. La saison de la langouste s'étend de juin à fin janvier.

Cigares cubains faits main

L'ART DE...

Choisir un cigare

Pour choisir un cigare cubain fait main mieux vaut se renseigner un tant soit peu en amont.

Bien observer le cigare

Vérifiez la qualité avec laquelle le cigare a été roulé et que le capuchon (petit cercle découpé dans l'excédent de l'enveloppe qui enserre la tête du cigare, partie que l'on va couper avant de le fumer) est en place. La feuille de cape doit être lisse (sans veines). Observez la triple cape (trois traits fins qui font apparaître une enveloppe supplémentaire) ; sinon le cigare ne tirera pas correctement. Assurez-vous que rien ne dépasse du pied (la partie que l'on allume).

Choisir l'intensité

Les débutants opteront pour un cigare léger, comme un robusto, qui se consume lentement.

Connaître les marques

Habanos produit 27 marques, dont Cohiba, Hoyo de Monterrey, Montecristo et Romeo y Julieta. Sur ces 27 marques, on dénombre 250 cigares dans une gamme de *vitolas* (module qui caractérise un cigare par sa taille et son diamètre).

S'assurer de l'authenticité

Habanos, la société mixte détenue par l'État cubain et une entreprise de Hong Kong, est le fabricant officiel de cigares à Cuba. Tous les cigares dans des boîtes officielles auront la même teinte et un bandeau portant le nom et le logo de la marque. Les boîtes officielles sont serties par un sceau de garantie avec étiquette holographique et code-barres. Le site Internet habanos.com propose un contrôle en direct, en scannant ce code-barres ou par la saisie manuelle de ses chiffres. Un sceau Habanos placé en coin et au bas de la boîte porte la mention "*Hecho en Cuba*". Tout achat réalisé en dehors d'un magasin officiel ne présente aucune garantie de qualité.

Exportation

Pour acheter des cigares dans un magasin Casa del Habano, il faut disposer d'une carte bancaire utilisable à Cuba. Demandez un reçu officiel. Depuis septembre 2020, les voyageurs qui arrivent aux États-Unis en provenance de Cuba (y compris les ressortissants non américains) ne peuvent pas importer de cigares cubains. Les voyageurs qui quittent l'île vers la plupart des autres pays du monde peuvent emporter jusqu'à 50 cigares.

NOTRE SÉLECTION DE MAGASINS DE CIGARES

C'est dans la boutique Casa del Habano dans l'hôtel Conde de Villanueva dans La Habana Vieja que règne la meilleure ambiance d'une cave à cigares. De nombreuses stars d'Hollywood s'y rendent régulièrement. Vous pouvez bénéficier d'une séance d'introduction pour apprendre à fabriquer un *puro*, avec dégustation de rhum et cigare à emporter. Un personnel bien formé tient l'incontournable Casa del Habano dans le quartier de Miramar (entre Quinta Avenida et Calle 16). Des boutiques à l'enseigne Casa del Habano sont installées dans la plupart des villes et stations balnéaires de l'île.

PAUL BIRIS/GETTY IMAGES ©

Gran Parque Natural Topes de Collantes (p. 218)

ACTIVITÉS DE PLEIN AIR

Avec ses montagnes, une riche faune aviaire, la deuxième barrière de corail au monde, des forêts tropicales, des grottes et une campagne préservée, Cuba se prête à toutes les activités.

La saison sèche est idéale pour la randonnée et le cyclotourisme, et les montagnes permettent d'échapper à la chaleur estivale. Les fans de plongée et de snorkeling se réjouiront de pouvoir découvrir, toute l'année, la diversité de la vie marine autour de l'île. Ornithologues, amateurs d'escalade, de kitesurf et de pêche seront également comblés.

Randonnée

La plupart des secteurs se prêtant à la randonnée sont des zones écologiquement sensibles dont l'accès est très réglementé. Outre les restrictions drastiques concernant les endroits accessibles sans guide, les sentiers mal entretenus, le balisage défaillant et l'absence de cartes ont de quoi décourager. Pour un paysage à couper le souffle, direction la Cordillera de Guaniguanico (Sierra del Rosario à l'est et Sierra de los Órganos à l'ouest), principale chaîne de montagnes de la partie occidentale de l'île ; la Sierra del Escambray au centre ou la Sierra Maestra au sud-est. Dans les parcs nationaux (comme celui de Viñales) il existe des sentiers pour randonner, avec ou sans guide. La région de Baracoa est un autre paradis pour les marcheurs, avec la randonnée au sommet d'El Yunque, divers sentiers côtiers ainsi que plusieurs itinéraires conduisant à des cascades ou sites archéologiques.

Pour échapper à la chaleur estivale, préferez novembre et avril et apportez tout

On se bouge !

PLONGÉE
Évoluez avec les requins-(-baleines ou -marteaux) dans l'archipel des **Jardines de la Reina** (à un certain prix, tout de même !) (p. 234).

SNORKELING
Explorez les récifs coralliens au large de la **Bahía de Cochinos** (p. 178) et du **Cabo Cruz** (p. 280).

KITESURF
De novembre à mai, le kitesurf est à l'honneur au large de **Cayo Guillermo** (p. 237).

EN FAMILLE

Avec un cénote rempli de poissons, des hauts-fonds colorés au large et des *casas particulares* installées à même la plage, la **Bahía de Cochinos** (p. 178) est parfaite pour pratiquer le snorkeling.

Petits et grands apprécieront la balade à cheval et le déjeuner à la ferme dans la **vallée de Viñales** (p. 114).

Laissez-vous flotter dans les magnifiques piscines naturelles d'**El Nicho** (p. 190), dans la Sierra del Escambray.

Louez un pédalo et partez explorer en snorkeling les récifs au large de **Jibacoa** et de **Puerto Escondido** (p. 142).

Découvrez les plages sauvages, les paillotes des restaurants et les plantations de cacao des environs de **Baracoa** (p. 295), en voiture ou à vélo.

Profitez de la beauté divine de **Cayo Rico** (p. 146) lors d'une sortie en trimaran.

votre équipement, le camping sauvage est désormais autorisé sur l'île.

Vélo

Les meilleurs itinéraires sont la vallée de Viñales, la campagne des environs de Trinidad, avec la boucle menant à la Playa Ancón, les routes tranquilles de Guardalavaca, et celles qui relient Baracoa à Playa Maguana (au nord-ouest) ou Boca de Yumurí (au sud-est). Les plus courageux peuvent tenter La Farola (21 km d'ascension côtière) entre Cajobabo et Baracoa, une route accidentée spectaculaire le long du littoral, qui relie Santiago à Marea del Portillo. Quant à la route de montagne terriblement pentue qui relie Bartolomé Masó à Santo Domingo, dans la province de Granma, elle est réservée aux mollets d'acier.

La circulation routière est assez faible à Cuba, mais les routes ne sont généralement pas en bon état, soyez prudent. Emportez tout ce dont vous aurez besoin sur place, notamment une gourde munie d'un filtre à eau.

LES MEILLEURS SPOTS

Pour connaître les meilleurs spots et itinéraires de plein air à Cuba, consultez la carte page 42.

Observation des oiseaux

Entre le *zunzuncito* (colibri d'Helen), le plus petit oiseau du monde, et le flamant rose, Cuba est un paradis pour les amateurs d'ornithologie. On recense plus de 350 espèces d'oiseaux et 27 espèces endémiques réparties dans le pays. Parmi les régions les plus riches : la nature sauvage de la Ciénaga de Zapata, plus grande zone marécageuse des Antilles, où vit le râle de Zapata ; les plages et les mangroves des Jardines de la Reina ; les monts de la réserve de biosphère de la Sierra del Rosario ; le secteur de Najasa dans la région de Camagüey et les montagnes ainsi que le parc national au nord de Baracoa, où niche le plus fort pourcentage d'espèces endémiques sur l'île.

Apportez tout le matériel nécessaire à l'observation des oiseaux, ainsi que votre ouvrage de référence. Une fois sur place, demandez à votre hôte s'il connaît un guide spécialisé.

PARAPENTE
Frissons garantis et vue plongeante sur les criques de **Jibacoa** (p. 138) et l'immensité bleue de l'Atlantique.

ESCALADE
Avec ses *mogotes* (monolithes calcaires) qui offrent une vue panoramique inouïe, **Viñales** (p. 115) est idéal pour les grimpeurs.

PÊCHE
Les coins de pêche ne manquent pas à Cuba. Au large de **Cayo Largo del Sur** (p. 144), il sera facile de faire le "grand chelem".

SPÉLÉOLOGIE
Découvrez les stalactites et les stalagmites des grottes de **Matanzas** (p. 172) et **Viñales** (p. 115).

LES MEILLEURS SPOTS

Notre sélection d'activités de plein air.

Vélo

1. De Viñales à Cayo Jutías, p. 114
2. Route côtière entre la Bahía de Cochinos et Cienfuegos, p. 178
3. Route côtière de Cienfuegos à Trinidad, p. 182
4. De Trinidad à Sancti Spíritus, p. 212
5. Route côtière de Granma, p. 274
6. Routes côtières de Baracoa, p. 295

Parcs nationaux

1. Parque Nacional Viñales, p. 114
2. Parque Nacional Península de Guanahacabibes, p. 126
3. Parque Nacional Marino de Punta Francés, Punta Pedernales p. 150
4. Parque Nacional Ciénaga de Zapata, p. 180
5. Parque Nacional Desembarco del Granma, p. 280
6. Parque Nacional Pico Turquino, p. 293
7. Parque Nacional Alejandro de Humboldt, p. 308

Snorkeling/Plongée

1. María la Gorda, p. 126
2. Cayo Largo del Sur, p. 144
3. Bahía de Cochinos, p. 178
4. Rancho Luna, p. 190
5. Jardines de la Reina, p. 234
6. La Boca, p. 219
7. Cabo Cruz, p. 280

Marche/Randonnée

1. Las Terrazas, p. 129
2. Vallée de Viñales, p. 114
3. Península de Guanahacabibes, p. 126
4. Gran Parque Natural Topes de Collantes, p. 218
5. Comandancia de La Plata, p. 277
6. Pico Turquino, p. 293
7. Parque Nacional Alejandro de Humboldt, p. 308

Observation des oiseaux

1. Sierra del Rosario, p. 128
2. Península de Guanahacabibes, p. 126
3. Parque Nacional Ciénaga de Zapata, p. 180
4. Laguna Guanaroca, p. 191
5. Jardines del Rey, p. 240
6. Parque Nacional Alejandro de Humboldt, p. 308

CUBA

SUR LA ROUTE

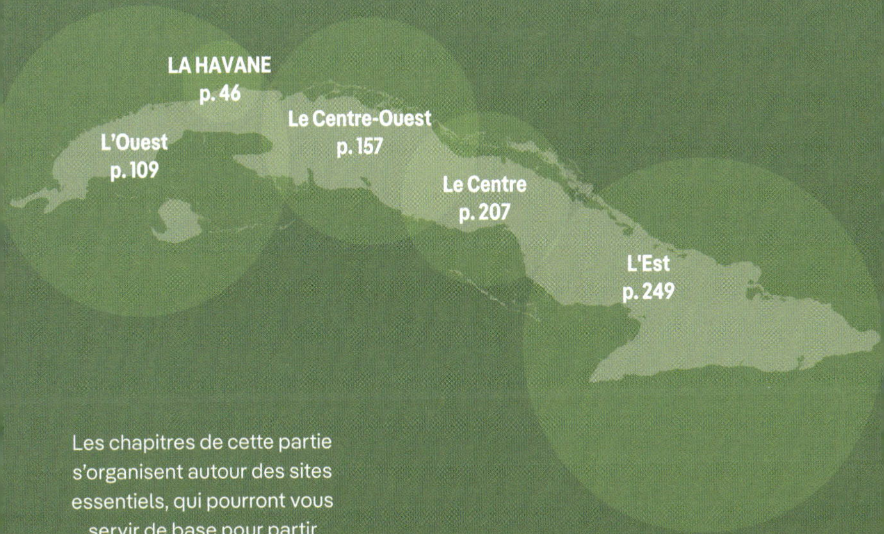

Les chapitres de cette partie s'organisent autour des sites essentiels, qui pourront vous servir de base pour partir à la découverte des environs. Vous y trouverez toutes nos recommandations ainsi que des conseils d'habitants de la région pour vivre des expériences uniques.

Vallée de Viñales (p. 114)

LA HAVANE

DES TRÉSORS CACHÉS SOUS DES EXTÉRIEURS DÉFRAÎCHIS

Magnifique mais trop longtemps victime des affres du temps et de pénuries de toutes sortes, la capitale cubaine, qui a célébré ses cinq siècles d'existence, sait se rendre attachante.

Des immeubles décrépits de Centro Habana à l'architecture coloniale de La Habana Vieja et aux gratte-ciel du Vedado, cette métropole envoûte, frustre et déconcerte. Centre culturel, économique et politique de Cuba, La Havane ne laisse jamais indifférent et il est difficile de résumer l'ambiance si particulière de cette ville tournée vers la mer. Son charme procède d'un mélange de modernité et d'histoire, de luxe et de délabrement, de sonorités et de rencontres. Mais son atout majeur est son authenticité. Vous n'êtes pas dans une attraction pour touristes ni dans un décor de carton-pâte. Ici, les magasins de rationnement rationnent vraiment et les Pontiac antédiluviennes ne sont pas de simples objets de collection, mais reflètent une nécessité économique.

KAMIRA/SHUTTERSTOCK ©

La vie est dure ici, et la gestion économique catastrophique d'un parti politique au pouvoir depuis plus d'un demi-siècle n'a fait que creuser les inégalités entre les Cubains. Ainsi, le 11 juillet 2021 des dizaines de milliers de Cubains excédés par les pénuries en tout genre, les coupures d'électricité quotidiennes et le manque de libertés civiles et politiques sont descendus dans la rue pour manifester. Une initiative qui leur a coûté cher : la répression a été très féroce. De plus en plus de Cubains quittent le pays dès qu'ils le peuvent pour se contruire un avenir ailleurs. Peut-être qu'une fois à l'étranger, ils repensent aux qualités humaines de La Havane : la vitalité des rues, le sens de la convivialité et de l'humour face à l'adversité.

Sur plan géographique, la ville peut être divisée en trois grands secteurs : La Habana Vieja et ses monuments historiques restaurés ; les rues animées de Centro Habana ; et les clubs, hôtels et restaurants du Vedado. Plus largement, on trouvera un bord de plage agréable, mais dénué de tout équipement, deux marinas discrètes et toute une offre de restauration qui essaye de garder la tête hors de l'eau malgré les pénuries.

Ici, la vie est toujours imprévisible et rarement terne. Et leur ville, les Havanais la partagent bien volontiers avec vous.

QUARTIERS PRINCIPAUX

LA HABANA VIEJA	CENTRO HABANA	VEDADO	PLAYA ET MARIANAO
Des joyaux architecturaux de toutes les époques. p. 52	Des musées d'exception et des hôtels luxueux côtoient des immeubles délabrés. p. 64	Un quartier commerçant, une vie nocturne animée et des hôtels de renommée internationale. p. 76	Le quartier diplomatique et ses excellents restaurants. p. 86

NIKADA/GETTY IMAGES ©

À gauche : voiture ancienne, La Habana Vieja ; ci-dessus : le Malecón (p. 69)

S'orienter

L'essentiel du centre de La Havane est tout à fait praticable à pied. Les taxis permettent de gagner les sites éloignés dans les faubourgs. Le réseau des métrobus est bondé et assez chaotique. Les bus spéciaux à impériale qui suivent les principaux itinéraires touristiques sont plus conviviaux.

TAXI

Les taxis sont partout, relativement bon marché, et permettent d'accéder aux zones délaissées par les bus, notamment aux faubourgs de La Havane. Vous avez le choix entre les taxis jaunes d'État, les taxis privés Lada et les visites touristiques en voiture américaine restaurée, assurées par des sociétés telles que Gran Car. Préparez-vous à négocier les tarifs.

FERRY

Des ferrys traversent régulièrement le port entre La Habana Vieja et La Habana del Este, Regla et Guanabacoa. Ils sont très utiles pour rejoindre les forts, à l'est du port. Les tarifs sont très avantageux. Le terminal se trouve à l'angle de l'Avenida del Puerto et Santa Clara.

DEPUIS L'AEROPUERTO INTERNACIONAL JOSÉ MARTÍ

À moins de vivre sur place ou de très bien connaître Cuba, le seul moyen pratique de se rendre en ville depuis l'aéroport (et *vice versa*) est de prendre un taxi. Comptez environ 30 minutes de trajet. Payez en pesos cubains ou en euros/dollars.

BUS

Un bus touristique à arrêts multiples appelé Habana Bus Tour circule sur deux itinéraires de 9h à 18h environ, et dessert les principaux sites touristiques. Le principal nœud de correspondance est au Parque Central. 16 itinéraires de métrobus bondés desservent les quartiers les plus éloignés du centre.

Planifier son séjour

L'essentiel de l'activité économique de La Havane se concentre dans les trois quartiers centraux que sont La Habana Vieja, Centro Habana et le Vedado. Au-delà se trouvent les plages, le célèbre cabaret Tropicana et plusieurs forts imposants.

COLINMTHOMPSON/SHUTTERSTOCK ©

Jour 1

Matin

- Faites le plein d'énergie avec un petit-déjeuner à **El Café** (p. 63) avant d'aller flâner sur la Plaza de la Catedral pour admirer la **cathédrale** (p. 60) et la Plaza de Armas toute proche, où vous pourrez visiter le musée maritime du **Castillo de la Real Fuerza** (p. 56).

Après-midi

- Passez le début de l'après-midi dans les boutiques et les musées gratuits de la **Calle Mercaderes** (p. 60), jusqu'à la **Plaza Vieja** (p. 54), où vous pourrez prendre un café ou un cocktail à l'**Azúcar** (p. 54).

Soir

- Réservez une table en début de soirée à **El Rum Rum de La Habana** (p. 61) pour avoir le temps de vous rendre ensuite en taxi au **fort de La Cabaña** (p. 95) pour la cérémonie du *Cañonazo* à 21h.

Vous aimerez aussi...

La Havane est un véritable mille-feuille de secrets. Au moment où l'on pense avoir tout compris, elle nous surprend avec une nouvelle contradiction déconcertante.

VISITES GUIDÉES À PIED GRATUITES

Elles partent de la Plazuela de Santo Ángel à 9h30 et à 16h tous les jours. Le guide a un parapluie blanc.

BASE-BALL

Aller voir jouer les Industriales de La Havane à l'Estadio Latinoamericano. La saison court d'août à janvier.

À VÉLO

Ruta Bikes (rutabikes.com) organise des visites et propose des vélos à la location pour ceux qui préfèrent faire cavalier seul.

DANIELA CONSTANTINESCU/SHUTTERSTOCK ©, CURIOSO.PHOTOGRAPHY/SHUTTERSTOCK ©, AKTURER/SHUTTERSTOCK

Jour 2

Matin

- Poussez la porte du **D'Next** (p. 63) pour le petit-déjeuner à 9h et réservez votre place pour une visite du **CapitolioNacional** (p. 73) à 10h. Après quoi, contournez le **Parque Central** (p. 68) et descendez le **Prado** (p. 66) jusqu'au carrefour avec le Malecón.

Après-midi

- Après le repas du midi, prenez une voiture ancienne (ou un bus) à destination du Vedado, en prenant soin de vous arrêter à la **Necrópolis Cristóbal Colón** (p. 80) et à l'**Hotel Nacional** (p. 83), où vous pourrez vous détendre au bar de la terrasse.

Soir

- Faites un saut au piano-bar **Michifú** (p. 75) pour prendre l'apéritif avant d'aller dîner en terrasse à **La Guarida** (p. 69). En fin de soirée, le très branché **El Bleco** (p. 75) vous accueillera avec plaisir.

Jour 3

Matin

- Dissipez votre gueule de bois d'El Bleco en faisant un jogging sur le **Malecón** (p. 69). Ensuite, allez flâner à l'**université** néoclassique (p. 82) ou jeter un coup d'œil au nouveau musée de la **Quinta de los Molinos** (p. 77). Offrez-vous un repas léger à **El Biky** (p. 85) pour le déjeuner.

Après-midi

- Demandez à un taxi de vous emmener à la Finca la Vigía et au **Museo Hemingway** (p. 100). Sur le chemin du retour, faites halte à **Fusterlandia** (p. 86), un quartier de street art.

Soir

- Offrez-vous un dîner raffiné à **Otramanera** (p. 90) avant de vous rendre quelques rues plus à l'est à la **Fábrica de Arte Cubano** (p. 82), où vous attendent des spectacles époustouflants.

SPECTACLES

Ballet, pièces de théâtre, musique classique, opéra, concerts : vous avez l'embarras du choix !

ALLEZ DANSER !

Apprenez les bases de la salsa à la **Casona del Son** (lacasonadelson.com) dans La Habana Vieja, et allez danser à la Casa de la Música.

BALADE EN VOITURE

Faites de tour de la ville à bord d'une Chevrolet rose des années 1950. Havana Super Tour s'occupe de tout.

SOUVENIRS

Les antiquaires vendent le même type d'objets anciens que vous pouvez voir dans les maisons et les restaurants.

LA HABANA VIEJA

UNE RESTAURATION SOIGNÉE MAIS INÉGALE

Le plus grand atout de la capitale est son authenticité brute que l'on découvre au fil des rues de La Habana Vieja, berceau de la ville fondée en 1519 qui a prospéré durant trois siècles, à l'abri d'une muraille de 5 km de long défendue par un réseau sophistiqué de forts. La vieille ville et son système de fortifications ont d'ailleurs été inscrits au patrimoine mondial de l'Unesco en 1982. Une restauration méticuleuse de places grandioses et de demeures séculaires a rendu à la "perle des Antilles" une partie de sa magnificence. Cela dit, une grande partie de ce secteur, où vivent plus de 90 000 personnes, tombe peu à peu en ruine, faute d'entretien depuis bien trop longtemps.

La Habana Vieja est une malle aux trésors d'édifices à l'architecture éclectique qui habillent son réseau serré de places, de rues et d'avenues. Avec des dizaines de musées, bon nombre d'hôtels restaurés, des bars légendaires, des ruelles parsemées d'œuvres d'art et la musique qui s'échappe de presque toutes les portes, ce quartier cinégénique est l'un des plus beaux décors urbains anciens des Amériques. Laissez-vous charmer.

Pour les infos pratiques, voir le Carnet d'adresses *p. 102*

À SAVOIR

Rien n'est sûr à Cuba : les restaurants (privés ou pas), les bars, les hôtels comme les musées peuvent soudain faire l'objet de longues "réparations" ou de fermetures intempestives pendant votre séjour. Essayez toujours d'avoir un plan B sous le coude.

Vue sur la Catedral de La Habana

INCONTOURNABLES
1 Catedral de La Habana
2 Museo de la Ciudad
3 Plaza Vieja

VOIR
4 Convento de Belén
5 Calle Mercaderes
6 Calle Obispo
7 Castillo de la Real Fuerza
8 Castillo de San Salvador de la Punta
voir 18 Galería Taller Gorría
9 Iglesia del Espíritu Santo
10 Iglesia del Santo Ángel Custodio
11 Iglesia y Convento de Nuestra Señora de la Merced
12 Museo de Naipes
13 Museo del Ron Havana Club
14 Museo Universitario
15 Ojo del Ciclón
16 Plaza de la Catedral
17 Plaza de San Francisco de Asís
18 Quartier artistique de San Isidro

SE LOGER
19 Hotel Ambos Mundos
20 Hostal de los Condes de Villanueva
21 Hotel Marqués de San Felipe y Santiago de Bejúcal
22 Hotel Raquel
23 Hotel Santa Isabel
24 Marqués de Cárdenas de Montehermoso
25 Palacio de los Corredores

PRENDRE UN VERRE ET FAIRE LA FÊTE
26 Azúcar
27 La Bodeguita del Medio
28 Café Bohemio
29 Café Cristo
30 Café Escorial
31 Dos Hermanos
32 El Dandy
33 El Floridita
34 El Patchanka
35 La Factoria

Plaza Vieja

UNE PLACE À L'ARCHITECTURE ÉCLECTIQUE

Aménagée en 1559, cette place où le baroque cubain côtoie l'Art nouveau est la plus éclectique sur le plan architectural de la capitale. Appelée à l'origine Plaza Nueva ("Place nouvelle"), elle servit longtemps de place du marché, et fut parfois réquisitionnée pour les exercices militaires. Dans les années 1950, un parking souterrain y fut construit pour être démoli en 1996 lors d'un grand projet de rénovation. Restaurée avec soin, elle contraste avec les rues délabrées alentour. Désormais entourée de bars et de cafés et connue pour ses splendides *mediopuntos* (vitraux en demi-lune), elle s'égaye agréablement le soir grâce à ses nombreux établissements que les touristes aiment à fréquenter.

Parmi les curiosités, on trouve à l'angle nord-est dans un édifice étroit, un appareil optique dit **Cámara Oscura**, permettant de voir à travers une lentille et un système ingénieux, toute La Habana Vieja. Sur la place il y a également un petit **planetario** (planétarium) et une **galerie de photos** sélectionnées dans les archives de la ville. L'ésotérique **Museo de Naipes**, situé dans le plus ancien bâtiment de la place, est dédié aux cartes à jouer, tandis que l'élégant **Palacio Cueto**, à l'angle sud-est, est une fabrique de chapeaux restée désaffectée pendant plus de vingt ans, avant d'être réhabilitée en hôtel en 2019.

Chose rare à Cuba, la place compte également deux microentreprises : le **Café Escorial** qui torréfie son propre grain et **La Factoria**, première microbrasserie de La Havane lors de son ouverture en 2004. Le chic **Azúcar** et le charmant **Café Bohemio**, nommé d'après une célèbre revue d'art cubain, sont deux autres établissements plus récents.

SE RESTAURER DANS UN CADRE RÉTRO

La Vitrola, à l'angle sud-ouest de la Plaza Vieja, est une adresse à la déco très années 1950, à l'angle de la Plaza Vieja, où les musiciens ne s'arrêtent jamais de jouer et de chanter (très, très fort !). Ce n'est sans doute pas le meilleur restaurant de La Havane – même s'il est pris d'assaut par les touristes –, mais c'est un endroit agréable où s'asseoir et s'imprégner de l'énergie de la rue. On vous demandera votre nationalité avant de vous servir votre plat avec le drapeau de votre pays attaché à un cure-dents. L'établissement gère aussi une pizzeria, **Pizza Retro**, juste à côté.

Museo del Ron Havana Club

PREMIÈRE APPROCHE DE LA BOISSON PRÉFÉRÉE DES CUBAINS

Référence absolue sur le rhum le plus célèbre de Cuba, le Museo del Ron Havana Club retrace l'histoire de cet alcool, et sa fabrication du champ de canne à sucre jusqu'au verre, à l'aide de supports innovants. La maquette d'usine de rhum et son petit train électrique sont particulièrement fascinants. La visite se fait au beau milieu de tonneaux et de distillateurs. Elle permet de découvrir les grands "maestros du rhum" cubains et leur formation spécialisée, de voir un petit film, ainsi que toute une gamme de bouteilles étiquetées, allant des mélanges pour cocktails bon marché aux *maximos* à mille dollars. La boutique et le bar du musée permettent d'acheter et de déguster les plus grands rhums.

DANS LE SENS DES AIGUILLES D'UNE MONTRE, EN PARTANT DU HAUT À GAUCHE : ROBERTO MACHADO NOA/GETTY IMAGES ©, MAURIZIO DE MATTEI/SHUTTERSTOCK ©, JOHN ELK III/GETTY IMAGES ©, LENA WURM/SHUTTERSTOCK ©

Castillo de San Salvador de la Punta

FORT PORTUAIRE DU XVIIE SIÈCLE

Maillon essentiel du réseau de forts qui protégeait jadis le port de La Havane, ce petit fort, œuvre de l'ingénieur militaire italien Bautista Antonelli (1547-1616), fut construit entre 1589 et 1630. Il a subi d'importants travaux de reconstruction après l'attaque à coups de canon lancée avec succès par les Britanniques contre La Havane en 1762. À l'époque coloniale, une chaîne de 250 m était tendue tous les soirs, reliée au fort d'El Morro (p. 96), pour fermer le port.

Peu spectaculaire depuis la rue, on appréciera mieux le fort vu depuis El Morro. Son modeste musée informe les visiteurs à l'aide de panneaux. D'énormes canons Parrott font sentinelle sur les remparts.

PHARMACIES STYLE ART NOUVEAU

Parmi les boutiques les plus remarquables de La Habana Vieja, on trouve quelques pharmacies restaurées, véritables monuments historiques.
La plus belle est la **Droguería Sarrá**, de style Art nouveau, située à plusieurs rues à l'est de la Plaza del Cristo. Fondée en 1886 par un immigré catalan, cette grande officine lambrissée est le **Museo de la Farmacia Habanera**. Dans la Calle Obispo l'élégante **Farmacia Taquechel**, avec ses lustres et ses longues rangées de bocaux en céramique, est tout aussi impressionnante.

Plaza de San Francisco de Asís

ANCIEN DÉBARCADÈRE DES GALIONS

Face au port de La Havane, la Plaza de San Francisco de Asís a pris de l'importance dès le XVIe siècle, quand des galions espagnols en route pour l'Europe y faisaient halte. Sur cette place pavée, on trouve trois hôtels cinq étoiles historiques, une église désacralisée dans laquelle sont organisés des concerts de musique classsique, et la **Lonja del Comercio**, l'ancienne bourse de La Havane (1909) qui accueille les entreprises étrangères faisant affaire avec leurs homologues cubaines. Il y a aussi des statues : la **Fuente de los Leones** en marbre blanc, fontaine réalisée par l'italien Giuseppe Gaggini en 1836 ; **El Caballero de París**, devant l'église, représentation réaliste d'un célèbre un clochard qui sillonnait la ville dans les années 1950 ; et **La Conversation** (2012), est l'œuvre du sculpteur Étienne.

Le terminal de croisière se trouve juste en face de la place.

Colegio Universitario San Gerónimo

AUX ORIGINES DE L'UNIVERSITÉ DE LA HAVANE

L'édifice que l'on voit aujourd'hui a été construit en 2006, sur les structures d'un bâtiment des années 1950 et en intégrant un clocher inspiré de celui de l'ancien Convento de San Juan de Letrán. Plusieurs facultés des arts de l'université ont réinvesti les lieux, ainsi qu'un musée qui égrène les institutions qui ont occupé au fil du temps la Calle Mercaderes, depuis le Convento de San Juan de Letrán fondé en 1578, jusqu'à l'université de La Havane dirigée par des Dominicains et qui a accueilli des étudiants de 1728 à 1902, avant de déménager dans le Vedado (p. 82).

DE GAUCHE À DROITE : KAMIRA/SHUTTERSTOCK ©, LINDA HUGHES PHOTOGRAPHY/SHUTTERSTOCK ©, ALEKSANDAR TODOROVIC/SHUTTERSTOCK ©

Castillo de la Real Fuerza

LA PLUS ANCIENNE FORTIFICATION DE LA VILLE

De dimensions réduites par rapport aux autres citadelles de La Havane, le néanmoins robuste *castillo* (photo ci-contre) est un des plus anciens forts des Amériques encore debout. Construit entre 1558 et 1577 pour protéger la rive ouest du port de La Havane des assauts des corsaires français, ses murs inclinés en pierre calcaire sont entourés d'un fossé impressionnant. La tour occidentale est couronnée par une copie d'une girouette fameuse en bronze, la **Giraldilla**, qui, selon la légende, représenterait Doña Inés de Bobadilla, qui épousa en 1537 Hernando de Soto, gouverneur de Cuba. Devenue emblème de la ville, on retrouve la Giraldilla sur l'étiquette du rhum Havana Club. Le Castillo abrite le **Museo de Navegación**, qui retrace les liens qui unissaient le fort à l'Empire espagnol.

Museo de la Ciudad

PALAIS BAROQUE DEVENU MUSÉE DE LA VILLE

Le Palacio de los Capitanes Generales occupe tout le côté ouest de la Plaza de Armas. Sa construction commença en 1776 sur le site d'une ancienne église pour s'achever en 1825-1831. De cette date à 1898, il servit de résidence aux gouverneurs espagnols. De 1899 à 1902, les gouverneurs militaires américains y étaient basés. Il fut ensuite palais présidentiel jusqu'en 1920, date à laquelle les Présidents s'installèrent dans le nouveau palais présidentiel – devenu en 1974 le Museo de la Revolución (p. 67) –, puis un musée en 1968. Le Museo de la Ciudad déroule ses salles autour d'un superbe patio où trône une statue de marbre blanc de Christophe Colomb (1862). À l'intérieur sont exposés l'épée en or du général Máximo Gómez, le drapeau de l'indépendance en 1868, des portraits des grandes figures liées à l'indépendance du pays et le premier drapeau cubain, brandi par Narciso López à Cardénas en 1850.

UN QUATUOR DE PLACES

La **Plaza de Vieja** (p. 54) est l'une des quatre places centrales de La Habana Vieja. Ne manquez pas la **Plaza de la Catedral** (p. 60), la **Plaza de San Francisco de Asís** (p. 55) et la Plaza de Armas où se trouve le **Museo de la Ciudad** (ci-contre).

Ojo del Ciclón

ATELIER-GALERIE D'ART

Créé par l'artiste cubain Leo D'Lázaro, cet espace nommé "l'œil du cyclone" qui tient lieu d'atelier et de galerie, rassemble des œuvres ainsi qu'un bric-à-brac insolite : yeux géants, valises récupérées, ferraille et même une véritable voiture – une Fiat 126 (*Polaquito*)... Certaines œuvres sont semi-interactives : frappez le punching-ball, essayez le curieux baby-foot ou accrochez votre sac à l'épouvantail en métal masqué. D'autres œuvres rendent notamment hommage à John Lennon. D'Lázaro et son équipe sont très accueillants et vous pouvez revenir à la galerie le soir pour prendre des cours de tango.

Calle Obispo

L'ARTÈRE PRINCIPALE DE LA HABANA VIEJA

Rue piétonne très fréquentée, la Calle Obispo (littéralement "rue de l'Évêque" ; photo), principale artère de communication de La Habana Vieja, aligne galeries d'art, boutiques, librairies et bars dans lesquels on vient prendre un verre tout en écoutant des concerts. Elle est idéale pour une première plongée dans l'ambiance et les rythmes de la ville. On y trouve aussi quelques musées spécialisés dont le **Museo Numismático** (numismatique), le Museo de Pintura Mural (dédié à à peinture murale, fermé actuellement), et le **Museo de los CDR "28 de septiembre"** qui évoque les CDR (Comites de Defensa de la Revolución, comités de défense de la révolution), ces comités de surveillance de quartier mis en place en 1960. La **Casa del Mayorazgo de Recio**, de style mudéjar, située à l'angle de Mercaderes, est le plus ancien bâtiment de La Havane.

Quartier artistique de San Isidro

UNE VIE DE QUARTIER MARQUÉE AU SCEAU DE L'ART

Après une phase de relatif déclin, grâce à l'une des initiatives culturelles les plus récentes de La Habana Vieja, le quartier de San Isidro – au sud de la Calle Acosta, il englobe les rues Merced, San Isidro et Picota – a repris des couleurs ces dix dernières années avec du street art, des galeries et des bars. Le quartier a fait les gros titres après la création en 2018 du Movimiento San Isidro pour lutter contre la censure dans les arts. Les membres du *movimiento* ont ainsi organisé des manifestations, des campagnes sur les réseaux sociaux et des grèves de la faim. Le QG officieux du quartier est la **Galeria Taller Gorría (CTG)**, propriété du célèbre acteur et artiste cubain Jorge Perugorría. À côté se trouve le bar-restaurant **Yarini**, qui tient son nom d'un proxénète notoire de La Havane de la fin du XIXe siècle, et qui n'est signalé que par un chapeau en néon lumineux. Les artistes s'y retrouvent pour manger et faire la fête.

La Habana Vieja

PROMENADE À PIED DANS LA HABANA VIEJA

Facile, cette promenade englobant quatre places fait moins de 2 km. Elle se concentre sur le quartier historique de La Havane, qui se déploie autour de quatre places principales.

Débutez par la **1 Catedral de La Habana**, se dressant sur la Plaza de la Catedral. C'est un hommage au baroque cubain, et tous ses édifices (dont la cathédrale) datent du XVIIIe siècle.

Empruntez ensuite la Calle Empedrado, puis la Calle Mercaderes jusqu'à la Plaza de Armas, ancien terrain d'exercice militaire, toujours gardée par le **2 Castillo de la Real Fuerza**. Le musée du Fort mérite un rapide coup d'œil. En revanche, le Museo de la Ciudad, dans le **3 Palacio de los Capitanes Generales** vaut la peine qu'on lui consacre plus de temps.

Ensuite, remontez la **4 Calle Obispo**, artère principale de la capitale, toujours animée, puis bifurquez à gauche dans la dans la **5 Calle Mercaderes**, dont les vieilles boutiques et les musées sont un régal pour le promeneur.

Prenez à gauche dans la Calle Amargura pour arriver sur la Plaza de San Francisco de Asís, dominée par l'**6 Iglesia y Monasterio de San Francisco de Asís**. Notez les dates des prochains concerts de musique classique (l'acoustique est excellente) et tâchez de visiter le musée d'art sacré (dans l'église). Tournez à droite dans la Calle Brasil et vous voici sur la **7 Plaza Vieja**, qui compte un planétarium et plusieurs musées-galeries. Enfin place à la détente à la Factoria Plaza Vieja. Vous avez bien mérité une bonne bière artisanale !

MUSÉES

En chemin, découvrez d'autres musées (dans l'ordre) :

Museo de Arte Colonial Mobilier

Museo de Navegación Histoire maritime

Museo de la Ciudad Histoire de la ville

Museo de Naipes Cartes à jouer

RICHARD CAVALLERI/SHUTTERSTOCK ©

Catedral de La Habana
À l'origine, l'intérieur de la cathédrale était de style baroque, tout comme sa façade principale. Mais au début du XIXe siècle, au cours d'un chantier de rénovation, il fut redécoré dans un style classique plus sobre.

Palacio de los Capitanes Generales
Cet imposant palais a une originalité : des fossiles marins incrustés dans ses murs de calcaire. La rue qui passe devant est pavée de briques en bois conçues pour amortir le son des sabots des chevaux.

Calle Obispo
La partie inférieure de la Calle Obispo est au carrefour de divers styles architecturaux. La rangée de bâtiments côté sud est constituée des plus anciens hôtels particuliers (XVIe siècle) de La Havane. En face se trouve l'Hotel Ambos Mundos, repaire d'Hemingway dans les années 1930.

HAILSHADOW/GETTY IMAGES©

FERENZ/SHUTTERSTOCK ©

Castillo de la Real Fuerza

La pièce maîtresse du Musée maritime du fort est une maquette de la *Santísima Trinidad* longue de 4 m. Ce vaisseau construit à La Havane dans les années 1760 a servi lors de la bataille de Trafalgar en 1805.

Calle Mercaderes

Réservée aux piétons, cette rue est bien connue pour ses boutiques. À l'angle de la Calle Obrapía, la Casa de la Obra Pía est l'un des premiers projets de réhabilitation de la ville.

LENA WURM/SHUTTERSTOCK ©

Iglesia y Monasterio de San Francisco de Asís

Le clocher de cette ancienne église/monastère était à l'origine surmonté d'une statue de saint François d'Assise. Celle-ci est tombée lors d'un ouragan, en 1846.

GIL.K/SHUTTERSTOCK ©

Plaza Vieja

Les édifices de la Plaza Vieja étaient jadis des demeures privées, propriétés de certaines des plus riches familles de La Havane. On se rassemblait parfois sur la place pour assister à de sanglantes exécutions publiques.

Catedral de La Habana

DE LA MUSIQUE CRISTALLISÉE DANS LA PIERRE

La somptueuse cathédrale de La Havane est sans doute l'édifice de style baroque le plus fantaisiste de la ville. Sa construction a été lancée par les Jésuites en 1748, inspirée par le travail de l'architecte italien Francesco Borromini.

Sa façade virevoltante et ses deux tours asymétriques, décrites par l'écrivain cubain Alejo Carpentier comme "de la musique cristallisée dans la pierre", contrastent avec l'intérieur plus sobre et nettement néoclassique, fruit d'une rénovation effectuée au XIXe siècle par un évêque de La Havane.

Les fresques restaurées au-dessus de l'autel datent du début du XIXe siècle, tandis que les peintures qui ornent la nef comprennent des copies d'œuvres de Bartolomé Murillo et de Pierre Paul Rubens. Les murs sont faits de blocs de calcaire corallien qui laissent apparaître quelques fossiles discrets par endroits.

La dépouille de Christophe Colomb a reposé dans l'église pendant près d'un siècle avant d'être transférée à Séville en 1898.

La cathédrale est dédiée à l'Immaculée Conception de la Vierge Marie. Ironie du sort, les Jésuites n'ont jamais pu profiter du fruit de leur labeur. Ils ont été expulsés de Cuba en 1767, dix ans avant l'achèvement de la cathédrale.

Calle Mercaderes

RUE PAVÉE ET BORDÉE DE BOUTIQUES ANCIENNES

Presque entièrement restaurée pour lui restituer son apparence et sa fonction d'origine (une rue commerçante), Mercaderes (photo) est désormais bordée de boutiques et (petit clin d'œil aux touristes) de mini-musées, avec ici et là des bâtiments abritant un foyer d'accueil pour mères en difficulté et un atelier de fabrication de papier artisanal. La chaussée pavée, interdite à la circulation, se présente aujourd'hui comme une réplique de l'artère du XVIIIe siècle, à l'apogée de sa splendeur.

La plupart des petits musées thématiques sont gratuits. Certains mettent à l'honneur des événements historiques majeurs. L'**Armería 9 de Abril** est une armurerie restaurée, qui avait été prise d'assaut par des révolutionnaires en 1958. L'**Antigua Isasi Ferretería** est dédiée aux 19 pompiers qui ont perdu la vie dans l'incendie d'un chemin de fer à La Havane en 1890.

D'autres musées s'inscrivent plus dans la culture latino-américaine. Le **Museo Casa de Simón Bolívar** célèbre le grand libérateur de l'Amérique du Sud, la **Casa de México Benito Juárez** est consacrée à l'art populaire mexicain et la **Casa Oswaldo Guayasamín** s'intéresse au peintre équatorien qui a immortalisé Fidel Castro dans de nombreuses poses.

Si vous êtes à la recherche d'un hébergement, l'**Hostal de los Condes de Villanueva** est un très beau bâtiment ancien ancré dans l'histoire du tabac. Ses grandes portes cochères cachent une boutique de cigares.

Parmi les autres boutiques, on trouve un magasin de parfums, un magasin d'épices et un "musée" du chocolat qui propose des friandises dans une vitrine alléchante à l'angle de la rue Amargura.

Plaza de la Catedral

UNE MISE À L'HONNEUR INTIMISTE DU BAROQUE

La place la plus uniforme de La Habana Vieja est un hommage au baroque cubain, et tous ses édifices datent du XVIIIe siècle. Malgré son homogénéité, c'est en fait la plus récente des quatre places de la vieille ville. Hormis la **cathédrale**, la plupart sont d'anciens palais. À l'est de la place, la Casa de Lombillo, demeure de l'aristocratie créole, fut bâtie en 1741, puis servit de poste. Situé à l'angle ouest de la place, le majestueux Palacio de los Marqueses de Aguas Claras abrite un restaurant avec un patio ombragé de style andalou. Le **Palacio de los Condes de Casa Bayona**, au sud de la place, héberge le **Museo de Arte colonial** aux superbes *mediopuntos*.

VADIM_N/SHUTTERSTOCK ©, À GAUCHE : IRINA KONONOVA/SHUTTERSTOCK ©

Plaza de la Catedral

DANS LA HABANA VIEJA PROFONDE

Les bars légendaires de La Havane

TOURNÉE DES BARS HISTORIQUES

De nombreux établissement de la vieille ville ont reçu l'onction de quelques-uns des plus célèbres piliers de bar de l'histoire. À commencer par Ernest Hemingway, habitué du **Floridita**, qui y appréciait le daiquiri qui aurait été créé par le barman lui-même, Constantino Ribalaigua, au début des années 1930. Dans un coin de l'établissement se trouve une statue de l'homme de lettres.

Rendue célèbre par la passion d'Ernest Hemingway pour le rhum, **La Bodeguita del Medio** est le bar le plus connu de La Havane, même si les mojitos sont meilleurs et (beaucoup) moins chers ailleurs. Agustín Lara, Errol Flynn et Nat King Cole sont notamment venus ici et ont laissé leur signature sur le mur. Désormais, les touristes en voyage organisé à Varadero y sont plus nombreux que les artistes.

Autrefois à l'écart des circuits touristiques classiques, le **Dos Hermanos** désormais policé, situé près des docks, s'enorgueillit d'avoir vu passer une foule de personnages célèbres, amateurs de rhum. La liste des noms figure sur une plaque près de la porte, et comporte notamment ceux de Federico García Lorca, Marlon Brando, Errol Flynn et, bien sûr, Ernest Hemingway.

CIGARES, RHUMS ET ACCORDS DE SAVEURS

Osiris Oramas Oliver (photo), sommelier de cigares et de vins, dirige le restaurant El Rum Rum de La Habana. Il nous livre ici ses meilleurs mariages de saveurs entre cigares et rhums.

1. Romeo y Julieta Montesco Wide Churchill avec un rhum Santiago de Cuba de 12 ans d'âge.
2. Cohiba Siglo VI Cañonazo avec un rhum Santiago de Cuba de 11 ans d'âge.
3. Partagás Seria D4 Robusto avec un rhum Havana Club Selección de Maestros.

Meilleurs endroits où acheter des cigares

1. **Casa del Habano Partagás**, à l'angle de Bernaza y O'Reilly dans La Habana Vieja.
2. **La Triada**, dans le fort de San Carlos de la Cabaña.
3. **Casa del Habano Quinta**, à l'angle de l'Av. 5 et de la Calle 16, à Miramar.

OÙ SE RESTAURER DANS LA HABANA VIEJA

El Rum Rum de La Habana
Cuisine cubaine avec influences espagnoles, musique live et excellente carte des vins. **$$**

Antojos
Service impeccable, ambiance relax, cuisine éclectique et déco accrocheuse ; proche de la Loma del Ángel. **$$$**

Doña Eutimia
Plats cubains traditionnels, du *picadillo a la habanera* (bœuf haché épicé) à la *ropa vieja* (effiloché de bœuf). **$$**

EUSEBIO LEAL

Derrière le programme de réhabilitation de La Habana Vieja se cachait Eusebio Leal Spengler (1942-2020), le célèbre historien de la ville. Il eut l'idée en 1994 de fonder une holding, Habaguanex, idée acceptée par le gouvernement qui n'avait aucun fonds pour cela. Grâce au tourisme, cette holding a engrangé des fonds qu'elle a réinvestis dans la conservation patrimoniale et dans un vaste projet de réhabilitation urbaine. Une initiative des plus fructueuses, car en conservant le patrimoine de La Havane, Leal et son équipe ont attiré davantage de touristes. La manne recueillie par Habaguanex est réinjectée dans de nouveaux travaux de restauration, dans des projets à vocation sociale, mais aussi dans des établissements touristiques (hôtels, restaurants, cafés, etc.).

AUTRES HÔTELS HISTORIQUES

Si les hôtels du Vedado ne sont pas aussi anciens que ceux de La Habana Vieja, leur architecture originale vaut le détour, et leurs chambres sont chargées d'anecdotes tout aussi fascinantes. Les amateurs d'histoire devraient visiter les hôtels **Nacional**, **Capri** et **Riviera** (p. 83).

El Floridita (p. 61)

D'autres bars jalonnent la Calle Obispo et la Plaza Vieja, mais ces dernières années, c'est la Plaza del Cristo qui s'est imposée pour les noctambules. **El Dandy**, est un café sans chichis le jour et un bar à cocktails sympathique le soir. De l'autre côté du parc, **El Patchanka**, un troquet sympathique, attire du monde avec ses prix raisonnables. À côté, le minuscule **Café Cristo** devient très animé vers 23 heures, lorsque le groupe qui y fait sa résidence commence à danser autour des tables.

Les églises cachées de La Havane

UN RICHE PATRIMOINE ECCLÉSIASTIQUE

Soixante ans de *comunismo* ont émoussé les institutions religieuses à Cuba – fêter Noël était prohibé par exemple –, mais la visite du pape Jean-Paul II en 1998 leur a redonné de l'allant et a permis aux Cubains de pratiquer au grand jour leur foi.

L'imposant **Convento de Nuestra Señora de Belén** (1718) occupe tout un pâté de maisons. Abandonné par les Jésuites en 1925, il a été partiellement transformé en centre pour handicapés et personnes âgées, tandis qu'un musée d'astronomie qui ouvre à intervalles irréguliers a été installé dans une aile du bâtiment.

Deux églises méconnues sont situées dans le quartier sud, très dense, de La Habana Vieja. L'**Iglesia del Espíritu Santo** (1638)

OÙ SE LOGER DANS LA HABANA VIEJA

Hostal Chacón 160
Des antiquités et un design inspiré viennent sublimer ce boutique-hôtel situé à la Loma del Ángel. **$$**

Loft Havana
Chambres-appartements avec vue sur le port ; le restaurant sert des petits-déjeuners gastronomiques sur le toit. **$$**

Gardens
Le Gardens, joliment décoré, est équipé de meubles artisanaux et d'une piscine sur le toit. **$$$**

est la plus ancienne église de la ville encore debout. L'édifice actuel, qui date en grande partie du milieu du XIXe siècle, arbore différents styles : mauresque, gothique, néoclassique et andalou. À deux rues de là, l'**Iglesia y Convento de Nuestra Señora de la Merced**, baroque, recèle de beaux autels, des voûtes couvertes de fresques et des peintures anciennes ; un paisible cloître se trouve juste à côté.

Remarquable par son haut clocher, la **Basílica Menor de San Francisco de Asís** sur la place éponyme, date de 1738. Désacralisée elle fait aujourd'hui office de musée d'art sacré et de salle de concert de musique classique.

L'**Iglesia del Santo Ángel Custodio** (1846), dans le quartier de la Loma del Ángel, est la seule église néogothique de La Habana Vieja. Elle a été construite sur les ruines d'une autre église détruite par un ouragan.

Des hôtels au riche passé

DES PALAIS RÉHABILITÉS EN HÔTELS

Si vous souhaitez séjourner dans un palais, une maison de maître rénovée ou dans un ancien couvent, La Habana Vieja compte plus d'une dizaine d'hôtels anciens restaurés. Nombre d'entre eux méritent d'être admirés, même si vous n'y passez pas la nuit. Le plus ancien hôtel de La Havane encore en activité l'**Hotel Santa Isabel**, situé sur la Plaza de Armas, occupe l'ancien Palacio de los Condes de Santovenia. Avec ses arches élégantes et ses volets en bois bleu ciel, c'est en 1867 que ce cet édifice baroque a ouvert ses portes en tant qu'hôtel.

Arborant fièrement les décorations de sa porte d'entrée sur la Plaza San Francisco de Asís, l'**Hotel Marqués de San Felipe y Santiago de Bejúcal** est une ancienne demeure de noble qui a été réhabilitée en 2013 en hôtel de luxe. Il a récemment été rejoint par deux autres cinq étoiles grandioses qui partagent plus ou moins la même histoire : le **Palacio de los Corredores** et le **Marqués de Cárdenas de Montehermoso**.

Les vitraux, les sculptures de cuivre et les lustres de style médiéval confèrent à l'**Hotel Los Frailes** une certaine aura. Le personnel porte un habit de moine, et les clients peuvent en faire autant pour plonger en immersion totale dans l'atmosphère médiévale des chambres où scintillent des bougies.

L'**Hotel Raquel**, implanté dans l'ancienne bourse de commerce, est l'un des rares bâtiments Art nouveau authentiques de La Havane. Admirez la splendide verrière.

L'**Hotel Ambos Mundos** a accueilli Ernest Hemingway, qui en a presque fait sa résidence alors qu'il travaillait à l'écriture de *Pour qui sonne le glas*. Son ancienne chambre, la 501, a été reconvertie en petit musée.

QUARTIER DE LA LOMA DEL ÁNGEL

La petite place pavée située derrière l'Iglesia del Santo Ángel Custodio est évoquée dans le roman de 1839, *Cecilia Valdés o La Loma del Ángel*, de l'écrivain cubain Cirilo Villaverde (1812-1894). Controversé à l'époque, le livre traite des rapports de classe, de l'esclavage, de l'amour et de l'inceste. Le personnage principal, Cecilia Valdés, belle-fille illégitime d'un marchand d'esclaves, tombe amoureuse de son demi-frère. Un buste de Villaverde et une statue grandeur nature de Cecilia surplombent désormais la place. Les deux sculptures ont été installées dans le cadre d'un projet local qui a littéralement redonné souffle et vie au quartier. Avec une multitude de restaurants, de bars et d'ateliers d'artistes en vogue, il est devenu l'un des coins les plus branchés de La Habana Vieja.

OÙ PRENDRE UN CAFÉ DANS LA HABANA VIEJA

Azúcar
L'ambiance relax et lounge du café Azúcar est d'autant plus agréable qu'il donne sur la Plaza Vieja.

D'Next
C'est le cappuccino et de délicieux gâteaux qui sont mis à l'honneur dans ce café près de la Plaza del Cristo.

El Café
Cet établissement, avec offre végétarienne, sert de savoureux petits-déjeuners accompagnés d'un délicieux café.

CENTRO HABANA

ENTRE SPLENDEUR ET DÉLABREMENT

Dans Centro Habana, la vie suit son cours tant bien que mal, parmi des édifices vétustes dont on devine l'illustre passé, et d'autres, bien plus soignés, qui témoignent de la beauté de cette capitale inégalement entretenue. En flânant dans les rues, on croise des adeptes de la *santería* tout de blanc vêtus, des enfants qui jouent au base-ball avec des morceaux de bois en guise de battes et des bouchons de bouteille en guise de balles et on entend les rythmes de la rumba s'échapper d'on ne sait où. Immanquablemnt on arrive au Malecón, l'immense promenade maritime de la capitale, où les Havanais affluent pour voir les couchers du soleil, bavarder ou roucouler en amoureux. En s'enfonçant dans le quartier, on trouvera un Chinatown en désordre, le patrimoine architectural de la Calle Reina et le secteur majoritairement afro-cubain de Cayo Hueso, qui s'organise autour du Callejón de Hamel. Accolé à ce quartier déclinant, mais animé s'étire la zone du Parque Central et d'El Prado, des rues très touristiques qui abritent les hôtels les plus luxueux de La Havane et quelques-uns de ses plus beaux musées.

Pour les infos pratiques, voir le Carnet d'adresses *p. 104*

À SAVOIR

Ne vous laissez pas rebuter par le délabrement apparent de Centro Habana. Derrière les façades décrépites, on trouve de belles *casas particulares*, des restaurants de choix et une vie nocturne pétillante.

Museo Nacional de Bellas artes (Arte Universal) (p. 72)

INCONTOURNABLES
1 Capitolio Nacional
2 Malecón

VOIR
3 Asociación Cultural Yoruba de Cuba
4 Barrio Chino
5 Callejón de Hamel
6 Edificio Bacardí
7 El Prado
8 Escuela Nacional de Ballet
9 BelleVue Deauville
10 Hotel Inglaterra
11 Hotel Lincoln
12 Iglesia del Sagrado Corazón de Jesús
13 Museo de la Revolución
14 Museo Nacional de Bellas artes (Arte Universal)
15 Museo Nacional de Bellas artes (Arte Cubano)
16 Muraille de la vieille ville
17 Palacio de los Matrimonios
18 Parque Central

SE RESTAURER
19 La Guarida
20 Paladar San Cristóbal
21 Siá Kará Café

PRENDRE UN VERRE ET FAIRE LA FÊTE
22 Blanco 9
23 El Bleco
24 Malecón 663
25 Michifú

SORTIR
26 Casa de la Música
27 Gran Teatro de La Habana Alicia Alonso
28 Teatro América
29 Teatro Fausto

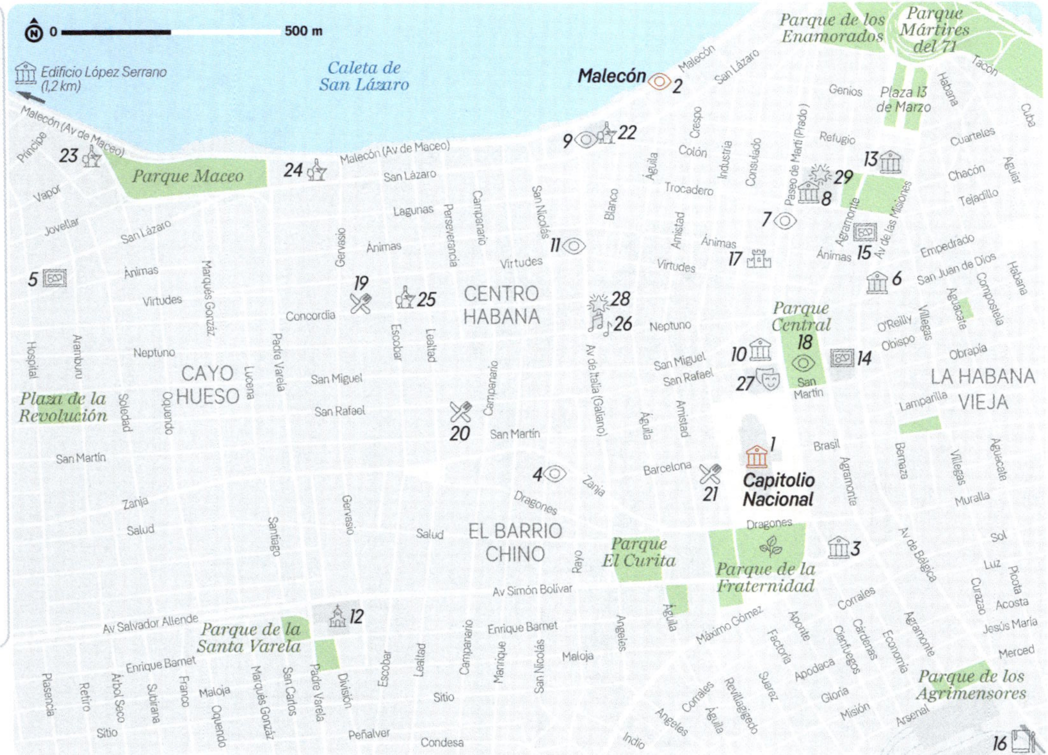

MARCIN MIERZEJEWSKI/SHUTTERSTOCK ©, EN BAS : PIO3/SHUTTERSTOCK ©

Muraille de la vieille ville

VESTIGES DES ANCIENNES FORTIFICATIONS

Pendant près de deux siècles, de 1670 à 1860 environ, La Havane était entourée d'une muraille de 5 km de long, 1,5 m d'épaisseur et 10 m de haut, dotée de neuf bastions et de 180 gros canons pointés vers la mer. L'entrée se faisait par l'une des 11 portes lourdement gardées qui se fermait tous les soirs et s'ouvrait tous les matins au son d'un coup de canon. Les fortifications ont été démolies en 1863, et il n'en reste que quelques tronçons. Vous pouvez admirer le plus gros d'entre eux sur l'Avenida de Bélgica, près de la gare.

Parque de la Fraternidad

PARC ET POINT NÉVRALGIQUE DU RÉSEAU DE TRANSPORT

Des *muchachos* bavardent appuyés contre des *almendrones* (taxis collectifs), des files d'attente se forment devant les bus articulés et la coupole dorée du Capitolio scintille à travers les palmiers.

Ancien terrain de parade militaire, le "parc de la Fraternité" a été aménagé en 1892 pour commémorer le quatrième centenaire de la découverte des Amériques par les Espagnols. Il a été remodelé en 1928 à l'occasion de la Conférence panaméricaine et décoré des bustes de divers dirigeants américains, dont Abraham Lincoln, véritable héros sur l'île.

Aujourd'hui, ce parc est le terminus de nombreuses lignes de bus, et il est parfois surnommé "Jurassic Park" en raison des innombrables vieilles voitures américaines qui s'agglutinent dans le secteur.

El Prado (Paseo de Martí)

GRAND BOULEVARD

Les Cubains connaissent ce boulevard sous le nom de Prado. La construction de cette élégante artère – la première hors des vieux murs de la ville – commença en 1770 pour s'achever au milieu des années 1830, pendant le mandat du capitaine général Miguel Tacón (1834-1838). Les lions de bronze qui gardent les deux extrémités de la promenade centrale ont été ajoutés en 1928.

Parmi les bâtiments remarquables, citons le **Palacio de los Matrimonios**, de style néo-Renaissance, le **Teatro Fausto**, de style Art déco, et l'**Escuela Nacional de Ballet**, de style néoclassique, l'une des plus prestigieuses écoles de danse classique du monde.

Le week-end, un marché de l'art se tient sur la promenade où des matchs de football peuvent être improvisés à tout moment.

Hotel Inglaterra

LE DOYEN DES HÔTELS DE LA HAVANE

Bien que l'âge d'or du plus vieil hôtel de La Havane soit un lointain souvenir, ce grand édifice néoclassique a une riche histoire. L'hôtel a ouvert ses portes en 1875. Quatre ans plus tard, lors d'un banquet, le jeune José Martí y prononçait un premier discours en faveur de l'indépendance de Cuba. Une plaque marque l'événement. L'intérieur d'influence mauresque et le café El Louvre, toujours très fréquenté et qui donne sur la rue, n'ont pas perdu leur charme désuet, tandis que la liste des anciens clients fait figure de véritable who's who des héros cubains et autres hauts dignitaires étrangers, parmi lesquels Antonio Maceo et Winston Churchill.

Museo de la Revolución

L'ANCIEN PALAIS PRÉSIDENTIEL

Le musée occupe l'ancien palais présidentiel. Inauguré en 1920 par Mario García Menocal (1866-1941), il accueillit tous les Présidents cubains élus démocratiquement. Il héberge un musée depuis 1959 dont les expositions retracent l'histoire de Cuba – d'un point de vue clairement orienté –, en mettant l'accent sur les événements postérieurs à 1959. Mais c'est surtout le cadre qui est intéressant. Le palais lui-même est un chef-d'œuvre d'éclectisme, surmonté d'un dôme, dont l'intérieur a été meublé par la célèbre maison Tiffany de New York. En 2023, il faisait encore l'objet d'une interminable rénovation et seul le Pavillón Granma, situé à l'extérieur, était ouvert. Il abrite une réplique du navire de 18 m qui transporta Castro et ses compagnons du Mexique à Cuba en décembre 1956. Il est en vitrine et gardé 24h/24. Le pavillon est entouré d'autres véhicules associés à la révolution, notamment un vieux fourgon postal utilisé par les fuyards lors de l'assaut de 1957.

Callejón de Hamel

CULTURE DE RUE

C'est certainement le *callejón* (ruelle) le plus connu des touristes (et fait pour eux). Il se trouve dans un secteur de Centro Habana appelé Cayo Hueso, consacré au street art, à la musique live et à la culture afro-cubaine. À l'origine, cette ruelle était un des raccourcis qui menait au cimetière Espada, le premier cimetière hors d'une église et extra-muros, utilisé entre 1806 et 1878. Une fois le cimetière désaffecté, le terrain fut acheté par un certain Belleau Hamel, à qui le *callejón* doit son nom. En 1990, le peintre autodidacte Salvador Gonzáles commença à orner les murs de graffitis et à créer des installations dans la ruelle, qui est depuis parsemée de tout un tas d'ateliers, de studios et de bars clandestins. Le meilleur moment pour visiter le musée est le dimanche midi pour assister à des spectacles de rumba.

Parque Central

UN PARC CERNÉ D'ÉDIFICES SPLENDIDES

Le Parque Central, qui tient plus en réalité de la place arborée que du parc, grouille d'activité et fait la jonction entre La Habana Vieja et Centro Habana. La statue de marbre de José Martí, en son centre, fut la première (1905) d'un bon millier à être érigée à Cuba. Aujourd'hui, le parc est devenu le QG des fans de base-ball, qui se retrouvent autour de la célèbre *Esquina caliente* (littéralement, “coin chaud”) pour refaire la partie avec passion.

Le parc est entouré de certains des hôtels les plus chers de la capitale. L'**Iberostar Parque Central** dispose d'un vaste hall d'entrée et d'une élégante piscine sur le toit. Le **Gran Hotel Manzana Kempinski La Habana** est juché en haut de la Manzana de Gómez, un centre commercial de type européen datant du début du XXe siècle. Plus majestueux encore, deux anciens cercles associatifs espagnols – le Centro Asturiano et le Centro Gallego, néobaroque (1907-1914) – se font face. Imposant édifice néobaroque (1907-1914) le Centro Gallego héberge le **Gran Teatro de la Habana Alicia Alonso** (p. 73), siège du Ballet national cubain. Aménagé dans un superbe édifice, l'ancien Centro Asturiano conçu par Manuel del Busto et inauguré en 1927, est le Museo Nacional de Bellas Artes (Arte Universal ; p. 72).

Barrio Chino

LE CHINATOWN DE LA HAVANE

Avec une pagode qui monte la garde à l'entrée principale du quartier et ses panneaux de signalisation en caractères romains et chinois, le Barrio Chino (photo) semble vraiment chinois. Il lui manque pourtant un élément essentiel : les habitants chinois, dont la plupart ont quitté l'île dès qu'un certain Fidel Castro, tout juste arrivé au pouvoir sans élections, a commencé à parler de *socialismo*. Les premiers Chinois sont arrivés à La Havane à la fin des années 1840 comme travailleurs sous contrat et, dans les années 1920, le quartier chinois de la ville est devenu le plus grand quartier asiatique d'Amérique latine. Aujourd'hui, il reste moins de 100 résidents chinois. Quoi qu'il en soit, le quartier vaut la peine d'être exploré, on y trouve quelques bons restaurants dans la Calle Cuchillo.

La Guarida

UN RESTAURANT PRIVÉ INNOVANT

En entrant dans le *paladar* (restaurant privé) le plus légendaire de la ville, on est assez dérouté, on se croirait à la fois dans *Les Grandes Espérances* de Charles Dickens et dans un film noir. La porte poussiéreuse s'ouvre sur une maison de maître vétuste et extravagante où une statue sans tête se tient au pied d'un élégant escalier.

La Guarida, au dernier étage, s'est forgé sa réputation comme restaurant dans les années 1990, en servant de décor au tournage de *Fresa y Chocolate*, film nommé aux Oscars. La cuisine que l'on y sert n'a cessé de se perfectionner au fil des ans, si bien qu'elle compte toujours parmi les meilleures de La Havane. Cette *nueva cocina cubana* réinvente des plats traditionnels cubains (*ropa vieja*) et d'autres plus ou moins cubains (agneau tikka masala).

Malecón

FRONT DE MER EMBLÉMATIQUE

Le Malecón, digue qui longe la côte sur 7 km, est une des artères les plus expressives et les plus profondément cubaines de la ville. Conçu au début des années 1900 pour permettre aux classes moyennes de respirer le bon air de la mer sur un grand boulevard, le Malecón s'est rapidement étendu vers l'est sous la forme d'une architecture éclectique mêlant néoclassique et Art nouveau. Dans les années 1920, la route atteint les limites extérieures d'un Vedado en plein essor. Au début des années 1950, elle s'est métamorphosée en voie rapide parcourue par des flots de Buick et de Chevrolet esquivant les vagues, de la masse grise du Castillo de San Salvador de la Punta jusqu'au bord de Miramar.

Aujourd'hui, toute la ville se rencontre et discute sur le Malecón. Au printemps, et par gros temps, les vagues s'écrasent contre la digue, arrosant les voitures et les promeneurs. L'ensemble des merveilles architecturales, restaurées ou en piteux état, qui bordent le Malecón est extraordinaire. Les lampadaires de style ancien ajoutent au charme nocturne de l'artère. Très fréquenté par endroits, il est aussi, surtout le soir, un repaire de *jiniteros* et de *jiniteras* (rabatteurs et prostituées) qui attendent les touristes.

PROMENADE LE LONG DU MALECÓN

L'emblématique Malecón de La Havane est une superbe promenade. Commencez par le **1 Castillo de San Salvador de la Punta** (p. 55), du XVIe siècle, qui garde l'entrée du port et se dresse face au fort d'El Morro. Partez vers l'ouest. Votre première escale est un petit parc où trône le **2 Monumento a Antonio Maceo**, mémorial de 1916 représentant le général mulâtre qui se fraya un chemin à travers Cuba durant la première guerre d'indépendance. Derrière le parc, on aperçoit la masse de béton de l'Hospital Hermanos Ameijeiras, datant de la fin de l'ère soviétique (1980). Un souterrain relie le parc à la promenade.

Sur une colline rocheuse appelée la Loma de Taganana, **3 l'Hotel Nacional** (p. 83) domine le Malecón, à l'angle de la Calle 23 (La Rampa). C'est un monument national et une réussite architecturale.

Un des rares monuments dédiés aux Américains à Cuba, le **4 Monumento a las Víctimas del Maine** rend hommage aux 266 *marines* morts dans l'explosion du cuirassé *USS Maine* dans le port de La Havane en 1898, incident qui contribua à déclencher la guerre hispano-américaine. L'aigle qui couronnait le monument fut retiré en 1959 en pleine ferveur révolutionnaire.

L'ancienne "Section des intérêts américains" est redevenue **5 l'ambassade américaine** en 2015, et le drapeau américain flotte à nouveau dans l'air. Les panneaux de propagande qui dominaient les environs ont disparu, même si la place d'Armes, en face, est toujours nommée "Tribuna Anti-Imperialista José Martí".

La balade s'achève plus à l'ouest, sur le Malecón, au bel **6 Hotel Riviera** (p. 84), de style moderniste. Inauguré en 1957 en tant qu'hôtel-cabaret-casino, il appartenait au mafieux américain Meyer Lansky. Le bâtiment a conservé l'exubérance de sa brève apogée des années 1950.

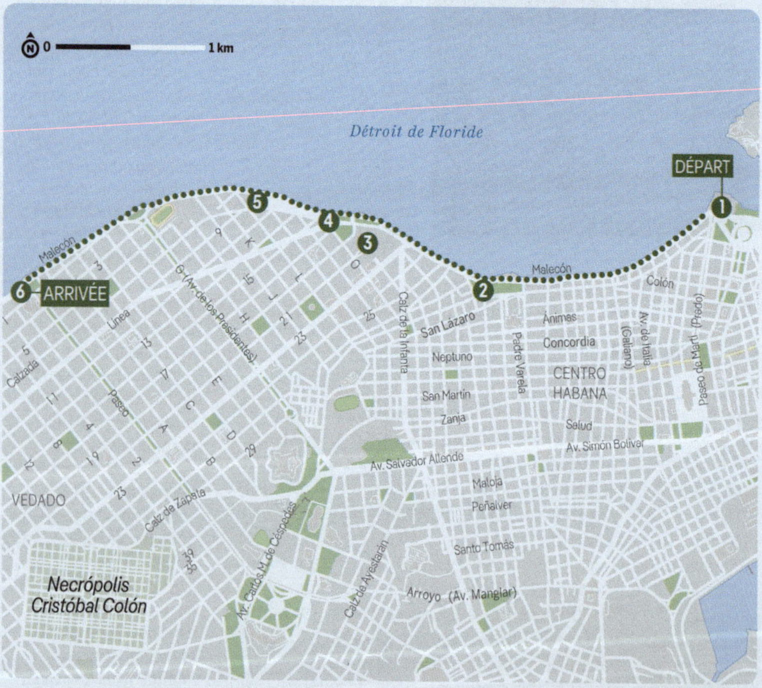

Un nom de rue peut en cacher un autre

INDISPENSABLE POUR SE REPÉRER

Le nom des rues est un aspect hautement déroutant de la géographie havanaise. Presque chaque *calle, avenida* ou *calzada* porte deux noms : l'un antérieur à 1959 et l'autre plus récent. Après la révolution, le gouvernement décida de rebaptiser presque toutes les rues de Cuba, mais dans un acte de rébellion silencieux, les habitants refusèrent largement de les adopter. Aujourd'hui, les anciens noms perdurent et sont presque toujours utilisés dans la conversation courante (souvent, les habitants ne connaissent même pas les noms officiels). Pourtant, ce sont les nouveaux noms qui figurent sur les plaques de rue et les cartes officielles. Voici une liste pour vous aider :

Nom officiel	Nom traditionnel
Agramonte	Zulueta
Aponte	Someruelos
Avenida de Italia	Galiano
Avenida Carlos Manuel de Céspedes	Avenida del Puerto
Avenida de Bélgica	Egido (ou Monserrate)
Avenida de España	Vives
Avenida Independencia	Boyeros
Avenida de los Presidentes	Calle G
Avenida. de México	Cristina
Avenida Salvador Allende	Carlos III (Tercero)
Avenida Simón Bolívar	Reina
Brasil	Teniente Rey
Capdevila	Cárcel
Enrique Barnet	Estrella
Leonor Pérez	Paula
Máximo Gómez	Monte
Padre Varela	Belascoaín
Paseo de Martí	Prado
San Martín	San José

PARQUE DE LOS ENAMORADOS

Dans le Parque de los Enamorados "parc des Amoureux", au milieu de la circulation dense, se dresse toujours un vestige de la Cárcel ou prison coloniale Tacón, construite en 1838. De nombreux patriotes cubains y furent emprisonnés, notamment José Martí. Les détenus étaient envoyés aux travaux forcés aux carrières de San Lázaro, non loin. La prison fut démolie en 1939 et remplacée par un parc à la mémoire des prisonniers. Deux minuscules cellules et une chapelle tout aussi petite en sont les seuls témoins.

Monumento a Antonio Maceo

WIFREDO LAM

Figure emblématique de l'art cubain, le peintre, sculpteur et céramiste Wifredo Lam (1902-1982) est né d'un père chinois et d'une mère mulâtresse à Sagua La Grande dans province de Villa Clara. Il étudie à La Havane avant de partir pour l'Europe en 1923, où il se lie d'amitié avec Pablo Picasso. De retour à La Havane en 1941, nourri d'influences cubistes et surréalistes, il affirme son style et produit notamment l'un de ses chefs-d'œuvre, *La Jungle* (1943, Museum of Modern Art de New York), représentatif de son art. Il poursuit son travail à Cuba et en Europe, et s'éteint à Paris.

Museo Nacional de Bellas Artes

DEUX MUSÉES POUR L'ART

Cuba possède une riche collection d'œuvres d'art répartie dans deux bâtiments distincts.

Si vous n'avez le temps de voir qu'un des deux musées, privilégiez le **Museo Nacional de Bellas Artes (Colección de Arte Cubano)**, en photo ci-dessous, sis dans un bâtiment moderne derrière le Museo de la Revolución. Les collections sont exposées chronologiquement en partant du 3e étage. Peintures, gravures, dessins, sculptures, installations, vous pourrez apprécier la diversité et la grande créativité des artistes cubains, du XVIe siècle à nos jours. Parmi les nombreuses œuvres, ne manquez pas l'*Embarque de Colón por Bobadilla* (1893), de García Menocal, *Los Zacatecas*, de Rafael Blanco, la *Gitana tropical* (1929), œuvre très célèbre à Cuba, de Víctor Manuel García, ou encore *Huracán* (1945), de Wifredo Lam. D'autres grands artistes sont bien représentés, comme Romañach, Massaguer, Arche, Ponce de León, Peláez ou Pogolotti pour n'en citer que quelques-uns.

Aménagé dans un superbe édifice, l'ancien Centro Asturiano, le **Museo Nacional de Bellas Artes (Arte Universal)** à deux rues plus au sud, expose, sur trois niveaux, des œuvres européennes du XIIIe au XXe siècle et des œuvres latino-américaines, ainsi que des antiquités égyptiennes, grecques et romaines. Vous pourrez y admirer des œuvres de Carpaccio, Zurbarán, Van Dyck, Canaletto, Le Tintoret, Gainsborough, Corot et Sorolla notamment.

TIM GARTSIDE TRAVEL/ALAMY STOCK PHOTO ©

ANDREI ARMIAGOV/SHUTTERSTOCK ©

Capitolio Nacional

SPECTACULAIRE BÂTIMENT LÉGISLATIF NÉOCLASSIQUE

L'incomparable Capitolio Nacional, complètement recouvert de marbre est, d'un point de vue architectural, un des édifices les plus ambitieux de La Havane. Commencé en 1926 par le Président Gerardo Machado, il coûta 17 millions de dollars de l'époque et requit 5 000 ouvriers pendant 3 ans. Le dôme et le corps central de ce bâtiment néoclassique ont été influencés, dans leur conception, par le Panthéon à Paris et le Capitole à Washington. Le Congrès cubain – composé d'élus de l'Assemblée et du Sénat –, qui vit naître la Constitution de 1940, y siégea jusqu'en 1959 avant de céder sa place à l'Académie cubaine des sciences. Le Capitolio a subi une rénovation d'envergure, et fort coûteuse, entre 2013 et 2019, qui inclut la nouvelle Tumba del Mambí Desconocido (tombe du Soldat inconnu), dans la crypte, et de somptueux bureaux gouvernementaux meublés dans les styles rococo et Empire. Grâce à des visites guidées qui ont lieu toutes les heures, vous pourrez découvrir, au centre du Salón de los Pasos Perdidos, *La República*, une statue de bronze monumentale de 17,6 m représentant la gardienne mythique de la Vertu républicaine et du Travail. Recouverte de feuilles d'or, elle pèse 30 tonnes. Vous verrez aussi les couloirs du palais, la Chambre des représentants et de somptueux bureaux. Les billets sont en vente à la librairie située en face du bâtiment.

Gran Teatro de la Habana Alicia Alonso

HAUT LIEU DE LA DANSE CLASSIQUE MONDIALE

Cet imposant édifice néobaroque qui surplombe le Parque Central, fut commandé par la communauté galicienne qui désirait avoir un centre bien à elle (le Centro Gallego) dans la capitale cubaine. Le bâtiment fut construit entre 1907 et 1914 et enchâsse un ancien théâtre qui existait déjà à cet emplacement, le Teatro Tacón, lui-même inauguré en 1838. Fort de cet héritage, le Gran Teatro de La Habana Alicia Alonso se vante d'être le plus ancien en activité du Nouveau Monde. La salle principale compte 1 500 sièges. Les plus grands artistes comme Enrico Caruso, Anna Pavlova et Sarah Bernhardt s'y sont produits, ainsi que des compagnies de premier plan comme l'American Ballet Theatre, le Royal Ballet, la Compagnie Antonio Gades et le Ballet de Buenos Aires. Siège officiel du Ballet national de Cuba, il abrite une centaine de sculptures dont celle de la ballerine cubaine Alicia Alonso (1920-2019), qui a débuté sa carrière aux États-Unis et fut la grande amie de Fidel Castro. Réservez vos billets ou participez à l'une des visites guidées quotidiennes.

LUIS MIGUEL ULACIA : AMATEUR D'ART DÉCO

Le propriétaire de la **Casa 1932** (casa1932.com), dans Centro Habana, est un passionné d'architecture du XXe siècle. Voici ses bâtiments Art déco préférés dans la capitale.

Edificio Bacardí
Achevé en 1930 et ancien siège de l'entreprise familiale de rhum, c'est une réussite de l'architecture Art déco agrémentée de somptueux détails mêlant granit rouge, marbre vert, bas-reliefs en terre cuite et carreaux de faïence.

Teatro América
Un exemple du plus pur style Art déco. Le sol du hall représente l'hémisphère occidental.

Edificio López Serrano
Dans le Vedado, il fut en 1932, avec ses 13 étages d'appartements, le premier vrai *rascacielo* (gratte-ciel) de La Havane.

JEREMY WOODHOUSE/GETTY IMAGES ©

Hotel Lincoln

ÉGALEMENT DANS CENTRO HABANA

La vie des rues

LA HAVANE DÉVOILE SON CŒUR

C'est toute l'authenticité de la tragédie quotidienne de Cuba qui se dévoile dans Centro Habana. Toute tentative de comprendre les vicissitudes de la vie dans la capitale doit commencer ici, dans les rues bordées d'immeubles décrépits – certains s'effondrent malheureusement –, là où la *Lucha Cubana* (le combat du quotidien) se déroule au grand jour. Ici des anciens jouent aux dominos sur des tables de fortune, plus loin des écoliers improvisent une partie de base-ball tandis que des passants enjambent un poulet décapité, laissé dans la rue en offrande aux *orishas* (dieux de la *santería*), et que des vendeurs poussant des petits chariots annoncent à grands cris les produits du jour (*Aguacate! Cebollas! Mani!* ; "Avocas ! Oignons ! Cacahuètes !").

Sur l'artère principale du quartier, l'Avenida de Italia – que les Havanais appellent Galiano, voir p. 71 –, s'alignent des bâtiments au prestige perdu. Le **BelleVue Deauville** est un ancien repaire du mafieux Santo Trafficante, désormais en lutte constante contre les effets corrosifs de la mer. L'**Hotel Lincoln**, tout aussi délabré, est l'endroit où le pilote automobile argentin

OÙ SE LOGER DANS CENTRO HABANA

Casa 1932
Casa particular confortable au décor envahi d'objets anciens qui évoque l'histoire de La Havane. **$**

Hostal Peregrino
Chambres confortables avec bons petits-déjeuners. Autres chambres disponibles dans La Habana Vieja et le Vedado. **$**

Hotel Royalton Habana
Un des nouveaux hôtels de luxe de La Havane avec emplacement idéal sur le Malecón. **$$$**

Juan Manuel Fangio a été kidnappé par les sbires de Castro en février 1958. En face se trouve le **Teatro América**, édifice Art déco classique (1941) qui comprenait à l'époque un cinéma, un restaurant-cafétéria et une tour de 67 appartements, tandis qu'à côté, la **Casa de la Música** n'est autre que la salle de concert et de danse la plus branchée du secteur. Le quartier compte également plusieurs églises très belles, dont l'**Iglesia del Sagrado Corazón de Jesús** (1914-1923), édifice négothique et l'endroit idéal où goûter à quelques minutes de paix et de fraîcheur à l'écart des rues trépidantes.

Le double visage du vintage

EN VOGUE POUR LES VISITEURS, SUBIT PAR LES HABITANTS

La capitale voit fleurir de plus en plus d'hôtels de luxe mais aucun immeuble d'habitations au grand dam des habitants, qui aimeraient vivre dans des immeubles décents. Sachez que ce style rétro "décrépit" qui plaît tant aux visiteurs est subit par les Havanais, et parfois vécu comme une idéalisation de leurs conditions de vie difficiles.

Dans Centro Habana le **Paladar San Cristóbal** proposait une cuisine savoureuse bien avant de recevoir le Président Barack Obama en 2016. Installé dans une des rues les plus sordides de Centro Habana, ce restaurant est tapissé de vieilles photos et arbore un autel de la *santería*.

À quelques rues de là, le **Michifú** est un piano-bar orné d'abats-jours pop art et de canapés aux couleurs vives. Idéal pour prendre l'apéritif avant d'aller dîner à **La Guarida**, *paladar* le plus célèbre de La Havane, installé de longue date dans un hôtel particulier de 1913 magnifiquement décoré.

Depuis son ouverture en 2022, **El Bleco** s'est imposé comme l'un des endroits les plus branchés de La Havane pour prendre un mojito. Sur la terrasse de toit avec vue sur la mer, des DJ assurent l'ambiance musicale.

Le bar **Blanco 9**, juste à côté du Malecón, est une autre nouveauté, difficile à repérer en journée, mais impossible à rater le week-end avec les soirées de musique électro bondées qu'il organise à même la rue.

Caché derrière le Capitolio, le **Siá Kará Café** est un lieu plus calme et plus raffiné, dont la décoration éclectique mêle posters en tout genre et un bric à brac d'objets rétros.

De retour sur le front de mer, le **Malecón 663** est sans doute le boutique-hôtel le plus branché de la ville, qui fait également bar-restaurant et café. Vous pouvez y séjourner (pour une somme rondelette) ou simplement boire un café ou un cocktail devant une peinture murale de l'un des *graffiteros* de La Havane, connu sous le nom de "2+2=5", et qui orne un mur intérieur.

LE CENTRE NÉVRALGIQUE DE LA VIE RELIGIEUSE AFRO-CUBAINE

L'**Asociación Cultural Yoruba de Cuba** est à la fois un musée et un centre culturel qui donne un aperçu de la *santería* – syncrétisme de croyances yorubas et catholiques de Cuba – des saints et des pouvoirs qui leur sont attribués. C'est un endroit poussiéreux peuplé d'effigies et de statuettes d'*orishas* (divinités). Chacune des principales divinités fait l'objet d'une présentation spéciale. On peut ainsi parcourir le panthéon de Yemayá, déesse de la mer associée à Notre-Dame de Regla, à Changó (Santa Barbara – sainte Barbe), dieu du feu et de la foudre, en passant par Babalú Ayé (San Lázaro – saint Lazare). L'association organise également des *tambores* (cérémonials de tambours de *santería*) le vendredi à 18h. Consultez le panneau d'affichage à l'entrée pour les détails.

OÙ FAIRE DU SHOPPING DANS CENTRO HABANA

Memorias Librería
Librairie et objets de collection (pièces de monnaie, affiches, revues et enseignes Art déco).

Plan H
Première "œnothèque" de La Havane dotée d'une grande cave à vins et d'une petite épicerie fine.

Taller Comunitario José Martí
Atelier-galerie d'un modeste collectif d'artistes.

VEDADO

QUARTIER COMMERÇANT ET HAUT LIEU DE LA VIE CULTURELLE

Ce quartier est le cœur commerçant de La Havane et l'archétype du quartier résidentiel. Les premières maisons furent érigées dans les années 1860. Durant les années 1940 et 1950, le quartier prospéra et l'on y comptait nombre de commerces, de supermarchés, d'agences de voyages, de concessionnaires automobiles, de banques, de salles de spectacle, de bars et de restaurants. La Mafia de la côte est des États-Unis, tout proches, débarqua, attirée par des profits potentiels, et quitta l'île en 1959. Avec son plan en damier presque parfait, le Vedado unit, dans des styles architecturaux variés, de belles demeures, des hôtels particuliers, des *rascacielos* (gratte-ciel) et des hôtels de renommée internationale. On y trouve aussi des clubs et des restaurants, ainsi que des théâtres, des musées, une université et des cinémas qui en font un haut lieu culturel de la capitale. Traversé par deux larges boulevards, la Calle G (Avenida de los Presidentes) et Paseo, son quadrillage est embelli par des parcs agréables, l'immense de Plaza de la Revolución datant des années 1950 et la beauté mélancolique de la Necrópolis Cristóbal Colón.

Pour les infos pratiques, voir le Carnet d'adresses *p. 105*

À SAVOIR

Le Vedado partage le Malecón, la promenade du front de mer de La Havane longue de 7 km, avec Centro Habana. Chaque quartier a sa particularité et la zone proche de l'intersection avec La Rampa (Calle 23) est un point de rencontre prisé de la communauté gay.

Ministerio del Interior (p. 81)

INCONTOURNABLES
1 Museo Napoleónico
2 Necrópolis Cristóbal Colón

VOIR
3 Avenida de los Presidentes
4 Centro Fidel Castro Ruz
5 Edificio Focsa
6 Habana Libre
7 Hotel Capri
8 Hotel Nacional
9 Hotel Riviera
10 La Quinta de los Molinos
11 Monumento a José Martí
12 Parque Lennon
13 Paseo
14 Plaza de la Revolución
15 Universidad de La Habana
16 Museo de Artes decorativas

SE RESTAURER
17 Coppelia

SORTIR
voir 6 Cabaret Turquino
18 Café Cantante Mi Habana
19 Casa de la Amistad
20 Fábrica de Arte Cubano
21 Hotel Claxon
22 La Zorra y El Cuervo
voir 8 Parisién
23 Pazillo
voir 18 Piano Bar Delirio Habanero
24 Submarino Amarillo

La Quinta de los Molinos

COMPLEXE DE MUSÉES ET DE JARDINS

Cette fastueuse demeure, aménagée au milieu de luxuriants jardins botaniques, était la résidence d'été des capitaines généraux avant d'être celle du général Máximo Gómez (1836-1905) en 1899. La maison principale, la Casa del Verano, est devenue un musée dédié aux exploits de Gómez lors de la guerre d'indépendance de 1895-1898. Les jardins sont riches de 160 essences d'arbres, de 40 espèces d'oiseaux et de minuscules escargots colorés (escargots *Polymita*), endémiques. Il y a aussi une serre à papillons.

Edificio Focsa

POINT DE REPÈRE

Cet immeuble moderne a été construit entre 1954 et 1956, en un temps record de 28 mois, grâce à des technologies d'avant-garde. En 1999, il a été classé parmi les sept merveilles du génie civil à Cuba. Avec ses 39 niveaux accueillant 373 appartements, l'immeuble était, à son achèvement, la deuxième plus grande construction de ce genre en béton dans le monde – et élevée sans recourir à aucune grue. Le dernier étage abrite le restaurant d'État **La Torre**, qui offre une vue imprenable sur la ville.

KAMIRA/SHUTTERSTOCK ©, EN BAS : FELIX LIPOV/SHUTTERSTOCK ©

Museo Napoleónico

ODE ÉLÉGANTE À L'EMPEREUR

Cette collection bien présentée rassemble 7 000 objets en lien avec la vie de Napoléon Bonaparte, amassés par le magnat du sucre cubain, Julio Lobo, et le politicien Orestes Ferrara. C'est le plus important musée napoléonien hors de France, vous y verrez des peintures de la bataille de Waterloo, de la porcelaine, des meubles, une reconstitution du bureau et de la chambre de l'Empereur, et l'un des nombreux masques mortuaires en bronze réalisés deux jours après sa mort par son médecin personnel, le Dr François Antommarchi. La collection est répartie sur 4 niveaux d'une superbe demeure du Vedado, à côté de l'université. La vue depuis la terrasse du dernier étage est splendide.

Coppelia

COMPTOIR À GLACE GÉANT

Le plus célèbre glacier de La Havane est installé dans un parc du Vedado. L'édifice a une structure très originale ressemblant à une soucoupe volante dessinée par l'architecte Mario Girona (1924-2008). Avec ses grandes tables partagées, ses longues files d'attente et ses 26 parfums, le Coppelia a ouvert ses portes en 1966. Extrêmement populaire, le Coppelia s'est peu à peu imposé comme une évidence dans le quotidien des *habaneros*. La salle principale constitue même l'un des principaux décors du film cubain *Fresa y Chocolate*, nominé aux Oscars (et dont le titre fait justement allusion à deux parfums de glace proposés au Coppelia, fraise et chocolat). Malheureusement, faute de bonne gestion économique dans le pays cette institution n'est plus que l'ombre d'elle-même.

Centro Fidel Castro Ruz

UNE GLORIFICATION DU LÍDER MÁXIMO

Ce musée et centre culturel installé dans une splendide demeure de l'Avenida Paseo offre un regard encyclopédique et idéologique sur la vie de l'homme qui a déclenché la révolution cubaine et qui a gardé le pouvoir jusqu'à sa mort en 2016 – même si son frère lui a succédé en 2008. Ici, l'objectivité n'est pas du tout de mise : c'est une glorification de Fidel Castro organisée sur deux étages, dans un jardin luxuriant et plusieurs bâtiments annexes. Les expositions très visuelles comprennent des objets personnels, agrémentés de différents supports multimédias. On y trouve des photos d'enfance rares et des cartes de la caserne Moncada ou encore des batailles de la Baie des Cochons.

L'entrée est gratuite et des visites guidées complètes ont lieu toutes les heures.

Parque Lennon

LA MUSIQUE "IMPÉRIALISTE" ABSOUTE

Dédié à l'ex-Beatle, vous pourrez y photographier une statue hyperréaliste de John Lennon, inaugurée en l'an 2000 par Fidel Castro – avec une ironie toute castriste, les Beatles ayant été très longtemps interdits sur l'île, comme la quasi-totalité de la musique pop rock anglo-américaine jugée "impérialiste" – à l'occasion du 20e anniversaire de la mort du musicien. Ses lunettes ayant été plusieurs fois volées, un garde de sécurité surveille désormais la statue. Discret, il se tient généralement un peu à distance. Il vous fournira les lunettes si vous voulez prendre une photo.

Dans une rue adjacente au parc, le **Centro Cultural Submarino Amarillo**, inspiré de l'univers des Beatles, est une des meilleures boîtes de nuit de La Havane en même temps qu'un carrefour de la contre-culture *roquera* de la ville.

ETHELJAY/SHUTTERSTOCK ©, EN HAUT : BRENDAN SAINSBURY ©

LA MILAGROSA

Au nord-ouest de la chapelle du cimetière, ne manquez pas la tombe de la Señora Amelia Goyri (angle Calle 1 et Calle F), appelée La Milagrosa ("la Miraculeuse"), que la statue en marbre représente portant une grande croix et un enfant. Morte en couches le 3 mai 1901, elle fut enterrée, selon la tradition, avec l'enfant à ses pieds. On raconte qu'elle l'avait dans les bras lorsque son corps fut exhumé. Elle est repérable grâce aux innombrables fleurs et aux fidèles qui viennent se recueillir. Elle fait l'objet d'un culte et ses adeptes ne tournent jamais le dos à sa tombe.

Necrópolis Cristóbal Colón

IMMENSE CIMETIÈRE BOULEVERSANT

Un des cimetières les plus grands et les plus émouvants des Amériques, la Necrópolis Cristóbal Colón est la dernière demeure de plus de 2 millions d'âmes, connu pour sa riche iconographie religieuse et ses délicates statues de marbre. C'est aussi une rétrospective spectaculaire de tous les styles artistiques. Une promenade dans ces 57 ha peut s'avérer aussi instructive qu'émouvante à travers l'histoire passionnante de Cuba.

L'entrée principale, baptisée Puerta de la Paz (porte de la Paix), est dominée par un groupe en marbre de Carrare représentant les trois vertus théologales, la foi, l'espérance et la charité, œuvre du sculpteur cubain José Villalta Saavedra en 1904. Le **tombeau du général Máximo Gómez** (1905) se trouve sur la droite (observez le bronze de son portrait en médaillon). Plus loin dans la même allée, passé la première placette et toujours sur la droite, on arrive au **monument dédié aux pompiers** haut de 23 m. Large colonne assise sur un énorme socle et surmontée d'un ange vaillant, il rend hommage aux 28 pompiers qui ont donné leur vie dans un incendie en 1890. Au centre du cimetière se dresse la **Capilla Central** (1886), édifice octogonal de style néobyzantin. Admirez le superbe **mausolée Art déco de Catalina Lasa**. Cherchez aussi les tombes du romancier Alejo Carpentier (1904-1980), du musicien Ibrahim Ferrer (1927-2005), du scientifique Carlos Juan Finlay (1833-1915) et des vétérans des guerres d'indépendance. Sachez que le cimetière est aussi un lieu où certains viennent pratiquer, en douce, des rituels de *santería*. Ne vous étonnez pas de voir des poulets décapités, des figurines étranges ou des demi-noix de cocos vides jonchant le sol...

Un plan disponible à l'entrée indique les tombes d'artistes, de sportifs, d'hommes politiques, d'écrivains et de scientifiques.

JUSTINAS GALINIS/SHUTTERSTOCK ©

Necrópolis Cristóbal Colón

LA CITÉ DES MORTS DE SANTIAGO

Le **Cementerio Santa Ifigenia** (p. 287), à Santiago de Cuba, est presque aussi somptueux et abrite un nombre équivalent de monuments importants à la mémoire de patriotes et de personnalités décédées, dont José Martí.

IULIIA SEROVA/SHUTTERSTOCK ©

Monumento a José Martí

HOMMAGE AU HÉROS NATIONAL DE CUBA

La pièce maîtresse de la Plaza de la Revolución est le Monumento a José Martí (photo), un ouvrage à la mesure de l'homme qu'il veut célébrer comme le héros national de Cuba. Il s'agit d'un obélisque en forme d'étoile haut de 138,5 m (équipé d'un ascenseur) élevé entre 1953 et 1958, sous l'administration de Fulgencio Batista. Que ce soit par sa fonction mémorielle ou son échelle, ce monument rappelle le Lincoln Memorial de Washington. C'était la plus haute structure de Cuba avant d'être détrônée par un nouvel hôtel du Vedado (le K23) très loin de faire l'unanimité dans la capitale. Au pied de la tour, une statue en marbre de 17 m représente Martí, assis et pensif. À sa base se trouve un musée, petit, mais complet, qui retrace la vie et l'œuvre de Martí, avec des photos et de grands panneaux d'affichage. Prenez l'ascenseur pour gagner un point de vue à 129 m jouissant d'un panorama exceptionnel sur la ville.

Plaza de la Revolución

PLACE DE LA VIE CIVIQUE

Cette gigantesque place – jusqu'en 1959 appelée Plaza de la República ou Plaza Cívica – a été conçue par l'urbaniste français Jean Claude Nicolas Forestier (1861-1930) dans les années 1920. Elle faisait partie de la "ville nouvelle" développée entre 1920 et 1959. Elle fut construite sur une petite colline (la Loma de los Catalanes), à la manière de la place de l'Étoile à Paris, s'étalant en plusieurs avenues qui partent vers le Río Almendares, le Vedado et le Parque de la Fraternidad dans Centro Habana.

Entourée de bâtiments gris utilitaires construits à la fin des années 1950, la place est aujourd'hui le siège du gouvernement cubain et un lieu de rassemblements politiques.

Le grand bloc de béton au nord de la place est le **Ministerio del Interior**, bien connu pour son énorme portrait en fil de bronze d'Ernesto Guevara (reproduction de la photo prise par Alberto Díaz, dit "Korda" en 1960), accompagné des mots *Hasta la Victoria Siempre* ("Toujours vers la victoire"). Sur le bâtiment adjacent figure le portrait de Camilo Cienfuegos (1932-1959), autre héros de la révolution, avec ces mots : *Vas Bien Fidel* ("Tu t'en sors bien, Fidel").

Ici les températures peuvent atteindre des records ; préférez le matin tôt ou la fin d'après-midi pour visiter cette place.

Fábrica de Arte Cubano

ART ET MUSIQUE

La "fabrique artistique" du Vedado, unique en son genre, a été imaginée par le musicien de fusion cubain X-Alfonso. À la fois galerie d'art, lieu de concerts et de rencontre, elle s'est rapidement imposée comme un des meilleurs lieux de vie nocturne de La Havane dès son ouverture en 2014. Son intérieur polyvalent de style Bauhaus s'anime quatre soirs par semaine.

La FAC est le genre d'endroit qui rétablit le contact entre les artistes et le public. Vous pourrez participer à des cours de tango gratuits, écouter des violoncellistes, des rappeurs cubains, voir des défilés de mode et des œuvres d'art surprenantes, le tout dans la même soirée.

Pour profiter au maximum de son passage à la Fábrica, mieux vaut arriver tôt (elle ouvre à 20h) afin de parcourir les expositions et accéder aux points de vente de nourriture avant que la foule n'arrive. Différentes représentations ont lieu tout au long de la soirée dans différentes salles – suivez les sons. C'est plus que palpitant !

La Fábrica est fermée en mai, septembre et janvier. Attention, c'est assez loin de tout, il vous faudra venir en taxi.

Universidad de la Habana

CENTRE DE FORMATION HISTORIQUE

Fondée par des dominicains en 1728, l'université de La Havane fut sécularisée en 1842. Elle a vu le jour à La Habana Vieja avant de s'installer sur son site actuel en 1902. Le complexe néoclassique date du second quart du XXe siècle. Son grand escalier d'entrée, où l'on admire la statue de l'*Alma Mater*, accueille les étudiants qui bénéficient d'un large éventail de cursus : les facultés de droit et d'histoire sont particulièrement réputées. L'intérieur de l'Aula Magna a été décoré par le peintre cubain Armando Menocal (1863-1942).

Le campus possède deux musées. Le **Museo de Historia Natural Felipe Poey** est le plus ancien musée de Cuba. On y trouve de nombreux spécimens de la flore et de la faune de l'île. Le **Museo Antropológico Montané**, possède une collection d'objets précolombiens, incluant l'*Ídolo del Tabaco*, en bois, datant du Xe siècle.

JHVEPHOTO/SHUTTERSTOCK ©

NATHAN BAI/SHUTTERSTOCK ©

Hotel Nacional face au Malecón

ÉGALEMENT DANS LE VEDADO

Des hôtels au passé surprenant

DES ÉDIFICES IMMANQUABLES

Le superbe **Hotel Nacional**, construit dans les années 1930, dans un style éclectique aux lignes Art déco et néoclassique, est un véritable emblème architectural de La Havane. Il se trouve au sommet d'une colline surplombant le Malecón, offrant des vues panoramiques sur La Habana Vieja et le Vedado. Buster Keaton, Winston Churchill, Joséphine Baker, Ava Gardner, Alexander Fleming et Robert Redford, pour ne citer qu'eux, figurent parmi ses illustres clients. En décembre 1946, Meyer Lansky et Lucky Luciano utilisèrent l'hôtel pour accueillir la plus grande réunion de la mafia nord-américaine. C'est à cette occasion que cette organisation criminelle a élaboré son plan pour introduire stupéfiants, prostitution et jeux d'argent à grande échelle dans la capitale cubaine. L'hôtel est aujourd'hui classé monument national et son bar en terrasse reste l'un des meilleurs endroits de La Havane pour déguster un coktail.

Une rue plus au sud, l'**Hotel Capri** a ouvert ses portes en 1957 sous la houlette du mafieux Santo Trafficante, avec l'acteur américain George Raft comme homme de paille. Après des

LA BATAILLE DE L'HOTEL NACIONAL

La notoriété l'établissement a été scellée en octobre 1933 quand, après que le président Gerardo Machado eut été renversé en août 1933 au cours d'une grève générale spontanée, 300 officiers de l'armée se barricadèrent à l'intérieur de l'hôtel, dans l'espoir de gagner le soutien du médiateur américain Sumner Wells, envoyé par le président américain Franklin Delano Roosevelt. Averti que les rênes du pouvoir avaient changé de mains, Wells trouva un prétexte pour s'éloigner, incitant les soldats de Batista à ouvrir le feu sur le bâtiment. Plus de 30 militaires moururent dans les échanges de tirs, et les officiers se rendirent le lendemain. Gravement endommagé, l'hôtel ne rouvrira ses portes qu'en 1939.

OÙ TROUVER LA MEILLEURE AMBIANCE LBGTQI+

Cabaret Las Vegas
Club gay fiable, connu pour ses spectacles de drag-queens en fin de soirée.

Toke Infante y 25
Café à côté du Cabaret Las Vegas qui sert de bons plats – salades, hamburgers, etc.

Café Madrigal
Bar artistique proposant des tapas et des cocktails dans une atmosphère rappelant le Paris des années 1920.

LES FAVORIS DE JULIO ET ELSA ROQUE À LA HAVANE

Les gérants de l'**Hostal Peregrino** (hostalperegrino.com) livrent leurs bons plans.

Restaurant préféré ? Le Café Laurent. Il offre une vue imprenable en surplomb du Vedado. Nous recommandons vivement les croquettes aux épinards.

Meilleur plan soirée ? Le cabaret Parisién de l'Hotel Nacional – on y découvre toute l'histoire de la musique cubaine en un seul spectacle.

Lieu de promenade préféré ? Le Malecón, surtout au coucher du soleil. On y rencontre un large éventail de la population. On aime aller y marcher pour prendre l'air iodé de la mer. C'est une odeur unique. Lorsqu'on revient de l'étranger à La Havane, on va systématiquement y faire un tour en voiture.

ELOI_OMELLA/GETTY IMAGES ©

Crépuscule, Malecón

années d'abandon, le Capri a fermé ses portes en 2003, avant de rouvrir 11 ans plus tard sous l'impulsion du groupe espagnol NH.

L'**Hotel Riviera**, somptueuse structure de verre, avec ses chambres climatisées révolutionnaires pour l'époque et son casino intégré, a ouvert ses portes en décembre 1957. Meyer Lansky, qui occupait officiellement la fonction de “responsable de cuisine”, gérait en réalité ses affaires douteuses depuis la suite présidentielle située au dernier étage. Le hall d'entrée classique des années 1950 a conservé son éclat postmoderne grâce aux nouveaux propriétaires, la chaîne hôtelière Iberostar.

Inauguré en mars 1958, le Havana Hilton – investissement décidé par le président de l'époque, Batista, pour le syndicat des travailleurs cubains et géré par le groupe Hilton – était alors le plus grand de tous les hôtels de La Havane. Il possédait un prestigieux casino, 630 chambres et un cabaret avec toit rétractable. Il devint en janvier 1959 le QG provisoire des rebelles castristes et fut rebaptisé **Habana Libre**. Fidel Castro a dirigé le pays depuis une luxueuse suite située au 24e étage.

Avenues bien entretenues

DEUX GRANDS BOULEVARDS

Le Vedado est traversé par deux avenues parallèles de style parisien qui s'étirent de la Plaza de la Revolución au Malecón. L'**Avenida de los Presidentes**, également appelée “Calle G”, est parsemée de monuments érigés en l'honneur de divers dirigeants latino-américains. Le rond-point de son extrémité sud est dominé par un imposant monument en marbre dédié à José Miguel Gómez (1909-1913), le deuxième président de Cuba. Plus près du Malecón, une statue du premier président du pays, Tomás Estrada Palma, a été renversée par les révolutionnaires castristes en 1960. Il n'en reste que les chaussures. À la fin de la Calle G se dresse l'immense **Casa de las Américas**, institution

OÙ SE RESTAURER DANS LE VEDADO

Café Laurent
Restaurant fin au dernier étage d'un immeuble, avec des plats allant des viandes à la braise au risotto de fruits de mer. **$$$**

Casa Mia Paladar
Restaurant moderne donnant sur le Malecón, qui revisite les classiques de la cuisine cubaine. **$$**

Fangio Habana
Restaurant du boutique-hôtel Claxon qui sert une cuisine cubaine-internationale avec musique d'ambiance jazz. **$$$**

culturelle créée en 1959 qui attribue l'un des prix les plus prestigieux du monde hispanophone. Non loin de l'avenue se trouve le ravissant **Museo de Artes Decorativas** aux salles diversement décorées en styles rococo, oriental et Art déco. L'édifice, dont le style est d'influence française fut commandé en 1924 par la famille Gómez Mena.

Paseo est un autre grand boulevard à deux voies qui s'étirent de part et d'autre d'une promenade ornée d'arbres taillés de façon harmonieuse. Parmi les bâtiments qui méritent le détour, citons la **Casa de la Amistad**, élégante demeure rose avec concerts de rock le week-end et l'immanquable **Hotel Meliá Cohiba** (1994) dont le **Havana Café** organise des spectacles rétros type années 1950.

Les nuits du Vedado

OÙ TROUVER DE L'ANIMATION NOCTURNE

Le Vedado est le quartier de la vie nocturne de La Havane, envahi par la musique et les noctambules. La Calle 23, alias "La Rampa", est l'endroit idéal pour commencer votre périple nocturne.

La scène jazz de La Havane, ouverte par le pianiste Chucho Valdés dans les années 1960, gravite autour de **La Zorra y El Cuervo**, un club installé dans un sous-sol auquel on accède par une cabine téléphonique anglaise rouge. Si le club groove toujours autant, le jazz a investi d'autres établissements privés plus récents, comme le toit-terrasse et le restaurant (le Fangio Havana) de l'hôtel **Claxon** sur Paseo. Non loin de là, le très branché **Pazillo** sert ses hamburgers et ses tapas sur des playlists jazzy contemporaines.

Le Tropicana (p. 88) est le cabaret le plus célèbre de La Havane, mais vous pouvez assister à des spectacles qui n'ont rien à lui envier (et infiniment moins chers) au **Parisién**, dans l'Hotel Nacional, ou à une variante plus kitsch au **Cabaret Turquino**, au 25e étage du Habana Libre.

Bien que la Beatlemania soit arrivée très tardivement à Cuba au début des années 2000, la contre-culture rock y est profondément enracinée. Les concerts du **Submarino Amarillo** sont l'occasion d'une véritable plongée dans l'imagerie du quatuor britannique, tandis que la **Casa de la Amistad** de Paseo, qui ressemble à un **manoir**, doit sa réputation (bien méritée) à ses dimanches soir rock and roll.

Le **Teatro Nacional de Cuba**, qui domine la Plaza de la Revolución, attire les amateurs de danse et de musique classiques. Deux clubs lui sont rattachés : le **Café Cantante Mi Habana**, situé au sous-sol, est connu pour ses spectacles de drag-queens le samedi soir, tandis qu'à l'étage, le **Piano Bar Delirio Habanero** s'intéresse à tous les styles, de la salsa au rap.

POURQUOI J'AIME LE VEDADO

Brendan Sainsbury,
auteur Lonely Planet

Essayer de choisir son quartier préféré à La Havane, c'est comme essayer de choisir son enfant préféré. On les aime tous pour des raisons différentes. Pour moi, le Vedado est le plus animé, le plus moderne et le plus élégant : il a hérité quelque chose de ses anciens cercles mafieux et de sa démesure prérévolutionnaire. J'aime arpenter ses larges avenues verdoyantes, admirer ses bâtiments partiellement restaurés et imaginer des transformations ambitieuses pour les plus délabrés d'entre eux. De jour comme de nuit, je ne me lasse pas du Malecón, surtout lorsque les vagues viennent se fracasser sur la digue, ni du charme de l'Hotel Nacional. Mon dernier engouement est l'hôtel Claxon, où l'on peut déguster les grands classiques de la cuisine cubaine dans un jardin enchanteur.

OÙ SE RESTAURER DANS LE VEDADO

Grados
Restaurant installé dans une maison familiale, qui travaille avec talent les produits du cru. **$$**

El Biky
Parfait pour prendre un brunch ou le repas du midi sur le pouce, dans un cadre décoré de photos rétro. **$**

Ela y Paleta
Ce glacier est extrêmement apprécié pour ses généreuses portions de glace. **$**

PLAYA ET MARIANAO

QUARTIER DIPLOMATIQUE ET GASTRONOMIQUE

Playa, séparée du Vedado par le Río Almendares, est une grande municipalité composée de divers secteurs verdoyants dont les demeures opulentes témoignent d'une grande richesse malheureusement passée. La plupart des habitants d'alors sont partis peu après la révolution de 1959, lorsqu'ils ont été expropriés.

Le nom du quartier est un peu équivoque car il n'y a pratiquement pas de *playas* (plages) ici. Le littoral est bien plutôt constitué de *dientes de perro* (dents de chien), des rochers acérés.

Miramar est un agréable quartier diplomatique aux résidences cossues – où logent nombre des membres du parti au pouvoir – dont les larges avenues bordées de vieux figuiers des banians possèdent quelques-uns des meilleurs restaurants privés de la capitale.

Cubanacán, plus à l'ouest, accueille des manifestations de vulgarisation scientifique, et abrite des centres de recherche en biotechnologie, ainsi qu'un ancien country club transformé en institut d'art. Dans l'ancien village de pêcheurs de Jaimanitas se déroule le festival d'art de rue Fusterlandia. Quant à Santa Fé, on y trouve la Marina Hemingway, port de plaisance à l'aspect vieillot de La Havane. Marianao est une autre municipalité, moins bien entretenue – les rues et les habitations sont particulièrement en mauvais état – surtout célèbre pour la cabaret Tropicana.

Pour les infos pratiques, voir le Carnet d'adresses *p. 106*

À SAVOIR

La Marina Hemingway, le grand port de plaisance de La Havane, est parfaite pour s'adonner aux loisirs nautiques. La plongée et la pêche sont les activités les plus appréciées. La plupart des touristes planifient tout par l'intermédiaire de leur hôtel, mais il est également possible de se rendre directement au port. Réservez au moins un jour à l'avance.

Miramar

INCONTOURNABLES
1 Tropicana
2 Fusterlandia

VISITES
3 Iglesia Jesús de Miramar
4 Marina Hemingway
5 Parque Almendares
6 Parque Metropolitano
7 Paseo Maritimo

SE RESTAURER
8 El Aljibe
9 La Esperanza
voir 13 Nero di Seppia
10 Otramanera
11 Paladar Vistamar
12 Sensaciones
13 Toros y Tapas

Marina Hemingway (p. 88)

Iglesia Jesús de Miramar

DÔME GÉANT ET FRESQUES REMARQUABLES

La Habana Vieja est sans doute le berceau des édifices religieux les plus célèbres de la ville, mais Playa possède, elle aussi, son propre lieu saint. L'imposante Iglesia de Jesús de Miramar, de style néo-roman, est la deuxième plus grande église de Cuba, construite entre 1948 et 1953. Ce qu'elle n'a pas hérité d'un long passé est compensé par plusieurs particularités, notamment le plus grand orgue du pays et une série de 14 fresques géantes illustrant le chemin de croix et peintes sur les murs intérieurs par l'artiste espagnol Cesáreo Marciano Hombrados y Oñativia. Le dôme de l'église domine toute la zone hôtelière moderne de Miramar, à l'ouest.

Marina Hemingway

ACTIVITÉS NAUTIQUES

Le principal port de plaisance de La Havane a été construit en 1953 à Santa Fé, une municipalité côtière à 18 km à l'ouest du centre de la capitale. Après la révolution, elle a été nationalisée et baptisée en l'honneur d'Ernest Hemingway, personnage apprécié par Fidel Castro. Le port dispose de quatre canaux longs de 800 m, d'un centre de plongée, d'un ensemble de boutiques et de restaurants, et de deux hôtels. On y voit des yatchs privés de bonne taille. Il est possible d'y faire des sorties de plongée ou de pêche dans le Gulf Stream tout proche.

ROBERTO MACHADO NOA/GETTY IMAGES ©, EN HAUT À GAUCHE : KATERINA_AR/SHUTTERSTOCK ©

Le Tropicana, cabaret de légende

DES PLUMES À GOGO

Incontournable depuis sa création en 1939, le Tropicana, sis à Marianao, est un des des rares fleurons de la vie nocturne havanaise rescapés de la révolution. Décomplexé, mais impressionnant et remarquablement exécuté, le spectacle de cabaret en plein air, dont la première représentation a été donnée en 1939, n'a guère changé depuis son apogée, atteinte dans les années 1950 : une myriade de danseuses et de danseurs flamboyants défilent sur une scène à plusieurs niveaux dans un tourbillon de paillettes et de plumes. Les prix varient suivant l'emplacement par rapport à la scène et l'inclusion ou non du dîner.

ANTON_IVANOV/SHUTTERSTOCK ©

Parque Metropolitano

ÉGALEMENT À PLAYA ET À MARIANAO

Dans la verdure

PETITE FORÊT TROPICALE EN BORD DE RIVIÈRE

Situé sur les rives du Río Almendares, entre le Vedado et Miramar, le parc le plus sauvage de la ville se présente comme une parcelle de forêt tropicale. Certes, dans "El Bosque", comme on l'appelle parfois, on croise des chiens errants et des tas d'ordures. C'est aussi un lieu prisé des rencontres "discrètes" en soirée. Néanmoins, le parc est plus salubre que dans les années 1990. Évitez de vous y rendre la nuit, ou seul.

Dans la partie située en aval du *río*, près du pont de la Calle 23 et généralement appelée **Parque Almendares**, on trouve de modestes installations de loisirs : un golf miniature, un petit amphithéâtre et une aire de jeux pour enfants. Au sud du pont, le **Parque Metropolitano**, avec ses ficus centenaires croulants sous des monceaux de lianes, est plus sauvage et plus envoûtant. Des sentiers étroits serpentent dans la verdure entre la route et le fleuve, et des cérémonies de *santería* sont parfois célébrées au pied des arbres. C'est un endroit charmant, mais qui pourrait l'être encore plus si la ville nettoyait les déchets qui jonchent le sol.

Pensé dans le cadre d'un plan d'urbanisme du paysagiste, architecte et urbaniste français Jean-Claude Forestier dans les années 1920, El Bosque devait à l'origine s'intégrer dans un réseau de parcs et de jardins interconnectés à l'échelle de la ville, baptisé à l'époque "Gran Parque Nacional", mais qui n'a

EL ALJIBE

El Aljibe est un des rares restaurants d'État de La Havane que vous recommanderiez à vos amis. Il est le descendant direct du restaurant Rancho Luna, fondé par les frères Pepe et Sergio García à 50 km à l'ouest de La Havane en 1946. L'établissement s'est forgé une excellente réputation grâce à un plat en particulier, le *pollo a lo tinguaro* (poulet au barbecue accompagné d'une sauce "secrète" à base d'orange amère), et a prospéré jusqu'à ce qu'il soit nationalisé et contraint de fermer ses portes après la révolution. Trente ans plus tard, les deux frères ont relancé l'établissement en tant que restaurant d'État dans le quartier Miramar de La Havane. La recette secrète de poulet, servi avec riz, haricots et légumes-racines à volonté, n'a rien perdu de sa magie.

OÙ VOIR DES CONCERTS À PLAYA

Casa de la Música de Miramar
Établissement jumeau de la "Casa" dans Centro Habana. On y joue du jazz traditionnel, du *son*, de la salsa et de la timba.

Salón Rosado Benny Moré
Dans ce local très authentique où l'on écoute de tout, du jazz au reggaeton ; danser est de rigueur.

Don Cangrejo
Restaurant de fruits de mer géré par l'État, qui organise des concerts en bord de mer le vendredi soir.

jamais vu le jour. Forestier se proposait d'utiliser les espaces verts pour promouvoir les loisirs et introduire l'esprit de la campagne cubaine dans la ville. Sur ce point, l'objectif est presque atteint.

ÉCOLE D'ART INACHEVÉE

Depuis la révolution, peu de projets architecturaux ont vu le jour à La Havane, à l'exception de l'Universidad de las Artes (connue sous le nom d'Instituto de Superior de Arte – ISA). Installée dans l'ancien Havana Country Club en 1961, elle est l'œuvre d'une équipe d'architectes, dont Ricardo Porro, de Camagüey. Le style organique adopté – briques de terre cuite, voûtes catalanes et dômes élégants – se voulait le reflet du paysage environnant et de l'esprit utopique de l'époque. Malheureusement, la mode des courbes douces a rapidement laissé la place à celle du fonctionnalisme soviétique. En raison des pénuries, de nombreux bâtiments sont également restés inachevés. Ils ne sont plus aujourd'hui que les témoignages de projets qui n'ont jamais abouti.

Saveurs de Miramar

EXPLORATION GASTRONOMIQUE DE LA ZONE RÉSIDENTIELLE

Playa est depuis longtemps le bastion de certains des meilleurs restaurants de Cuba, en particulier dans le quartier de Miramar où se trouvent des demeures privées cossues et de nombreuses ambassades.

À la fin des années 1990, à la faveur de l'assouplissement des lois sur l'entreprise privée, les habitants ont commencé à ouvrir des *paladares* (restaurants privés) à Playa dans l'espoir d'émoustiller les papilles gustatives des diplomates et des gens du parti fortunés – et, plus tard, des touristes. L'un des plus anciens, **La Esperanza**, donne toujours cette impression chaleureuse, propre à Cuba, que vous vous êtes retrouvé à dîner par hasard chez un habitant. De nombreux restaurants de Miramar se sont également installés dans de magnifiques demeures et autres hôtels particuliers de plusieurs rues secondaires tranquilles, avec des propositions culinaires qui font souvent honneur à l'esprit international du quartier. La cuisine italienne est très bien représentée. Le **Nero di Seppia** propose des pizzas dignes de celles de Naples et des carpaccios tranchés avec finesse Juste à côté, le **Toros y Tapas** propose une autre destination culinaire méditerranéenne avec son menu espagnol (paella et filet mignon).

Otramanera, est plus récent. La cuisine cubano-espagnole – œufs de caille truffés, civet de lapin – est à la hauteur des attentes des convives, ce qui est d'autant plus remarquable que les ingrédients sont difficiles à trouver. Le **Sensaciones**, un peu plus à l'ouest, est de qualité comparable, tant au niveau de la cuisine que de l'ambiance.

Playa a beau manquer (justement !) de *playas*, l'immobilier en bord de mer n'en est pas moins hors de prix. Le **Paladar Vistamar**, qui occupe une place privilégiée sur la côte, sert de la langouste et des crevettes au bord d'une magnifique piscine à deux pas de l'océan.

UN CABARET MOINS CHER

Le spectacle du Tropicana est mondialement connu, mais il est aussi très cher (jusqu'à 90 USD). Le **Parisién** (p. 85), installé dans l'Hotel Nacional du Vedado, propose un spectacle un peu moins flamboyant, mais tout aussi professionnel pour cinq fois moins cher.

OÙ PRENDRE UN VERRE À PLAYA

Café Fortuna Joe
Ici on peut savourer son café dans une calèche, une voiture ancienne ou une baignoire garnie de coussins.

Espacios
Bar à tapas installé dans une villa de Miramar qui attire les *habaneros* branchés avec ses cocktails et ses œuvres d'art.

Café Miramar
Petit club rattaché à l'agence gouvernementale ARTex, qui organise essentiellement des concerts de jazz.

LA HABANA DEL ESTE

CÔTE SABLONNEUSE AUX MILLE CHARMES

Les quartiers qui s'étendent à l'est de La Havane ressemblent plus à de petites villes qu'aux divers secteurs d'une métropole en pleine effervescence. La municipalité possède les plus belles plages de La Havane : une bande de 18 km de sable fin qui commence à proximité de la marina de Tarará et s'étend vers l'est jusqu'au village côtier et authentique de Guanabo. Curieusement négligée pendant la période de développement des années 1990 qui cherchait à orienter les étrangers sur les îles de villégiature pour empêcher le contact avec les Cubains, Playas del Este est restée discrète et profondément cubaine. Les foules de touristes tendent à se concentrer sur les zones ultra-aménagées de Varadero et de Cayo Coco, délaissant les *playas* de La Havane aux plagistes cubains et à quelques étrangers en excursion à la journée.

Comparée aux plages voisines, Tarará semble négligée, voire abandonnée, Mégano et Santa María del Mar conservent un esprit cubain festif, et Boca Ciega est la destination de choix des visiteurs LGBTQI+, tandis que Guanabo, malgré quelques restaurants corrects, souffre d'une terrible réputation à cause du tourisme sexuel.

Pour les infos pratiques, voir le Carnet d'adresses *p. 107*

À SAVOIR

Des bus touristiques (ligne T3) partent régulièrement du Parque Central dans le centre de La Havane pour rejoindre les plages de Playas del Este jusqu'à Boca Ciega à l'est. Pour aller à Guanabo, prenez le bus A40 à la sortie de la gare Centrale de La Havane. Apportez de quoi manger, car les boutiques et les restaurants sont rares sur cette partie de la côte.

Playa Boca Ciega

PLAGE GAY-FRIENDLY

Des dunes herbeuses bordent la Playa Boca Ciega, prolongement oriental de Santa María del Mar qui jouxte une étroite embouchure de rivière et une lagune. Depuis les années 1990, elle est connue comme la plage gay officieuse de La Havane, mais elle est aussi fréquentée par ceux qui fuient la foule. Par beau temps, l'eau est d'un bleu turquoise éclatant qui invite à la baignade. Le meilleur hôtel du secteur, le Blau Arenal (blauarenalhabanabeach.com), se trouve de l'autre côté d'une courte promenade. La seule autre infrastructure des lieux est un bar-restaurant récemment rénové au bord de la lagune d'Itabo.

KAKO ESCALONA/SHUTTERSTOCK ©, EN BAS À GAUCHE : TUPUNGATO/SHUTTERSTOCK ©

Playa Santa María del Mar

PLAGE MUNICIPALE IDYLLIQUE

La plage la plus populaire de La Havane (photo) est bordée de trois hôtels d'État mal tenus et de plusieurs *puntos naúticos* qui louent du matériel nautique (dont des kayaks), des chaises longues et des parasols. L'ambiance est plus cubaine que touristique (les visiteurs étrangers privilégiant généralement Varadero). Sachez-le, cette plage, c'est *mucho* rhum, beaucoup de *música* et de fêtes bruyantes. Pour plus de tranquillité, mettez le cap sur **Playas Mégano** et **Tarará**, plus à l'ouest. La plage de sable fin de Santa María est protégée par des dunes basses et bénéficie de l'ombre de quelques palmiers, mais ne vous attendez pas à des installations dignes de Miami ou même de Varadero. Une cabane du nom de **Don Pepe** sert de l'alcool et des fruits de mer pour reprendre des forces. Des bus assurent la liaison régulièrement avec le Parque Central.

Guanabo

UN VILLAGE DANS LA VILLE

Ce village côtier se dresse à l'extrémité est de la longue bande de plages de Playas del Este. Les Cubains viennent ici passer leurs vacances et se détendre à la recherche d'un cadre complètement dépaysant par rapport à la métropole. Le clapotis des vagues se mêle au claquement des sabots sur l'asphalte : la charrette à cheval reste un moyen de locomotion répandu dans le secteur.

La plage (extension de Boca Ciega) est encore moins entretenue que celles plus à l'ouest, mais reste accueillante. Le village, quant à lui, dispose de quelques hébergements privés acceptables dans des *casas particulares* et de trois restaurants bien agencés. **Il Piccolo** est une référence pour les plats de pâtes et les pizzas, le **Chicken Little** sert de du poulet, et le **Restaurant 421** propose de la langouste à un prix défiant toute concurrence. Le bus A40 dessert Centro Habana toutes les 30 minutes.

Cojímar

ET UN BEAU JOUR, HEMINGWAY VINT PÊCHER ICI

Lové autour d'une étroite baie à 10 km à l'est du centre-ville, Cojímar est un petit village de pêcheurs encore situé dans les limites de La Havane et célèbre pour les liens qui l'unissent à Ernest Hemingway. En effet, dans les années 1940 et 1950, l'écrivain américain y a amarré son cher bateau de pêche, le *Pilar*, avant d'aller écluser quelques verres dans le bar du coin, La Terraza. C'est à Cojímar qu'il a situé l'intrigue de son roman, *Le Vieil Homme et la mer*, qui lui a valu le prix Nobel de littérature. De nos jours, le **Restaurante La Terraza** est devenu une étape incontournable de tout circuit touristique qui voudrait marcher dans les pas d'Hemigway. Un buste de l'écrivain, abrité sous un kiosque à colonnes, contemple d'ailleurs l'océan à quelques rues de là plus au nord. Le village comprend également un petit château au bord de l'eau – vestige isolé des fortifications de La Havane – datant de 1649. Connu sous le nom de **Torreón de Cojímar**, les Britanniques l'ont bombardé en 1762, avant de prendre La Havane aux Espagnols. C'est pourquoi l'essentiel de ce que vous en voyez aujourd'hui est le résultat d'une restauration effectuée dans les années 1760.

KAKO ESCALONA/SHUTTERSTOCK ©, EN BAS : ELENA VESELOVA/SHUTTERSTOCK ©

Torreón de Cojímar

Ajiaco Café

RESTAURANT AVEC COURS DE CUISINE

Cojímar est loin du centre de La Havane, mais le déplacement en vaut la peine, ne serait-ce que pour ce restaurant exceptionnel et sa cuisine de la ferme à la table. Tous les plats proposés, que ce soit la *ropa vieja* (photo), le porc, la langouste ou sa spécialité maison de bouillon (*ajiaco*) sont excellents, et le café onctueux préparé sur place par une femme postée à l'entrée est peut-être le meilleur de Cuba.

En prime, l'établissement propose des cours de cuisine avec visite d'une *finca* (ferme) voisine pour choisir les ingrédients, suivi de la préparation, de la cuisson et de la dégustation de votre plat dans le restaurant. Pour finir, le barman vous transmettra le secret pour préparer des mojitos uniques, à base de rhum ambré et de miel.

REGLA, GUANABACOA ET LES FORTS

CULTURE AFRO-CUBAINE ET CHÂTEAUX ANCIENS

La vieille ville de Regla, de l'autre côté du port, en face de La Habana Vieja, est une cité portuaire industrielle morne connue pour être un centre de religions afro-cubaines, notamment de *santería*, de Palo Monte et de la société secrète Abakúa. Bien avant la révolution de 1959, Regla était surnommée Sierra Chiquita (la petite Sierra, comparée à la Sierra Maestra) du fait de son esprit révolutionnaire. Ce faubourg ouvrier est aussi notable pour sa centrale thermique et son chantier naval. Guanabacoa est surnommée *el pueblo embrujado* ("la ville ensorcelée") car elle perpétue des traditions de *santería*. Un monument à Lénine trône sur une colline des environs, et l'église paroissiale est un important lieu de pèlerinage. Plus près du port, deux forts colossaux, réunis dans le Parque Histórico Militar Morro-Cabaña, témoignent des 400 ans durant lesquels Cuba fut une province espagnole. Des ferrys traversent le port entre La Habana Vieja et Regla.

Pour les infos pratiques, voir le Carnet d'adresses *p. 107*

À SAVOIR

En dépit des dégradations superficielles, l'architecture de Guanabacoa est belle. On ne peut qu'imaginer les miracles qui pourraient un jour être accomplis si enfin des travaux étaient réalisés. Pour l'instant, on se contente d'arpenter les rues animées et semi-abandonnées.

INCONTOURNABLES
1 Fortaleza de San Carlos de la Cabaña

VOIR
2 Castillo de los Tres Santos Reyes Magos del Morro
3 Estatua de Cristo
4 Iglesia de Nuestra Señora de Regla
5 Museo Municipal de Guanabacoa
6 Museo Municipal de Regla

SE RESTAURER
7 Doña Carmela
8 El Cañonazo

Fortaleza de San Carlos de la Cabaña

LE PLUS GRAND FORT ESPAGNOL DES AMÉRIQUES

Construite entre 1763 et 1774 sur une crête surplombant le port de La Havane, dont les Britanniques se sont servis pour s'emparer de la ville en 1762, La Cabaña est le chef-d'œuvre militaire de Cuba, immense, imposante et inexpugnable.

Après avoir repris Cuba en 1763, les Espagnols ont décidé de supprimer les dernières faiblesses du système de défense complexe de La Havane pour s'assurer de repousser tout envahisseur potentiel. Ce fort, nommé en l'honneur du roi d'Espagne Charles III, est le résultat de cette décision, et il a bien rempli son rôle. La ville n'a plus jamais été reprise.

Avec ses 700 m de long et ses 10 ha de superficie, ce bastion constituait le dernier maillon d'une chaîne de plusieurs forts qui protégeaient la ville contre les attaques.

Au fil du temps, il a également été employé à d'autres fins, pas toujours réjouissantes. Au XIXe siècle, les patriotes cubains y ont affronté le peloton d'exécution, tandis que les Présidents du XXe siècle, Gerardo Machado et Fulgencio Batista, en ont fait une prison militaire. Les pelotons d'exécution y sont revenus en 1959, lorsque Che Guevara a installé son quartier général à l'intérieur des remparts afin de présider, à son tour, à des exécutions sommaires.

Depuis son inscription au Patrimoine mondial en 1982, le fort a rempli des fonctions plus anodines, en accueillant la foire du livre de La Havane et le *Cañonazo*. De nos jours, les visiteurs passent généralement une demi-journée entre ses murs où ont été installé des bars, des restaurants, des boutiques de souvenirs, un magasin de cigares (où est exposé le plus grand cigare du monde) et deux musées – l'un consacré à l'armement, l'autre à une véritable dissection de la vie de Che Guevara.

LE CAÑONAZO

Considéré depuis longtemps comme l'une des soirées à ne surtout pas rater à La Havane, le *Cañonazo* reproduit une tradition séculaire qui consistait à marquer la fermeture des portes de la ville tous les soirs à 21 heures. Aujourd'hui encore, des comédiens vêtus de costumes militaires du XVIIIe siècle rejouent le tir du canon sur le port depuis les remparts de La Cabaña. Torches enflammées, défilé clinquant et son assourdissant du canon sur les hauts murs fortifiés, lumières de La Havane qui scintillant en arrière-plan... Tout confère à l'événement un réalisme bluffant.

UN ANNEAU DÉFENSIF

Deux autres forts de l'anneau défensif de La Havane méritent d'être visités : le **Castillo de la Real Fuerza** (p. 56) sur la Plaza de Armas et le **Castillo de San Salvador de la Punta** (p. 55) aux limites de La Habana Vieja.

SEAN PAVONE/GETTY IMAGES ©, EN BAS : KRECHET/SHUTTERSTOCK ©

Castillo de los Tres Santos Reyes Magos del Morro

LE FORT DE LA CITADELLE DE LA VILLE

Il y a longtemps déjà que la sentinelle de La Havane, coiffée de son célèbre phare, est devenue un symbole de la ville. Elle a été érigée entre 1589 et 1630 pour protéger l'entrée du port des pirates et autres hôtes indésirables (le corsaire français Jacques de Sores avait notamment mis la ville à sac en 1555). Perché sur un falaise rocheuse en surplomb de l'Atlantique et fouetté par les vagues lors des tempêtes, le fort se présente comme un polygone irrégulier. Avec des murs de 3 m d'épaisseur et des douves profondes, l'édifice est un bel exemple d'architecture militaire.

Imprenable depuis la mer, le fort a résisté aux attaques sporadiques des marines européennes et des corsaires pendant plus d'un siècle. Il a succombé en 1762, après 44 jours de siège, à l'assaut de 14 000 soldats britanniques qui avaient creusé un tunnel sous les remparts. Le courageux commandant espagnol Don Luís de Velasco fut tué au cours de la bataille et les Anglais l'inhumèrent avec les honneurs militaires. Le fameux phare du castillo est un ajout de 1844. El Morro n'offre pas seulement une vue fantastique sur la ville, il abrite aussi plusieurs expositions, dont une qui fait le récit fascinant du siège du fort et de sa reddition aux Britanniques à travers une collection de tableaux.

Estatua de Cristo

STATUE DE JÉSUS SUR LE PORT

Cette statue qu'on ne peut pas ne pas voir, située au sommet de la côte qui grimpe sur le flanc est du port de La Havane, a été sculptée par l'artiste cubaine Jilma Madera en 1958. L'épouse du Président Batista aurait promis ce cadeau à son mari après que celui-ci eut survécu à un attentat au palais présidentiel en mars 1957. Elle est inaugurée le jour de Noël 1958, une semaine à peine avant que Batista fuie le pays face à l'avancée des rebelles. Prenez le ferry qui fait la liaison entre La Habana Vieja et Casablanca et suivez la route qui monte jusqu'au monument.

Le site est aussi connu pour son superbe panorama et les jeunes du coin aiment à s'y rassembler le soir.

ÉGALEMENT À REGLA ET À GUANABACOA

Les mystères de la santería

RELIGIONS CUBAINES D'ORIGINE AFRICAINE

Syncrétisme dans lequel les croyances africaines ont été dissimulées derrière une foi catholique de façade, la *santería* est le produit de l'esclavage mais reste profondément ancrée dans la société cubaine. Le syncrétisme s'est opéré à l'époque coloniale, quand les traditions animistes africaines étaient interdites. Afin de dissimuler leur foi les esclaves ont couplé secrètement chacune de leurs divinités avec un saint catholique. Ainsi, Changó, *orisha* (divinité) du tonnerre et de la foudre, est venu s'abriter derrière sainte Barbe, et Elegguá, *orisha* du voyage et des routes, est devenu saint Antoine de Padoue. De sorte qu'un esclave priant devant une statue de sainte Barbe honorait en réalité Changó. Les quartiers de Guanabacoa et de Regla sont deux de ses principaux foyers. L'**Iglesia de Nuestra Señora de Regla**, à côté de l'embarcadère, est dédiée à la Santísima Virgen de Regla, représentée par une Vierge noire et vénérée dans la *santería* sous le nom de Yemayá, l'*orisha* de l'océan et patronne des marins (et représentée par la couleur bleue). Les Cubains qui tentent de rejoindre les États-Unis par la mer invoquent la Vierge noire. L'église actuelle est une copie réalisée au début du XIXe siècle d'un bâtiment plus ancien construit en 1687 et dédié à un culte espagnol remontant au Ve siècle. Nuestra Señora de Regla fut proclamée patronne de la Bahía de La Habana. En 1957, la Vierge fut couronnée par le cardinal de Cuba dans la cathédrale de La Havane. Chaque année en septembre, 8 000 pèlerins se rendent à Regla pour célébrer la sainte, dont la statue est promenée en procession.

Deux modestes musées situés à proximité permettent d'en savoir plus. Le **Museo Municipal de Regla** conserve toute une imagerie de la *santería*, ainsi que des objets liés à d'autres cultes afro-cubains, dont l'Abakuá et le Palo Monte. Dans le **Museo Municipal de Guanabacoa** des modèles réduits des sept principaux *orishas* et les objets qui leur sont associés sont exposés.

SITES DE PÈLERINAGE

Parmi les autres lieux à Cuba rattachés à la fois au catholicisme et à la *santería*, le plus important est la **Basílica de Nuestra Señora del Cobre** (p. 289), près de Santiago de Cuba, bâtie en l'honneur de la Virgen de la Caridad, la sainte patronne de Cuba.

UNE PRATIQUE ANCESTRALE

Les adeptes de la *santería* (les *santeros*) croient en un dieu appelé Olodumare, créateur de l'univers et source de l'*ashé*, la force vitale. Olodumare communique avec le monde par l'intermédiaire d'un panthéon d'*orishas*, des divinités imparfaites comparables aux saints catholiques ou aux dieux grecs, dotées d'attributs liés à la nature (eau, métaux, vent, etc.) et de qualités humaines (amour, intelligence, virilité...). À chaque *orisha* correspond un jour de fête, des offrandes spécifiques, ainsi que certains nombres et couleurs qui représentent leur personnalité. Ils croient aussi au pouvoir des ancêtres morts, les *egun*, dont les esprits sont invoqués lors des cérémonies initiatiques. Cependant, sachez que les rites incluent de cruels sacrifices d'animaux, et que l'on trouve souvent sur les plages des têtes de poulet ou des pattes sectionnées.

OÙ SE RESTAURER DANS REGLA, GUANABACOA ET AUX FORTS

Doña Carmela
Spécialiste de longue date des plats à base de riz et de haricots, à un jet de balle de baseball de La Cabaña. **$$**

Café Versalles
Une affaire 100 % locale dans les rues animées de Guanabacoa, avec tous les plats favoris des Cubains. **$**

El Cañonazo
Ce n'est pas de la grande cuisine, mais en dînant ici on arrive à temps au fort pour voir le Cañonazo. **$$**

FAUBOURGS SUD

PARCS, JARDINS ET LIEUX DE PÈLERINAGE

Les faudourgs sud de La Havane s'étendent sur une vaste zone englobant sept municipalités différentes. En général, l'Aeropuerto Internacional José Martí, à Boyeros, est la première et la dernière chose que les gens voient du secteur, mais pour les plus curieux, il existe quelques autres excursions réalisables sur une demi-journée. Les amateurs de littérature se tourneront naturellement vers la Finca la Vigía, ancienne maison de l'écrivain américain Ernest Hemingway, à San Miguel del Padrón. C'est aujourd'hui un musée.

Rincón et Santa María del Rosario sont d'anciens villages qui ont été absorbés par la ville sans que cela semble les avoir même réveillés. Tous deux possèdent des églises intéressantes. Celle d' El Rincón est un sanctuaire national et un important lieu de pèlerinage ; celle de Santa María del Rosario, un monument classé dont l'intérieur scintille de mille feux.

Arroyo Naranjo, à l'est de l'aéroport, possède deux des plus grands espaces verts de la ville : le Parque Lenin et de riches jardins botaniques.

Pour les infos pratiques, voir le Carnet d'adresses *p. 107*

À SAVOIR

Des bus (*guaguas*) réguliers, mais systématiquement bondés, desservent toutes les municipalités périphériques de La Havane. Cependant, les arrêts sont mal indiqués et les horaires difficiles à se procurer. Si vous ne parlez pas l'espagnol et que vous n'avez pas beaucoup de temps, choisissez les sites que vous souhaitez visiter dans la banlieue et appelez un taxi.

JOSEPH SOHM/SHUTTERSTOCK ©

Iglesia de Nuestra Señora del Rosario

UN DES PLUS BEAUX TRÉSORS DES FAUBOURGS DE LA HAVANE

Les églises de La Havane recèlent de nombreux joyaux, mais rares sont ceux qui peuvent rivaliser avec les dorures qui ornent l'intérieur de cette merveille baroque du XVIIIe siècle, également connue sous le nom de Catedral de los Campos de Cuba, à Cotorro, à 20 km du centre de La Havane.

Faisant face à une place arborée tout droit sortie d'un petit village de l'Oriente, l'extérieur de l'église est relativement austère et doté d'un seul clocher, ce qui lui donne un aspect assez singulier.

Il faut pénétrer dans l'édifice pour accéder à sa vraie richesse. Si vous êtes arrivé jusqu'ici, priez pour que la porte soit ouverte et que vous puissiez admirer l'autel principal en acajou doré et les autels latéraux de style churrigueresque, tout aussi somptueux.

Santuario de San Lázaro

LIEU DE PÈLERINAGE

Niché dans la banlieue plutôt insipide d'El Rincón, à La Havane, le sanctuaire de San Lázaro (photo) est un des principaux lieux de pèlerinage du pays. Dédiée au saint patron des pauvres et des malades, l'église est vénérée à la fois par les catholiques et les adeptes de la *santería*. Dans les religions afro-cubaines, l'*orisha* miraculeux Babalú Ayé est associé à San Lázaro (saint Lazare). Représenté sous la forme d'un vieil homme avec des béquilles portant un sac de toile, San Lázaro est censé posséder des pouvoirs de guérison divins. Le jour de sa fête, le 17 décembre, des milliers de personnes se rendent à l'église après avoir parcouru des kilomètres pieds nus (certaines en rampant sur les genoux ou sur le dos) pour prier afin d'obtenir un répit dans leur maladie ou le remercier pour des guérisons.

L'église à coupole, qui date des années 1910, est en permanence occupée par des gens qui viennent allumer des cierges, déposer des fleurs et faire des offrandes. Nombre d'entre eux sont vêtus de violet, la couleur qui symbolise la souffrance et la pénitence dans le catholicisme. Des offrandes faites au saint, depuis les balles de base-ball jusqu'aux mèches de cheveux, sont exposées dans un petit musée à côté. Lázaro a longtemps été associé aux lépreux et aux malades du sida. Un hôpital jouxte l'église.

UNE TRAQUE DES U-BOOTS ALLEMANDS

En 1942, à la demande de la marine américaine, Hemingway a chargé dans son bateau de pêche, le *Pilar*, des grenades, de mitrailleuses, et de lance-roquette avant d'aller naviguer aux abords des *cayos* du nord de Cuba pour traquer les *U-boots* (sous-marins) allemands tout en se faisant passer pour un simple pêcheur. Ces sous-marins allemands, qui coulaient environ 15 bateaux alliés par mois dans les eaux cubaines en 1942, représentaient une menace réelle. Hemingway et son équipe insolite de pêcheurs et de barmans en congé n'arriveront jamais à en appréhender un seul.

Museo Hemingway

ANCIENNE MAISON DE L'ÉCRIVAIN AMÉRICAIN

En 1940, Ernest Hemingway loua la villa Finca la Vigía, à San Francisco de Paula, à 15 km au sud-est de La Havane Cette charmante villa de plain-pied perchée sur une colline fut construite en 1886 sur un terrain boisé de 6 ha. Hemingway s'y est installé en 1939 après un long séjour à l'Hotel Ambos Mundos de La Havane. D'abord locataire, il finit par acheter la propriété où il vécut jusqu'en 1960, date à laquelle il rentra aux États-Unis. Très malade et déprimé, il se suicide l'année suivante. Un peu plus tard, la maison fut reprise par le gouvernement cubain pour en faire un musée.

Elle est restée presque intacte depuis le jour où Hemingway l'a quittée. Les visiteurs ne sont pas autorisés à entrer dans la maison, mais ils peuvent regarder à travers les portes et les fenêtres laissées ouvertes comme autant d'instantanés sur l'univers de l'écrivain. Sans surprise, des livres trônent dans chaque pièce (y compris dans les toilettes), on aperçoit également un Victrola et une grande collection de vinyles, ainsi que des trophées de chasse.

On peut également monter dans sa tour d'écriture de trois étages, qui offre une vue inspirante sur la ville au loin. Dans le parc boisé, on trouve une piscine, un ring de combat de coqs et le *Pilar*, le bateau de pêche tant aimé d'Hemingway, désormais échoué sur ce qui était autrefois son court de tennis.

JOHN ELK III/GETTY IMAGES ©

LES REPAIRES D'HEMINGWAY

Si vous suivez la piste d'Hemingway, vous ne pourrez pas passer à côté de **Cojímar** (p. 93), de la **Marina Hemingway** (p. 88), ni de quelques verres cul sec dans ses bars préférés, **El Floridita** (p. 61) et **La Bodeguita del Medio** (p. 61).

Parque Lenin

UN PARC DE BANLIEUE PLÉBISCITÉ PAR LES HABITANTS

Dans la banlieue sud de La Havane, dans la municipalité peu touristique d'Arroyo Naranjo, se trouve la plus grande zone de loisirs de la ville : 670 ha d'activités de loisirs en tout genre et de splendides arbres centenaires, regroupés sous le nom de Parque Lenin. Ce parc a été aménagé au début des années 1970. Son nom et son design pompeux font écho au *socialismo* dont les partisans sont encore au pouvoir.

Il fut un temps où ses activités de plein air - petit train, club équestre, navigation de plaisance sur lac artificiel - attiraient chaque week-end de nombreux *habaneros* séduits par ce petit paradis de loisirs, mais depuis la disparition de l'Union soviétique, la relative désuétude du parc lui donne un air assez surréaliste. Les habitants restent néanmoins fidèles à ses promesses de balades à cheval (attention, les chevaux sont souvent maltraités), de pique-niques au son du reggaeton et de franches rigolades dans son parc d'attractions de piètre qualité.

La palette des activités possibles se concentre dans la partie sud et va du médiocre (un minuscule "aquarium" et une galerie d'art rarement ouverte) à l'énigmatique (un rodéo, un restaurant greffé sur les ruines d'une ancienne hacienda sucrière et un hommage statuaire à Lénine).

Jardin Botánico Nacional

IMMENSE HAVRE D'ARBRES ET D'OISEAUX

Étrangement peu fréquenté, peut-être parce qu'il est éloigné du centre et assez mal desservi (prenez un taxi), le jardin botanique de La Havane s'étend sur 600 ha. Inauguré en 1984, il est réputé pour ses innombrables palmiers (plus de 250 espèces) et pins, ainsi que pour ses serres pyramidales abritant des fontaines ornées de plantes à fleurs. Les visiteurs peuvent explorer les lieux en petit train ou avec leur propre véhicule. Le jardin botanique est un véritable paradis pour les amateurs d'ornithologie, surtout le matin.

El Bambú est le restaurant attitré des lieux. Il donne sur un jardin ornemental japonais organisé autour d'un lac artificiel et d'une fontaine.

Carnet d'adresses

LA HABANA VIEJA

Antigua Isasi Ferretería
Voir p. 60 (angle Lamparilla et Mercaderes)

Armería 9 de Abril
Voir p. 60 (7-861-8080 ; Mercaderes 157 ; 9h30-17h mar-sam, 9h30-13h dim)

Cámara Oscura
Voir p. 54 (Plaza Vieja ; 2 $US ; 9h30-16h45 mar-dim)

Casa del Mayorazgo de Recio
Voir p. 57 (Obispo entre Mercaderes et Oficios ; 10h-18h)

Casa de México Benito Juárez
Voir p. 60 (Obrapía 116 ; 1 $US ; 9h-14h30 mar-dim)

Casa Oswaldo Guayasamín
Voir p. 60 (7 861 3843 ; Obrapía 111 ; 9h-16h30 mar-dim)

Castillo de la Real Fuerza
Voir p. 56 (Plaza de Armas ; 2 $US ; 9h30-17h mar-dim)

Castillo de San Salvador de la Punta
Voir p. 55 (6 $US ; 10h-18h mer-dim)

Catedral de La Habana
Voir p. 60 (Catedral de la Virgen María de la Concepción Inmaculada de La Habana ; angle San Ignacio et Empedrado ; 9h-17h lun-ven, 9h-14h sam-dim)

Convento de Nuestra Señora de Belén
Voir p. 62 (Compostela, entre Luz et Acosta ; 2 $US ; 9h-17h lun-sam, 9h-13h dim)

Droguería Sarrá
Voir p. 55 (7-866-7556 ; Teniente Rey 41, angle Compostela ; 9h-17h)

El Caballero de París
Voir p. 55 (Plaza de San Francisco de Asís, Oficios 154)

Galeria Taller Gorría (CTG)
Voir p. 57 (galeriatallergorria.com ; San isidro 214, entre Compostela et Picota ; 9h-17h)

Iglesia de San Francisco de Asís
Voir p. 55 (Oficios, entre Amargura et Brasil ; 2 $US, visite guidée 3 $US ; 9h-18h)

Iglesia del Espíritu Santo
Voir p. 62 (Acosta 161 ; 8h-12h et 15h-18h)

Iglesia del Santo Ángel Custodio
Voir p. 63 (Compostela 2 ; pendant la messe 7h15 mar, mer et ven, 18h jeu, sam-dim)

Iglesia y Convento de Nuestra Señora de la Merced
Voir p. 63 (Cuba 806 ; 8h-12h et 15h-17h30)

Lonja del Comercio
Voir p. 55 (Plaza de San Francisco de Asís)

Museo de Arte Colonial (Palacio de los Condes de Casa Bayona)
Voir p. 60 (San Ignacio 61 ; 2 $US ; 9h30- 16h45)

Museo Casa de Simón Bolívar
Voir p. 60 (Calle Mercaderes 160 ; don apprécié ; 9h-17h mar-dim)

Museo de la Ciudad
Voir p. 56 (Tacón 1 ; 3 $US ; 9h30-17h mar-dim)

Museo del Ron Havana Club
Voir p. 54 (7-861-8051/7-862-4108 ; havanaclubmuseum.com ; San Pedro 262 ; 7 $US, avec guide ; 9h-17h lun-ven, 10h-16h ven-dim)

Museo de los CDR "28 de Septiembre"
Voir p. 57 (Obispo entre Aguiar et Habana ; 2 $US ; 8h30-17h)

Museo de Naipes
Voir p. 54 (Muralla 101 ; 9h-18h mar-dim)

Museo de Navegación
Voir p. 56 (Castillo de la Real Fuerza, Plaza de Armas ; 2 $US ; 9h-18h30)

Museo Numismático
Voir p. 57 (Obispo, entre Aguiar et Habana ; 2 $US ; 9h-17h mar-sam)

Museo Universitario (Colegio Universitario San Gerónimo
Voir p. 56 (7-879 3488 ; Edificio Felipe Poey, Calle L angle San Lázaro ; 1 $US ; 9h-12h et 13h-16h lun-ven sept-juil)

Ojo del Ciclón
Voir p. 57 (7-861-5359 ; O'Reilly 501, angle Villegas ; 10h30-20h)

Palacio de los Condes de Casa Bayona
Voir p. 60 (Plaza de la Catedral, angle San Ignacio ; 2 $US ; 9h30-17h mar-dim)

Palacio de los Marqueses de Aguas Claras
Voir p. 60 (Plaza de la Catedral, San Ignacio 54 ; restaurant 10h-23h30)

Planetario
Voir p. 54 (7-864-9544 ; Mercaderes 311 ; 10 $US ; 10h-15h mer-dim).)

Gardens
Voir p. 62 (7-371-7770 ; gardenshavana.com ; Villegas 463)

Hostal Chacón 160
Voir p. 62 (7-866-1135 ; myproudhavana.com ; Chacón 160, entre Habana et Compostela)

Hostal de los Condes de Villanueva
Voir p. 60 (7-862-9293 ; gaviotahotels.com ; Mercaderes 202)

Hotel Ambos Mundos
Voir p. 63 (7-860-9530 ; gaviotahotels.com ; Obispo 153)

Hotel Los Frailes
Voir p. 63 (7-862-9383 ; gaviotahotels.com ; Teniente Rey 8, entre Oficios et Mercaderes)

Hotel Santa Isabel
Voir p. 63 (7-860-8201 ; gaviotahotels.com ; Baratillo 9)

Hotel Raquel
Voir p. 63 (7-860-8280 ; gaviotahotels. com ; angle Amargura et San Ignacio)

Hotel Marqués de San Felipe y Santiago de Bejúcal
Voir p. 63 (7-801-1190 ; gaviotahotels. com ; angle Oficios et Amargura)

Loft Havana
Voir p. 62 (5-258-8540 ; estampacollection.com/collection-houses/loft ; Oficios 402, angle Luz et Acosta)

Marqués de Cárdenas de Montehermoso
Voir p. 63 (7-862-4127 ; gaviotahotels.com ; O'Reilly 253, entre Cuba et Aguiar)

Palacio Cueto
Voir p. 54 (7-823-4100 ; gaviotahotels.com ; angle Muralla et Mercaderes)

Palacio de los Corredores
Voir p. 63 (7-886-3800 ; gaviotahotels.com ; Oficios 154, entre Teniente Rey et Amargura)

Antojos
Voir p. 61 (5-282-4907 ; facebook.com/antojoscuba ; espada entre Cuarteles et Chacón ; 11h-minuit)

Necrópolis Cristóbal Colón (p. 80)

Azúcar
Voir p. 54 (7-860-6563 ; Mercaderes 315 ; 11h-23h30 lun-mer, 11h-minuit jeu-dim)

Café Bohemio
Voir p. 54 (Malecon, entre Calle B et Calle C ; 8h-20h)

Doña Eutimia
Voir p. 61 (7-80-3332 ; restaurantwebexperts.com/clients/donaeutimia ; Callejón del Chorro 60c ; 12h-22h)

El Rum Rum de La Habana
Voir p. 61 (7-861-0806 ; restaurantwebexperts.com/clients/elrumrum ; Empedrado 256, entre Cuba et Aguiar ; 9h- minuit)

La Vitrola
Voir p. 54 (5-951-8899 ; facebook.com/lavitrolacuba ; Muralla 151, angle San Ignacio ; 12h-2h jeu-mar, 12h-minuit mer)

Pizza Retro
Voir p. 54 (7-836-3311 ; Av.. 23 ; 11h-23h)

Yarini
Voir p. 57 (5-897-9835 ; yarinihabana.com ; San Isidro 214, entre Picota et Compostela ; 16h-minuit lun-jeu, 12h-2h ven-dim)

Café Cristo
Voir p. 62 (Bernaza 162 ; 12h-2h)

Café Escorial
Voir p. 54 (7-868-3545X; Mercaderes 317, angle Muralla ; 9h-22h)

D'Next
Voir p. 63 (7-860-5519 ; facebook.com/dnextbarcafeteria ; Teniente Rey 512 entre Monserrate et Bernaza ; 8h30-minuit)

Dos Hermanos
Voir p. 61 (7-861-3514 ; San pedro 304 ; 12h-23h30 lun-mar, 12h-minuit mer-dim)

El Café
Voir p. 63 (restaurantwebexperts.com/clients/el_cafe ; Amargura 358, entre Villegas et Aguacate ; 9h-18h)

El Dandy
Voir p. 62 (bareldandy.com ; angle Brasil et Villegas ; 8h-minuit

El Floridita
Voir p. 61 (barfloridita.com ; Obispo 557 ; 12h-1h)

El Patchanka
Voir p. 62 (restaurantwebexperts.com/clients/elpatchanka ; Bernaza 162 ; 12h-1h)

La Bodeguita del Medio
Voir p. 61 (7-867-1374 ; Empredado 207 ; 10h30-23h30)

La Factoria
Voir p. 54 (angle San Ignacio et Muralla, La Habana Vieja ; 11h-minuit)

Casa del Habano Partagás
Voir p. 61 (lacasadelhabano.com ; Bernaza 1, entre Obispo et O'Reilly ; 9h-17h)

Casa del Habano Quinta
Voir p. 61 (7-214-4737 ; angle Av. 5 et Calle 16, Miramar ; 10h-18h lun-sam, 10h-13h dim)

Farmacia Taquechel
Voir p. 55 (Obispo 155, entre San Ignacio et Mercaderes ; 9h-19h)

La Triada
Voir p. 61 (7-791-1064 ; habanos.com/place/la-triada : fort San Carlos de la Cabaña)

CENTRO HABANA

Asociación Cultural Yoruba de Cuba
Voir p. 75 (facebook.com/asyorubacuba ; Prado 615, angle Monte et Dragones ; 5 CUP ; 9h- 17h)

Capitolio Nacional
Voir p. 73 (angle Dragones et Paseo de Martí ; visite guidée 10 $US ; 9h-20h)

Casa de la Música
Voir p. 75 (Av. Galiano, entre Concordia et Neptuno ; 5-30 $US ; 16h-4h mar-dim)

Hotel Inglaterra
Voir p. 67 (7-860-8593 ; hotelinglaterralahabana.com ; Paseo de Martí 416)

Edificio Bacardí
Voir p. 74 (Av. de las Misiones entre Empedrado et San Juan de Dios ; ascension tour 1 $US ; horaires variables)

Edificio López Serrano
Voir p. 74 (Calle 13 et L n°108)

Escuela Nacional de Ballet
Voir p. 66 (Prado 207, entre Trocadero et Colón)

Iglesia del Sagrado Corazón de Jesús
Voir p. 75 (Av. Simón Bolivar entre Gervasio et Padre Varela ; variables)

Museo de la Revolución
Voir p. 67 (Refugio 1 ; résidents/étrangers 25/200 CUP, visite guidée 5/50 CUP, gratuit -12 ans ; 10h-17h)

Museo Nacional de Bellas Artes (Arte Cubano)
Voir p. 72 (bellasartes.co.cu ; San Trocadero, entre Agramonte et Av. de las Misiones ; 5 $US, gratuit -14 ans ; 9h-17h mar-sam, 10h-14h dim)

Museo Nacional de Bellas Artes (Arte Universal)
Voir p. 72 (bellasartes.co.cu ; San Rafael entre Agramonte et Av. de las Misiones ; 5 $US, gratuit -14 ans ; 9h-17h mar-sam, 10h-14h dim)

Palacio de los Matrimonios
Voir p. 66 (Paseo de Prado 302 ; 8h-17h lun-ven)

Teatro Fausto
Voir p. 66 (7-863-1173 ; angle Paseo del Prado et Colón)

BelleVue Deauville
Voir p. 74 (7-866-8812 ; Galiano n°1, entre Malecón et San Lázaro)

Casa 1932
Voir p. 74 (7-863-6203, 5-264-3858 ; casa1932.com ; Campanario 63 entre San Lázaro et Lagunas)

Gran Hotel Manzana Kempinski
Voir p. 68 (7-869-9100 ; kempinski.com/en/gran-hotel-kempinski-la-habana ; San Rafael, entre Monserrate et Agramonte)

Hotel Lincoln
Voir p. 74 (7-862-8061 ; Galiano 115-123)

Hotel Royalton Habana
Voir p. 74 (7-823-2400 ; royaltonresorts.com/resorts/habana ; Prado, entre Malecón et San Lázaro)

Hostal Peregrino
Voir p. 74 (7-860-1257, 7-861-8027 ; hostalperegrino.com ; Consulado 152, entre Colón et Trocadero)

Universidad de la Habana (p. 82)

Iberostar Parque Central
Voir p. 68 (7-860-6627 ; ibercuba.com ; Neptuno, entre Agramonte et Paseo de Martí)

La Guarida
Voir p. 75 (7-866-9047 ; laguarida.com ; Concordia 418, entre Gervasio et Escobar ; 12h-16h et 18h-minuit)

Paladar San Cristóbal
Voir p. 75 (7-860-1705 ; San Rafael 469, entre Lealtad et Campanario ; 12h-minuit)

Blanco 9
Voir p. 75 (5-373-2474 ; San Lazaro, entre Galiano et Blanco)

El Bleco
Voir p. 75 (5-013-9808 ; @ blecohavana ; Marina 115 ; 13h-2h)

Malecón 663
Voir p. 75 (7-860-1459 ; facebook.com/malecon663 ; Malecón 663 entre Gervasio et Belascoaín ; 9h-23h)

Michifú
Voir p. 75 (7-862-4869 ; facebook.com/Michifú ; Concordia, angle Escobar ; 12h-1h mer-lun)

Siá Kará Café
Voir p. 75 (7-867-4084 ; Industria 502, angle Barcelona ; 12h-2h)

Gran Teatro de la Habana Alicia Alonso
Voir p. 73 (7-861-3077 ; Paseo de Martí 458 ; visites guidées 5 $US ; visites 9h30-16h30 mar-ven, 9h-12h sam, spectacles 20h30 jeu-sam, 17h dim)

Teatro América
Voir p. 75 (teatroamerica.cult.cu ; Galiano 253 entre Concordia et Neptuno)

Memorias Librería
Voir p. 75 (Ánimas 57, entre Paseo de Martí et Agramonte ; 10h-17h)

Plan H
Voir p. 75 (Prado 308, entre Animas et Virtudes ; 8h30-minuit mar-dim)

Taller Comunitario José Martí
Voir p. 75 (Paseo de Martí, entre Neptuno et Virtudes ; 10h-21h)

VEDADO

Centro Fidel Castro Ruz
Voir p. 79 (centrofidel.cu ; Calle 11 n°707, entre Paseo et A ; 9h-16h mar-sam, 9h-13h dim, visites guidées 9h, 11h, 13h et 15h mar-sam, 9h et 11h dim)

Edificio Focsa
Voir p. 78 (angle Calle 17 et Calle M)

Fábrica de Arte Cubano
Voir p. 82 (7-838-2260 ; fac.cu ; angle Calle 26 et Calle 11 ; 2 $US ; 20h-2h jeu-dim)

La Quinta de los Molinos
Voir p. 77 (angle Av. Salvador Allende et Luaces ; 1 $US ; 9h-17h mar-sam, 9h-12h dim)

Monumento a José Martí
Voir p. 81 (Plaza de la Revolución ; 5 $US ; 9h30-17h lun-sam)

Museo Antropológico Montané et Museo de Historia Natural Felipe Poey
Voir p. 82 (Edificio Felipe Poey, Calle L angle San Lázaro ; 1 $US ; 9h-12h et 13h-16h lun-ven sept-juil)

Museo de Artes decorativas
Voir p. 85 (Calle 17 n°502, entre Calle D et Calle E ; 9 $US ; 9h30-16h mar-sam)

Museo Napoleónico
Voir p. 78 (7-879-1412 ; San Miguel 1159, angle Ronda ; 3 $US ; 10h-18h)

Necrópolis Cristóbal Colón
Voir p. 80 (5 $US ; 8h-18h, dernière entrée 17h)

Parque Lennon
Voir p. 79 (angle Calle 17 et Calle 6)

Universidad de la Habana
Voir p. 82 (7-879-1313 ; uh.cu/inicio ; angle Calle L et San Lázaro ; musées 9h-12h et 13h-16h lun-ven sept-juil)

Habana Libre
Voir p. 84 (7-834-6100 ; meliacuba.com ; Calle L entre Calle 23 et Calle 25)

Hotel Capri
Voir p. 83 (7-839 7200 ; nh-hotels.com ; angle Calle 21 et Calle N)

Hotel Claxon
Voir p. 85 (7-832-2712 ; claxonhotel.com ; Av. Paseo 458, entre Calle 19 et Calle 21)

Hotel Nacional
Voir p. 83 (7-836-3564 ; hotelnacionaldecuba.com ; angle Calle O et Calle 21)

Hostal Peregrino
Voir p. 74 (7-861-8027 ; hostalperegrino.com/hostal-peregrino-vedado ; Calle 9 n°406, entre G et F)

Hotel Riviera
Voir p. 84 (7-836-4051 ; ibercuba.com ; angle Paseo et Malecón)

Meliá Cohiba Hotel
Voir p. 85 (7-833-3636 ; meliacuba.com ; Av. Paseo, entre Calle 1 et Calle 3)

Café Laurent
Voir p. 84 (5-497-3636 ; facebook.com/RestaurantePaladarCafeLaurentHabana ; Calle M n°257, entre Calle 19 et Calle 21 ; 12h- minuit)

Casa Mia Paladar
Voir p. 84 (7-832-9735 ; facebook.com/CasaMiaPaladar ; Calle 1 n°103 entre Calle C et Calle D ; 12h-23h)

Coppelia
Voir p. 78 (angle Calle 23 et Calle L ; 10h-21h30 mar-sam)

Ela y Paleta
Voir p. 85 (5-333-1420 ; Calle 9 entre F et G ; 10h-1h)

El Biky
Voir p. 85 (7-870-6515 ; elbiky.com ; Infanta 412, angle San Lázaro et Concordia ; 8h-minuit)

Fangio Habana
Voir p. 84 (7-833-0916 ; fangiohabana.com ; Av. Paseo 458 entre 19 et 21 ; 7h30-23h dim-jeu, 7h30-1h ven-sam)

Grados
Voir p. 85 (7-833-7882 ; facebook.com/restaurantegrados ; Calle E n°562 entre 23 et 25 ; 12h-15h et 19h-22h jeu-dim)

La Torre
Voir p. 78 (7-838-3088 ; Edificio Focsa, Calle 17 n°55, entre M et N ; 12h-minuit mar-dim)

Pazillo
Voir p. 85 (7-835-1106, 5-334-9570 ; bar.pazillo.net ; Calle 5 entre 4 et 6 ; 16h-3h)

Café Cantante Mi Habana
Voir p. 85 (7-878-4275 ; facebook.com/CafeCantanteMiHabana ; angle Paseo et Calle 39 ; à partir de 5 $US ; 20h-3h)

Havana Café
Voir p. 85 (hbarhavana.com ; Paseo, entre 1 et 3 ; 21h-2h30)

Piano Bar Delirio Habanero
Voir p. 85 (7-878-4275 ; angle Paseo et Calle 39 ; à partir de 18h mar-dim)

Cabaret Las Vegas
Voir p. 83 (7-836-7939 ; Calzada de la infanta 104, entre Calle 25 et Calle 27 ; 22h-4h)

Cabaret Turquino
Voir p. 85 (Hotel Habana Libre, Calle L entre Calle 23 et Calle 25 ; à partir de 23h)

Café Madrigal
Voir p. 83 (7-831-2433 ; Calle 17 n°302, entre Calle 2 et Calle 4 ; 18h-2h mar-dim)

Casa de la Amistad
Voir p. 85 (Paseo 416 entre Calle 17 et Calle 19 ; 20h30- tard sam, 18h30-tard dim)

Centro Cultural Submarino Amarillo
Voir p. 85 (facebook.com/SubmarinoAmarilloOficial ; angle Calle 17 entre Calle 4 et Calle 6 ; 2-5 $US ; 21h-2h mer-ven, 14h-19h et 21h-2h sam, 14h-22h dim)

La Zorra y El Cuervo
Voir p. 85 (7-833-2402 ; angle Calle 23 et Calle O ; à partir de 22h)

Parisién
Voir p. 85 (7-846-2119 ; Calle O ; 21h30-2h)

Teatro Nacional de Cuba
Voir p. 85 (7-879-6011 ; angle Paseo et Calle 39)

Toke Infante y 25
Voir p. 83 (7-836-3440 ; entre Infanta et Calle 25 ; 8h-minuit lun-mer, 8h-3h jeu-dim)

PLAYA ET MARIANAO

Iglesia Jesús de Miramar
Voir p. 88 (angle Av. 5 et Calle 82, Miramar ; don apprécié ; 9h-12h et 16h-18h)

Fusterlandia
Voir p. 86 (Angle Calle 226 et Av. 3)

Marina Hemingway
Voir p. 88 (Angle Av. 5 et Calle 248, Santa Fe)

Universidad de las Artes
Voir p. 90 (7-208-0704 ; isa.cult.cu ; Calle 120 n° 904, entre 9 et 23, Playa)

El Aljibe
Voir p. 89 (7-204-1583/4 ; Av. 7 entre Calle 24 et Calle 26, Miramar ; 12h-minuit)

La Esperanza
Voir p. 90 (7-202-4361 ; Calle 16 n°105, entre Av. 1 et Av. 3, Miramar ; 19h-23h lun-sam)

Nero di Seppia
Voir p. 90 (5-478-7871 ; 90.com/clients/nerodiseppia ; Calle 6, Miramar ; 12h-minuit mar-dim)

Otramanera
Voir p. 90 (7-203-8315 ; @otramanera.lahabana ; Av. 35 n°1810 ; 12h30-23h mar-sam)

Paladar Vistamar
Voir p. 90 (7-203-8328 ; acebook.com/paladarvistamar ; Av. 1, entre 22 et 24, Miramar ; 12h-23h45)

Sensaciones
Voir p. 90 (7-206-1831 ; facebook.com/restaurantesensacioones ; Calle 70 n°902, entre 9 et 11, Playa ; 12h-23h30)

Toros y Tapas
Voir p. 90 (7-202-1548 ; facebook.com/torostapashavana ; Calle 6 n°124 entre 1 et 3, Miramar ; 12h-minuit)

Café Fortuna Joe
Voir p. 90 (5-413-3706 ; angle Calle 24 et Av. 1, Miramar ; 9h-minuit)

Café Miramar
Voir p. 90 (7-203-7676 ; Av. 5 n°9401, angle Calle 94, Miramar ; ven-dim)

Espacios
Voir p. 90 (5-266-3133 ; facebook.com/espacioshavana ; Calle 10 n°513 entre Av. 5 et Av. 7, Miramar ; 12h-3h)

Casa de la Música de Miramar
Voir p. 89 (5-988-7902 ; Calle 20 n°3308, angle Av. 35, Miramar ; 10-20 $US ; 17h-21h et 23h-3h)

Don Cangrejo
Voir p. 89 (Av. 1 n°1606, entre Calle 16 et Calle 18, Miramar ; 23h-3h)

Salón Rosado Benny Moré
Voir p. 89 (La Tropical ; 7-203-5322 ; angle Av. 41 et Calle 46, Kohly ; 21h-2h jeu-sam, 17h-22h dim)

Tropicana
Voir p. 88 (7-267-0110 ; cabaret-tropicana.com/en ; Calle 72 n°4504, Marianao ; à partir de 20h30 mer-dim)

LA HABANA DEL ESTE

Torreón de Cojímar
Voir p. 93 (Puerto de Cojímar)

Ajiaco Café
Voir p. 93 (7-765-0514 ; Calle 92 n°267 entre Av. 3 et Av. 5, Cojímar ; 12h-23h30)

Don Pepe
Voir p. 92 (7-876-4258 ; Av. de Las Terrazas, Playas del este ; 11h-21h)

Il Piccolo
Voir p. 92 (7-796-4300 ; angle Av. 5 et Calle 504, Guanabo ; 12h- minuit)

Restaurant 421
Voir p. 92 (5-305-6900 ; Calle 462 n° 911 entre Av. 9 et Av. 11, Guanabo ; 12h-23h)

Restaurante La Terraza
Voir p. 93 (7-766-5151 ; Calle 152 n°161, Cojímar ; 12h-23h)

REGLA, GUANABACOA ET LES FORTS

Castillo de los Tres Santos Reyes Magnos del Morro
Voir p. 96 (7-861-9727 ; Parque Histórico Militar Morro-Cabaña, La Cabaña ; 6 $US ; 9h-17h lun-ven, 8h-16h sam-dim)

Fortaleza de San Carlos de la Cabaña
Voir p. 95 (Parque Histórico Militar Morro-Cabaña, La Cabaña ; avant/après 18h 6/8 $US ; 8h-23h)

Iglesia de Nuestra Señora de Regla
Voir p. 97 (Regla ; 7h30-18h)

Museo de la Farmacia Habanera

Museo Municipal de Guanabacoa
Voir p. 97 (7-979117 ; Martí 108, entre Versalles et San Antonio, Guanabacoa ; 2 $US ; 9h-17h30 mar-sam, 9h-13h dim)

Museo Municipal de Regla
Voir p. 97 (7-797-6989 ; Martí 158 entre Facciolo et la Piedra , Regla ; 2 $US ; 9h-17h mar-sam, 9h-12h dim)

Café Versalles
Voir p. 97 (5-897-3130 ; Marti 101 entre Versalles et San Antonio ; 9h-21h)

Doña Carmela
Voir p. 97 (7-867-7472 ; Comunidad n°1, El Morro ; 12h-23h)

El Cañonazo
Voir p. 97 (5-381-2672 ; Los Locos ; 12h-minuit)

FAUBOURGS SUD

Iglesia de Nuestra Señora del Rosario
Voir p. 99 (Calle 21, entre Calle 31 et Calle 33, Cotorro ; 8h-18h mar-dim)

Jardin Botánico Nacional
Voir p. 101 (Carretera del Rocío, Boyeros ; 4 $US ; 9h-16h mer-dim)

Museo Hemingway
Voir p. 100 (7-692-0809 ; angle Vigía et Steinhart, San Francisco de Paula ; adulte/enfant 125/3 CUP ; 9h-17h lun, mer, jeu et sam, 9h-12h30 dim)

Santuario de San Lázaro
Voir p. 99 (Carretera san Antonio de los Baños, El Rincón ; 7h30-17h)

El Bambú
Voir p. 101 (Carretera del Rocío, Km 3,5, Jardin Botánico Nacional ; 13h-15h mer-dim)

HOLGER LEUE/SHUTTERSTOCK ©

Ci-dessus : cascade Salto del Arco iris (p. 132) ; à droite : Playa Paraiso (p. 145)

L'OUEST

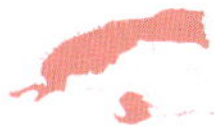

CULTURE DU TABAC ET SITES PATRIMONIAUX

Terre du tabac, montagnes peu élevées, plages somptueuses et faune hors du commun : l'Ouest de Cuba est plein de surprises.

Le tabac est cultivé à Cuba depuis des siècles. En se révoltant contre un monopole imposé par la Couronne espagnole au XVIIIe siècle, les planteurs de tabac prirent la direction de l'ouest et découvrirent une zone de culture idéale : Vuelta Abajo, dans la Provincia de Pinar del Río. Les plantations de tabac caractérisent cette région, reconnaissable par ses milliers de *casas de tabaco*, posées sur une terre couleur rouille, où sèchent les feuilles de tabac.

Toujours dans la Provincia de Pinar del Río, la vallée de Viñales, inscrite au Patrimoine mondial déroule un paysage datant du jurassique, avec ses *mogotes*, (collines calcaires) couverts d'une végétation luxuriante. Fermes et palmiers royaux ajoutent à l'atmosphère intemporelle de la région, riche en plages de sable blanc, récifs de corail et réputée pour sa faune.

Plus près de La Havane, dans la Provincia de Artemisa, les villages de Las Terrazas et de Soroa permettent d'accéder aux sentiers de randonnée dans la Sierra del Rosario, où prospèrent les oiseaux endémiques et les orchidées. Dans ces villages on déguste aussi une cuisine savoureuse. Des faits historiques ont marqué la province – et le monde – lorsqu'en 1980, 125 000 cubains, fatigués du régime communiste castriste, quittèrent le port de Mariel pour les États-Unis.

Sur la côte nord de la Provincia de Mayabeque, juste à l'est de La Havane, plongez dans l'histoire du sucre à Camilo Cienfuegos (Hershey), la ville du magnat du chocolat Milton S. Hershey, avec ses jardins et son train électrique. Le littoral de Mayabeque recèle de belles criques de sable blanc, des falaises propices à l'escalade et de magnifiques récifs au large.

Gagner l'Isla de la Juventud, la frontière sud de Cuba, n'est pas chose aisée, mais ceux qui y parviennent sont récompensés par les trésors de l'île : plage de rêve, criques et faune à Punta Francés, art rupestre, tortues marines et le village le plus reculé de Cuba, Cocodrilo, où vit un petit groupe de pêcheurs. Cayo Largo del Sur offre une escapade balnéaire superbe avec sa mer à la beauté exquise, son sable d'une douceur incomparable, ses hôtels et ses tortues.

SITES PRINCIPAUX

S'orienter

L'ouest de Cuba couvre l'ensemble de la partie occidentale du pays, les îles du Sud : Cayo Largo del Sur et l'Isla de la Juventud, ainsi que la province littorale de Mayabeque à l'est de La Havane.

Vallée de Viñales, p. 114
Ce Jurassic Park naturel inclut *mogotes* (collines calcaires), plantations de tabac, charmantes *casas particulares* et des promesses d'aventure à pied, à vélo et à cheval.

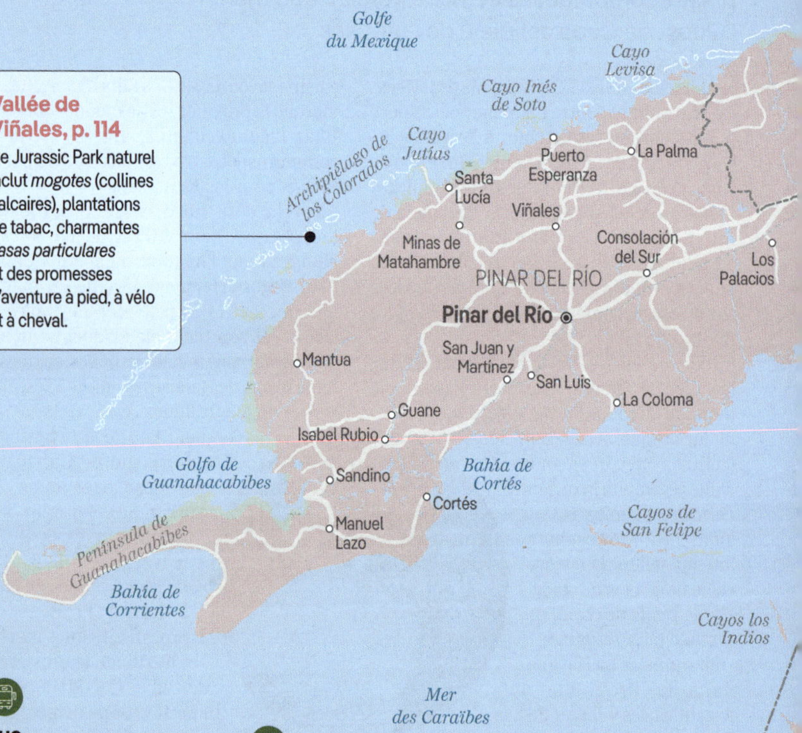

BUS

La seule ligne de bus touristique (Víazul) desservant l'ouest est celle qui relie La Havane à Pinar del Río et Viñales. Des bus partent de La Havane (gare routière à l'angle de l'Avenida Zoológico et de la Calle 26, différente de la gare routière principale de La Havane) en direction du port de Batabanó, d'où l'on embarque sur le ferry pour l'Isla de la Juventud.

VOITURE

Le meilleur moyen d'explorer la région est de louer une voiture à La Havane ou d'utiliser les taxis locaux (réservés auprès des *casas particulares*). Vous pourrez ainsi découvrir des coins isolés en montagne, des plages, des sites naturels et des plantations de tabac.

AVION/BATEAU

Cayo Largo del Sur n'est accessible que par avion. L'Isla de la Juventud dispose d'une liaison aérienne (irrégulière), mais le bateau entre Batabanó (Mayabeque) et Nueva Gerona s'avère plus fiable.

Sierra del Rosario, p. 128

La forêt tropicale de montagne abrite des oiseaux endémiques, des orchidées, des bassins de baignade et des vestiges de plantations de café. Une bonne destination pour une cuisine et un séjour de qualité.

Jibacoa et Camilo Cienfuegos (Hershey), p. 138

Le littoral de Jibacoa attire les amateurs de plongée vers les récifs au large. Les criques sauvages et les falaises de calcaire se prêtent à l'aventure, sans oublier la fascinante histoire du sucre à Camilo Cienfuegos (Hershey).

Isla de la Juventud et Cayo Largo del Sur, p. 144

Deux approches différentes de l'insularité : d'un côté l'Isla de la Juventud, sauvage et peu fréquentée ; de l'autre Cayo Largo, ses plages de sable et ses complexes hôteliers.

Planifier son séjour

Si vous visitez le Valle de Viñales, réservez quelques jours pour explorer la pointe ouest sauvage. Autre option pour les amateurs de séjours sauvages avec sentiers de randonnée et faune : La Sierra del Rosario (photo).

TUPUNGATO/SHUTTERSTOCK ©

Si vous avez peu de temps

● La **vallée de Viñales** (p. 114) est une base de départ idéale pour découvrir les multiples facettes de la région, notamment ses plantations de tabac. En chemin, faites une pause pour boire un verre en compagnie des *guajiros* (paysans). Pour vous rendre tout en douceur dans une vallée plus reculée, optez pour une balade à cheval avec repas pris dans une plantation. Une promenade à l'aube jusqu'au village de **Los Acuáticos** (p. 116) restera gravée dans votre mémoire. Ne manquez pas de découvrir les délicieux plats du terroir à la table des *fincas* (fermes) et des restaurants locaux, tout en profitant d'un cocktail et d'une vie nocturne en plein essor. Un aller-retour vers une célèbre plantation de tabac à **San Luis** ou **San Juan y Martínez** (p. 125) peut être organisé depuis Viñales.

Au fil des saisons

Les températures douces de novembre à avril sont idéales pour explorer Cuba. L'humidité est constante en été, mais vous pouvez y échapper dans les montagnes.

FÉVRIER

Les **champs de tabac** (p. 114) s'animent avec le début de la récolte en février et mars et les *secaderos* (séchoirs) se remplissent de feuilles.

AVRIL

Des armées de **crabes rouges** traversent la route côtière de la Península de Guanahacabibes (p. 126).

MAI

Le **Festival Internacional de Cine y Medio Ambiente del Caribe**, dédié au développement durable, se tient fin mai.

ZHAROV PAVEL/SHUTTERSTOCK ©, NADEZDA MURMAKOVA/SHUTTERSTOCK ©, BECA GONZALEZ/SHUTTERSTOCK ©

Si vous avez trois jours

● Depuis **Viñales** (p. 115), explorez la vallée à pied, à vélo ou à cheval et profitez d'une visite et d'un déjeuner dans une plantation de tabac à **San Luis** ou **San Juan y Martínez** (p. 125), à environ une heure de route. Le deuxième jour, rejoignez la côte à **Cayo Jutías** (p. 122) pour y déguster une langouste assis sur le sable et admirer les immenses étoiles de mer rouges (étoiles-coussin) à l'extrémité de la péninsule. Vous pouvez aussi choisir l'île idyllique **Cayo Levisa** (p. 122), plus loin, pour une journée d'évasion à la plage. À votre retour à La Havane le troisième jour, passez quelque temps à **Las Terrazas** (p. 129) ou à **Soroa** (p. 131), deux écovillages en pleine nature montagnarde dans la Sierra del Rosario.

Si vous avez plus d'une semaine

● Après quelques jours dans la **vallée de Viñales** (p. 114), dirigez-vous vers la lointaine **María La Gorda** (p. 126) et la **Península de Guanahacabibes** (p. 126) où vous attendent plages, plongée, snorkeling et découverte de la faune. Passez la nuit à **Las Terrazas** (p. 129) ou à **Soroa** (p. 131) pour respirer l'air de la montagne et découvrir des cascades, oiseaux et orchidées, et savourer un excellent repas. De là, partez en randonnée dans le **Cañón de Río Santa Cruz** (p. 137) ou à cheval jusqu'au mystérieux **site des missiles de Cuba** (p. 136). Les récifs, la mer et les falaises de **Jibacoa**, **Canasí** et **Puerto Escondido** (p. 142), ainsi que la ville dédiée au chocolat de Hershey, peuvent tous être visités lors d'une excursion d'une journée depuis La Havane. Pour une aventure hors des sentiers battus, cap vers le sud sauvage et l'**Isla de la Juventud** (p. 144).

JUILLET

Dans la Península de Guanahacabibes, en juillet et août : on surveille les **nids de tortues marines vertes** (p. 127).

AOÛT

La **Semana de la Cultura Sanluiseña** met à l'honneur une musique aux racines congolaises, jouée sur des tambours *yuka*.

OCTOBRE

Semana de la Cultura Viñalera : danse, musique et activités culturelles sont au programme.

NOVEMBRE

Semana de la Cultura, à Pinar del Río : défilés, danses et célébrations autour des produits de la région.

VALLÉE DE VIÑALES

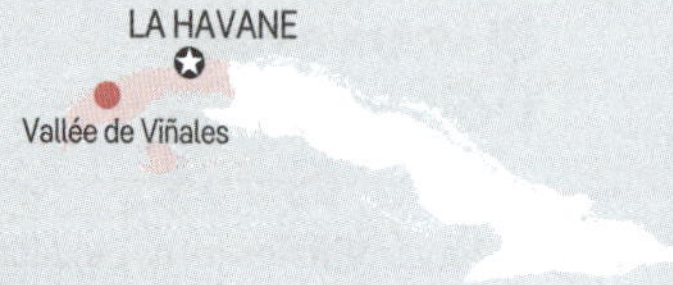

Avec ses pins majestueux et ses falaises calcaire qui surplombent les plantations de tabac, le Parque Nacional de Viñales, dans la Provincia de Pinar del Río est une des plus belles régions de Cuba. Blottie dans la Sierra de los Órganos, la Vallée de Viñales est inscrite au Patrimoine mondial pour ses spectaculaires *mogotes* (buttes calcaires). Il s'agit du plus bel exemple de vallée karstique à Cuba, et elle abrite la Caverna de Santo Tomás, le réseau de grottes le plus vaste de l'île.

Cette région bucolique déroule un paysage parmi les plus emblématiques du pays : une terre couleur rouille, des champs fertiles creusés des sillons tracés par les bœufs et des *secaderos* (séchoirs à feuilles de tabac) surveillés par des *guajiros* au chapeau vissé sur la tête. Patrie spirituelle de ces paysans attachants, Viñales, fondée au XIXe siècle avec l'essor du tabac, est un havre de paix et une ville très accueillante.

Pour les infos pratiques, voir le Carnet d'adresses p. 152

À SAVOIR

Viñales est au centre d'une région agricole très active. Vous serez certainement réveillé à l'aube par le chant du coq et les grognements des cochons.

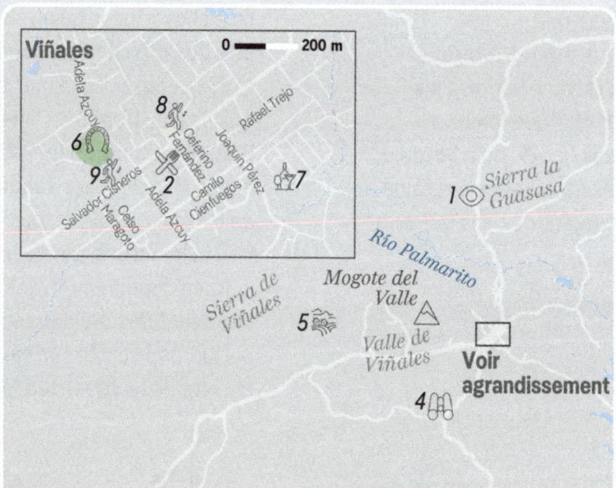

VOIR
1 Cueva de San Miguel
2 El Olivo
3 Gran Caverna de Santo Tomás
4 Hotel Los Jazmines
5 Los Acuáticos

ACTIVITÉS
6 The Viñales Experience

PRENDRE UN VERRE ET FAIRE LA FÊTE
7 Casa La Complaciente

SORTIR
8 Centro Cultural Polo Montañez
9 Patio del Decimista

Mogotes de Viñales

La vénérable et accueillante Viñales

AU CŒUR DE LA RÉGION DU TABAC

Lorsque vous apercevrez un *guajiro,* cigare à la bouche, rentrant à cheval après une journée de labeur dans les champs, dans un paysage luxuriant parsemé de *mogotes* et de *secaderos*, vous saurez que vous approchez de Viñales. Fondée en 1875, elle fut peuplée par les éleveurs de bétail et les planteurs de tabac. Tournée depuis longtemps vers le tourisme, cette ville alanguie aux maisons basses, est fermement attachée à ses traditions. Tranquillement installé dans un *sillón* (rocking-chair) sous un porche, appréciez un instant d'authentique vie cubaine. L'animation est centrée autour de la place principale avec la petite église. Niché dans un coin, le **Centro Cultural Polo Montañez**, qui porte le nom d'un *guajiro* chanteur de *son* très populaire de la région, propose régulièrement des soirées dansantes. Un peu plus loin, le **Patio del Decimista** est une intitution avec sa musique live. Des concerts se déroulent jusqu'au petit matin dans le joli **Jardin del Arte Sano**, éclairé et à l'écart de la rue principale.

À un moment ou à un autre de votre séjour, rendez vous au mirador de l'**Hotel Los Jazmines**. Le panorama sur les *mogotes*, les palmiers, les maisons, les champs rougeoyants

LES MEILLEURS BARS DE VIÑALES

Mogote Café
Surplombant la vallée luxuriante, hamacs et rocking-chairs sont la marque du Mogote Café. Cocktails variés dont une extraordinaire *canchánchara* !

Tarecos
Ce bar accueillant dispose d'une terrasse sur le toit, idéale pour admirer les couchers de soleil sur la vallée. Son cocktail Tarequeando, rehaussé par la liqueur Guayabita, est très apprécié.

Tres Jotas
Le bar à tapas Tres Jotas offre une ambiance club et une carte des boissons très complète : le meilleur des rhums cubains et des mojitos savoureux.

Viñales

OÙ SE RESTAURER À VIÑALES

Restaurante El Cuajaní
Des produits fermiers servis par le chef José dans une jolie maison sur fond de *mogote*. $$

Tarecos
Un blanc de poulet exceptionnel cuit au miel, à l'ail et au gingembre, et de savoureux tacos. $

Finca Agroecológica Paraíso
Cette jolie ferme sert des repas préparés avec les ingrédients maison, dont la meilleure viande de porc de la région. $$

et les *secaderos* (séchoirs) est à couper le souffle. Sur la route menant à Rancho San Vicente, près de la station-service, vous trouverez le charmant **Jardín Botánico de las Hermanas Caridad y Carmen Miranda**. Dans ce joli parc, qui a plus d'un siècle, des dindons déambulent entre les cascades d'orchidées, les oiseaux de paradis et les buissons de fougères. Frappez à la porte de la maison et quelqu'un vous proposera de le visiter. Un petit café sur place sert des jus de fruits frais.

ViñaleArte est un nouveau projet rassemblant 15 artisans locaux. Sa boutique est en bas de la rue Salvador Cisneros.

LABEL UNESCO

En novembre 2021, Cuba a déclaré la vallée de Viñales premier géoparc du pays, avec 57 géosites dont 10 d'importance internationale. L'Unesco a inscrit la vallée au patrimoine mondial de l'humanité 22 ans auparavant. Le relief karstique des lieux constitue en effet un "paysage vivant", protégé à ce titre par l'Unesco, qui a aussi souligné l'importance culturelle des pratiques agricoles traditionnelles de la région, dont celle du tabac, toujours cultivé et récolté selon des méthodes anciennes éprouvées garantissant le plus haut niveau de qualité.

Los Acuáticos

LE POUVOIR DE L'EAU

Los Acuáticos est un hameau de la Sierra de Viñales dont les ancêtres croyaient au pouvoir curatif de l'eau. En 1936, à une époque où les *campesinos* de la région n'avaient pas accès à la médecine conventionnelle, une paysanne, Antoñica Izquierdo, aurait entendu la Vierge Marie lui dire comment guérir son fils malade avec l'eau du ruisseau. Comme l'enfant se rétablit, la nouvelle se répandit et les pèlerinages commencèrent. La communauté de Los Acuáticos fut établie par d'autres personnes qui suivirent les recommandations. On y accède après une marche effectuée à l'aube, avec une vue spectaculaire sur la brume matinale entourant les sommets des *mogotes* et les troncs élancés des palmiers royaux. Une fois au-dessus de la ligne de brume, le spectacle vaut toutes les récompenses. Poursuivez votre chemin le long des champs avant de monter dans des petits canyons rocheux. Longez les palmiers royaux, les plants de café de part et d'autre du chemin. Au passage, admirez les aigrettes perchées sur les bœufs, l'ani à bec lisse (*judio*) d'un noir velouté, le todier de Cuba et le *tocororo*. Après avoir atteint l'une des premières maisons en bois du hameau, sirotez un café ou un jus de fruits en attendant que le soleil perce derrière les *mogotes*.

Sergio Enrique Luis Nodarse (sergioluis.vinales@gmail.com ; +53-5331-1812) organise des visites guidées ; en fin de visite, vous prendrez le petit-déjeuner chez un agriculteur, avec une vue imprenable sur la sierra. Aidez à labourer les champs, cueillez le café et nourrissez les animaux de la ferme.

La ferme au fond de la vallée

CHEVAUCHÉE AU PAYS DES CIGARES

Découvrez la région à cheval grâce des excursions organisées par **Viñales Experience** géré par la famille Miranda. Les balades guidées – vérifiez bien l'état de votre monture –démarrent un peu plus tard dans la journée afin d'éviter l'heure de pointe du matin. Vous pouvez arriver plus tôt au point de départ et

OÙ SE LOGER À VIÑALES

Casa Daniela
Une super *casa particular* avec 6 chambres, une belle piscine et une cour sécurisée pour le stationnement. **$**

Casa Omar y Mayra
Omar et Mayra vous accueillent chaleureusement dans cette *casa particular* dotée de 2 chambres. **$**

Finca Villaverde
Une retraite paisible et minimaliste entourée d'un grand jardin, avec hamacs et sièges sous l'auvent. **$$**

Vallée de Viñales

prendre un rafraîchissement au bar **Casa La Complaciente**. Cette promenade à cheval tranquille vous conduit sur des pistes serpentant dans les rouges profonds du fond de vallée. La vue panoramique sur les *mogotes* est spectaculaire. Après une heure en selle, accompagné par un guide et éclairé par une torche, vous pénétrerez dans la **Cueva de Palmarito** (longue de 14 km). Le déjeuner à la ferme familiale est servi accompagné de mojitos. On vous expliquera tout sur la fabrication des cigares et l'art de les savourer dans le *secadero*. La famille Miranda, comme de nombreux planteurs de tabac, vend 90% de sa production à l'État, le reste étant consommé ou vendu aux visiteurs.

La grande grotte de Santo Tomás

SPÉLÉOLOGIE DANS LA PLUS GRANDE GROTTE DE CUBA

La **Gran Caverna de Santo Tomás** est le plus vaste ensemble de grottes connu de Cuba : 46 km de galeries sur huit niveaux, dont 1 km accessible aux visiteurs. Chaussez-vous correctement et sachez que la grotte présente quelques passages assez abrupts à escalader et des pierres très glissantes. Équipé d'un casque et d'une lampe frontale, vous gravirez la pente raide et rocheuse (environ 120 m) et pénétrerez dans la "grotte des guêpes", située au sixième niveau de cette impressionnante caverne réservée

ESCALADE À VIÑALES

Cuba est un paradis pour les grimpeurs, lesquels sont de plus en plus nombreux à viser ses sommets depuis une vingtaine d'années. Divers opérateurs proposent circuits et itinéraires – la Casa Oscar vous renseignera très bien à ce sujet. Si l'aventure vous tente, commencez par consulter le site Internet *Cuba Climbing* (cubaclimbing.com). Le livre *Cuba Climbing* d'Aníbal Fernández et Armando Menocal (épuisé, mais disponible d'occasion) est aussi une référence en la matière.

Sachez toutefois que l'escalade à Viñales occupe une zone grise : trois itinéraires sont officiellement autorisés, mais les guides proposent de multiples itinéraires alternatifs non officiels, sans conséquence grave jusqu'à présent... Côté matériel, vous pouvez apporter le vôtre ou emprunter celui des grimpeurs de la région.

OÙ SE LOGER À VIÑALES

Casa Haydée Chiroles
Une belle *casa* avec 6 chambres et un patio luxuriant (piscine en cours de construction). $

Cabaña Mía
Une *cabaña* spéciale avec vue sur un *mogote* et un petit étang, dans un endroit peu touristique de la vallée. $$

Casa Deborah
Deux chambres calmes autour d'un petit patio, dans une belle maison située derrière la place. $

AU CŒUR DE LA VALLÉE DE VIÑALES À PIED

Cette route panoramique part de l'extrémité est de la Calle Salvador Cisneros. À l'embranchement, prenez la route de gauche qui se dirige dans la vallée pour atteindre la **1 Finca de Benito** qui cultive du tabac. Vous en saurez davantage sur cette culture grâce à Benito, cultivateur.

Suivez ensuite le chemin de terre rouge à travers l'exploitation, en restant sur votre droite. Les **2 mogotes de Viñales** sont toujours visibles. Vous vous approchez d'une *casita* bleue et blanche ; soulevez le fil barbelé à cet endroit et rejoignez le sentier en gardant la maison sur votre droite. Vous atteindrez une maison arborant trois colonnes blanches. Tournez à droite en direction d'un ruisseau qui coule sous des palmiers royaux.

Au prochain embranchement, tournez à droite. Bovins, chèvres, libellules et champs cultivés défileront devant vous, dans le silence uniquement rompu par le chant des oiseaux. Au carrefour, prenez le chemin de gauche en direction de l'Hotel Los Jazmines, situé sur la crête. La vue est spectaculaire. Aux deux bifurcations suivantes, tournez à droite et poursuivez jusqu'à une troisième bifurcation, où le sentier de droite fait le tour d'un *mogote* ; poursuivez tout droit. Au prochain embranchement, prenez à gauche.

Après 1 heure de marche, vous atteindrez la **3 Casa del Rey**, une *casa particular* de bois blanc aux bordures vertes. C'est le moment de faire une pause avec un verre de *guarapina*, un cocktail de *guarapo* (jus de canne pressé), jus d'ananas et d'orange et de liqueur Guayabita. En sortant de la maison, traversez un pont métallique qui mène à un carrefour. Tournez à gauche pour vous rendre à la **4 Casa Postal**, maison blanche aux volets bleus ; prenez un café ou un jus de fruits, avec une vue sublime sur la vallée. Reprenez ensuite le chemin vers l'Hotel Los Jazmines. Au sommet d'une colline, suivez le chemin de droite à l'embranchement situé près du pylône électrique. Dégustez une bière rafraîchissante au restaurant **5 Balcón del Valle**.

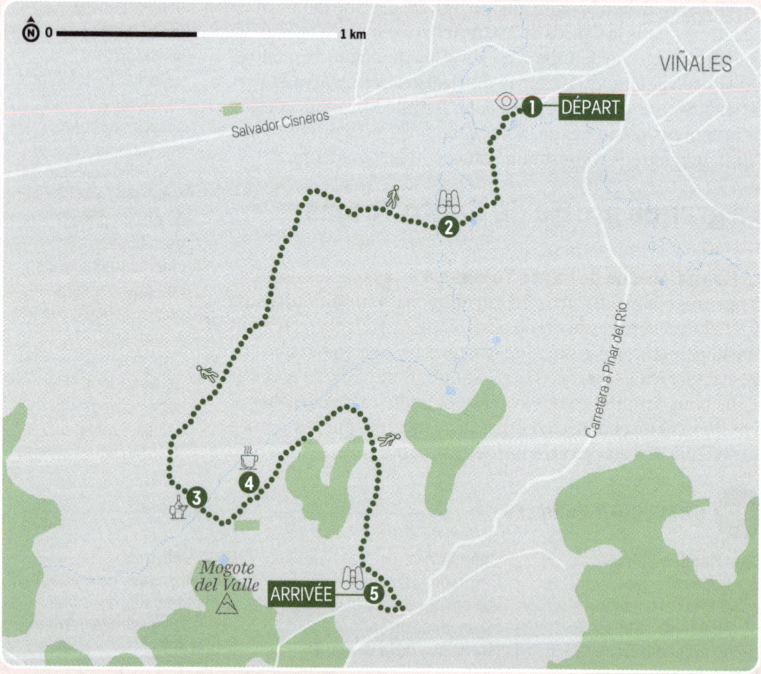

auxamateurs d'aventure. Depuis son sommet, la vue sur les environs de La Moncada depuis l'embrasure de la grotte vaut à elle seule l'ascension.

Des escaliers en bois permettent d'accéder à une cavité plus haute. Au milieu d'une myriade de stalagmites et de stalactites, on peut voir des chauves-souris, des piscines souterraines et des grenouilles minuscules dans les crevasses.

Balade dans le Valle de San Vicente

VÉLO, PANORAMAS ET BAINS THERMAUX

L'air frais de la vallée de Viñales est des plus agréables et la meilleure façon d'en profiter est de s'y déplacer à vélo. **Fashion Bici** se trouve près de l'église et loue des vélos qui tiennent bien la distance à la journée. Prenez la direction du nord pour rejoindre la vallée de San Vicente. Vous passerez devant des *mogotes* aux parois abruptes de chaque côté de la route, longerez des maisons de bois et croiserez des *guajiros*. Vous pourrez reprendre des forces dans un des cafés et buvettes que l'on trouve le long des 7 km du trajet. La grande **Cueva de San Miguel**, sur votre droite, servit jadis de refuge aux *cimarrones* (marrons, esclaves noirs fugitifs, voir encadré ci-contre). Peu après la **Cueva del Indio**, jadis habitée par les Indiens et que l'on découvre en bateau à moteur, voici l'**Hotel Rancho San Vicente**. Dans le parc de l'hôtel, piquez une tête dans l'une des piscines d'eau thermale sulfureuses et tièdes (accès par la porte du salon), avant de rentrer à vélo.

La Finca El Olivo et ses fromages

FROMAGE DE CHÈVRE LOCAL

Juste à l'extérieur de Viñales, la Finca El Olivo produit un fromage de chèvre réputé et ses terres cultivées fournissent fruits et légumes. Musardez jusqu'à la ferme, à 3 km de Viñales, pour voir l'exploitation en plein travail avant de visiter les installations. Tout le troupeau d'El Olivo a péri pendant la crise du Covid-19 et 50 des chèvres sont ensuite mortes lors du passage de l'ouragan Ian. Depuis, les troupeaux ont été reconstitués ; vous verrez quelques-uns des 45 adultes et des 45 adorables chevreaux avant de visiter le laboratoire où sont fabriqués les fromages. La visite se termine par une dégustation de ces savoureux produits accompagnés d'un verre de vin. Cerise sur le gâteau, vous pourrez poursuivre votre voyage gustatif au restaurant **El Olivo**, à Viñales, qui propose à la carte des plats à base de fromage de chèvre. La réservation des visites s'effectue directement au restaurant.

LES CIMARRONES

Le système esclavagiste a sévi à Cuba durant près de quatre siècles, entre 1522 et 1886. Pour échapper à leur terrible condition, nombre d'esclaves s'enfuyaient et se réfugiaient dans la montagne, devenant des *cimarrones* (marrons, esclaves noirs fugitifs). Ils formaient de petites communautés appelées *palenques*, souvent cachées dans des grottes de région montagneuse difficile d'accès, d'où ils fomentaient parfois une révolte contre leurs anciens maîtres. Le fait que les communautés d'esclaves marrons de Cuba aient été de taille modeste comparées à celles du reste des Caraïbes suggère qu'elles devaient privilégier la fuite au combat. L'un des *palenques* les mieux documentés du pays, El Portillo, dans la Sierra Maestra, fut démantelé en 1747 par des *rancheadores* (chasseurs d'esclaves), qui capturèrent 11 de ses 21 membres. Les témoignages recueillis lors de leur procès montrèrent que ces *cimarrones* étaient en fuite depuis 10 à 25 ans.

COMMENT CIRCULER

Le ViñalesBusTour circule dans toute la vallée, avec arrêts multiples pour un seul billet. Mais il n'est pas régulier et vous devez compter sur les taxis locaux, les charrettes à cheval, et la marche à pied. Le Centro de Visitantes du parc national propose des promenades guidées (un guichet de vente supplémentaire a été ouvert dans le bureau de la Víazul), ainsi que de nombreux guides privés.

MOGOTES, FERMES ET FOSSILES PEINTS

Cette promenade débute à Cuajaní, au panneau Antonio Maceo ANAP, à 3 km de la place de Viñales. Marchez en direction des *mogotes* de la **1 Sierra de Viñales**, en passant devant une école et des plantations de manioc et de tabac. Après 25 minutes, prenez à droite pour quitter la route principale et suivez un chemin de terre rouge longeant une maison aux tuiles vert menthe, et poursuivez jusqu'à la bifurcation suivante. Tournez à droite vers la **2 Finca El Renacimiento**, où vous rencontrerez Luis, qui parlera volontiers de la production de café, de tabac, de miel et de *guayabitas* (petites goyaves).

Quittez la *finca* et faites un détour de 300 m sur votre gauche jusqu'au **3 Mirador Bella Vista**, bar d'où la vue sur les *mogotes* est imprenable. Retournez à El Renacimiento et prenez la direction du sud. En 10 minutes vous arrivez à la *casa particular* **4 MogoteArte**, située dans un beau jardin où l'on peut prendre un verre.

Après 10 minutes, nouveau carrefour : prenez à droite pour voir le **5 Mural de la Prehistoria**, immense peinture murale qui orne la paroi d'un *mogote*. Cette peinture haute de 120 m et large de 160 m, a été réalisée en 1961 sur le Mogote Pita par Leovigildo González Morillo. Elle a demandé 4 ans de travail à une équipe de 18 personnes (on doit la repeindre à intervalles réguliers). Les escargots, dinosaures, monstres marins ainsi que les Indiens peints sur la roche évoquent l'évolution géologique et biologique de la région. Une œuvre que certains jugeront impressionnante et d'autres monstrueuse.

Revenez au carrefour et continuez vers le sud, en passant entre les *mogotes* Dos Hermanas et le *mogote* El Valle. Sur votre droite, longez le **6 "Stonehenge de Viñales"**, des roches déchiquetées formant des piliers naturels. En arrivant sur la route principale, tournez à gauche pour vous régaler au **7 Restaurante El Cuajaní** (p. 115).

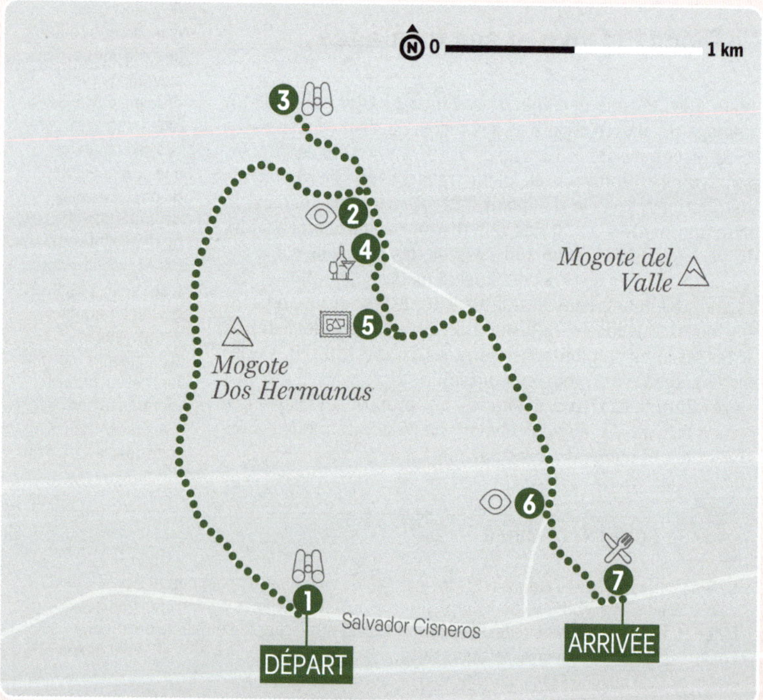

Provincia de Pinar del Río

Au-delà de la vallée de Viñales, place aux superbes plages de sable, aux spots de plongée, à la faune sauvage, aux villes méconnues et à un terroir inégalé pour la culture du tabac.

Après avoir exploré la vallée de Viñales et ses *mogotes*, découvrez les autres sites de la Provincia de Pinar del Río, région imprégnée de la culture du tabac dont la qualité n'a pas d'équivalent dans le monde. En allant encore plus à l'ouest, on accède, par une mavaise route, à différents sites côtiers isolés. La Península de Guanahacabibes, réserve de biosphère, inclut María La Gorda, connu pour ses sites de plongée, La Bajada, avec ses *casas particulares* et son bassin naturel d'eau de mer, et Cabo San Antonio avec son phare historique. Dans ces paysages spectaculaires évoluent de nombreux animaux. La route menant à la côte nord-ouest, parsemée de nids-de-poule, passe devant l'île de Cayo Jutías, puis au joli port de Puerto Esperanza, où le temps semble s'être arrêté, avant de rejoindre le petit paradis de Cayo Levisa. Si vous vous aventurez à l'intérieur des terres, vous traverserez une station thermale qui sort de l'ordinaire, une ville peu touristique et le QG de Che Guevara, installé dans une grotte lors de la crise des missiles. Il est recommandé d'avoir son propre véhicule pour explorer cette région.

Pour les infos pratiques, voir le Carnet d'adresses p. 153

À SAVOIR

Une constante à Cuba : toujours avoir de quoi se protéger du soleil qui tape fort (crème solaire, chapeau, lunettes de soleil) et des moustiques. Un parapluie peut vous servir d'ombrelle.

Cayo Jutías

LE LIEU PRÉFÉRÉ D'HEMINGWAY

Ernest Hemingway aimait parcourir le littoral nord-ouest, riche en coraux, tortues et crustacés. À la pointe de Cayo Jutías vit une colonie de grosses étoiles de mer orange, protégée par la pointe recourbée de la péninsule. Marchez environ 1 heure 30 le long de la plage en passant devant du bois flotté aux formes fantasques, ou à l'intérieur des terres en passant par les mangroves et les casuarinas, ou bien louez un bateau pour explorer la zone. La colonie d'étoiles de mer est là depuis longtemps (ne les touchez pas), visible dans l'eau peu profonde. Vous avez peu de chances d'apercevoir des tortues marines vertes (*Chelonia mydas*), une espèce en voie de disparition, à cause du braconnage qui sévit le long de la côte nord-ouest, les plongeurs embarquant des filets de pêche sur les bateaux pour les capturer.

La côte nord-ouest et ses plages

SABLE FIN, ÉTOILES ET FRUITS DE MER

La côte nord-ouest de Cuba est isolée, peu visitée et accessible par des routes cahoteuses. Un tronçon serpentant vers le nord à travers la vallée de San Vicente a néanmoins été refait. Le panorama est spectaculaire. La route émerge près de **Puerto Esperanza**, un port de pêche qui a la faveur des voyageurs en quête d'authenticité. En poursuivant vers l'est se profile **Cayo Levisa**, qui a conservé l'atmosphère d'une petite île tropicale, que l'on rejoint en bateau (30 minutes, 2 traversées/jour) depuis Palma Rubia où il y a quelques *casas particulares*. Détendez-vous dans un hamac avant de faire un peu de snorkeling ou de plongée. L'**Hotel Cayo Levisa** a fermé après le passage de l'ouragan Ian en septembre 2022 mais s'apprêtait à rouvrir ses portes au moment de la rédaction de ce guide. Sachez que la cuisine de l'hôtel a toujours eu médiocre réputation.

La petite plage de sable la plus retirée de Pinar del Río ourle la côte nord de **Cayo Jutías** (ouest de l'Archipiélago de los Colorados), un îlot recouvert de mangrove à environ 65 km au nord-ouest de Viñales et relié au continent par un court *pedraplén* (chaussée). Baptisé d'après une espèce indigène de rongeurs, le *jutía* (agouti), ce *cayo* est presque aussi joli que

RICHARD SEMIK/SHUTTERSTOCK ©

Phare, Cayo Jutías

OÙ SE LOGER ET SE RESTAURER SUR LA CÔTE NORD-OUEST

Casa Teresa Hernández Martínez
Au cœur d'Esperanza, chambres et restaurant de poisson. **$**

Hotel Cayo Levisa
Bungalows spacieux et bien pensés, avec hamacs en bord de mer. **$$**

Cayo Jutías Restaurante
Queue de langouste grillée, poisson et poulet rôti servis dans un *ranchón* au style rustique surplombant la mer. **$**

DEMERZEL21/GETTY IMAGES ©

Puerto Esperanza

Cayo Levisa. L'accès se fait à 4 km à l'ouest de Santa Lucía, via la chaussée ; une dizaine de minutes après apparaît au loin le Faro de Cayo Jutías, bâti par les États-Unis en 1902. Louez chaises longues et parasols, ainsi que des kayaks, paddles et pédalos au centre de sports nautiques **Marlin** (marinasmarlin.com). Vous pouvez marcher ou louer un bateau qui vous mènera jusqu'à la pointe de la péninsule, préservée, où les eaux peu profondes sont peuplées d'étoiles de mer. Des excursions de snorkeling et une visite au large de Cayo Mégano peuvent également être organisées. Des taxis collectifs circulent jusqu'à Cayo Jutías.

Montagne, grotte et bains sulfureux

BAINS THERMAUX ET GROTTE DU CHE

Au cœur de la cordillère de Guaniguanico, qui se divise entre la Sierra del Rosario à l'est et la Sierra de los Órganos à l'ouest, se trouve **San Diego de los Baños**. Cette ville isolée un peu au nord de la Carretera Central, est dotée d'un célèbre établissement de bains, qui s'étale sur les rives des Ríos San Diego et Caiguanabo. L'établissement ressemble à un sanatorium semi-désaffecté. Seuls les touristes les plus curieux – et les moins sensibles à la forte odeur de soufre – vont au sous-sol pour un bain d'eau sulfureuse. Il ferme tôt le week-end et n'accepte que les paiements par carte.

Les beaux paysages naturels à l'ouest de la ville, région connue sous le nom de Sierra de Güira, sont faits de falaises tapissées de pins, d'acajous et de cèdres et on y observe de nombreuses espèces d'oiseaux. C'est là que se trouve l'**Hacienda Cortina**.

DES EAUX CURATIVES

La légende veut qu'au XVIIe siècle, un esclave souffrant de lésions cutanées se soit rendu à la rivière de ce qui deviendrait San Diego de los Baños, y prit un bain et s'en trouva guéri. La nouvelle se répandit et les Cubains vinrent se baigner dans la rivière. Les sources naturelles – El Templado, El Tigre et La Gallina – ont une température comprise entre 30°C et 40°C, possèdent une haute teneur en soufre et contiennent en outre du calcium, du magnésium, du sodium et du chlore. La proximité de La Havane permit l'installation d'une petite colonie sur le site et un établissement de cure ouvrit ses portes en 1891. Au début du XXe siècle, l'endroit était fréquenté par de nombreux Cubains et touristes américains, ce qui favorisa le développement du complexe hôtel-thermes au début des années 1950.

OÙ SE LOGER ET SE RESTAURER À SAN DIEGO DE LOS BAÑOS

Hostel Mountain View
Deux chambres avec salle de bains, gérées par Mayra, avec un *ranchón* dans le patio du jardin à l'arrière. $

Casa Nalúa
Casa au style *arty* servant des plats vegan dans une rue tranquille de la ville. $

Hotel Mirador
Hôtel sans prétention à côté du spa, avec piscine et grill en bord de piscine. $

Ce domaine fut imaginé par José Manuel Cortina (1880-1970), qui fit d'abord construire un vaste parc dans les années 1920 et 1930, avant d'y faire ériger une majestueuse demeure. Le site a été restauré en partie en 2014. Le domaine fleuri se compose de jardins à la française ornés de statues et d'un parc japonais. Les jardins de l'hacienda sont prolongés par les 25 000 ha du Parque La Güira. Il y a un bar et un restaurant (carte minimaliste).

En octobre 1962, durant la crise des missiles, Che Guevara transféra le quartier général de l'armée occidentale dans la **Cueva de los Portales**, à 11 km à l'ouest du Parque La Güira. Un petit musée en plein air présente les équipements de fortune du Che. Plus haut sur la colline, trois autres grottes, baptisées El Espejo, El Salvador et la Cueva Oscura valent le détour.

San Diego est à 1 heure 30-2 heures de Viñales en voiture ou en taxi. Comptez 30 minutes supplémentaires pour atteindre la Cueva de los Portales depuis La Güira.

LIQUEUR LOCALE

La célèbre boisson couleur d'ambre de Pinar del Río, commercialisée sous le nom de **Guayabita del Pinar**, est fabriquée à partir de canne à sucre distillée et de *guayabitas* fermentées – petites goyaves de la taille d'une olive cueillies sur l'arbuste *Psidium salutare*. L'immigrant basque Lucio Garay Zavala a pris goût à cette boisson en 1892 et a créé une usine produisant du *dulce* (doux) et du *seco* (sec), chaque bouteille contenant une *guayabita*. L'ouragan Ian a malheureusement pratiquement détruit l'usine et il est aujourd'hui difficile de trouver le produit fini. Mais les habitants de la région savent peut-être où trouver quelques bouteilles. S'ils en ont, ne refusez pas un mojito préparé avec cette liqueur : un pur délice !

Une ville aux arômes de cigare

FUMÉE, ART ET LIQUEUR

Située au cœur d'une campagne superbe et tirant sa prospérité des plantations voisines, d'où provient le meilleur tabac de la planète, **Pinar del Río** fut l'une des dernières villes fondées à Cuba (1774). Elle n'offre pas de grandes attractions au visiteur, mais c'est là que réside aussi son attrait. Dans la rue principale, la Calle Martí, vous verrez des galeries d'art, des musées et le magnifique **Teatro José Jacinto Milanés** (1845). Plus à l'ouest dans la Calle Martí, le style néoclassique des façades cède la place à l'exubérance du **Palacio de los Matrimonios** (1924). Vous pourrez voir les rouleurs de cigares dans la **Fábrica de Tabacos Francisco Donatién**. La **Fábrica de Bebidas Casa Garay**, produisait la liqueur caractéristique de la ville. L'excentricité de l'extérieur du **Museo de Historia Natural** est plus intéressante que la collection du muséum. Sur la Plaza de la Independencia, la belle maison Art nouveau de l'artiste Pedro Pablo Oliva est une bonne halte ; à proximité se trouve l'espace d'exposition du **Consejo Provincial de Artes Plásticas**. Enfin, ne manquez pas la **Galería Sala Real-Casa del Joven Creador**, dans la Calle Martí.

Au cœur du tabac cubain

L'EXCELLENCE DES CIGARES CUBAINS

Autour de Pinar del Río s'étendent les 40 000 ha de la **Vuelta Abajo**, la principale région cubaine de production de cigares : elle produit 80% du tabac de l'île et presque toute la production destinée à l'exportation.

OÙ SE LOGER ET SE RESTAURER À PINAR DEL RÍO

Casa Colonial La Nonna
Au cœur de Pinar del Río, Moro et son épouse louent des chambres dans leur grande maison. **$**

Café Ortúzar
Petits plats, plats à base de viande et martini au chocolat à l'orange dans le restaurant le plus tendance de Pinar. **$**

El Mesón 1995
Une cuisine *criolla* et une belle carte de boissons dans ce restaurant établi de longue date. **$**

ROBERTO LA ROSA/SHUTTERSTOCK ©

Plantation de tabac, Valle de Viñales

Hector Luis Prieto, le plus jeune Cubain à avoir reçu le prestigieux prix Hombre Habano pour la qualité du tabac sur une saison, cultive des terres bordées d'un ruisseau à la **Finca Quemado de Rubí**. Ses feuilles sont utilisées pour des cigares destinés à des marques telles que les Cohiba Behike. La visite – déjeuner *criollo* inclus – comprend les champs, le *secadero*, la *casa de escogida* (maison de sélection des feuilles) et une démonstration par un *torcedor* (rouleur de cigares).

La **Finca Robaina** est devenue célèbre sous la direction de feu Alejandro Robaina. Les feuilles y sont transformées en Vega Robaina, l'une des 27 marques de cigares fabriquées à Cuba. En 1997, a été créé une marque de cigares à son nom, Vegas Robainas. La visite de la Finca Robaina est très rapide. Elle commence par une explication du processus de culture et se termine face à un *torcedor* qui vous roulera un cigare.

LE TERROIR CUBAIN ET LES MEILLEURS CIGARES DU MONDE

Vuelta Abajo, terroir incluant San Luis et San Juan y Martínez, produit la plus haute qualité de *Nicotiana tabacum* de tout Cuba – et les meilleurs cigares. Son secret réside dans une combinaison unique de conditions naturelles : le pH du sol et sa teneur en minéraux (en particulier d'azote), la chaleur, la pluie, l'humidité (environ 65%), les faibles amplitudes thermiques sur la journée et sur l'année... Le travail effectué est tout aussi essentiel. Les agriculteurs doivent irriguer, doser engrais et pesticides et traquer les parasites. Chaque plante est passée au peigne fin tous les jours afin de s'assurer de sa bonne santé. Les nouvelles pousses et les bourgeons sont éliminés. Enfin, le séchage et la maturation sont un art. Tous ces éléments influencent l'arôme final, marque de fabrique d'un bon cigare cubain.

OÙ SE LOGER ET ACHETER DES CIGARES AU PAYS DU TABAC

Cabaña Quemado el Rubí
Une *casita* en bardage bleu et blanc surplombant la rivière. **$**

La Casa del Veguero, Viñales
Vous manquez de temps ? Rendez-vous dans ce lieu qui combine *ranchón* et *secadero* pour une halte cigares.

Casa del Habano, Pinar del Río
Face à la fabrique Donatién, ce magasin rénové vous guidera à travers les étapes de confection d'un cigare.

LES ANIMAUX DE GUANAHACABIBES

Les nuits d'été, des tortues de mer investissent les plages pour y pondre, tandis qu'en avril des armées de *cangrejos colorados* (crabes rouge et jaune) envahissent la route centrale de la péninsule, nombre d'entre eux se faisant écraser sans ménagement par les voitures. Passer au ralenti implique en effet que les pinces des crabes, dressées par la peur, risquent effectivement de crever vos pneus ; vous devrez en tenir compte si vous prenez la route ici à cette période. Cette région de calcaire déchiqueté héberge aussi oiseaux endémiques, iguanes terrestres de Cuba, cerfs à queue blanche et crocodiles d'Amérique. Le parc de Guanahacabibes est également une zone importante pour la production de miel de qualité. Les abeilles récoltent ici le nectar et le pollen des plantes locales telles que le lentisque jaune, le gommier rouge, le palmier et le palétuvier.

María La Gorda

Península de Guanahacabibes

AVENTURES EN TERRE SAUVAGE ET RECULÉE

À l'extrémité ouest de Cuba, la péninsule de Guanahacabibes est une étroite plaine écologiquement très riche. Cette enclave parmi les plus isolées de Cuba aurait accueilli les premiers habitants de l'île, les Guanahatabeys. Accessible en 2 heures de route depuis Pinar del Río, cette région sauvage compte peu d'infrastructures touristiques et paraît plus isolée qu'elle ne l'est. Il y a deux excellentes raisons de venir ici : un parc national (réserve de biosphère) et le centre de plongée international de María la Gorda. Constellée de cocotiers, la plage de **María La Gorda** donne sur une mer luminescente et un récif corallien à environ 100 m au large. Derrière l'hôtel de plongée – l'Hotel María La Gorda – se trouve une parcelle boisée avec des *cabañas*, très appréciée par d'énormes iguanes.

La plupart des visiteurs viennent ici pour la plongée : 32 sites de plongée longent la Bahía de Corrientes. María La Gorda doit son nom à María, la "grosse dame" qui servait les pirates de passage. Une promenade de 6 km sur le Sendero El Tesoro de María part de l'hôtel : les vues y sont magnifiques. L'Hotel María La Gorda, à 14 km de La Bajada, se trouve le long d'une route côtière jouxtant les plus belles étendues marines de Cuba.

Détendez-vous à La Bajada, hameau à l'écart de la route, avec cinq *casas particulares* louant des chambres face à la mer. Sa plus belle attraction est une belle piscine naturelle d'eau de mer, **Pozo de Juan Claro**, située face au poste militaire. On y fait du snorkeling dans des eaux cristallines, idéales

OÙ SE LOGER À GUANAHACABIBES

Hotel María La Gorda
Cabañas, chambres et *casas* forment un complexe de plongée aux services de restauration limités. **$$**

Villa Azul
Chambres confortables en bord de mer dans le village de La Bajada, avec restaurant sur place. **$**

Brisas del Mar
Une *casa particular* pimpante de La Bajada avec deux chambres en suite face à la mer. **$**

pour repérer des poissons tropicaux colorés, l'occasionnel barracuda et une grotte. Prévoyez des chaussures adaptées à l'eau et prenez garde aux oursins.

À la **Estación Ecológica La Bajada**, à 10 minutes de marche, vous trouverez des guides – obligatoires pour la visite de la **réserve de biosphère de la Península de Guanahacabibes** et l'excursion sur le Cabo San Antonio, la pointe la plus à l'ouest de Cuba. Osmany est le guide le plus expérimenté. Il est conseillé de se présenter la veille pour réserver sa promenade ou son excursion, le bureau fermant à 15 h.

Une balade de jusqu'à l'incontournable **Cueva Las Perlas** vous fait croiser la route de nombreux oiseaux endémiques, notamment le *tocororo* aux couleurs vives, le todier de Cuba, le colibri émeraude cubain, la colombe à tête bleue et la minuscule chouette pygmée cubaine. La grotte abrite aussi hiboux, rats arboricoles cubains (*jutía conga*), chauves-souris frugivores jamaïcaines, grenouilles tachetées de la taille d'un ongle (*Eleutherodactylus guanahacabibes*) et un autre amphibien également minuscule, l'*Eleuthero dactylus atkinsi*, tous deux endémiques de la province.

Un circuit de 5 heures passe par le **Cabo San Antonio**. La mer est bordée d'une plateforme calcaire rugueuse, piquetée de minuscules pics dentelés et de trous appelés *dientes de perro* (dents de chien). La végétation passe brusquement de la forêt côtière à la forêt à feuilles semi-caduques, puis à la forêt marécageuse et aux arbustes. Palmiers, raisiniers bord de mer et frangipaniers odorants bordent la route.

L'accès à la réserve de biosphère et au Cabo San Antonio est contrôlé. On ne peut parcourir les 60 km qui mènent à la pointe sans être accompagné par un guide. Faites une pause pour observer les papillons, les oiseaux et autres animaux comme l'iguane terrestre de Cuba et le cerf de Virginie. Les falaises karstiques – El Farrallon de los Ingléses – offrent un nouveau point de vue. Une passerelle installée récemment au-dessus de la Laguna de Caleta Larga permet d'apercevoir des crocodiles qui sillonnent l'eau en compagnie d'ibis blancs, de hérons, d'oiseaux-serpents, de sarcelles, d'aigrettes et de pélicans. La **Playa Francés** comme la **Playa Las Tumbas**, face à la Villa Cabo San Antonio, sont plutôt belles et sauvages, mais infestées de moustiques. Sur le chemin du retour, passez par la **Poza Redonda**, une autre piscine naturelle d'eau de mer, limpide et peuplée de poissons tropicaux.

Cette région isolée n'est pas desservie par les transports en commun. Vous aurez besoin d'être motorisé ou d'emprunter un taxi. Le trajet de Viñales à La Bajada dure 3 heures.

APOCALYPSE CHEZ LES TORTUES

Guanahacabibes est un haut lieu pour les nids de tortues vertes (*tortuga verde*), en voie de disparition. Elles pondent en juillet et en août, mois privilégiés pour observer les bébés tortues se dirigeant vers la mer. Les excursions pour **Playa La Barca** partent de la station écologique de La Bajada à 21h. Réservez la veille et prévoyez de vous y rendre. Julia Azanza Ricardo, professeur à l'université de La Havane, observe les populations de tortues marines depuis 15 ans et a été témoin de l'impact du changement climatique. La température des nids augmente ; ceux qui avaient autrefois une température comprise entre 28°C et 30°C atteignent aujourd'hui 32°C à 34°C. Or le sexe d'une tortue est déterminé par la température d'incubation, et 90% des tortues nées à Cuba sont maintenant des femelles.

COMMENT CIRCULER

Víazul est la seule compagnie de bus au départ de La Havane (arrêts à Pinar del Río et Viñales). Pour atteindre la Península de Guanahacabibes il faut être motorisé. Les *casas particulares* sont en relation avec des chauffeurs. Des Cubataxis jaunes font la queue dans la Calle Ceferino Fernández à Viñales. Les *casas particulares* de La Bajada vous aideront pour le transport.

SIERRA DEL ROSARIO

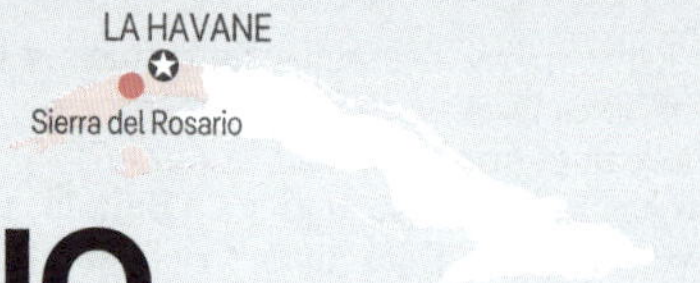

Proche de La Havane, les versants boisés de la Sierra del Rosario, située pour l'essentiel dans la Provincia de Artemisa, offrent une belle escapade nature. Avec sa myriade d'oiseaux, ses fleurs rares et sa nature luxuriante, ces montagnes boisées se prêtent aux activités de plein air. À Las Terrazas, paisible écovillage bordant un lac, promenez-vous dans les forêts de palmiers royaux et de feuillus précieux, et observez les oiseaux endémiques avant de déguster une cuisine maison dans un restaurant dédié à la *Slow Food*. Rencontrez les habitants de la région lors d'une plongée rafraîchissante dans les bassins de baignade de la rivière San Juan. Tendez l'oreille pour écouter le groupe qui interprète les mélodies chaleureuses du célèbre chanteur de *son* Polo Montañez. Les branchés culture apprécieront de passer des après-midi à visiter des ateliers d'artistes. Pour une ambiance plus montagnarde, direction Soroa à 16 km au sud : orchidées, paysages de montagnes, cascade et bains minéraux sont au rendez-vous, tout comme d'excellentes *casas particulares*.

Pour les infos pratiques, voir le Carnet d'adresses p. 154

CONSEIL

La ligne de bus Víazul qui part de La Havane pour Pinar del Río et Viñales s'arrête une fois par jour à Las Terrazas en haute saison. Il vous faudra une voiture de location ou un taxi pour vous rendre dans ces lieux en dehors des principaux itinéraires touristiques.

Bassins naturels, Soroa

VOIR
1 Castillo de las Nubes
2 Las Terrazas
3 Mirador Loma el Mogote
4 Orquideario de Soroa

SE LOGER
5 Horizontes Villa Soroa
6 Hotel Moka

L'écologique Las Terrazas

UNE COMMUNAUTÉ ISOLÉE DANS LA MONTAGNE

En 1968, quand le mouvement écologiste naissant se résumait à un petit groupe de contestataires, des Cubains inquiets des conséquences environnementales de la vaste déforestation de l'île, eurent l'idée prélever 50 km² de terre dégradée dans l'ouest montagneux de Cuba, autour des vestiges d'anciens *cafetales* (plantations de café), et d'en reboiser les versants en terrasses pour qu'ils résistent à l'érosion. En 1971, avec l'achèvement de la première phase du projet, les travailleurs s'attelèrent à la création d'un lac artificiel et à la construction sur ses berges d'un village de maisons blanches, afin de fournir un hébergement à la population dispersée de la région. C'est ainsi que naquit Las Terrazas, un écovillage où vit un millier d'âmes. Implanté à plusieurs kilomètres de l'autoroute principale, il fait aujourd'hui partie intégrante de la réserve de biosphère de la Sierra del Rosario. Au bord du lac San Juan, *casitas* et appartements surplombent le paysage. On peut réserver des promenades guidées, partir à la découverte des ruines des plantations de café, observer les oiseaux, glisser sur une tyrolienne et se détendre dans les magnifiques bassins de rivière vert turquoise. Promenez-vous

Las Terrazas

OÙ SE LOGER À LAS TERRAZAS

Hotel Moka
Entouré de tecks et perché sur une colline, l'Hotel Mocka propose 46 chambres. **$$**

Casas particulares
Louez une chambre privée avec salle de bains une *casita* autour du lac. **$$**

Cabinas San Juan
Cabanes sur pilotis face à la rivière San Juan, accessibles par une échelle. **$**

LES INCONTOURNABLES DE LAS TERRAZAS

Idalmys González Pérez, guide basée à Las Terrazas, partage ses bons plans. *idalmisgonzales peres@gmail.com*

Communauté de Las Terrazas
Visitez les artistes et goûtez aux plats du restaurant éco-responsable El Romero. Terminez le déjeuner par un café au Café de María.

La maison du miel
Visitez le projet "Las Angelitas", où Angela soigne ses 33 ruches d'abeilles mélipones (sans dard). C'est l'occasion d'en savoir plus sur les abeilles et le miel, et de profiter d'une dégustation.

Musique locale
Venez écouter le Grupo Polo Montañez, qui joue à l'heure du déjeuner à la Casa del Campesino. Les Hermanos Morales animent presque tous les soirs l'Hotel Moka avec salsa et chansons de Polo Montañez.

JULIE RAUSENBERGER/SHUTTERSTOCK ©

Ruines, Las Terrazas

dans le village et visitez des ateliers d'artistes ou la maison du chanteur de *son* Polo Montañez.

En 1994, alors que l'industrie touristique se développait pour contrebalancer les terribles conséquences économiques de la "période spéciale" cubaine consécutive à la chute de l'Union soviétique, Las Terrazas inaugura l'Hotel Moka, établissement conçu par l'architecte et ministre du Tourisme Osmany Cienfuegos (né en 1931), frère de Camilo Cienfuegos. Aujourd'hui la plupart des membres de la communauté travaillent dans l'hôtellerie, la restauration et en tant que guides.

Nature et café de haute montagne

RUINES DE PLANTATIONS DE CAFÉ, OISEAUX ET BASSINS DE RIVIÈRE

Amateurs d'oiseaux, réservez la balade ornithologique qui part tôt le matin de l'**Hotel Moka**. La randonnée de 9 km, d'un niveau facile, qui conduit à El Contento, vous fait traverser une forêt tropicale, le long de sentiers rocheux, à la recherche d'oiseaux endémiques tels que le *tocororo* et le todier de Cuba. En chemin, vous passerez devant les vestiges de plantations de café du XIXe siècle de San Ildefonso et El Contento. Les ruines de San Ildefonso sont progressivement recouvertes par la forêt, tandis que le site d'El Contento, plus grand, se dresse avec de nombreux murs intacts dans une clairière. Le café a été introduit

OÙ SE RESTAURER ET PRENDRE UN VERRE À LAS TERRAZAS

El Romero
Cuisine végétarienne et jus rafraîchissants, le tout avec des ingrédients locaux. $

La Casa de Mercedes
Bonne cuisine *criolla*. Un groupe joue de temps en temps en hommage à Montañez. $

Café de María
Petite halte à l'ombre d'un manguier, proposant café et biscuits de Las Terrazas. $

sur l'île dans les années 1790 avec l'arrivée de planteurs français fuyant la révolution haïtienne ; la production de café cubain a atteint son apogée dans les années 1830. À la fin de cette randonnée, vous apprécierez un plongeon dans les bassins de baignade vert turquoise du Río San Juan, encadrés par la forêt.

Un village dynamique

UNE TRANCHE DE VIE RURALE

En traversant Las Terrazas jusqu'au lac San Juan, on atteint la **Casa-Museo de Polo Montañez**, où vécut le célèbre chanteur (alias Fernando Borrego Linares ; 1955-2002), une des voix du folklore cubain. Dans ce petit musée – photos de famille, instruments et coupures de presse – on peut entendre les succès des deux albums de l'artiste, *Guajiro Natural* et *Guitarra Mía*.

En suivant les bords du lac on arrive à la maison de l'artiste Lester Campa, connu pour ses œuvres représentant les paysages fertiles de la Sierra. **Ariel Gato Miranda** recycle pour sa part le papier de bureau pour en faire de jolies cartes et des carnets ornés de pétales. Vous trouverez de l'artisanat local (souvenirs en bois, marque-pages, sacs) au **Bazar Cusco**, et du miel de Las Terrazas au magasin de souvenirs **El Colibrí**, en dessous de l'Hotel Moka. Ne manquez pas la réouverture de la parfumerie **El Ilang**, qui a mis en bouteille la senteur agréable de la mariposa, fleur nationale de Cuba.

Un magnifique refuge à l'air pur

ORCHIDÉES DE MONTAGNE ET CASCADES

Opportunément surnommée “l'arc-en-ciel de Cuba”, **Soroa** est nichée dans une superbe zone naturelle, à 85 km au sud-ouest de La Havane. Les fortes précipitations (plus de 1 300 mm par an) y favorisent le développement d'arbres immenses et d'orchidées. La région doit son nom à un Français planteur de café au XIXe siècle, Jean-Pierre Soroa. Le village s'étire le long d'une route partant de l'*autopista* en direction des montagnes. Il est bordé de ruisseaux et de piscines minérales. Le cœur du village se concentre autour du complexe hôtelier Horizontes Villa Soroa, du jardin d'orchidées et du Castillo de la Nubes, élégante résidence de campagne. De nombreuses *casas particulares* bordent la route principale traversant le village. C'est un lieu de plus en plus populaire auprès des artistes et des créateurs cubains qui ont quitté La Havane pour s'installer dans la région. La Villa Soroa se trouve sur le site de Neptuno, une ancienne exploitation de café.

L'**Orquideario de Soroa** est un jardin paysager créé à la fin des années 1940 par un juriste, poète et journaliste espagnol, Tomás Felipe Camacho (1886-1961) en mémoire de sa femme

POURQUOI J'AIME LAS TERRAZAS

Claire Boobbyer, auteure

Lorsque l'on quitte l'*autopista* et que l'on pénètre dans l'air frais de haute altitude à Las Terrazas, entouré de palmiers royaux, on se sent revivre. On est seulement à une heure de La Havane mais à mille lieues de la circulation de la capitale. L'amour des *terraceros* pour leur village est contagieux. J'ai séjourné dans une *casa* au bord du lac ; on m'a offert des avocats de la taille d'un petit ballon de rugby pour le déjeuner. Un guide m'a donné la sérénade avec des chansons du répertoire de Polo Montañez, le chanteur bien-aimé de la communauté. Ses mélodies semblent imprégner les lieux. J'ai aussi rencontré l'adorable Tito Núñez Gudás, chef du restaurant El Romero et pionnier de la cuisine végétarienne à Cuba. J'adore barboter dans la rivière en buvant une bière avec les gens d'ici.

OÙ SE LOGER ET PRENDRE UN VERRE À SOROA

Miramontes
Une jolie *cabaña* gérée par des créatifs. Cuisine délicieuse et excursions au programme. **$$**

Art Studio/Estudio de Arte
Dans un jardin fleuri, cette maison gérée par un couple d'artistes loue 2 chambres. **$**

Café 8
Le bar de l'ancien fort espagnol. Vue hors du commun. **$**

LES OISEAUX DE LA SIERRA DEL ROSARIO

La Sierra del Rosario est une réserve de biosphère de l'Unesco. Sa forêt tropicale secondaire à feuilles caduques abrite plus de la moitié des 27 espèces d'oiseaux endémiques de Cuba. On peut voir beaucoup d'entre elles le long de la route principale de Soroa. Si vous êtes passionné d'oiseaux, dirigez-vous vers les collines couvertes par d'anciennes ruines de plantations de café pour mieux les observer : le *cartacuba* (todier de Cuba), jolie boule vert fluo et rouge ; le *tocororo* (trogon de Cuba), aux couleurs rouge, blanc et bleu comme le drapeau national cubain ; le grand *arriero* (tacco de Cuba), le *pitirre* (tyran tête police) d'allure fine, le *zorzal*, un merle à pattes rouges, le *bobito chico* (moucherolle tête-fou), et le cici petit-chanteur à collier jaune (*tomeguin del pinar*). Pensez à emporter une paire de jumelles pour les observer à loisir.

et de sa fille. Il parcourut le monde pour rassembler cette collection. Cela vaut la peine de faire appel à un guide pour une explication complète de toutes les plantes, et pas uniquement sur les 500 espèces d'orchidées présentes. Celles-ci fleurissent à différentes époques de l'année, de sorte qu'on profite toujours d'une floraison quelle que soit la période. L'*encyclia phœnicea*, orchidée endémique de la région, a une senteur de chocolat et fleurit en juin et juillet.

Vous pouvez atteindre le **Castillo de las Nubes** situé au sommet d'une colline à 1,5 km de l'Orquideario, en 30 minutes de marche. Ce manoir romantique a été construit par l'homme d'affaires Pedro Rodríguez en 1940 pour s'échapper de La Havane. Le demeure a été convertie en boutique-hôtel et est associée au vaste complexe hôtelier **Horizontes Villa Soroa**. Dans l'enceinte de las Nubes, sur la colline El Fuerte, un fort espagnol a été transformé en bar avec une petite piscine. Profitez de votre boisson en admirant le superbe panorama sur les plaines en contrebas de Soroa.

Cascade et observation des oiseaux

BAIGNADE ET ORNITHOLOGIE

Juste après le jardin d'orchidées de Soroa, sur la route principale, se trouve un bar et un restaurant en bord de rivière. C'est la porte d'entrée (payante) pour monter au **Mirador Loma el Mogote**, d'où la vue sur la région est exceptionnelle, et au **Salto del Arco Iris** : ces luxuriantes "chutes de l'arc-en-ciel" se jettent d'une hauteur de 22 m dans l'Arroyo Manantiales (*arroyo* signifiant ruisseau). Le site est plus impressionnant durant la

LISA STRACHAN/SHUTTERSTOCK ©

Orquideario de Soroa

POOPEE/SHUTTERSTOCK ©

Pic poignardé (*Xiphidiopicus percussus*), Soroa

saison des pluies, de mai à octobre. Le reste du temps, il ne coule qu'un mince filet d'eau. Prenez une bière ou un cocktail au **Bar Tropical**. On peut dans tous les cas se baigner tout au long de l'année dans les jolis bassins en contrebas des chutes, où il est agréable de passer l'après-midi. Près de l'Hotel Soroa, un sentier mène dans les bois. Des bains minéraux sulfureux naturels (indiqués) se trouvent au milieu des rochers et de la végétation. En creusant, on fait sortir la boue qu'on peut ensuite étaler sur soi à l'aide des feuilles mortes.

À environ 2 km au nord de l'hôtel se trouve la **Finca La Caléndula**, où Eloise Bocourt Vigil guide les visiteurs dans son vaste jardin planté d'arbres fruitiers, de légumes et d'herbes. Les visites se payent en dons et incluent café et fruit. Pensez à vous renseigner sur les nouvelles *cabañas* qu'elle propose à la location.

Les collines autour de Soroa abondent en oiseaux endémiques et migrateurs. Le guide expérimenté (et anglophone) Alexander Díaz (+53-5642-7751) propose des promenades matinales pour découvrir les *fincas* de la région et les ruines des plantations de café françaises.

PÉTALES FANTÔMATIQUES

On ne trouve l'orchidée fantôme, la délicate *Dendrophylax lindenii* à pétales blancs, qu'à Cuba et dans le sud de la Floride. D'après les jardins botaniques royaux de Londres, il ne resterait que 2 000 de ces plantes menacées à l'état sauvage, dont 500 de ces épiphytes à Cuba. L'orchidée est dépourvue de feuilles et se caractérise par deux longs pétales pendants. Elle pousse sur un long pédoncule issu de ses racines, donnant ainsi l'impression que les orchidées flottent dans la forêt au moment de la floraison en juin et juillet. On peut aussi sentir son parfum la nuit. Si vous souhaitez en savoir davantage sur les orchidées, nous vous conseillons de vous référer au *Petit Larousse des orchidées*.

COMMENT CIRCULER

Las Terrazas se parcourt facilement à pied. En dehors des excursions organisées, il faut être motorisé ou marcher pour se déplacer dans le secteur. La majeure partie de Soroa est accessible à pied. Des bus circulant entre Viñales et La Havane traversent Soroa, mais ils sont rares. Sinon, il faut disposer de son propre moyen de locomotion – voiture, vélo ou vélomoteur – pour rejoindre Soroa et ses environs. Un véhicule personnel n'est nécessaire que si vous séjournez dans une *casa particular* éloignée des principaux sites.

Provincia de Artemisa

Bien que méconnue, cette province fertile est le jardin potager de La Havane. Culture et histoire y sont aussi bien présentes.

Beaucoup de touristes ne traversent pas la province d'Artemisa et privilégient les célèbres *mogotes* et les maisons d'hôtes de la vallée de Viñales. Pour autant, cette province méconnue offre un ralentissement bienvenu ; profitez de sa proximité avec La Havane pour savourer quelques-uns de ses points forts. San Antonio de los Baños est une petite ville laborieuse et pleine de surprises, avec sa prestigieuse école remplie d'aspirants cinéastes et son musée dédié à l'humour. La capitale de la province, Artemisa, n'est pas un haut lieu du tourisme, excepté une plantation de café en ruine très pittoresque située juste à l'extérieur de la ville. Régalez-vous d'un délicieux repas à la Finca Tungasuk, préparé par un chef formé à Paris, avant de faire une pause à San Cristóbal, en dehors des sentiers battus. On peut y parcourir le canyon d'une rivière et découvrir les vestiges isolés des hangars nucléaires datant de la crise des missiles de Cuba en 1962.

Pour les infos pratiques, voir le Carnet d'adresses *p. 154*

À SAVOIR

Un véhicule est essentiel pour découvrir la province d'Artemisa, que ce soit une voiture de location ou un taxi – ou un vélo.

Site des installations nucléaires datant de la crise des missiles de Cuba (p. 136)

San Antonio de los Baños

San Antonio de los Baños et Artemisa

CINÉMA, HUMOUR ET DÉJEUNER CHAMPÊTRE

San Antonio de los Baños, à 45 minutes au sud de La Havane, est avant tout connu pour son **Escuela Internacional de Cine y TV** (EICTV ; eictv.org). Fondée en 1986 avec l'aide du romancier colombien Gabriel García Márquez, du cinéaste argentin Fernando Birri et du réalisateur cubain Julio García Espinosa, elle permet aux étudiants du monde entier de s'initier aux techniques de tournage. Autre titre de gloire de San Antonio : c'est ici qu'a vu le jour, en 1946, Silvio Rodríguez, chanteur-compositeur de *nueva trova*. San Antonio, baignée de soleil, s'est récemment fait connaître comme la ville ayant mis le feu aux poudres lors des manifestations nationales du 11 juillet 2021 à Cuba – manifestations très durement réprimées. Le **Museo del Humor**, situé dans une demeure coloniale à trois pâtés de maisons à l'est de la place de l'église, expose caricatures, bandes dessinées et autres souvenirs, dont les œuvres du caricaturiste cubain, Carlos Julio Villar. La Bienal Internacional del Humor, qui dure quatre jours, a lieu les années impaires en avril, suivie par un festival de cinq jours en ville.

Artemisa est une capitale provinciale tranquille, dont la vie se concentre autour de l'**Iglesia San Marcos** et d'un boulevard

À FAIRE À SAN CRISTÓBAL

Alberto Ramón Fernández del Castillo, professeur d'anglais, guide nature et propriétaire de Vueltabajo Natural, partage ses bons plans. *facebook.com/people/Vueltabajo-Natural-Sucursal/100086008697641*

Guayacán Bazaar
Tous les samedis matin, artistes et artisans locaux vendent leurs créations sous le porche du théâtre Guayacán. La Galería de Arte Murciélago organise aussi des expositions.

D'Farándula
Bar à cocktails et à tapas très fréquenté par les habitants de la région le week-end.

La Peña con los Beatles
Le musée local organise dans son patio une soirée consacrée aux superstars de Liverpool tous les deuxièmes samedis du mois. Ce lieu est très apprécié en ville pour ses animations autour des chansons légendaires des Beatles. D'autres soirées mettent à l'honneur le boléro, le *son* et le *danzón*.

OÙ SE RESTAURER À ARTEMISA ET À SAN ANTONIO DE LOS BAÑOS

Piedra y Carbón
Ce grill de San Antonio de los Baños propose des viandes succulentes. Pizzas et pâtes également au menu. $

Los Lauzanes
Cuisine criolla à San Antonio de los Baños, avec terrasse extérieure. $

Café Kawaii
Café, milkshakes et glace à l'Oreo dans le centre d'Artemisa. $

1962, LA CRISE DES MISSILES

À l'époque le monde a frôlé la guerre nucléaire. À l'automne 1962, sur les 158 missiles que l'URSS avait secrètement placés à Cuba, 36 étaient équipés de têtes nucléaires pouvant frapper n'importe où aux États-Unis. Après les négociations tendues pour désamorcer la situation, les soldats soviétiques quittèrent l'île précipitamment, emportant avec eux leurs missiles. Ils abandonnèrent les hangars les ayant abrités, les rampes de lancement, les bordages en fer et les plateformes au milieu des champs de canne à sucre et des élevages de porcs. Cuba n'a pas participé aux négociations secrètes entre le président américain John Fitzgerald Kennedy et l'homme d'État soviétique Nikita Khrouchtchev, qui amenèrent finalement l'URSS à retirer ses missiles et à éviter la guerre. Le sujet est encore sensible aujourd'hui sur l'île.

Antiguo Cafetal Angerona

commerçant. À 5 km à l'ouest d'Artemisa en allant vers l'*autopista* La Havane-Pinar del Río (A4), l'**Antiguo Cafetal Angerona** fut l'un des premiers *cafetales* (plantations de café) de Cuba. Fondée entre 1813 et 1820 par Cornelio Sauchay et Úrsula Lambert, une Haïtienne, qui devint, selon la légende populaire, sa compagne. La plantation employait 450 esclaves cultivant 750 000 plants de caféiers, et comptait de multiples entrepôts. Derrière la grande maison de maître, en ruine, subsistent les baraquements des esclaves et une tour de guet, d'où on les surveillait. L'itinéraire pour s'y rendre est fléché sur la droite lorsqu'on quitte Artemisa. Le portail se reconnaît aux piliers de pierre.

La **Finca Tungasuk**, à 30 minutes de Las Terrazas juste à côté de l'autoroute reliant La Havane à Pinar del Río, est nichée dans une colline derrière le réservoir de La Coronela. C'est là qu'Annabelle Cantarero prépare brunchs et repas à quatre plats – pains et sauces maison, *causa limeña*, crevettes flambées au rhum Eminente, et brownie à la farine de banane verte et cacahuètes. Cours de cuisine (réservation trois jours à l'avance).

La Sierra del Rosario insolite

VESTIGES DE MISSILES ET AVENTURE FLUVIALE

Les vestiges de la crise des missiles de Cuba de 1962 se trouvent dans les contreforts de la Sierra del Rosario. Ils demeurent peu connus et difficiles d'accès. L'organisme **Vueltabajo Natural**

OÙ SE LOGER ET SE RESTAURER À SAN CRISTÓBAL

Hospedaje Odaly
Chambre confortable avec salle de bains dans une maison familiale au centre ville. $

JL Restaurant
Fajitas au poulet, *ropa vieja* (bœuf effiloché) et sushis dans ce restaurant climatisé privé. $

Los Ocujes
Comida criolla, viandes grillées, lapin et crevettes dans une grande salle au style *ranchón*. $

a lancé une excursion pour les amateurs d'histoire. Passez une nuit à San Cristóbal avant de partir pour Aspiro en 4×4. Après un café à El Manantial, une *finca* située dans un superbe jardin planté de héliconias et d'arbres croulant sous les mangues, place à une chevauchée à travers la forêt, les terres agricoles et la plaine ouverte où pait le bétail au milieu des palmiers royaux. En une heure et demie, on atteint **La Balestena** où se trouvent les vestiges délabrés d'un hangar à missiles nucléaires. Un hangar en voie d'effondrement, avec un panneau rouillé annonçant "Ruinas del Silo", apparaît sous les caroubiers et les palmiers royaux. C'est un étrange spectacle car la végétation a pris possession des arches, les branches et les racines des arbres s'enroulent autour du toit effondré en béton. On voit des oiseaux comme le *cartacuba* vert citron et des lézards qui trottent sur le béton. Non loin, annoncées par un panneau peint en rose, se trouvent les rampes de lancement des missiles R-12 de portée moyenne. Se promener sur les plateformes en béton installées dans le sous-bois est une expérience qui donne des frissons ; cet endroit a failli déclencher une guerre nucléaire. Vous pouvez passer la nuit en montagne à El Rosario, avec dîner dans une famille et bavardages sur le porche en compagnie des lucioles.

Le cañón del Río Santa Cruz

RANDONNÉE ET BAIN DE RIVIÈRE

Amateurs de nature, d'aventure et de natation sauvage, vous trouverez ici votre bonheur ! Partez à l'assaut des rochers au cours de cette randonnée à travers le massif de la Sierra del Rosario, en suivant la rivière dans un canyon d'une longueur de 6 km, bordé d'éperons rocheux dont certains atteignent 300 m de hauteur. Vous passerez devant des grottes (jadis utilisées par les *cimarrones*) et des bassins profonds d'une eau vert émeraude, parfaits pour une baignade. La forêt luxuriante vous entoure de palmiers royaux, de *mariposas* blanches au parfum embaumant, de pommiers roses, de banians sauvages, d'orchidées et de fougères. Guettez les oiseaux endémiques, notamment le *tocororo*, le todier de Cuba, le pic-vert cubain et le colibri émeraude de Cuba. Vous aurez peut-être la chance d'apercevoir aussi un *Liguus blainianus*, gros escargot tropical de la région, aux rayures très colorées.

Avant de commencer la randonnée dans le canyon, faites une pause dans la maison de Tomás, *campesino* âgé vivant dans les montagnes. Un café chaud et des fruits frais vous attendent dans sa maison isolée près d'une source. Vous verrez son aire de séchage des grains de café, une plateforme dans la forêt, et peut-être même des *jutías*. La meilleure période pour visiter le canyon va de la deuxième quinzaine de novembre à avril. Contactez Vueltabajo Natural pour plus d'informations sur le circuit.

ARMEMENT SOVIÉTIQUE À CUBA

Lors de la crise d'octobre, comme on appelle à Cuba la crise des missiles de 1962, le monde a retenu son souffle, inquiet de constater que l'URSS ne reculait devant rien pour faire trembler les États-Unis et tout le monde occidental. Ce fait historique avait été préparé. En effet, entre juillet et octobre 1962, l'armée soviétique envoya 42 000 hommes à Cuba. L'opération Anadyr menée par l'Union soviétique vit hommes et missiles (y compris des fusées allant jusqu'à 20 m de hauteur) quitter l'URSS à bord de navires remplis de skis, de manteaux, de bonnets de fourrure et de bottes d'hiver destinés aux soldats soviétiques ; une tactique utilisée pour tromper les services de renseignement américains. L'escalade n'a commencé qu'au moment où les missiles ont été découverts par un avion américain U-2 qui fort heureusement photographiait les sites.

COMMENT CIRCULER

Vous aurez besoin de votre propre moyen de locomotion pour vous déplacer dans la province d'Artemisa, que ce soit en voiture de location, en voiture privée ou en taxi.

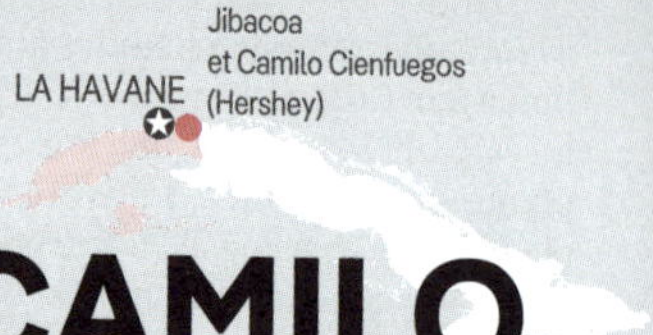

JIBACOA ET CAMILO CIENFUEGOS (HERSHEY)

Pour les infos pratiques, voir le Carnet d'adresses p. 155

Le littoral de la Provincia de Mayabeque déroule quantité d'endroits charmants, souvent négligés par les touristes allant de La Havane à Varadero. C'est pourtant l'occasion d'y faire une pause. À environ 60 km à l'est de la capitale cubaine, voici Jibacoa, qui égraine une série de plages qui jouxtent l'établissement Memories Jibacoa Hotel. Imaginez-vous : confortablement installé sur la magnifique Playa Arroyo Bermejo, au pied d'une crête calcaire couverte de forêt tropicale, face à des eaux cristallines. Juste à l'ouest se trouvent la Playa Jibacoa et l'anse de Playa de los Artistas. Encore un peu plus loin vers l'ouest, le petit village d'El Fraile, composé de quelques *casas particulares* est un excellent spot de snorkeling. À l'intérieur des terres, juste au sud de Santa Cruz del Norte, voici Camilo Cienfuegos, aussi appelé Hershey, ville créée par le chocolatier Milton S. Hershey. Un grand moment pour les amateurs d'histoire.

À SAVOIR

Vous souhaitez emprunter le train électrique Hershey ? Il ne circule que sur une ligne secondaire entre Camilo Cienfuegos (Hershey) et Jaruco, à 16 km au sud. Les trains qui partent à 8h et 10h de Hershey reviennent à 14h et 16h. Mais on en sait jamais… Traversez quand même la baie de La Havane en ferry jusqu'à Casablanca et renseignez-vous au terminal Hershey.

IAN BOTTLE/ALAMY STOCK PHOTO ©

Playa Arroyo Bermejo

Un joyau balnéaire à Jibacoa

BAINS DE SOLEIL, SNORKELING ET PARAPENTE

Au cœur de la **Playa Arroyo Bermejo**, voici le Memories Jibacoa Hotel, établissement installé le long d'une crique bordant une haute crête calcaire. Juste à côté se trouve le Starfish Jibacoa, vaste hôtel à l'architecture des années 1960 anciennement appelé Villa Tropico. La vue sur la plage est superbe. Toutes les plages cubaines sont ouvertes au public ; vous pouvez y accéder par le chemin à droite du Memories Jibacoa Hotel si vous n'en êtes pas client. Le récif à environ 150 m au large est adapté au snorkeling et à la plongée, avec ses bancs de poissons tropicaux et ses différents types de coraux. Le petit centre nautique du Memories propose également des pédalos et des catamarans.

Et si vous quittiez votre chaise longue pour escalader la crête calcaire ? À environ 2 km à l'est du centre de villégiature, le long d'une route et après le seul *paladar* (restaurant privé) de la région, **El Cacique** (cuisine criollo cubaine), rendez-vous au **Pueblo de Matilde**, un minuscule hameau. Ici, le chemin s'élève vers le sommet d'une crête recouverte d'une jungle dense. Vous croiserez peut-être la route de l'un de ses habitants qui vous vendra des noix de coco à déguster en chemin. Un belvédère

TRAIN HERSHEY

Construite en 1921 sous la houlette du "baron" américain du chocolat, Milton S. Hershey (1857-1945), la ligne commerciale de chemin de fer électrique fut conçue pour relier la raffinerie de sucre américaine du nord-est de la province de Mayabeque à Matanzas et à la capitale. Longeant une petite route, le train devint vital pour les villages isolés. La ligne s'étendait sur 404 km. Elle circulait trois fois par jour, sortait de la ville portuaire, s'arrêtant à des quais en pleine campagne sur son trajet. En 1959, l'usine Hershey fut confisquée et rebaptisée Central Camilo Cienfuegos. Le train continua de fonctionner, gardant officieusement son surnom. On conserva les rails, les locomotives, les wagons, la signalisation et les gares. La ligne principale de Hershey compte en tout 46 "stations". On peut aujourd'hui monter dans un des wagons en tôle d'acier pour se rendre à Jaruco.

OÙ SE LOGER À JIBACOA ET CAMILO CIENFUEGOS (HERSHEY)

Memories Jibacoa Hotel
Un excellent complexe "tout compris", avec 250 chambres pour adultes (+16 ans). **$$**

Starfish Jibacoa
Rénové, le Tropico propose ses chambres dans une architecture des années 60 sur une superbe plage. **$$**

Casa Cubanita
Maison de 1924 magnifiquement restaurée avec 2 chambres. Les repas d'Anita sont inoubliables ! **$**

À FAIRE À CAMILO CIENFUEGOS

L'architecte Renán Rodríguez partage ses bons plans. *facebook.com/arteindustriaypaisaje*

La ville
Au cours d'une balade, notez sa conception, avec ses trottoirs, ses pierres rustiques, ses portails de maison, ses jardins, ses contre-allées, sa longue rue avec la *bodega* et son comptoir mauresque, et la pharmacie à la façade d'origine recouverte de bois. À voir : le vieil Hotel Hershey et, bien sûr, la gare.

L'atelier et le parc de wagons
On peut y voir quelques wagons. Les plus remarquables sont les voitures Brill #3008 et #3009 des années 1920.

La centrale électrique
L'ancienne centrale électrique, datant de 1919, est le bâtiment industriel le plus important.

surplombe la plage d'Arroyo Bermejo, la mer et les contours du récif corallien submergé. S'envoler en parapente au-dessus de ce paysage marin est une expérience fantastique.

La ville du sucre

LE RÊVE DU SUCRÉ CUBAIN DE MILTON HERSHEY

Si la ville de **Camilo Cienfuegos** (**Hershey**) n'est plus ce qu'elle était, on peut toujours s'y promener, en apprécier l'aménagement soigné, admirer les maisons à l'américaine avec leurs balancelles en bois sous les porches et leurs jardins fleuris, s'imprégner de l'ambiance et emprunter le train électrique. Nouveauté à noter : vous pouvez maintenant séjourner dans une charmante *casa particular*.

En 1917, l'industriel et philantrope américain Milton S. Hershey (1857-1945), vint à Cuab pour y acheter des plantations de canne à sucre afin d'approvisionner son entreprise de chocolat florissante basée en Pennsylvanie. Il construisit une ville à proximité pour les travailleurs et leurs familles, qui comptait 180 maisons, des jardins, un terrain de golf, un terrain de sport, une école pour orphelins et plusieurs moulins à canne à sucre. Puis il fit construire une ligne de un chemin de fer électrique (p. 139) pour acheminer son sucre au port, reliant la ville à Casablanca, dans la baie de La Havane, au port de Matanzas plus à l'est. Le succès de son entreprise à Cuba fut tel qu'il exportait également du sucre aux États-Unis, et fournissait de la mélasse à la distillerie de rhum de Santa Cruz del Norte sur la côte près de sa ville. Le marché du sucre atteignit son apogée en 1920, avant son effondrement en 1921. En 1959, l'usine Hershey fut confisquée et rebaptisée Central Camilo Cienfuegos ; elle ferma ses portes en 2002, rendant la ville à la végétation tropicale. Cette sucrerie désaffectée trône au sommet d'une colline, tel un immense squelette métallique rongé par la rouille. Il existe toutefois une co-entreprise cubaine et vietnamienne produisant maintenant des carreaux de céramique dans un des bâtiments désaffectés.

À quelques minutes de marche au nord de la ville se trouvent les **Jardines de Hershey**, jadis propriété de Milton S. Hershey, qui semblent aujourd'hui rendus à la nature. Une végétation foisonnante, des allées sinueuses et plusieurs petits bassins font tout leur charme. C'est un lieu très apprécié des habitants de la région qui y viennent pour se rafraîchir ; de petites échelles permettent de plonger dans une eau plus profonde.

COMMENT CIRCULER

Vous aurez besoin d'une voiture de location ou d'un taxi privé pour vous rendre à Jibacoa et à Camilo Cienfuegos (Hershey). Vous pouvez aussi emprunter l'autocar Víazul entre La Havane et Varadero et demander de descendre à la sortie vers Hershey sur la Vía Blanca. Camilo Cienfuegos n'est qu'à un kilomètre au sud. Il est également possible de se rendre à pied en toute sécurité de Camilo Cienfuegos aux plages de Jibacoa, en passant par El Fraile sur la Vía Blanca.

Environs de Jibacoa et Camilo Cienfuegos (Hershey)

Près de La Havane, un littoral préservé s'offre à vous pour nager, pratiquer l'escalade, le kayak, la randonnée ou le snorkeling.

Dans la plus petite province du pays, Jibacoa et Camilo Cienfuegos sont certes des bases parfaites pour vous rendre dans une multitude de destinations de la région, par exemple dans un éco-village ou un canyon fluvial. Mais il existe bien d'autres sites à explorer, notamment Boca de Canasí, un ravissant village de pêcheurs, bien loin loin du tumulte de La Havane. Il se situe près du complexe touristique Memories sur la Playa Arroyo Bermejo, et on peut le découvrir lors d'une excursion d'une journée. Ne manquez pas Puerto Escondido (littéralement "port caché"), porte vraiment bien son nom. Baladez-vous une peu dans les environs et vous trouverez de jolies criques idéales pour nager et faire du snorkeling. Et bien entendu, empruntez l'impressionnant pont de Bacunayagua qui traverse la belle vallée de Yumurí.

Pour les infos pratiques, voir le Carnet d'adresses p. 155

À SAVOIR

Une voiture ou un taxi est indispensable. Boca de Canasí est à 3 km à l'est du Memories, Puerto Escondido à 9 km plus à l'est.

Pont de Bacunayagua

À VOIR DANS LES ENVIRONS DE JIBACOA

Natacha Fabregás Segundo, propriétaire de MontECOrales, partage ses bons plans sur les meilleures choses à faire dans les environs. *facebook.com/montecorales*

Sur la crête
Grimpez au sommet de la pointe ouest de la crête, à l'embouchure du Río Canasí. En haut, la vue sur le village et la mer est fantastique. Vous pouvez marcher le long de la côte jusqu'à Jibacoa en passant devant des terrains de camping cubains abandonnés.

Snorkeling
La véritable attraction de cette région est le corail. Profitez du snorkeling dans les criques de Canasí, sur le récif au large de Puerto Escondido et sur le joli récif au large de la Playa de los Artistas.

Kayak
Pratiquer le kayak sur la rivière au canyon étroit, depuis Puerto Escondido jusqu'à la mer, est une belle expérience.

La côte nord, paradis des aventuriers

SNORKELING DANS LES CRIQUES ET LA MER

Boca de Canasí est un petit village de pêcheurs à l'embouchure du Río Canasí, entre deux hautes crêtes calcaires. Vous y trouverez une poignée de maisons et des pêcheurs ramenant la prise du jour ; basez-vous à **MontECOrales**. Grimpez sur la crête ouest (assez facile) : la vue y est imprenable sur l'embouchure de la rivière, les collines calcaires et la mer. Avec votre masque et votre tuba, sortez de l'embouchure de la rivière et longez la côte en direction de l'est ; barracudas, coraux rares et bancs de poissons colorés défileront devant vous. L'embouchure de la rivière se traverse aussi bien à gué (sac à dos en main, car l'eau monte par endroits jusqu'à la poitrine) pour atteindre la rive orientale. De là, un sentier monte et longe le promontoire jusqu'à une série de *caletas* (criques), où piquer une tête dans le profond bleu turquoise de la mer. Les Cubains aiment aussi camper dans les environs. La forêt abrite le grand boa endémique de l'île (*Chilabothrus angulifer*), aux écailles couleur ivoire, chocolat, noir et beige. Ce serpent non venimeux, le plus long de l'hémisphère occidental, peut atteindre plus de 5 m de long. Il est connu ici sous le nom de *maja de Santa María*. Le serpent aime rester dans la fraîcheur apportée par les grottes. Vous pouvez demander à un guide de MontECOrales si vous souhaitez en voir un.

Aventures sur la côte de Puerto Escondido

RÉCIFS ET RIVIÈRE SECRÈTE

Puerto Escondido porte bien son nom : il est caché derrière des installations pétrochimiques, ce qui peut en arrêter plus d'un – mais ne vous laissez pas rebuter. Il se trouve à 21 km à l'est de Jibacoa. Pour le rejoindre, quittez la Vía Blanca en tournant à gauche juste après la raffinerie. Descendez vers la côte jusqu'à la route qui le longe et prenez à gauche pour rejoindre l'ancien *campismo* (terrain de camping bon marché). À l'ombre des raisiniers bord de mer et d'autres arbres côtiers, voici une très jolie crique avec des langues de sable blanc. Une passerelle en bois permet d'accéder à la plage, idéale pour les familles avec de jeunes enfants.

De là, vous pouvez faire du snorkeling vers le large et en direction de l'ouest (sur votre gauche) le long de la côte jusqu'à l'embouchure du Río Escondido. Barracudas, coraux corne d'élan et corne de cerf (tous deux en danger d'extinction), et

ACTIVITÉS DANS LES ENVIRONS DE JIBACOA ET CAMILO CIENFUEGOS (HERSHEY)

MontECOrales
Ce bungalow avec 3 chambres au milieu d'un verger, offre une échappée belle et une délicieuse cuisine. $

Skalan2
Escalade, trekking, slackline et tyrolienne. Une équipe expérimentée qui peut organiser le transport. $

Parapente Jibacoa
Rien de tel que d'atterrir depuis les airs sur la plage face au complexe touristique Memories. $$

Côte nord, Canasí

bancs de chromis bleus ornent les fonds marins.

À l'embouchure de la rivière se trouve une ancienne station biologique, aujourd'hui gérée par l'organisme cubain Flora y Fauna, qui organise des camps pour les étudiants de l'université. La station est surplombée par un mirador. Pour aller plus loin, reprenez la Vía Blanca en direction de l'ouest (vers Santa Cruz del Norte) sur 2,5 km et prenez la sortie "base nautique" sur votre droite. La route file vers la côte. Vous pouvez louer un kayak et descendre une très belle rivière vert émeraude, avec un lit sablonneux au fond d'un minuscule canyon entouré de jungle. En levant les yeux on aperçoit des grottes, abris préférés des chauves-souris et des hirondelles. Toute cette zone isolée était un repaire pour les pirates et les trafiquants d'alcool durant la prohibition. On trouve aussi les vestiges de maisons des esclaves (*barracones*) sur la propriété d'un paysan de la région.

PUENTE DE BACUNAYAGUA

Marquant la frontière entre les provinces de Mayabeque et de Matanzas, le pont le plus long de Cuba (314 m de long pour 103 m de haut), construit en 1957, fut inauguré +en septembre 1959. La très fréquentée Vía Blanca l'emprunte pour traverser un canyon densément boisé séparant la vallée de Yumurí de la mer. Vous trouverez une plateforme d'observation sur la partie du pont située dans la province de Mayabeque. D'innombrables palmiers royaux, pareils à des sentinelles fantomatiques, montent la garde sur les flancs escarpés de la vallée, tandis qu'au loin se dessinent de sombres collines aux flancs arrondis, adossées au bleu de l'océan.

COMMENT CIRCULER

Vous devrez être motorisé pour vos déplacements. On peut marcher les 3 km entre Jibacoa et Canasí le long d'une route calme et agréable.

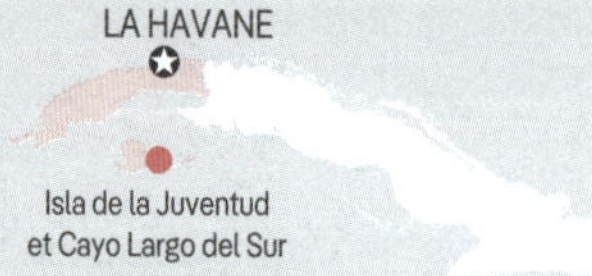

ISLA DE LA JUVENTUD ET CAYO LARGO DEL SUR

Refuge historique des hors-la-loi de toutes sortes, des pirates du XVIe siècle aux gangsters du XXe siècle, voici sans doute la destination isolée la plus curieuse qui existe. Imposante virgule de terre recouverte de pins, l'Isla de la Juventud (île de la Jeunesse) est la sixième île des Caraïbes par la taille. Rares sont les touristes à s'aventurer sur "La Isla", comme la surnomment les Cubains, où la principale activité consiste à plonger dans des fonds marins parmi les mieux préservés des Caraïbes. Comme les habitants, laissez-vous bercer par l'atmosphère paisible de l'île, ses coraux, ses crocodiles et son histoire haute en couleur, digne de *L'Île au trésor*.

Plus à l'est, Cayo Largo del Sur est aux antipodes de "La Isla" : c'est une enclave conçue sur mesure pour le tourisme. Si vous rêvez d'étendues de sable d'un blanc éclatant, de récifs coralliens grouillant de poissons, de complexes balnéaires luxueux, cette petite île tropicale paradisiaque couverte de mangrove fera votre bonheur. Un cadre superbe mais loin de l'originalité des villes et de l'authenticité cubaine.

Pour les infos pratiques, voir le Carnet d'adresses *p. 155*

À SAVOIR

Réservez 30 jours à l'avance les billets de ferry pour l'Isla de la Juventud en passant par une *casa particular* ou un Cubain grâce à l'application Viajeros. Des bus partent de la gare routière à l'angle de l'Avenida Zoológico et de la Calle 26 dans le Vedado (La Havane), pour un trajet qui dure 1 heure jusqu'au port de Batabanó. Le trajet en bateau dure 3 heures. Cayo Largo n'est accessible qu'en avion.

Playa Paraíso

Une île corallienne d'exception

PLAGES ÉBLOUISSANTES ET PLONGÉE

Cayo Largo del Sur est une île corallienne d'une étonnante beauté, baignée par une mer d'un beau bleu aigue-marine. Ses plages sont parmi les plus belles de Cuba. Les Cubains ne se sont jamais vraiment installés sur Cayo Largo del Sur. En fait, l'île s'est tournée exclusivement vers le tourisme à partir du début des années 1980. Les touristes séjournent au sein de quatre complexes touristiques tout inclus et sept villas situées face à **Playa Lindarena** et **Playa Blanca**. À l'ouest de ces plages se trouvent de belles étendues de sable isolées, **Playa Paraíso** et **Playa Sirena** – orientée à l'ouest, protégée des vagues et du vent – où il y a quelques bars et restaurants de type *ranchón*, des chaises longues et des parasols.

Quelque 18 sites de plongée sont accessibles au large, autour des petites îles de Cayo los Ballenatos et Cayo Hijo de los Ballenatos. Dans les riches fonds coralliens évoluent de nombreux poissons tropicaux irisés, mérous géants et requins de récif ; il y a aussi quelques épaves de bateaux.

Cayo Largo est bien connu des amateurs de naturisme pour son ambiance détendue – loin des hôtels et de leurs plages.

SE RENDRE À CAYO LARGO DEL SUR

C'est très compliqué, sauf si vous avez réservé votre séjour. Seuls les bateaux réservés aux résidents de l'Isla de la Juventud qui travaillent à Cayo Largo se rendent sur l'île. En novembre 2022, la société canadienne Blue Diamond Hotel & Resorts a signé un accord avec le groupe hôtelier cubain Gran Caribe, afin de gérer l'intégralité des complexes touristiques de l'île, transport aérien compris. Une liaison aérienne entre La Havane et l'île devrait être rétablie avec Cubana de Aviación. En attendant, le seul moyen de se rendre à Cayo Largo est de passer par les aéroports canadiens et italiens. La compagnie canadienne Sunwing propose des vols directs au départ de Toronto, Montréal et Ottawa, tandis des vols partent de Milan pour Cayo Largo, avec une escale à La Havane, avec la compagnie italienne Neos.

OÙ SE LOGER À CAYO LARGO DEL SUR

Memories Cayo Largo
Complexe touristique attrayant, de taille moyenne, adapté aux familles, à Playa Lindarena. **$$$**

Starfish Cayo Largo
Hôtel familial et décontracté sur Playa Lindarena, avec club bébé pour les nouveaux parents. **$$$**

Sanctuary at Grand Memories Cayo Largo
Hôtel réservé aux adultes sur Playa Blanca, plus intime avec seulement 45 cabines. **$$$**

TORTUES EN DANGER

Les quatre espèces de tortues marines du monde apprécient toutes de nicher à Cuba. L'espèce la plus nombreuse (90%) est la *tortuga verde* (tortue verte), menacée d'extinction ; environ 6% sont des tortues caouannes, vulnérables ; 3,5% sont des tortues imbriquées, en grave danger d'extinction ; et moins de 1% sont des tortues luths, vulnérables. Cayo Largo et quelques îles de la chaîne corallienne de l'archipel de Canarreos attirent les tortues vertes, les tortues luths et les tortues caouannes. La zone de nidification la plus importante de tout le pays se trouve sur certaines plages de Cayo Largo, avec chaque été environ 1700 nids de tortues vertes et 300 nids de tortues caouannes. Les tortues marines sont toutes gravement menacées.

CRISTIAN SANTINON/SHUTTERSTOCK ©

Tortue, Cayo Largo

Un monde aquatique

MERVEILLES DE LA FAUNE ET DE LA FLORE CARIBÉENNE

Le **Centro de Rescate de Tortugas Marinas** (centre de sauvetage des tortues marines) de Cayo Largo prend soin de jeunes tortues de différents âges dans les bassins d'élevage. Des centaines d'œufs sont ramassés pendant la période de ponte (entre avril et août), avant d'être enfouis de nouveau jusqu'à leur éclosion (50 à 60 jours plus tard). Les survivants sont soignés jusqu'à ce qu'ils soient en âge d'être relâchés dans la mer, augmentant ainsi leurs chances de survie. À la bonne saison, renseignez-vous sur les sorties nocturnes en compagnie d'un spécialiste pour aller voir les nids et collecter les œufs.

Cayo Largo offre de fantastiques zones de pêche au *bonefish* (*Albula vulpes*) avec des bancs de sable blanc peu profonds, ainsi que la possibilité d'attraper tarpons, barracudas et vivaneaux. La haute saison pour la pêche à la mouche va de novembre à janvier ; excursions à la demi-journée ou à la journée entière sont proposées. **Avalon Outdoor** organise des croisières d'une semaine de novembre à août à bord du *Jardines Avalon I*.

La croisière d'une demi-journée au coucher du soleil sur un catamaran, avec bar libre, permet de pratiquer le snorkeling, de photographier les iguanes terrestres de Cuba et de déguster de la langouste. Naviguer en trimaran jusqu'à **Cayo Rico**, à l'ouest de Cayo Largo, est un rêve. Cette langue de sable s'étirant au milieu d'une mer turquoise est inhabitée, à l'exception d'un *ranchón* servant des grillades et de quelques chaises longues.

OÙ SE LOGER ET SE RESTAURER À NUEVA GERONA (ISLA DE LA JUVENTUD)

Casa Cunagua
Une *casa* bien pensée, avec une chambre dans le centre de la ville, tenue par des hôtes charmants. $

Casa Alina
Plusieurs chambres et un appartement indépendant chez Alina et Camilo. $

Restaurante Galeón
Le meilleur et le plus animé des restaurants, servant grillades, *comida criolla*, pizzas, cocktails et bières. $

On peut marcher jusqu'à la pointe orientale pour admirer les grandes étoiles de mer coussins rouges dans les eaux peu profondes, entendre les *jutías* couiner au milieu des buissons, observer les raies pastenagues américaines naviguer dans les petits canaux et observer les pélicans piquer dans la mer. C'est le moment de faire de belles photos !

La célèbre prison de L'Isla de la Juventud

LA COLONIE PÉNITENTIAIRE DANS LE DÉTAIL

Le site le plus impressionnant, voire le plus sinistre, de l'Isla de la Juventud est le **Presidio Modelo**, un énorme complexe pénitentiaire implanté dans le Reparto Chacón, soit 5 km à l'est de Nueva Gerona, la capitale de l'île. Ses quatre bâtiments jaunes et circulaires qui ont chacun 5 niveaux, furent édifiés entre 1926 et 1931, par le président Gerardo Machado. Le Presidio Modelo fut conçu comme une prison panoptique sur le modèle d'un pénitencier tristement célèbre situé à Joliet, dans l'Illinois : le gardien situé au centre pouvait observer tous les détenus. Il pouvait contenir 5 000 prisonniers.

Pendant la Seconde Guerre mondiale, des ressortissants ennemis qui se trouvaient à Cuba (dont 350 Japonais, 50 Allemands et 25 Italiens) furent internés dans la partie nord du centre de détention.

Le pensionnaire le plus célèbre fut sans doute Fidel Castro (matricule RN3859), incarcéré ainsi que ses camarades après l'assaut raté de la caserne Moncada. Ils étaient détenus à l'écart des autres prisonniers, dans le bâtiment de l'hôpital (partie sud de la prison), d'octobre 1953 à mai 1955, date à laquelle Batista effaça leur condamnation par amnistie. Une fois libres les frères Castro s'exilèrent au Mexique. Dans l'ancienne infirmerie on aperçoit le lit, les livres et la salle de bains de Castro. C'est ici qu'il rédigea sa longue plaidoirie (il était avocat de formation) intitulée *La Historia Me Absolverá* (*L'Histoire m'acquittera*) pour son procès en octobre 1953.

Après la prise du pouvoir par Fidel Castro en 1959, on enferma dans le Presidio Modelo des opposants politiques, des contre-révolutionnaires, des homosexuels et tous ceux qui ne s'intégraient pas dans le nouvel État socialiste. Il y eut plusieurs émeutes et grèves de la faim par la suite. Le complexe carcéral a été définitivement fermé en 1967, et les prisonniers ont été transférés dans d'autres prisons du pays.

Aujourd'hui, le métal rouillé grince dans le vent, les cellules numérotées sont exposées aux intempéries, les tours des gardiens se dressent funestement et les guêpes ont colonisé les supports des tables du réfectoire. La prison est ouverte aux visiteurs tous les jours sauf le lundi.

UNE ÎLE QUI CHERCHE SON NOM

Les débuts de l'histoire de La Isla sont de néligence et d'abandon. Christophe Colomb y jeta l'ancre au cours de son deuxième voyage aux Indes en 1493. Il nomma l'île "La Evangelista", bien qu'il fût convaincu qu'il s'agissait d'une péninsule rattachée à Juana (Cuba). Avec un tracé évoquant une queue de crevette sur la *Carta Universal* du cartographe Juan de la Cosa, datant de 1500, ce n'est qu'en 1529 qu'elle obtint son indépendance géographique sur le parchemin : la carte de l'Amérique par Diego Ribero montre la plus grande île de Cuba (un peu plus grande que l'île Maurice) portant le nom de Isla de Pinos, l'île des Pins. Bien que reconnue par les premiers cartographes, l'île a été largement délaissée par les autorités espagnoles. Elle ne fut colonisée et peuplée qu'en 1828 sous le nom de Reina Amalia.

COMMENT CIRCULER

Le réseau de bus publics de l'Isla de la Juventud dessert aussi Cocodrilo.

À Nueva Gerona on trouve des taxis et des *bici-taxis* électriques.

À Cayo Largo, un petit train touristique fait la navette entre les hôtels, le village et les plages. Taxis et motos sont disponibles pour se déplacer sur les 25 km de l'île.

Sud de l'Isla de la Juventud

Voici les espaces sauvages les plus reculés de Cuba, royaume des tortues marines, des oiseaux, des crocodiles, des lieux de plongée et de curieuses peintures rupestres.

L'Isla de la Juventud est la dernière frontière de Cuba. Le tiers sud de l'île est composé de marais – la Ciénaga de Lanier est la deuxième plus grande zone humide de Cuba –, de forêt, de plages et de mangroves. Dans ces lieux préservés vivent des lamantins, des crocodiles de Cuba et d'Amérique, des tortues marines, des oiseaux endémiques et des poissons tropicaux. De quoi réjouir les amoureux de la nature et les plongeurs. La pointe sud-ouest, Punta Francès, recèle l'un des meilleurs sites de plongée de Cuba, avec ses épaves, ses à-pics, ses jardins coralliens et ses grottes sous-marines. Quant à la pointe est, on y trouve les peintures rupestres des Cuevas de Punta del Este. Profitez d'une belle séance de plongée à proximité de l'Hotel Colony, un centre de villégiature réduit à l'essentiel mais avec une piscine sur Red Beach. La marina voisine attire aussi les touristes dans le sud-ouest de l'île.

Pour les infos pratiques, voir le Carnet d'adresses *p. 155*

À SAVOIR

Contactez Ecotur (facebook.com/ecoturij) trois jours en avance pour assurer l'accès à la zone protégée du sud de l'île, ou prenez contact avec une *casa particular* à Cocodrilo.

Récif de corail, Isla de la Juventud

CLAIRE BOOBBYER ©

Cocodrilo

Une perle : Cocodrilo

LE VILLAGE LE PLUS ISOLÉ DE CUBA

Cocodrilo, à 3 heures de bus de Nueva Gerona, qui s'appelait à l'origine Jacksonville, fut fondé au XIXe siècle par des familles venues des îles Caïmans. Cette petite communauté de 122 familles survit grâce à la coopérative de pêche et au tourisme naissant. La vente de chair de tortue était autrefois une ressource pour les habitants, et jusqu'en 2008 Cocodrilo était un des deux seuls endroits à Cuba autorisés à vendre de la chair de tortue marine.

On vient ici pour l'atmosphère décontractée, la baignade et le snorkeling dans les eaux bleu turquoise. Vous pouvez aussi participer à un programme mêlant conservation de la nature et plongée, géré par les hôtes de la **Villa Arrecife**. Vous aiderez à cultiver et à planter du corail corne de cerf, en danger critique d'extinction, à ramasser les déchets et à capturer des rascasses volantes, espèce invasive, pour le déjeuner. Le séjour à la Villa Arrecife contribue à financer le projet de conservation qui encourage les jeunes de la région à protéger leur littoral et la vie marine.

QUE DÉNICHER SUR L'ISLA DE LA JUVENTUD

Reinaldo Borrego Hernández dirige Consytur et partage ses recommandations sur les choses à faire sur l'île. *facebook.com/ecosistemas.marinoscosteros*

Paseos
Promenez-vous sur le boulevard principal de Nueva Gerona en buvant quelques verres avec les habitants. Écoutez le *Sucu Suco*, de la musique *son* et de la danse, avec une touche d'originalité. Un groupe peut comprendre un accordéon, un luth et une machette.

Playa Bibijagua
Cette belle plage de sable noir est idéale pour une journée de détente. Vous y goûterez le calme et le chant des oiseaux, avec les vagues en arrière-plan.

Museo Finca El Abra
On le sait peu, mais José Martí, le héros national, a passé du temps en exil dans une ferme appelée Finca El Abra avant d'être déporté en Espagne. Cette ferme est aujourd'hui un musée.

OÙ SE LOGER SUR L'ISLA DE LA JUVENTUD

Villa Arrecife
Deux chambres dans cette *casa* de Cocodrilo où les hôtes offrent un accueil chaleureux et des repas savoureux. $

Villa Coco-Beach
Une *casa* avec 2 chambres, récemment rénovée et avec patio privé à Cocodrilo, près de la plage. $

Hotel Colony
Un complexe des années 1950 avec bungalows à 2 étages autour d'une piscine et donnant sur Playa Roja. $

DE LA PIRATERIE AU SYSTÈME "ÉTUDE-TRAVAIL"

Des corsaires comme Francis Drake et Henry Morgan firent de l'Isla de Pinos (Isla de la Juventud) leur repaire, qu'ils appelaient "l'île des Perroquets". Parallèlement à son héritage espagnol, elle fut aussi marquée par les influences anglaise et américaine. Au XIXe siècle, des familles venues de la colonie britannique des îles Caïmans s'implantèrent sur la côte sud. L'amendement Platt de 1901 plaça l'île hors du reste de l'archipel, et 300 Américains vinrent s'y établir, et instaurèrent une infrastructure efficace. L'île a toujours été faiblement peuplée. Dans les années 1960 et 1970, avec la participation d'agronomes israéliens, des milliers de jeunes Cubains et étrangers provenant de nombreux pays (Mozambique, Corée du Nord, Angola et Yémen notamment), vinrent étudier-travailler dans les plantations d'agrumes. En 1978, le gouvernement officialisa le nom Isla de la Juventud (île de la Jeunesse) en reconnaissance de leur rôle dans le développement de l'île.

Punta Francés

PLAGE MAGNIFIQUE ET FAUNE SAUVAGE

Le Parque Nacional Marino de Punta Francés Punta Pedernales occupe une péninsule sauvage, dotée d'une magnifique plage de sable fin doré et baignée par une mer saphir. L'ornithologie est ici à l'honneur. Punta Francés est accessible en 40 minutes, par *bici taxi* depuis Cocodrilo. On raconte que cette côte sauvage servit d'abri au corsaire français François Leclerc, qui s'y réfugiait quand les combats de cape et d'épée devenaient trop périlleux.

Restez vigilant et gardez vos jumelles à portée de main. Des crocodiles d'Amérique nichent le long de cette côte. La lagune derrière le bureau du parc national, sur la plage, est un bon spot d'observation.

L'oiseau national, le *tocororo*, est un visiteur fréquent ici, tout comme l'ibis blanc d'Amérique, le *cartacuba* et le magnifique faucon noir cubain.

Le matin, un bateau de plongée quitte l'**Hotel Colony** pour se rendre dans les eaux turquoise éblouissantes de la baie de Siguanea. Plus de 50 sites de plongée se trouvent entre Punta Francés et Punta Pedernales. La faune aquatique y est variée, vous pourrez peut-être même y voir plusieurs requins, dont de grands requins-marteaux, des raies pastenagues américaines, des raies aigles tachetées et des raies jaunes. Le bateau de plongée s'amarre à la jetée de Punta Francés. Toutefois, ceux qui ne font pas de plongée ne doivent pas hésiter à emprunter ce bateau afin de rejoindre ce paradis intact qui est au demeurant un bel endroit pour se détendre, se baigner, faire du snorkeling.

PANTHER MEDIA GMBH/ALAMY STOCK PHOTO ©

Parque Nacional Marino de Punta Francés Punta Pedernales

Parque Nacional Marino de Punta Francés Punta Pedernales

La "Chapelle Sixtine" de Cuba

ASTRONOMIE ET ART RUPESTRE

Les **Cuevas Punta del Este** ont été décrites par l'anthropologue cubain Fernando Ortiz comme l'équivalent de la chapelle Sixtine en matière d'art rupestre dans les Caraïbes. Bien avant l'arrivée des Espagnols, les Indiens peignirent des pictogrammes sur les parois et les voûtes des grottes – on date ces peintures rupestres du milieu du IXe siècle. Très difficiles d'accès, les cinq grottes situées à l'extrémité sud-est de l'île sont souvent fermées au public mais des travaux de réparation et de protection ont récemment été réalisés : visitez-les si c'est possible. La grotte n°1 abrite plus de 235 pictogrammes préhistoriques documentés. D'après le célèbre géographe et spéléologue cubain Antonio Núñez Jiménez (1923-1998), les grottes recèlent les œuvres d'art rupestre les plus importantes de Cuba.

Le dessin principal représente 56 cercles concentriques peints en rouge vif et en noir. Ortiz a émis l'hypothèse que ces dessins permettent de calculer le mois lunaire, le rouge marquant le jour et le noir pour la nuit. Une autre image représentant 13 cercles noirs indiqueraient d'après sa théorie les 13 mois lunaires.

Autre atout du lieu, la longue plage de sable blanc voisine… mais gare aux moustiques !

Cuevas Punta del Este

COMMENT CIRCULER

Un bus quitte Nueva Gerona les mardi, jeudi et samedi pour Cocodrilo, en passant par le poste militaire pour se rendre dans la zone sud. Le retour se fait à d'autres jours de la semaine pour Nueva Gerona. Pour les bus locaux à destination d'autres coins éloignés de l'île, consultez le site redisla.gob.cu.

Carnet d'adresses

VALLÉE DE VIÑALES

Centro Cultural Polo Montañez
Voir p. 115 (angle Salvador Cisneros et Joaquin Pérez, Viñales ; 1 $US ; musique 21h-2h)

Cueva del Indio
Voir p. 119 (à 5 km au nord de Viñales ; 5 $US ; 9h-17h30)

Cueva de Palmarito
Voir p. 117 (route 241 entre Viñales et Alcon ; 24h/24)

Cueva de San Miguel
Voir p. 119 (Parque Nacional de Viñales ; 5 $US ; 9h-17h30)

Gran Caverna de Santo Tomás
Voir p. 117 (El Moncada ; 8 $US ; 8h30-15h)

Jardín Botánico de las Hermanas Caridad y Carmen Miranda
Voir p. 116 (Salvador Cisneros, Viñales ; don apprécié ; 8h-19h)

Mural de la Prehistoria
Voir p. 120 (Parque Nacional de Viñales ; entrée avec boisson 3 $US ; 9h-18h)

Fashion Bici
Voir p. 119 (5-486-3224 ; Salvador Cisneros, Viñales ; 10h-18h)

Finca de Benito
Voir p. 118 (4-869-5202 ; Salvador Cisneros 206, Viñales)

Finca El Olivo
Voir p. 119 (5-440-7173 ; olivovinalescuba.com ; Carretera al Cementerio Km 2, Viñales ; entrée libre ; 10h-12h)

Finca El Renacimiento
Voir p. 120 (5-3715-617 ; linktr.ee/fincaelrenacimiento ; Cooperativa Antonio Maceo. Barrio Cuajani, Viñales ; balades à cheval à partir de 30 $US ; sur réservation)

Viñales Experience
Voir p. 116 (thevinalesexperience.com ; Calle Adela Azcuy Nte., Viñales ; excursion 55 $US)

Cabaña Mía
Voir p. 117 (58-924-800 ; vinaleslodge.com/fr/chambre/cabana-mia ; Carretera al Cementerio, Viñales)

Casa Daniela
Voir p. 116 (48-695-501 ; Carretera a Pinar del Río, Viñales)

Casa Deborah
Voir p. 117 (5-283-2018 ; près de l'Iglesia del Sagrado Corazón de Jesús, Viñales)

Casa Haydée Chiroles
Voir p. 117 (48-695-200 ; Rafael Trejo 139, Viñales)

Casa La Complaciente
Voir p. 117 (5-545-0187 ; Calle 1 n°20, Viñales)

Casa Omar y Mayra
Voir p. 116 (48-796-474 ; Adela Azcuy, Viñales)

Casa Oscar
Voir p. 117 (48-790-381 ; Adela Azcuy 43, Viñales)

Finca Villaverde
Voir p. 116 (5-305-8300 ; facebook.com/fincavillaverdevinales ; Carretera Intramontaña del Moncada, Viñales)

Hotel Los Jazmines
Voir p. 115 (48-796-411 ; Carretera a Viñales Km 23, Viñales)

Hotel Rancho San Vicente
Voir p. 119 (48-796-201 ; Carretera a Esperanza km 33).

MogoteArte
Voir p. 120 (Carretera Al Moncada Dos Hermanas, Km 3)

Balcón del Valle
Voir p. 118 (53-103-858 ; paladarbalcondelvalle.com ; Carretera a Pinar del Río, Viñales ; 8h-23h)

El Olivo
Voir p. 119 (48-696-654 ; olivovinalescuba.com ; Salvador Cisneros 89, Viñales ; 12h-23h)

Finca Agroecológica Paraíso
Voir p. 115 (5-818-8581 ; Carretera Al Cementerio Km 1,5, Viñales ; 9h-17h)

Restaurante El Cuajaní
Voir p. 115 (5-882-8925 ; facebook.com/restauranteelcuajani ; Carretera El Moncada Km 2,2 Dos Hermanas, Viñales ; 12h-22h)

Tarecos
Voir p. 115 (4-879-6281 ; facebook.com/tarecosbar ; Salvador Cisneros 75, Viñales ; 11h-minuit)

Mirador Bella Vista
Voir p. 120 (Barrio el Cuajani, Viñales ; 9h-18h)

Mogote Café
Voir p. 115 (facebook.com/mogotecafe ; Pasaje Ceferino Fernandez 1, Viñales ; 11h-1h)

Tres Jotas
Voir p. 115 (facebook.com/BarTapas3J ; Salvador Cisneros 45, Viñales ; 8h-2h)

Jardin del Arte Sano
Voir p. 115 (5-337-3908 ; Salvador Cisneros 91, Viñales ; 11h-minuit)

Patio del Decimista
Voir p. 115 (Salvador Cisneros 112, Viñales ; 9h30-minuit, musique à partir de 21h)

Enseigne de la Fábrica de Tabacos Francisco Donatién (p. 124)

ViñaleArte
Voir p. 116 (Salvador Cisneros 173, entre Sergio Dopico et Celso Maragoto, Viñales ; 10h-20h lun-ven, 10h-18h sam)

PROVINCIA DE PINAR DEL RÍO

Cabo San Antonio
Voir p. 127 (Parque Nacional Península de Guanahacabibes ; guide 15 $US)

Consejo Provincial de Artes Plásticas
Voir p. 124 (48-752-758 ; Antonio Guiterras 2 entre Maceo et Marti, Pinar del Rio ; tlj)

Cueva de los Portales
Voir p. 127 (Sierra de Órganos, Pinar del Río ; 2 $US ; 8h-17h)

Cueva Las Perlas
Voir p. 127 (Sierra de Güira ; 12 $US)

Fábrica de Bebidas Casa Garay
Voir p. 124 (Isabel Rubio Sur 189 entre Ceferino Fernández et Frank País, Pinar del Río ; 1 $US ; 9h-15h30 lun-ven, 9h-12h30 sam)

Fábrica de Tabacos Francisco Donatién
Voir p. 124 (Antonio Maceo Oeste 157, Pinar del Río ; 5 $US ; 9h-12h et 13h-16h lun-ven)

Finca Quemado de Rubí
Voir p. 125 (5-820-3839 ; Obeso, San Juan y Martinez ; visite guidée sur réservation)

Finca Robaina
Voir p. 125 (48-797-470 ; Carreterra Central de Cuba, Pinar del Rio ; visite guidée 5 $US ; 9h-17h)

Hacienda Cortina
Voir p. 123 (Sierra de Güira ; 5 $US ; aube-crépuscule)

Galería Sala Real-Casa del Joven Creador
Voir p. 124 (Martí 133 entre Nueva et Colón)

Museo de Historia Natural
Voir p. 124 (Martí Este 202, Pinar del Río ; 1 $US ; 9h-17h lun-sam, 9h-13h dim)

Palacio de los Matrimonios
Voir p. 124 (Martí, entre Rafael Morales et Plaza de la Independencia, Pinard el Río).

Réserve de biosphère de la Península de Guanahacabibes
Voir p. 127 (48-750-366 ; lmarquez@vega.enf.cu ; La Bajada ; entrée libre mais obligation de réserver un guide ; 9h-21h)

Teatro José Jacinto Milanés
Voir p. 124 (48-753 871 ; Martí Este 60, entre Colón et Isabel Rubio, Pinard el Río).

Brisas del Mar
Voir p. 126 (5 259 2698 ; La Bajada)

Cabaña Quemado el Rubí
Voir p. 125 (5-820-3839 ; Obeso, San Juan y Martinez)

Casa Colonial La Nonna
Voir p. 124 (48-770-777 ; casas-particulares-cuba.site/pinar-del-rio/casa-colonial-la-nonna ; Máximo Gómez 161, Pinar del Río)

Casa Nalúa
Voir p. 123 (en retrait de la 371, San Diego de los Baños)

Casa Teresa Hernández Martínez
Voir p. 122 (48-793-703 ; Calle Cuarta A n° 7A, à hauteur de la 3a, Puerto Esperanza)

Hostel Mountain View
Voir p. 123 (rte 341, San Diego de Los Baños)

Hotel Cayo Levisa
Voir p. 122 (48-756-501 ; hotelcayolevisa.com ; Carretera A Palma Rubia, Cayo Levisa)

Hotel María La Gorda
Voir p. 126 (gaviotahotels.com ; María la Gorda)

Hotel Mirador
Voir p. 123 (48-778-338 ; Calle 23 Final, San Diego de los Baños)

Villa Azul
Voir p. 126 (48-751-017 ; La Bajada)

Café Ortúzar
Voir p. 124 (48-751-111 ; cafeortuzarcuba.com ; Martí 127 entre Colón et Calle, Nueva, Pinar del Río ; 9h-minuit mar-dim)

Cayo Jutías Restaurante
Voir p. 122 (plage de Cayo Jutías ; 10h-17h30)

El Mesón 1995
Voir p. 124 (48-752-867 ; José Martí 205, Pinar del Río ; 11h30-23h)

Casa del Habano
Voir p. 125 (Antonio Maceo 162, Pinar del Río ; 9h-17h lun-sam)

La Casa del Veguero
Voir p. 125 (79-60-18 ; Carretera a Pinar del Río km 24, Viñales ; 10h-17h)

SIERRA DEL ROSARIO

Casa-Museo de Polo Montañez
Voir p. 131 (Las Terrazas ; 9h-17h mar-dim)

Mirador Loma el Mogote
Voir p. 132 (Carretera a Soroa Km 8, Soroa)

Orquideario de Soroa
Voir p. 131 (Carretera a Soroa Km 9, Soroa ; 3 $US, appareil photo suppl 2 $US ; 8h30-16h30)

Salto del Arco Iris
Voir p. 132 (Carretera a Soroa Km 8, Soroa ; 3 $US ; 9h-18h)

Art Studio/ Estudio de Arte
Voir p. 131 (48-598-116 ; Carretera Soroa, Km 8,5)

Castillo de las Nubes
Voir p. 132 (48-523-861 ; Soroa, Sierra del Rosario)

Horizontes Villa Soroa
Voir p. 132 (48-523-556 ; Carretera a Soroa Km 9, Soroa)

Hotel Moka
Voir p. 130 (48-578-600 ; Complejo Las Terrazas, Km 52,5)

Vallée de Viñales (p. 114)

RUDIERNST/STOCK.ADOBE.COM ©

Miramontes
Voir p. 131 (5-258-9947 ; Carretera de Soroa, Km 9,5, Soroa)

Café de María
Voir p. 130 (48-578-527)

Casa del Campesino
Voir p. 130 (48-578-700 ; lasterrazas.cu ; Las Terrazas ; 9h-17h)

El Romero
Voir p. 130 (48-578-555 ; Calle Moka, Las Terrazas ; 9h-21h)

La Casa de Mercedes
Voir p. 130 (48-578-647 ; Edificio 9, Las Terrazas ; 9h-21h)

Bar Tropical
Voir p. 133 (Carretera de Soroa, face à l'Orquideario de Soroa)

Bazar Cusco
Voir p. 131 (Callejón de la Moka, Las Terrazas)

El Colibrí
Voir p. 131 (Complejo Las Terrazas, Km 52,5)

El Ilang
Voir p. 131 (Callejón de la Moka, Las Terrazas)

PROVINCIA DE ARTEMISA

Antiguo Cafetal Angerona
Voir p. 136 (à 5 km à l'ouest d'Artemisa ; entrée libre ; aube-crépuscule)

Cañón del Río Santa Cruz
Voir p. 137 (nord-ouest du site des missiles de Cuba de la crise d'octobre 1962)

Museo del Humor
Voir p. 135 (47-382-217 ; Calle 60 angle Av. 45, San Antonio de Baños ; 2 $US ; 10h-18h mar-sam ; 9h-13h dim)

Iglesia San Marcos
Voir p. 135 (Parque Libertad, Artemisa)

Finca Tungasuk
Voir p. 136 (5-431-1698 ; tungasuk.com ; Caimito ; 6h-16h)

Vueltabajo Natural
Voir p. 136 (5-236-0348 ; Leopoldo Reyes 28A entre Capitán Reyes et Fructuoso Rodríguez, San Cristóbal)

Los Ocujes
Voir p. 136 (5-245-8649 ; facebook.com/losocujes ; CC Maceo ; 9h-minuit)

Café Kawaii
Voir p. 135 (Calle 48, entre 33 et 35, Artemisa ; 8h-20h lun-ven)

Los Lauzanes
Voir p. 135 (47-385-061 ; Av. 35 n°7602 , San Antonio de los Baños ; 12h-23h mar-dim)

Piedra y Carbón
Voir p. 135 (5-349-1488 ; Av. 53 n°7602 entre 76 et 78, San Antonio de los Baños ; 12h-22h mer-dim)

D'Farándula
Voir p. 135 (48 524350 ; San Cristóbal ; 18h-minuit mer-dim)

La Peña con los Beatles
Voir p. 135 (Museo de San Cristóbal ; 2ᵉ sam du mois)

Guayacán Bazaar
Voir p. 135 (Cine Guayacán, entre CC Maceo et Ignacio Humara, San Cristóbal ; sam)

JIBACOA ET CAMILO CIENFUEGOS (HERSHEY)

Jardines de Hershey
Voir p. 140 (4 km au sud de Santa Cruz del Norte)

Casa Cubanita
Voir p. 139 (5-284-4232 ; lacasacubanita.com ; Calle 6 n°1513, Camilo Cienfuegos)

Memories Jibacoa Hotel
Voir p. 139 (47-295-122 ; memoriesjibacoa-cuba.com ; Playa Arroyo Bermejo Santa Cruz del Norte, Varadero)

Starfish Jibacoa (Villa Tropico)
Voir p. 139 (7-860-6627 ; Playa Arroyo Bermejo, Vía Blanca Km 60, Santa Cruz del Norte)

El Cacique
Voir p. 139 (5-257-1588 ; Playa Arroyo Bermejo, Jibacoa ; 11h-23h)

ENVIRONS DE JIBACOA ET CAMILO CIENFUEGOS (HERSHEY)

MontECOrales
Voir p. 142 (5 3856682 ; facebook.com/montecorales ; munidad de Pescadores Boca de Canasí, Casa Montecorales)

Parapente Jibacoa
Voir p. 142 (Playa Jibacoa)

Skalan2
Voir p. 142 (5-330-9317 ; facebook.com/Skalan2enlahabana)

ISLA DE LA JUVENTUD ET CAYO LARGO DEL SUR

Presidio Modelo
Voir p. 147 (isladelajuventud-cuba.com/monu-presidio-modelo ; 9h-17h mar-ven, 9h-12h sam-dim)

Centro de Rescate de Tortugas Marinas
Voir p. 146 (à côté de la Marina Marlin dans le Pueblo Isla del Sol, au nord-ouest de Cayo Largo ; 2 $US ; 8h-12h et 13h-16h30)

Avalon Outdoor (Cayo Largo)
Voir p. 146 (cubanfishingcenters.com/cayo-largo.php)

Casa Alina
Voir p. 146 (isladelajuventud-cuba.com/casas-particulares-alina-y-camilo ; Nueva Gerona, Isla de la Juventud)

Casa Cunagua
Voir p. 146 (entre Calle 45 et Calle 47, Nueva Gerona, Isla de la Juventud)

Memories Cayo Largo
Voir p. 145 (45-248-260 ; memoriesresorts.com ; Cayo Largo del Sur, Archipiélago de los Canarreos)

Sanctuary at Grand Memories Cayo Largo
Voir p. 145 (45-248-088 ; memoriesresorts.com ; Archipiélago Los Canarreos Cayo Largo del Sur)

Starfish Cayo Largo
Voir p. 145 (45-248-333; starfishresorts.com ; extrémité ouest de la plage Lindarena)

Restaurante Galeón
Voir p. 146 (5-350-9128 ; facebook.com/GaleonLaIsla ; Calle 24 n°4510, entre 45 et 47 ; 9h30-23h)

SUD DE L'ISLA DE LA JUVENTUD

Cuevas Punta del Este
Voir p. 151 (info@isladelajuventud-cuba.com ; extrémité sud-est de l'Isla de la Juventud)

Museo Finca El Abra
Voir p. 149 (5-219-3054 ; Route Siguanea Km 2, Isla de la Juventud ; 9h-17h mar-sam)

Parque Nacional Marino de Punta Francés Punta Pedernales
Voir p. 150 (isladelajuventud-cuba.com/naturaleza04.html)

Ecotur
Voir p. 148 (46-327-101 ; Calle 39, entre Calle 26 et Calle 28 ; 8h-16h lun-ven)

Hotel Colony
Voir p. 149 (46-398-181 ; Carretera Siguanea Km 42, Isla de la Juventud)

Villa Arrecife
Voir p. 149 (5-528-2115 ; Cocodrilo, Isla de la Juventud)

MAURIZIO DE MATTEI/SHUTTERSTOCK ©

Ci-dessus : Museo Provincial, Cienfuegos (p. 187). À droite : Matanzas (p. 178)

LE CENTRE-OUEST

VILLES HISTORIQUES, PLAGES SUBLIMES, ET NATURE SAUVAGE

Plages immaculées, centres-villes inscrits au Patrimoine mondial, sites historiques et nature exceptionnelle : cette partie de Cuba est la promesse de belles découvertes.

Nombre de visiteurs ne voient qu'une parcelle du centre-ouest de Cuba, mais cela suffit à les séduire et à les émerveiller. Le secteur, qui s'étend sur trois Provincias (Matanzas, Cienfuegos, Villa Clara) présente une telle diversité, surtout du nord au sud, qu'on a presque l'impression de visiter différents pays. Les plages de Varadero et leurs luxueux complexes hôteliers n'ont rien à voir avec celles, calmes et dotées d'une ambiance décontractée, de Playa Larga où de très beaux sites de plongée vous attendent. Le parc national le plus vaste du pays, la Ciénaga de Zapata, abrite une faune extraordinaire dans des zones parfois facilement accessibles en voiture. Plus à l'est, les villes fascinantes et chargées d'histoire de Cienfuegos et Santa Clara comptent des édifices, musées, hôtels et théâtres protégés par l'Unesco. Bien qu'Ernesto "Che" Guevara ne soit pas né à Villa Clara, n'y ait pas vécu, et soit mort dans les montagnes lointaines de Bolivie, son nom reste associé à celui de cette province cubaine.

TUPUNGATO/SHUTTERSTOCK ©

À Santa Clara, ville que la philanthrope Marta Abreu, grande figue cubaine, a modelé magistralement, des monuments et des statues évoquent la révolution. En choisissant la bonne période, vous serez aux premiers rangs pour des festivals uniques célébrant l'histoire et la culture cubaines. De nombreux touristes traversent le centre-ouest de Cuba à toute allure pour gagner Santiago de Cuba. La région est pourtant pleine de merveilles inattendues. Plus longtemps vous y resterez, plus vous ferez de découvertes.

SITES PRINCIPAUX

VARADERO
Belles plages infinies.
p. 162

MATANZAS
Séduisante et authentique.
p. 172

PLAYA LARGA
Bord de mer paisible et nature.
p. 178

CIENFUEGOS
Ville magnifique protégée par l'Unesco. p. 182

SANTA CLARA
Cité dynamique et souvenir de Che Guevara.
p. 192

S'orienter

La région est si proche de La Havane qu'une excursion d'une journée permet de visiter certains sites. Elle mérite toutefois d'y consacrer quelques jours, voire une semaine.

Matanzas, p. 172
Une ville attachante que l'architecture, l'atmosphère artistique, les musées et les cafés classent à part.

Varadero, p. 162
Elle allie de ravissants complexes touristiques et une vie nocturne animée avec une belle nature sauvage, des plages sur des îles retirées et des grottes intéressantes.

Playa Larga, p. 178
Un lieu calme et décontracté, chargé d'histoire, proche du plus grand parc national de Cuba et de sites de plongée.

VOITURE

C'est le mode de transport le plus pratique, mais en louer une n'est pas toujours facile. Veillez à faire le plein à la moindre occasion, car de nombreuses stations-service sont à court d'essence ou peu approvisionnées.

BUS

Les bus Viazul desservent toutes les grandes villes de ce chapitre. Ils sont économiques, sûrs, et il est possible d'acheter les billets à l'avance. Les horaires laissent à désirer : vous pouvez arriver tard dans la nuit ou aux premières heures du jour.

TRAIN

Le train relie certaines grandes villes, notamment dans le centre-ouest du pays. Cependant, de nombreuses lignes ont été fermées et le service est parfois suspendu pour de nombreuses années. Certaines lignes ont des trains équipés de wagons chinois depuis 2019.

Santa Clara, p. 192

Une ville charmante, jeune et dynamique, à l'important patrimoine colonial et aux sites dédiés à la mémoire de Che Guevara.

Cienfuegos, p. 182

Majestueuse et unique, cette ville inscrite au Patrimoine mondial est connue pour son architecture, ses musées, sa cuisine, ses forts et la beauté de sa baie.

Planifier son séjour

Lézardez sur une plage avec les pélicans, randonnez pour voir des flamants roses et l'insaisissable trogon, ou admirez de majestueux édifices.

KAMIRA/SHUTTERSTOCK ©

Si vous avez peu de temps

● Choisissez l'une de ces trois propositions : restez au moins une nuit à **Varadero** (photo, p. 162) afin de profiter de ses superbes plages de sable blanc et passez la soirée au **Beatles** (p. 170) à écouter du rock au milieu d'expats. Ou prenez la route de l'élégante **Cienfuegos** (p. 182), propice à de jolies promenades avec sa baie splendide et son **Paseo del Prado** (p. 184). Sinon, choisissez **Santa Clara** (p. 192) pour découvrir son patrimoine colonial et les monuments dédiés à la révolution. Et pourquoi ne pas assister au premier et parfois unique spectacle de travestis de Cuba au **Club Mejunje** (p. 197), célèbre café-bar branché ?

Au fil des saisons

La période la plus touristique se situe entre novembre et avril. Le temps est doux et ensoleillé, et les pluies n'ont pas commencé.

JANVIER

Janvier est un excellent mois pour visiter Cuba car il fait plus frais, c'est-à-dire à peu près 15°C.

MARS

Les amoureux de la plage se réjouissent. Le début du printemps est idéal et l'affluence moindre.

AVRIL

Playa Larga célèbre le 19 avril la victoire sur les mercenaires du débarquement raté de la Baie des Cochons.

KLEMEN K. MISIC/SHUTTERSTOCK ©, JULIE RAUSENBERGER/SHUTTERSTOCK ©, GG-FOTO/SHUTTERSTOCK ©

Si vous avez trois jours

- Consacrez un après-midi au farniente sur les plages de **Varadero** (p. 162), puis traversez la région vers le sud direction la Ciénaga de Zapata afin de voir à quoi ressemblent les plages situées sur la côte opposée, **Playa Larga** (p. 178) et **Playa Girón** (p. 179). Observez les oiseaux ou empruntez un sentier de découverte de la **Ciénaga de Zapata** (p. 180). Si vous le pouvez, plongez pour explorer les falaises sous-marines à un coup de palme de la côte. Séchez-vous et ralliez **Cienfuegos** (p. 182) dont vous admirerez l'architecture splendide et le ravissant **Teatro Tómas Terry** (p. 187). Passez votre dernière nuit à **Santa Clara** (p. 192) une ville à l'atmosphère estudiantine.

Si vous avez plus d'une semaine

- Délectez-vous de tout ce que cette région vous offre. Baignez-vous et prenez des bains de soleil durant un, deux, voire trois jours à **Varadero** (p. 162), sans négliger pour autant les grottes et le cactus géant. Vous pouvez même faire une excursion d'un jour en catamaran à **Cayo Blanco** (p. 169). À **Playa Larga** (p. 178), faites de la plongée et partez à la découverte des flamants roses de la **Ciénaga de Zapata** (p. 180) ou du plus petit oiseau au monde à la **Casa Ana-Maison des colibris** (p. 179). Détendez-vous durant deux nuits à **Cienfuegos** (p. 182) ou à **Santa Clara** (p. 192).

JUILLET

L'été est la période des **carnavals** cubains. Les fêtards bravent la chaleur pour assister aux défilés torrides.

OCTOBRE

La saison des ouragans bat son plein. Suivez de près les bulletins météorologiques si vous êtes sur place.

NOVEMBRE

C'est la fin de la saison des pluies. Les températures baissent et le soleil brille.

DÉCEMBRE

À **Remedios**, **Las Parrandas** est une fête spectaculaire, une des plus grandes de Cuba, avec feux d'artifice, chars et défilés.

VARADERO

Postée sur la Península de Hicacos, longue de 20 km, Varadero est la tête de proue de l'activité économique la plus importante de Cuba : le tourisme. Cette grande station balnéaire dispose d'un parc pharaonique de complexes hôteliers, d'innombrables magasins, sans oublier une foule d'activités nautiques et d'animations. Son indéniable atout : ses kilomètres de sable blond. Cette péninsule, à 1 heure 30 de route de la capitale, abrite également de superbes *cayos* et mangroves, ainsi que des grottes étonnantes. La plupart des touristes venant à Varadero réservent un séjour tout compris et ne demandent qu'à paresser dans leur complexe hôtelier. Si vous n'avez pas un goût immodéré pour ce type de vacances et que vous visitez Cuba par vos propres moyens, sachez qu'une petite ville cubaine plus authentique, avec des *casas particulares*, des restaurants privés et l'accès à une plage splendide, vous attend à l'entrée sud-ouest de la station.

Pour les infos pratiques, voir le Carnet d'adresses p. 202

À SAVOIR

Les plages de Varadero ne désemplissent pas durant les mois de vacances (de décembre à février). Pour un séjour paisible loin de la foule, choisissez une autre période ou rendez-vous en catamaran sur les îles voisines.

Varadero

EVGENIA BOLYUKH/SHUTTERSTOCK ©

Des plages luxueuses

LE ROYAUME DES COMPLEXES HÔTELIERS

Même si vous abhorrez les grandes stations balnéaires, il y a une excellente raison d'aller à **Varadero** : sa plage, un ruban ininterrompu de 20 km de sable fin s'étendant sur toute la longueur de la Península de Hicacos. C'est la plus longue et la plus belle des plages cubaines. Sachez néanmoins que c'est le royaume du tourisme de masse, l'enfilade de barres d'hôtels et de *resorts* ne laissant guère de place à l'improvisation et à l'authenticité qu'affectionnent en général les voyageurs indépendants.

Imaginez une eau d'un bleu quasi électrique, un ruban de sable blanc se déroulant à perte de vue, des chaises longues immaculées sous des parasols, et l'appel d'un pélican ou d'une sterne qui semble vous souhaiter la bienvenue à Varadero.

La plage, ici, est le summum de la perfection. La mer est peu profonde, sa couleur est éblouissante, les vagues sont douces et les courants y sont rares. On peut y barboter ou patauger en toute sécurité même sans savoir nager. Avec la douceur du climat, elle est parfois aussi chaude que l'eau du bain. La seule chose dont vous devrez vous préoccuper est un coup de soleil. Alors apportez votre serviette, tartinez-vous de crème solaire et faites le plein de vitamine D. Si vous avez

CARTES PRÉPAYÉES

Les établissements gérés par l'État (y compris des commerces) refusent les espèces. Ce n'est pas un problème sauf si votre carte est celle d'une banque américaine. Des cartes prépayées sont en vente dans les kiosques de la marina et ailleurs. Il vous faudra peut-être montrer votre passeport pour les acheter et les dollars américains ne sont pas acceptés.

OÙ SE RESTAURER À VARADERO

El Aljibe
Bien connu pour ses produits de la mer, queues de langouste, crevettes et cocktails. **$$**

Factoria Veradero
Porc et autres viandes superbes dans ce bar-fumoir. **$**

La Bodeguita del Medio
Réplique du bar de La Havane, mais vous pouvez compter sur des mets délicieux et une bonne ambiance. **$$**

SORTIES EN VILLE

Il existe différentes manières de découvrir Varadero. En voici quelques-unes parmi les meilleures :

Louer une voiture de collection
Vous avez vu des photos de touristes en décapotable, cheveux au vent. De nombreuses voitures se louent, souvent avec un chauffeur. Votre hôtel peut vous en trouver une. Attendez-vous à payer le prix fort pour ce plaisir (souvent très bref).

Bus à impériale à arrêts multiples
Les bus Transitur suivent divers itinéraires dans Varadero et les environs. Il est possible de monter et descendre à votre guise pour explorer la ville.

En calèche
Un classique pour parcourir la ville avec style. Mais attention, les chevaux sont souvent négligés, voire maltraités, donc avant de monter observez l'état des animaux.

REIMAR/SHUTTERSTOCK ©

Mansión Xanadú

trop chaud, baignez-vous ou explorez les fonds marins avec un masque et un tuba. Bien que les sites de snorkeling ne soient pas aussi variés que dans le sud de l'île, ils ne manquent pas d'intérêt notamment à **Playa Larga** (p. 178). En revanche, les coquillages, les coraux ou les curiosités de ce genre sont rares. Pour cela, il faut gagner les îles éloignées où peu de gens sont allés avant vous.

Selon votre hébergement, la plage sera plus ou moins aménagée. Il vous faudra peut-être revenir à votre hôtel pour vous changer et prendre une douche. Certains endroits louent des équipements ; sinon, apportez les vôtres.

Bienvenue à Xanadú

UN MAGNIFIQUE MANOIR ET UN BAR

Bâtie en 1927-1928, la **Mansión Xanadú** se dresse au milieu d'un terrain de golf de plusieurs hectares. Cet élégant et imposant manoir tranche sur l'architecture cubaine traditionnelle. C'est à présent un club sportif et certainement le meilleur terrain de golf des environs, voire de Cuba. Le site et les édifices faisaient partie du domaine de la famille du milliardaire américain Irénée Du Pont de Nemours. La visite donne un aperçu de cette époque fastueuse où ces résidences

OÙ SE LOGER À VARADERO

Valentín el Patriarca
Complexe tout compris au bord de la plage, près du cactus géant. **$$$**

Meliá Las Américas
Cet hôtel, l'un des nombreux de la même chaîne, est bien situé pour explorer Varadero. **$$$**

Varazul
Situé au bout de la péninsule, ce complexe dispose d'un bel accès à la plage. Prix corrects. **$$**

d'été étaient édifiées au gré des lubies des grandes fortunes qui ont légué un magnifique patrimoine aux générations futures. Les arcades, les tapis de velours des escaliers, les lustres – tout semble sortir d'un film historique hollywoodien, mais est bien réel. La plupart des éléments sont d'origine et datent de l'époque où les Du Pont de Nemours vivaient encore là. Un grand nombre de pièces en bois et de finitions ont bien été acheminées de l'étranger par bateau, mais l'édifice a été assemblé sur place.

La plus belle partie de Xanadú est de loin le **Casa Blanca Panoramic Bar**, accessible par un petit escalier et une porte au 3e étage. Si l'entrée a de quoi rendre claustrophobe, la salle est, elle, vaste et spacieuse et offre une vue sublime sur l'océan. Vous y perdrez si vous venez après la nuit tombée, mais le bar a beaucoup de cachet et d'ambiance. Mieux vaut arriver avant le coucher du soleil dans ce lieu chic et siroter un cocktail en conversant avec les clients et l'affable barman. Les boiseries cirées, le carrelage en damier, les tabourets et les tables près de la fenêtre composent un décor ravissant. Comme de nombreux établissements gérés par l'État, le Xanadú n'accepte pas les espèces, il vous faudra une carte bancaire qui ne soit pas américaine pour y dîner ou prendre un verre.

Une marina en toute saison

RIEN NE MANQUE

À l'extrémité de la péninsule, la **marina de Varadero** est un lieu calme et paisible où visiteurs et insulaires se croisent. Elle est très protégée des vagues et constitue donc une halte agréable pour les plaisanciers auxquels elle offre tous les services nécessaires, notamment du carburant (quand il y en a) et des amarrages. Les marins d'eau douce y trouveront, eux, des catamarans à louer (et d'autres embarcations), des restaurants, bars, kiosques de souvenirs et boutiques. Vous pouvez y passer la journée et enchaîner les activités, surtout si vous faites une excursion en catamaran l'après-midi. Néanmoins, si vous préférez flâner au *mercado* (marché) et dîner ou vous attarder dans un des nombreux restaurants, vous profiterez assurément d'un moment de détente. Les catamarans sont faciles à repérer, vous en verrez sûrement plusieurs amarrés le long de la promenade. Mais vous devrez peut-être faire le tour de la marina pour mettre la main sur un capitaine. Si vous ne voyez personne sur les embarcations ou près de celles-ci, essayez la capitainerie du port ou attendez leur retour en sirotant des mojitos à la terrasse d'un café.

CONSEILS

Dans la chambre
Dans les hôtels, vérifiez le voltage des prises électriques, 110 ou 220 volts, qui n'est pas toujours indiqué bien que les deux types puissent voisiner dans une même pièce. Un adaptateur est utile.

Sur la plage
Sur la plage, le drapeau rouge signifie qu'il y a danger (forts courants, par exemple), donc que la baignade est interdite. Les tentacules des méduses bleues, connues sous le nom de "vaisseaux de guerre portugais" (physalies), plus fréquentes en été, peuvent provoquer des réactions assez fortes. Si vous êtes piqué, rincez la peau au vinaigre et, si la douleur s'intensifie, consultez un médecin. Restez par ailleurs attentif à vos affaires, car la disparition des chaussures, lunettes de soleil et serviettes de bain sur la plage est monnaie courante.

OÙ SE LOGER À VARADERO

Casa Amelia
Deux chambres calmes et petits-déjeuners savoureux dans une *casa particular* au fond d'une impasse. **$**

Beny House B&B
Jouxtant le parc, cette *casa particular* dispose d'un bon accès à la plage. **$$**

Casa Leyla
La sympathique Leyla vous fait vous sentir chez vous dans cette petite *casa* sur la plage. **$**

LE CACTUS GÉANT

Il existe à Varadero un *Cactus gigantea* appelé aussi *Cactus viejo* (vieux), car il aurait plus de 500 ans et daterait de l'époque où les Espagnols ont débarqué pour la première fois dans le Nouveau Monde ! Qui sait ? Il a peut-être accueilli Hernán Cortés. Pour le voir, il suffit de marcher 5 minutes dans la forêt broussailleuse. Vous verrez sans doute des lézards en chemin.

SIMONOVSTAS/SHUTTERSTOCK ©

Varadero

Chauves-souris, histoire et dessins énigmatiques

LE PREMIER HÔTEL CUBAIN

De l'extérieur, la **Cueva del Ambrosio** paraît modeste. À l'intérieur, vous serez surpris par sa taille et, plus encore, par la quantité de chauves-souris qui y vivent. Après avoir garé votre véhicule, demandez au contrôleur de billets, qui change chaque jour, de vous faire faire une visite guidée. Certains guides mettent l'accent sur la science, d'autres sur l'histoire ou l'humour… C'est toujours différent. La grotte que certains surnomment "le premier hôtel de Cuba" a servi d'abri temporaire à des peuples amérindiens, le manque d'eau douce ne permettant pas d'y rester en permanence. Plus d'une cinquantaine de dessins précolombiens – qui seraient vieux d'environ 2 000 ans – témoignent de cette présence. Découverts en 1961, ces pictogrammes noir et rouge sont composés de cercles concentriques (peut-être un calendrier solaire) et de représentations humaines stylisées, à rapprocher des peintures amérindiennes retrouvées sur l'Isla de la Juventud (p. 144). Plus récemment, des Cubains qui cherchaient à quitter l'île par la mer, le plus souvent dans des embarcations de fortune (on les appelle les *balseros*), se sont cachés dans la grotte.

OÙ SE RESTAURER À VARADERO

Andalucia
Bar à tapas avec cocktails dans la marina. **$$**

Meliã Internacional
Superbe vue sur la mer et joli mélange de plats internationaux si vous avez le mal du pays. **$$**

Restaurante RT Tradicíones
Ce restaurant élégant sert des plats cubains classiques, comme le *ropa vieja* (bœuf effiloché) notamment. **$$$**

Cinq espèces différentes de chauves-souris colonisent les lieux. On reconnaît les pollinisatrices à la poussière jaune qui les recouvre. Certaines, photophobes, s'envolent dès que la lumière d'une lampe se pose sur elles.

Cheveux au vent

DANS UNE DÉCAPOTABLE

De nombreux visiteurs veulent absolument rouler en décapotable – le tour en voiture en vogue pour les touristes – et Varadero vaut La Havane pour ce genre de plaisir. Le plus simple consiste à louer une voiture avec chauffeur. Le prix varie selon la longueur du trajet et la destination : veillez à le négocier avant de monter. Prenez des selfies et profitez de cette balade qui était banale dans les années 1950. Vous aurez peut-être une destination en tête. Sinon, votre chauffeur, qui connaît Varadero comme sa poche, vous conduira dans les nombreux lieux présentés dans ce chapitre.

Quelques points sont à garder à l'esprit quand vous louez la voiture seule. Tout d'abord, ces véhicules sont le gagne-pain de leur propriétaire. Veillez à ne pas abîmer l'intérieur, la peinture, etc. En cas de dégât, vous devrez vous acquitter d'un supplément pour la réparation (et cela peut vous coûter cher). Ensuite, de nombreuses voitures ont des équipements de sécurité d'origine. Les ceintures et les protections contre les lésions cervicales seront probablement inexistantes, sans parler des airbags. En cas d'accident, ne comptez donc que sur vous-même. Enfin, même si une chose aussi élémentaire qu'une ceinture de sécurité manque, il y a peut-être des ports USB dans la boîte à gants. Si la batterie de votre téléphone est à plat, renseignez-vous auprès du chauffeur.

LOCATION DE VOITURE À CUBA

Si vous prévoyez de louer une voiture, reportez-vous à la p. 319

LOCATION DE VOITURE À VARADERO

Pour de nombreux touristes, louer une voiture n'est pas toujours la meilleure solution. Mieux vaut parfois prendre un taxi ou engager un chauffeur si vous avez besoin d'un véhicule pendant un certain temps. Il existe des agences de location à Varadero pour des durées plus longues, mais elles manquent souvent de véhicules. Comptez environ 85 $/jour.

CubaCar
CubaCar possède plusieurs comptoirs à Varadero et un grand choix de véhicules (quand ils sont disponibles) : petites voitures économiques, SUV et même voitures de luxe.

Via Rent-a-car
Cette agence semble être plus performante (mais croisez les doigts). Elle offre surtout des voitures économiques et de taille moyenne, avec un comptoir dans le centre et un dans la marina.

COMMENT S'Y RENDRE

Il facile de rallier Varadero depuis La Havane, car la ville est desservie par de nombreux bus et facilement accessible en taxi. Il y a un aéroport, l'Aeropuerto Internacional Juan Gualberto Gómez – à 20 km de Varadero, en direction de Matanzas, à 6 km de la route principale – il est donc possible de prendre un vol direct sans passer par La Havane.

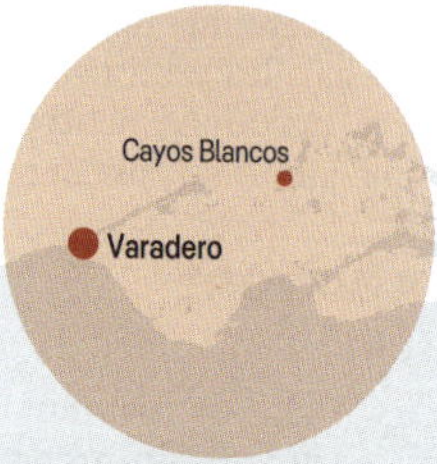

Environs de Varadero

Au-delà de Vardero, la mer est toujours aussi bleue... À vous (ou à votre porte-monnaie) de décider si vous souhaitez en profiter !

Les environs de Varadero, ce sont des îles au milieu d'un océan à l'eau délicieusement chaude, des bosquets de mangrove, des oiseaux et du soleil. La plupart des touristes découvrent le secteur en bateau, en louant un catamaran ou en joignant un groupe pour explorer les îles comme Cayo Blanco. Louer un bateau privé a des avantages évidents, mais un prix élevé. Pour la plupart d'entre nous, une sortie en groupe – vous pouvez en organiser une à l'hôtel – est un bon compromis entre budget et aspect pratique. Difficile d'imaginer plus agréable qu'un après-midi passé à musarder sur le sable blanc, entouré de tout ce bleu tranquille de mer et de ciel, ponctué d'arrêts pour une sortie de snorkeling ou un déjeuner.

Pour les infos pratiques, voir le Carnet d'adresses p. 202

À SAVOIR

La météo est essentielle lors d'une sortie en mer. Consultez soigneusement les bulletins météorologiques et emportez de quoi vous protéger du vent.

Catamaran, Cayo Blanco

Dauphin, Cayo Blanco

Excursion en catamaran

LES JOIES DU BATEAU

Il suffit de monter sur un catamaran pour que votre stress se dissipe ! Faire une sortie en bateau est un des plaisirs que l'on peut s'offrir à Cuba- avec un certain budget. De nombreux tour-opérateurs viennent vous chercher à votre hôtel et vous conduisent à la marina. Prévoyez 8 à 10 heures en mer pour aller tranquillement jusqu'à **Cayo Blanco**, en vous arrêtant peut-être dans d'autres lieux. Surveillez les flots pour repérer des dauphins et autres habitants des mers - peut-être des baleines, poissons-lunes, raies, requins ou tortues de mer.

A bord, l'*open bar* est tellement tentant que certains n'éprouvent pas le besoin de quitter le bateau - à consommer avec modération toutefois. Si vous souhaitez faire du snorkeling, emportez un masque et des palmes (ou louez-en avant de partir) et tout le nécessaire. La plupart des excursions en catamaran incluent un déjeuner copieux, souvent avec une grillade de langouste fraîche comme plat principal. Des en-cas sont aussi à votre disposition, mais n'hésitez pas à emporter quelques provisions. Surtout, protégez-vous du soleil. Les rayons UV peuvent avoir des effets dévastateurs sur certains types de peau.

UNE VIE MARINE ABONDANTE

L'océan peut sembler une étendue plate et ennuyeuse, mais si vous passez un moment en mer, vous verrez sûrement des créatures intéressantes.

Dauphins et baleines
Ces animaux emblématiques ne sont pas rares. Il y a des dauphins à peu près partout et des baleines dans les eaux les plus profondes.

Tortues de mer
On peut voir ces adorables et amusantes créatures du bateau, sans même faire de snorkeling.

Raies mantas et autres
Différentes raies peuplent les Caraïbes. Regardez-les sauter, souvent très haut hors de l'eau, pour échapper à un prédateur.

SORTIES EN CATAMARAN PRÈS DE VARADERO

Varadero Yacht Charter
Organise des sorties à Cayo Blanco et dans d'autres sites près de Varadero, ainsi que des voyages plus longs.

Taino Tours
Propose diverses excursions près de La Havane et Varadero, ainsi qu'à Cayo Blanco.

Viajes Kronos
Spécialiste des sorties à Cayo Blanco. La nage avec les dauphins n'est pas toujours incluse.

CMT PHOTOGRAPHY/SHUTTERSTOCK ©

Sable blanc, Cayo Blanco

UN RAT ARBORICOLE PROTÉGÉ

Particulièrement menacée, la *jutía* (agouti) est un rongeur arboricole diurne et omnivore de la taille d'un chat. Endémique des Caraïbes, il a été chassé sans répit durant la "période spéciale" par des Cubains affamés. Même si l'aspects des *jutias* vous rebute ou vous effraie – notamment si vous avez peur des rats –, sachez que cet animal a sa place dans l'écosystème et qu'il est désormais protégé.

Île tropicale de rêve

SABLE BLANC ET MER TURQUOISE

Cayo Blanco est, pour de bonnes raisons, la destination la plus populaire. Il possède de superbes plages de sable blanc frangées de palmiers, une eau tellement bleue qu'elle vous éblouit et (ouf !) un restaurant et des toilettes. Vu sa popularité, attendez-vous à devoir partager votre coin de sable, au moins durant les périodes de forte affluence. Mais l'île vaut le détour. L'eau tiède et le sable doux et soyeux donnent envie de paresser aussi longtemps que vous en avez le loisir. Si vous avez loué un catamaran, vous pouvez demander à vous rendre sur des îlots voisins, moins fréquentés, voire déserts. Les excursions en groupe incluent généralement un délicieux buffet au restaurant. L'observation des dauphins est problématique : ceux-ci ne sont pas libres de nager où ils veulent. Sautez cette partie de l'excursion ou assurez-vous auprès du capitaine qu'ils sont bien traités.

Bien que la plage soit la principale attraction, les amoureux de la nature peuvent se promener sur l'île, qui abrite des animaux intéressants. La *jutía* est un rongeur endémique. Vous verrez aussi probablement plusieurs espèces de lézards et une multitude de pélicans, cormorans, aigrettes et hérons. Faites un saut dans la mangrove pour apercevoir des crabes, des crustacés et de ravissants passereaux.

OÙ PRENDRE UN VERRE À VARADERO

Beatles
Places en plein air et concerts de rock dans ce nid d'expats, avec en général une file d'attente.

Calle 62
Concerts et danses torrides (salsa et *cumbia*), surtout le week-end.

Casa Blanca Panoramic Bar
Bar on ne peut plus chic au dernier étage de la Mansión Xanadú, avec de belles vues sur l'eau.

Excursion dans la capitale

VISITE DE LA HAVANE

Si vous n'avez pas visité La Havane (p. 46), vous vous devez d'y faire au moins une excursion d'une journée. Vous pouvez la visiter par vos propres moyens, mais il est tout aussi facile et plus amusant de louer une voiture des années 1950 et de faire un vrai tour de la ville. Vous y serez en 1 heure 30 environ et verrez des lieux clés que vous n'auriez pas vus autrement. Le **Parque Central** est un site incontournable, entouré d'édifices majestueux et spectaculaires : le Capitolio Nacional (p. 73), le Gran Teatro de La Habana Alicia Alonso et le Museo Nacional de Bellas Artes (p. 72),. Veillez à ce que l'excursion englobe la Fortaleza de San Carlos de la Cabaña (p. 95) de sombre mémoire (même si ses paisibles remparts surplombant une eau parfaitement calme n'en laissent rien deviner). Le plus de ces promenades est de se lier d'amitié avec les guides qui, souvent, vous parlent non seulement de l'histoire de Cuba et de La Havane, mais aussi de leur conception de la vie. Cela permet, notamment à ceux qui ont choisi un séjour tout compris à Varadero, d'approcher un peu la "vraie" Cuba et d'essayer de comprendre comment le pays fonctionne. Certaines excursions vous font voir uniquement les sites les plus populaires. Si vous demandez à faire un détour dans les rues moins touristiques où la pauvreté est marquée, ne le faites pas comme si vous étiez en safari photo : respectez les gens et ne prenez pas de photos sans leur demander la permission.

LA VOITURE CUBAINE HYBRIDE CLASSIQUE

Vous êtes à Cuba et, bien sûr, vous mourez d'envie de faire un tour dans une voiture de collection, une de ces belles américaines des années 1950 comme sur les photos. Il y a fort à parier que vous finirez dans une "hybride" cubaine classique, qui paraît ancienne mais qui est un assemblage de différents modèles, marques et époques. Les Cubains se débrouillent avec ce qu'ils ont. Une Chevrolet de 1957 peut être équipée d'un chargeur USB et d'une radio satellite, et une Pontiac de 1954 d'une suspension Toyota des années 2000. Certains Cubains bricoleurs font rouler leurs soi-disant voitures rétro avec des moteurs de bateau modifiés.

À PROPOS DES VIEILLES VOITURES AMÉRICAINES

Pour des informations plus détaillées sur le monde ces belles américaines, voir p. 352

COMMENT S'Y RENDRE

Impossible de gagner en voiture les innombrables îlots et baies autour de Varadero. Le bateau, voire la nage, sont les seules solutions.

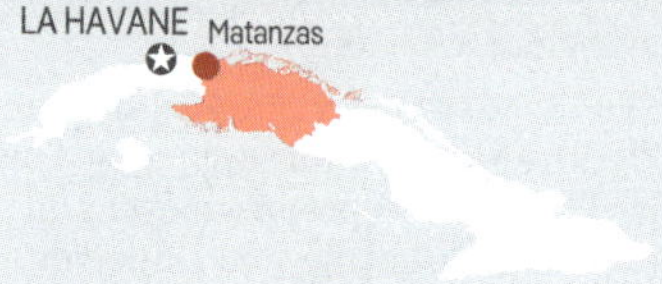

MATANZAS

Postée dans une baie, Matanzas, dont le nom signifie "massacres", est l'une des plus anciennes villes de Cuba. Pendant plus de trois siècles, la formidable richesse littéraire et musicale valurent à Matanzas le glorieux surnom d'"Athènes cubaine". Scindée par deux rivières, la *Ciudad de los puentes* ("cité des ponts"), avec ses bâtiments usés et ses vieilles autos polluantes, est aujourd'hui à mille lieues du clinquant de Varadero. Mais il suffit de découvrir quelques-uns de ses édifices restaurés et sa scène culturelle toujours vibrante pour mesurer la richesse et la dignité derrière le délabrement. Elle est souvent négligée par les touristes qui vont directement de La Havane à Varadero. Elle mérite pourtant de s'y arrêter, pour sa charmante "rue de l'art" jalonnée de galeries, boutiques et cafés, ainsi que pour ses édifices historiques, notamment le majestueux Teatro Sauto, dont l'intérieur est aussi beau que la façade.

Pour les infos pratiques, voir le Carnet d'adresses *p. 202*

À SAVOIR

Deux danses populaires, la rumba et le *danzón* (danse de salon), seraient nées à Matanzas. Si vous y restez quelques nuits, allez dans un club et demandez à un habitué de vous apprendre quelques pas.

Matanzas

EVGENIA BOLYUKH/SHUTTERSTOCK ©

Splendeur d'antan

UN MONUMENT NATIONAL MAJESTUEUX

C'est sur la **Plaza de la Vigía**, où se dressent encore nombre d'édifices historiques, que fut fondée Matanzas à la fin du XVIIe siècle. C'est là que se trouve l'élégant et majestueux **Teatro Sauto** de style néoclassique, inauguré en 1863, symbole de la ville. La salle de 775 places jouit d'une excellente acoustique et c'est l'une des meilleures scènes cubaines. De grands artistes, comme la ballerine russe Anna Pavlova, s'y sont produits. Passé le vestibule orné de marbres de déesses grecques, on pénètre dans une salle à l'italienne à trois niveaux de balcons. Sous le plafond orné d'une fresque évoquant des muses, les fauteuils d'orchestre peuvent être retirés et le plancher surélevé au niveau de la scène pour transformer l'auditorium en salle de bal. Le rideau de scène d'origine est orné du Puente de la Concordia, un pont de Matanzas.

Plusieurs spectacles y ont lieu plusieurs fois par semaine et le théâtre n'est pas ouvert au public en dehors des représentations. Le meilleur moyen de le visiter reste donc d'assister à un spectacle. Cependant, même de l'extérieur, c'est un magnifique édifice qui vaut un coup d'œil.

MEILLEURS MUSÉES DE MATANZAS

Matanzas compte de beaux musées et une multitude de lieux culturels. Parmi ceux-là :

Museo Histórico Provincial
Installé dans le Palacio Junco, il retrace l'histoire de Matanzas de 1693 à aujourd'hui, et des événements culturels y sont organisés..

Museo de los Bomberos
Il occupe une caserne toujours en activité. Des bénévoles vous résumeront l'histoire des *bomberos* (pompiers) à Cuba et vous montreront des engins rétro.

Palacio del Justicia
Cet ancien tribunal abrite un café et des galeries.

OÙ SE LOGER À MATANZAS

Hostal Medio
Belle *casa particular* au début de la Calle Medio. **$**

Hostal Sueños
Hôtel propre de 2 étages au milieu de la Calle Medio, avec une cour aérée où il fait bon se réunir ou déjeuner. **$**

Hotel E Velasco
Allez-y pour le hall spectaculaire. Les chambres simples ont une élégance fanée. **$$**

UN TERRIBLE INCENDIE À MATANZAS

Le 5 août 2022, à Matanzas, la foudre a déclenché l'incendie d'une cuve de stockage de pétrole – le système de protection était défaillant –, incendie qui s'est propagé provoquant l'explosion d'une cuve voisine. Quatre réservoirs contenant 145 000 m³ de pétrole sont partis en fumée, réduisant à néant la plus importante infrastructure de stockage de pétrole brut du pays. Cette terrible catastrophe a fait de nombreuses victimes – essentiellemnt des pompiers –, près de 5 000 personnes ont été évacuées et la fumée de l'incendie est parvenue jusqu'à La Havane. Il a fallu des jours pour maîtriser l'incendie, qui a entraîné une pénurie de carburant à Cuba pendant des mois et a affecté la fourniture d'électricité.

Balade en ville

UNE RUE PIÉTONNE DÉDIÉE À L'ART

Certes, les sites touristiques au sens traditionnel du terme manquent, mais vous constaterez rapidement que le plus bel atout de Matanzas, ce sont ses habitants, un peuple fier et sensible qui survit tant bien que mal en gardant la tête haute. Depuis la Plaza de la Vigía prenez la **Calle Medio** bordée de galeries, de boutiques, de cafés et de restaurants. C'est un lieu idéal pour observer la foule et voir tous les efforts que les habitants ont fait pour redonner à leur ville son atmosphère créative. Entrez notamment dans la **Casa Galeria de Artesanias** qui expose des œuvres originales. Arrêtez-vous pour regarder un artiste faire un tour de magie. Dites "non" à un revendeur qui veut changer de l'argent (de faux billets, en général). Prenez une glace ou un en-cas et musardez en observant les gens. Venez la nuit pour l'obscurité, la lumière et la foule bien décidée à profiter de la soirée. C'est justement tout cela, la Calle Medio.

Castillo de San Severino

UNE FORTERESSE HISTORIQUE

Située au nord-est de Versalles, au nord-est du centre-ville, cette extraordinaire forteresse fut construite par les Espagnols en 1735 pour défendre Cuba. C'est ici que les esclaves étaient débarqués au XVIIIe siècle et, plus tard, que les patriotes cubains étaient emprisonnés, voire exécutés. San Severino servit de prison jusque dans les années 1970, avant de devenir le Museo de la Ruta de los Esclavos, petit musée sur l'esclavage, trop peu fréquenté. Le château et sa grande cour offrent un superbe panorama sur la baie de Matanzas.

Plaza de la Vigía, Matanzas

COMMENT S'Y RENDRE

Matanzas est facilement accessible en bus depuis La Havane ou Varadero, et l'aéroport international de Varadero n'est pas loin. Il est aussi possible de s'y rendre à bord d'un taxi privé. Sur place, des taxis ou voitures à cheval vous conduiront où vous le souhaitez.

Environs de Matanzas

Matanzas est un port entouré par un intéressant mélange d'arrière-pays, de paysages splendides, de grottes et de plages.

La Provincia de Matanzas n'a pas une renommée touristique, mais elle offre plus qu'il n'y paraît, surtout si vous avez déjà pratiqué des activités plus classiques ailleurs et voulez découvrir autre chose. La région comprend de nombreuses grottes, comme la Cueva de Saturno, grotte souterraine d'eau douce qui attire beaucoup de monde. Son bassin est aussi parfait pour le snorkeling que pour la baignade. Ne manquez pas non plus les Cuevas de Bellamar, bien moins fréquentées. Vous pouvez aussi lézarder au soleil sur des plages encore vierges de grands complexes hôteliers, ou nager avec un masque et un tuba pour observer ce que la mer vous présente.

Pour les infos pratiques, voir le Carnet d'adresses *p. 202*

À SAVOIR

En voiture, faites le plein chaque fois que c'est possible : les pénuries de carburant sont récurrentes dans la région.

Cueva de Saturno (p. 176)

LES CAFÉS DE SANTA MARTA

La minuscule ville de **Santa Marta**, entre Varadero et Matanzas, n'était encore qu'un carrefour il y a peu. Si vous souhaitez échapper aux touristes et si Matanzas est trop grande pour vous, allez-y. Vous trouverez peut-être ce que vous cherchez. Santa Marta abrite quelques excellents cafés, notamment le **Cafeccino** qui en vaut bien d'autres. Autre lieu remarquable (surtout pour ses cocktails !), l'**Atlantida** permet d'observer le tohu-bohu de la circulation qui caractérise la ville.

Santa Marta

Patauger sous les stalactites

DES GROTTES SINGULIÈRES

Destination phare des groupes de touristes en bus, la **Cueva de Saturno** attire du monde, mais reste très intéressante, notamment pour les enfants, ravis à l'idée de se baigner dans ses bassins souterrains à l'eau limpide avec des stalactites et des chauves-souris au-dessus de leur tête. La cavité est vaste et en grande partie ouverte, donc même les claustrophobes peuvent y trouver un coin où ils se sentiront à l'aise. L'endroit a beaucoup à offrir aux non-spéléologues, elle a aussi un grand parking, un restaurant correct et des panneaux d'affichage avec des informations sur le site. Quelques escaliers mènent à une vaste galerie au fond couvert d'eau. Les plus téméraires se mettront en maillot et plongeront illico. Si vous avez déjà vu de nombreuses grottes, ce n'est pas la plus belle, mais les novices trouveront intéressant d'y passer une heure ou deux.

Autres grottes, les **Cuevas de Bellamar** ne sont qu'à 5 km au sud-est du centre de Matanzas, on peut s'y rendre à pied, en taxi ou en bus. Ce serait la plus ancienne curiosité touristique de Cuba, si l'on en croit les gens de la région : un réseau de cavités vieilles de 300 000 ans qui s'enfonce sur 2 500 m. Découvertes par hasard en 1861 par un ouvrier

PLAGES PRÈS DE MATANZAS

Faro Maya
Son grand phare blanc et sa ravissante plage dessinent un cadre de charme.

Playa Coral
On ne l'appelle pas Playa Coral pour rien, donc à vos masques et tubas !

Playa Larga
Cette jolie plage est proche d'une île à laquelle vous accéderez en nageant ou en marchant selon la marée.

chinois travaillant pour le compte de Don Manuel Santos Parga, ces étonnantes formations géologiques se visitent en 45 minutes (départ toutes les heures environ). Les passages bien entretenus et éclairés les rendent tout à fait accessibles, notamment aux enfants, ravis de découvrir une stalagmite de 12 m, une rivière souterraine et des cristaux incrustés dans les parois.

Détente, pique-nique et snorkeling

UNE JOLIE PLAGE SUR LA CÔTE NORD

Pressés de gagner Varadero, les vacanciers négligent souvent la côte relativement peu visitée s'étendant entre Matanzas et la station balnéaire. C'est dommage, car elle est ourlée de criques et de plages de toute beauté, idéales pour se promener et se baigner. **Playa El Mamey** en est une parfaite illustration avec son sable doux et ses tombants regorgeant de poissons et d'anfractuosités propices au snorkeling. Apportez de quoi pique-niquer et vous y passerez toute la journée sans avoir à saluer quiconque. Si le soleil est trop pénible, quelques parasols en feuilles de palme, parfois en piètre état, offrent une ombre appréciable. Tout dépend, bien sûr, de la météo, mais le rivage est protégé et les courants dangereux rares. Tant qu'aucun vent du nord violent ne vient former des rouleaux, vous êtes en sécurité. Installez votre serviette sur le sable, enduisez-vous de crème ou plantez un parasol et ... profitez du cadre !

Si vous allez nager, attendez-vous à voir une myriade de créatures dans les rochers qui s'étendent de part et d'autre. Ne vous approchez pas trop près de ces derniers et des coraux pour ne pas les endommager et ne pas vous blesser les doigts : ces roches volcaniques et calcaires sont coupantes malgré la constante érosion due aux vagues. Mieux vaut les contempler plutôt que les toucher.

Raies

DE MAGNIFIQUES RAIES (MANTAS)

Avec un peu de chance, vous n'aurez pas besoin de plonger pour apercevoir des raies aigles, *Mobula* et mantas. Contemplez la mer. Si vous voyez jaillir une chose plus petite qu'une baleine, mais plus flasque qu'un poisson, c'est peut-être une raie. Les raisons de ce comportement ne sont pas parfaitement claires, mais c'est certainement de temps à autre pour échapper à un gros prédateur. Si vous en voyez une sauter, continuez à regarder : en général elles bondissent hors de l'eau plusieurs fois d'affilée.

COMMENT S'Y RENDRE

Les sites des environs de Matanzas ne sont pas particulièrement éloignés, mais ils sont peu desservis par les bus réguliers. Si vous n'avez pas de véhicule, louez les services d'un chauffeur pour la journée afin de vous rendre sur certaines plages reculées. Ainsi, vous aurez une voiture pour vous ramener après avoir profité du soleil et ne laisserez pas votre véhicule sans surveillance. Les vols sont rares, mais le seront encore plus si quelqu'un monte la garde.

PLAYA LARGA

Playa Larga est postée à l'embouchure de la baie des Cochons (Bahía de Cochinos), dans la Ciénaga de Zapata. En avril 1961, des exilés cubains aux États-Unis débarquèrent ici et, en plus grand nombre, sur une seconde plage, Playa Girón, à 35 km au sud, marquant la baie du souvenir d'une invasion avortée. Malgré cette page agitée de l'histoire, la région est d'une tranquillité absolue et c'est un lieu splendide. L'eau est chaude et cristalline. Les plongeurs seront heureux de trouver, à environ 5 minutes de nage du rivage, un tombant de 275 m de profondeur. Par ailleurs les curiosités ne manquent pas sur la terre ferme. Partez à la chasse (avec des jumelles) aux flamants roses et aux oiseaux rares dans les Salinas de Brito. Contemplez le plus petit oiseau du monde, le colibri d'Helen, se poser sur votre main pour manger, paressez sur le sable et profitez de cette nature superbe.

Pour les infos pratiques, voir le Carnet d'adresses p. 203

À SAVOIR

Si vous comptez observer les oiseaux ou pratiquer une activité exigeant les services d'un guide, pensez à réserver. Un grand nombre de touristes affluent dans la région pour voir les oiseaux et d'autres animaux, et les guides sont très demandés.

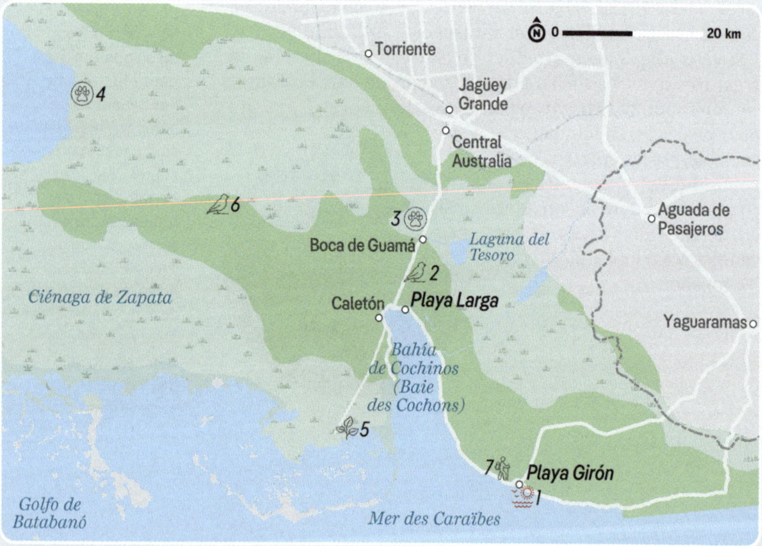

VOIR
1 Playa Girón

ACTIVITÉS
2 Casa Ana-Maison des colibris
3 Criadero de Cocodrilos
4 Río Hatiguanico
5 Salinas de Brito
6 Santo Tomás
7 Sendero Enigma de las Roca

ALESSANDRO CIABINI/SHUTTERSTOCK ©

Playa Larga

Plongée spectaculaire depuis la côte

UN TOMBANT CORALLIEN PROCHE DE LA CÔTE

Plage sablonneuse s'étirant en arc de cercle, **Playa Girón** est nichée à l'est de la Bahía de Cochinos, avec en arrière-plan un village typiquement cubain où tout le monde se connaît. Playa Girón est un lieu merveilleux avec son sable doux, ses cocotiers bordant le rivage et son eau généralement calme, propice à de joyeuses baignades. Mais pour explorer la splendeur de la région, adressez-vous à un centre de plongée.

Tenez-vous sur le rivage et fixez l'horizon au sud. Vous verrez où commence le mur : l'eau vert jade devient soudain, parfois à seulement 15 m de la côte, d'un magnifique bleu profond. Ailleurs, cela indiquerait la présence de coraux, de récifs ou de rochers... Mais ici, il s'agit d'un tombant corallien de 275 m. Vous pouvez plonger aussi profondément que vous le souhaitez. Cependant la plupart du temps, un simple cours PADI est suffisant pour apercevoir de splendides coraux et éponges, des gorgones géantes et tout un éventail de poissons et d'autres créatures vivant dans ce milieu. Parmi les espèces familières, citons les barracudas et les poissons-perroquets, ainsi que plusieurs types de tortues de mer, murènes, poissons des récifs, rascasses volantes et langoustes. Vous pouvez aussi voir des raies aigles et mantas, des requins

SORTIE D'UN JOUR

Ces activités (sauf la Maison des colibris) exigent de louer les services d'un guide :

Río Hatiguanico
Pêche et observation de la faune en bateau sur l'une des rivières cubaines les plus emblématiques.

Casa Ana-Maison des colibris
Idéale pour approcher ces oiseaux extraordinaires.

Santo Tomás
Observation des oiseaux et autres animaux dans la vaste et dense Ciénaga de Zapata.

OÙ SE LOGER À PLAYA LARGA

Hostal Pelicano Jocaos
Charmante maison d'hôtes avec plusieurs chambres au bord de l'eau. $

Hostal Luis
Maison d'hôtes propre et pratique à Playa Girón, près de la plage. $

Casa Lidia y Julito
Autre maison de Playa Girón. Excellent petit-déjeuner et hôtes accueillants. $

LE CROCODILE DE CUBA

Le crocodile de Cuba (*Crocodylus rhombifer*), comme tant d'autres espèces endémiques de Cuba, est menacé d'extinction. Bien qu'un mâle puisse mesurer plus de 3 m, ce crocodile est en général petit. Il est présent seulement à deux endroits de l'île. De nombreux traits dans son comportement et son physique le rendent unique. Ainsi, àla différence des autres espèces de crocodiles, il chasse en groupe, ce qui lui permet de s'attaquer à de grosses proies. Vous pouvez en apercevoir dans la Ciénaga de Zapata, mais le meilleur endroit pour en voir de près est le **Criadero de Cocodrilos**, où on élève deux espèces : le *Crocodylus rhombifer* et le *Crocodylus acutus* (caiman), qui vit dans les zones tropicales d'Amérique

CYRIELLE BEAUBOIS/GETTY IMAGES ©

Flamants, Salinas de Brito

et des dauphins. Plonger depuis la côte vous exempte d'une longue, fatigante et coûteuse sortie en bateau.

Flamants roses

PARADIS DES OISEAUX AQUATIQUES

Plus vaste zone humide des Caraïbes, la **Ciénaga de Zapata** héberge également l'un des écosystèmes les plus diversifiés du pays. Constituée en réalité de deux marécages séparés par une étendue rocheuse, elle réunit 14 différentes formations végétales différentes, au nombre desquelles la mangrove, la forêt, la forêt sèche, les cactus, la savane, la *selva* (forêt vierge) et la forêt semi-feuillue, sans oublier de vastes marais salants. Site protégé à plusieurs niveaux, en tant que Gran Parque Natural Montemar, réserve de biosphère de l'Unesco et site Ramsar, la Ciénaga de Zapata enchantera ceux qui veulent observer les oiseaux. Vous pouvez ainsi faire une excursion d'une matinée, d'un après-midi ou d'une journée aux **Salinas de Brito**. Il y a quelque chose d'exaltant à repérer un flamant rose, puis à en voir des douzaines ou même des centaines, en progressant dans la réserve. À l'entrée du parc, dans la forêt épaisse, vous apercevrez des passereaux, des moqueurs chats et des piverts. En roulant sur ce qui était jadis la seule voie ferrée de la région,

RESTAURANTS DE PLAYA LARGA

Tiki
Un lieu inspiré par les tikis avec une vue sublime sur l'eau et un bon choix de cocktails. **$**

Chuchi el Pescador
Restaurant de produits de la mer. L'étage, ravissant, offre une belle vue sur la contrée et l'eau. **$**

Hostal Don Luis
Casa et restaurant servant de délicieux plats. Cadre simple et toit de chaume. **$**

vous verrez les arbres céder la place à des lagunes rougeâtres. Des oiseaux aquatiques très variés viennent se nourrir dans ces marais salants peu profonds émaillés de mangrove. La couleur des flamants roses et d'autres oiseaux provient des pigments de leur nourriture.

Tâchez de voir des aigrettes tricolores, neigeuses, communes, des grandes aigrettes, des flamants roses, des spatules, des ibis, des cormorans et des canards. Vous surprendrez peut-être dans les buissons plusieurs espèces de fauvettes, ainsi qu'un bouvreuil noir de Cuba, un oiseau en danger car on le capture pour son beau chant.

La diversité des oiseaux dépend en partie du niveau de l'eau. Durant la saison des pluies, entre avril et novembre, les lagunes sont profondes.

Trou d'eau quasi surnaturel

CENOTES, MARAIS ET RAVINS

Le **Sendero Enigma de las Rocas** est un lieu fascinant situé sur une ligne de faille inactive qui s'est fissurée, permettant à l'eau de se frayer un chemin dans la croûte calcaire durant des millions d'années. Il en est résulté un étonnant, voire mystérieux sentier passant au milieu de cénotes cristallins, de marais, de bois, de falaises et autres formations rocheuses. On peut y voir divers lézards et crabes et, avec un peu de chance, un garpic alligator, ou un crocodile de Cuba tapi dans l'eau. Les ornithologues amateurs seront aux anges, car l'endroit abrite des trogons, l'oiseaux national.

La promenade débute dans un bois broussailleux. Mieux vaut avoir un pantalon et de bonnes chaussures pour ne pas vous faire mal car il y a des épines et la roche est coupante. Il suffit de glisser avec des chaussures ouvertes pour avoir des ennuis. Au bout d'environ 10 minutes, vous atteindrez une cavité béante, un *cenote* sec, c'est-à-dire une ancienne grotte souterraine devenue un marais cerné de falaises après l'effondrement de son toit. Marchez encore un peu pour tomber sur un magnifique *cenote* (doline), un bassin à l'eau bleu turquoise qui, sous le soleil, devient bleu électrique. Un peu plus loin, vous atteindrez un *cenote* plus vaste où vous pourrez nager – emportez votre maillot.

Nous avions mentionné les crocodiles, mais ils sont petits ici et vous n'avez pas de crainte à avoir. Sur le chemin du retour, vous descendrez probablement dans le cénote asséché pour voir de près le marais où de curieux oiseaux chanteurs vous suivront, se posant sur des branches juste à un mètre de vous.

PRÉCIEUX OISEAUX DE LA CIÉNAGA DE ZAPATA

Yoandys "Kiko" Garcia (+53 5 3536958), guide et ornithologue, décrit certains des oiseaux exceptionnels de la région marécageuse.

Le Parque Nacional Ciénaga de Zapata est la plus grande zone humide de l'ouest des Caraïbes. J'y travaille depuis 10 ans et les oiseaux me ravissent.

Le troglodyte de Zapata, le bruant de Zapata et le râle de Zapata, tous endémiques, sont ceux que je préfère.

Le troglodyte est merveilleux, car il est très rare et son chant est très beau. Le bruant est intrépide et facile à approcher. Le râle est, lui, une rareté. Malheureusement, il a été vu pour la dernière fois dans les années 1930. Le marais doit être protégé pour ces trois espèces... et les passionnés d'oiseaux du monde entier doivent venir ici !

COMMENT S'Y RENDRE ET CIRCULER

Des bus relient La Havane et Varadero à Playa Larga. Sur place, utilisez les nombreux *bici-taxis* pour circuler. Prenez un taxi classique pour rallier les destinations plus lointaines.

CIENFUEGOS

La ciudad que más me gusta a mí ("La ville que je préfère") : c'est ainsi que le grand Benny Moré célébrait la ville dans sa chanson "Cienfuegos". La fameuse *Perla del Sur* ("la Perle du Sud") de Cuba séduit depuis longtemps les voyageurs venus des quatre coins de l'île, et au-delà, par son raffinement et son cadre idéal au bord de l'eau. Cette cité maritime qui s'étale autour de la baie naturelle la plus spectaculaire du pays fut fondée au début du XIXe siècle. L'architecture originale de cette élégante ville néoclassique lui a valu d'être inscrite au Patrimoine mondial. Cienfuegos est divisée en deux parties distinctes : le centre, rythmé de colonnades, qui abrite le Paseo del Prado (communément appelé le Prado) et le Parque Martí ; et Punta Gorda, une bande de terre qui s'avance dans la baie et qui se targue d'un ensemble de palais éclectiques du début du XXe siècle, certains comptant parmi les plus beaux bâtiments de l'île. Quelle que soit votre raison pour y venir, vous aurez un pincement au cœur en la quittant.

Pour les infos pratiques, voir le Carnet d'adresses p. 203

À SAVOIR

La baie, belle et pittoresque, n'est pas très propre ; sachez qu'il en émane parfois des effluves nauséabonds.

VOIR
1 Castillo de Jagua
2 Necrópolis Tomás Acea
3 Parque José Martí
4 Centrale nucléaire de Juragua
5 Malecón de Cienfuegos
6 Paseo del Prado
7 Punta Gorda
8 Teatro Tomás Terry

SE RESTAURER
9 El Pescador

Parque José Martí

Castillo de Jagua

Ville classée au Patrimoine mondial

UNE LONGUE HISTOIRE

Dès le milieu du XVIIIe siècle, la baie de Cienfuegos, lieu stratégique pour le commerce maritime, fut gardée par le Castillo de Nuestra Señora de los Ángeles de Jagua (p. 184), la province étant alors sous domination espagnole et subissant de nombreuses incursions de pirates. Au début du XIXe siècle, la Couronne espagnole missionna le colonel espagnol d'origine française, Louis de Clouet de Piettre (1766-1848), pour fonder une ville portuaire pour le commerce du sucre. C'est ainsi qu'en 1819, une quarantaine d'artisans et leurs familles en provenance de Bordeaux arrivèrent et fondèrent San Fernandina de Jagua, ainsi nommée en hommage au roi espagnol Ferdinand VII. Ils furent rejoints un peu plus tard par d'autres familles venant de La Nouvelle-Orléans et de Philadelphie. En 1829, la ville fut rebaptisée Cienfuegos, en l'honneur du gouverneur espagnol de l'époque, Don José Cienfuegos Jovellanos, qui avait fait beaucoup pour la ville après l'ouragan destructeur de 1825. L'arrivée du chemin de fer, en 1850, puis le déplacement à l'ouest de l'industrie sucrière à la suite de la première guerre d'indépendance (1868-1878) favorisèrent l'éclosion de grandes fortunes dans la ville.

RESTAURANT EL PESCADOR : UNE BELLE SURPRISE !

Niché sur un promontoire en contrebas de la forteresse, El Pescador est le seul endroit où se restaurer. Les visiteurs sont accueillis à la sortie du bateau par un personnel empressé. On y sert un délicieux poisson frit et des fruits de mer frais et savoureux. Outre une bonne cuisine, le restaurant offre une vue imprenable sur l'eau et les ferrys. Vous pouvez même vous retrouver face à un pélican ou une mouette attendant que vous leur lanciez une bouchée de votre assiettée.

OÙ SE LOGER À CIENFUEGOS

Hotel La Union
Hôtel historique géré par le gouvernement ; joli bar sur le toit et vue sublime sur la ville.

Hotel Melía San Carlos
Hôtel chic de la chaîne Melía à Cienfuegos, lui aussi dans un bâtiment historique mais avec des touches modernes.

Perla del Mar
Magnifique hôtel de charme de Punta Gorda, ambiance des années 1950.

Les riches négociants de Cienfuegos, pour asseoir leur position sociale, firent alors construire de somptueux édifices qui, dans leur belle diversité, sont inspirés du néoclassicisme parisien, alors très en vogue. Le 5 septembre 1957, des officiers de la base navale de Cienfuegos se révoltèrent contre le régime de Fulgencio Batista. La mutinerie fut brutalement réprimée, mais la ville fut inscrite dans l'histoire de la révolution.

La Cienfuegos d'aujourd'hui affiche une allure plus opulente que beaucoup d'autres villes cubaines : les financements de l'Unesco y sont pour quelque chose, ainsi que le poids industriel croissant de la ville et sa position de port de croisière ayant (brièvement) accueilli il y a quelques années des bateaux en provenance des États-Unis.

RESTAURANTS BON MARCHÉ DE CIENFUEGOS

Coppelia Café
On ne survit pas en ne mangeant que de la glace, mais ici les gens prennent souvent 10 boules. On comprend pourquoi ! **$**

Casa Prado Restaurante
Si la glace ne suffit pas, dégustez une copieuse assiette de paëlla en écoutant des musiciens et en bavardant avec vos voisins. **$$**

Palacio de Valle
C'est un plaisir de dîner ici. Le lieu est moins cher qu'il n'y paraît. La nourriture n'est pas fantastique, mais avec la vue et l'ambiance c'est un bon rapport qualité/prix. **$$**

Imposantes et austères fortifications

UNE FORMIDABLE FORTERESSE DOMINANT LA BAIE

Édifiée près d'un siècle avant la ville de Cienfuegos, à l'ouest de l'entrée de la baie de Cienfuegos, le **Castillo de Nuestra Señora de los Ángeles de Jagua** ou **Castillo de Jagua**, fut conçu par José Tantete en 1738 et achevée en 1745. C'était à l'époque la troisième forteresse du pays en taille, après celles de La Havane et de Santiago. Les travaux de restauration ont redonné à la forteresse tout son lustre. C'est à présent un musée offrant de splendides vues sur la baie. On peut le visiter seul, mais vous en profiterez mieux avec une visite guidée : vous verrez notamment l'étroit escalier creusé dans la roche jusqu'à l'*aljibe* (citerne), un réservoir souterrain pouvant stocker assez d'eau pour plusieurs mois, et la prison. La forteresse possède aussi un pont-levis qui fonctionne.

Promenade sur le Paseo del Prado

LE PLUS LONG BOULEVARD HISTORIQUE DE CUBA

L'élégant **Paseo del Prado** (Calle 37), qui s'étend du Río el Inglés au nord jusqu'à Punta Gorda au sud, est l'artère la plus longue du pays et l'endroit idéal pour observer les allers et venues des Cienfuegueños. Elle offre tout un ensemble de constructions néoclassiques et de colonnes aux couleurs pastel. Vous pouvez parcourir l'artère entière en moins d'une heure, et aller de Punta Gorda au Parque José Martí en 30 minutes environ. De jour comme de nuit le décor est spectaculaire. Ne manquez pas d'admirer la **statue grandeur nature de Benny Moré**, chanteur adulé et enfant du pays muni de sa célèbre canne, à l'angle de l'Avenida 54. D'autres statues et bustes bordent l'avenue, et les bancs ne manquent pas si vous avez envie de vous reposer.

OÙ SE RESTAURER À CIENFUEGOS

El Chelo
C'est un lieu raffiné à l'intérieur du Palacio Azul : nappes blanches et prix assortis. **$$$**

Finca Del Mar
Restaurant de milieu de gamme au bord de l'eau, produits de la mer savoureux et bonne carte de cocktails. **$$**

Restaurant Villa Lagarto
Des tables près de l'eau et une cuisine sublime ; la vue est splendide. **$$$**

Palacio de Valle

Détente en ville

UN PARC ENTOURÉ D'EAU ET UNE BELLE VUE

Punta Gorda se trouve au bout du superbe Paseo del Prado et du Malecón de Cienfuegos, lieu de détente calme et agréable terminé par un parc (au prix d'entrée modique) où vous pourrez peut-être voir des poissons jaillir de l'eau dans le sillage des bateaux, des familles jouer au ballon, prendre un cocktail au petit bar ou utiliser un gril pour faire cuire les aliments que vous aurez apportés. L'eau est claire et bleue, et par une douce journée il y a quelque chose d'idyllique à s'asseoir sur un banc et contempler la mer, les bateaux et le ciel. Ceux qui connaissent la pêche regarderont avec plaisir les pêcheurs lancer leur ligne depuis la digue. Dans cet ancien quartier huppé de Cienfuegos, les rues sont bordées de demeures incroyables. Beaucoup ont été restaurées et ont quelque peu retrouvé leur splendeur d'antan, à l'instar du magnifique **Palacio Azul** où il est possible de séjourner car c'est maintenant une maison d'hôtes. Le **Club Cienfuegos** allie musique, bateaux et cuisine. L'incontournable **Palacio de Valle**, majestueux manoir flanqué d'une curieuse tourelle mauresque, abrite un hôtel et un restaurant. Punta Gorda n'est qu'à quelques minutes du centre en *bici-taxi*, mais beaucoup préfèrent en faire une agréable promenade à pied.

UNE CENTRALE ÉLECTRIQUE

Face à Cienfuegos, de l'autre côté de la baie, la **centrale nucléaire de Juragua**, décriée et jamais achevée, arbore un dôme clairement reconnaissable depuis la ville. Ce projet, mis en chantier par Cuba et l'Union soviétique en 1976, englobait les sinistres tours d'habitation désaffectées de la Ciudad Nuclear voisine. Mais, situé à seulement 288 km des Keys du détroit de Floride, le projet se heurta à une forte opposition américaine. Compromis après l'effondrement de l'Union soviétique, les travaux cessèrent en 1992 et le projet fut finalement abandonné en 2000. Les étrangers ne peuvent pas visiter la centrale, mais on la voit de loin car elle surplombe la baie, ou depuis la route quand on roule vers Castillo de Jagua.

OÙ SE LOGER À CIENFUEGOS

Casa Colonial Lalita Cienfuegos
Un lieu calme offrant de bons petits-déjeuners et un accès facile au Parque José Martí. $

Casa Los Delfines
Une option à Punta Gorda avec deux étages et des chambres donnant sur l'eau. $

Camila's Hostal
Autre excellent choix à Punta Gorda, avec un bon restaurant et une belle vue sur la baie. $

LA NECRÓPOLIS TOMÁS ACEA, UN "JARDIN-CIMETIÈRE"

On pénètre dans ce "jardin-cimetière" de 17 ha, second cimetière classé au Patrimoine national à Cienfuegos, par un bâtiment néoclassique (1926) aux 64 colonnes doriques – on le surnomme le Parthénon. Le cimetière renferme un monument aux officiers de marine morts durant le soulèvement raté de 1957. Il est situé à 2 km à l'est du centre-ville, dans l'Avenida 5 de Septiembre.

NIXY JUNGLE/SHUTTERSTOCK ©

Cienfuegos

Flânez le long du Malecón

UN PLAISIR DE JOUR COMME DE NUIT

Il semble que dans le monde latin, une ville ne soit pas digne de ce nom sans un *malecón* (promenade). Cienfuegos ne fait pas exception. Ici, il longe une partie du Paseo del Prado et offre une belle vue sur la baie. Les pêcheurs sont à l'attente d'une belle prise, des parents promènent leurs enfants dans des poussettes et des penseurs solitaires contemplent l'eau en fumant un bon cigare. Malheureusement, l'eau est polluée donc personne ne se baigne ici. Néanmoins, quand la mer miroite au soleil et qu'un grand bateau jette l'ancre dans la baie, il est difficile de trouver plus bel endroit pour flâner.

Le Malecón s'anime surtout à la nuit tombée lorsque les jeunes, les amoureux de tous âges, les poètes, les musiciens et les pêcheurs du soir s'y retrouvent. De jour comme de nuit, le Malecón vaut le détour.

COMMENT S'Y RENDRE ET CIRCULER

La gare routière (Calle 49, entre Av. 56 et Av. 58) est relativement bien organisée. Desservie par les bus Víazul, Cienfuegos n'est qu'à quelques heures de La Havane. On y circule dans des voitures à cheval, des *bici-taxis* ou des taxis, mais demandez avant tout le prix de la course : le "prix pour les touristes" peut être un petit peu plus élevé voire exorbitant. N'hésitez pas à négocier

VISITE DU PARQUE JOSÉ MARTÍ

Cette visite à pied du parc part de l'incontournable **1 Arco de Triunfo** (1912). Allez jusqu'au **2 Museo de las Artes Palacio Ferrer**, un bel édifice néoclassique (1918). À l'intérieur, les expositions d'art rivalisent avec le mobilier opulent et le sol en marbre italien. Un mirador coiffé d'une coupole, auquel on accède par un escalier en fer forgé en colimaçon, permet d'admirer la vue sur la ville. Faites un saut au **3 Centro Cultural Benny Moré**, où vous entendrez des musiciens et des poètes se préparer pour la prochaine soirée. Ensuite, mettez-vous face à l'arc de triomphe et regardez à gauche le **4 Teatro Tomás Terry**, construit entre 1887 et 1889 en hommage à l'industriel vénézuélien Tomás Terry. L'édifice est majestueux à l'extérieur (admirez les mosaïques à la feuille d'or sur la façade), comme à l'intérieur avec son l'auditorium de 950 places orné de marbre de Carrare, de belles boiseries et de fresques au plafond. Jetez-y un coup d'œil et prenez quelques photos avant d'entrer dans la **5 Catedral de la Purísima Concepción**, l'église emblématique de la ville sur le côté est de la place. C'est une halte agréable surtout s'il fait chaud, car l'intérieur est frais. Admirez les vitraux français et, sur ses colonnes, les idéogrammes chinois qui dateraient des années 1870. Sur la place, dirigez-vous vers la **6 Casa del Fundador**, le plus ancien bâtiment de la ville, jadis résidence de Louis de Clouet de Piettre, le fondateur de Cienfuegos. Dirigez-vous ensuite au **7 Palacio de Gobierno**. Cet imposant édifice gris et blanc est le siège du gouvernement provincial (ne se visite pas). Le **8 Museo Provincial** contient des objets qui sont plus intéressants si le gardien a le temps de vous expliquer leur signification.

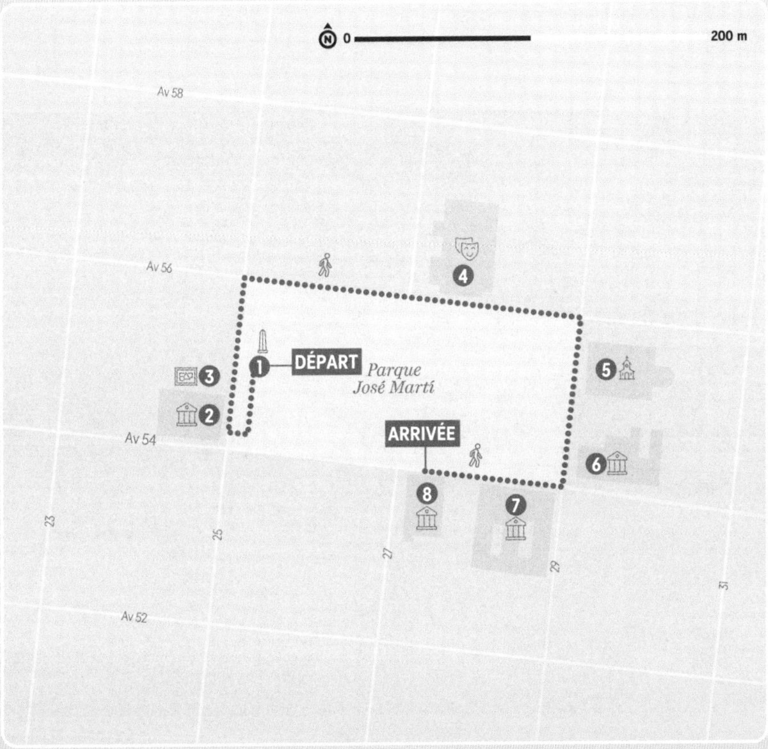

Environs de Cienfuegos

Les environs de Cienfuegos sont plus sauvages, plus montagneux et plus tropicaux que tout autre endroit de la région.

Les environs de Cienfuegos, notamment l'est, forment une belle mosaïque de petites villes et villages qui se fondent peu à peu dans les collines et des montagnes de plus en plus spectaculaires. Les bananiers, les fermes, les champs en jachère ou cultivés émaillent le paysage. La zone est connue pour ses sentiers de randonnée, ses cascades et ses lagunes, ses oiseaux et sa faune, sans oublier ses grottes et ses confréries religieuses aux croyances et rituels mystérieux. Le joyau en est le Gran Parque Natural Topes de Collantes, qui englobe une vaste zone montagneuse à l'est de Cienfuegos et au nord-ouest de Trinidad. On y trouve aussi la cascade El Nicho, site idyllique de baignade.

Pour les infos pratiques, voir le Carnet d'adresses *p. 204*

À SAVOIR

Comme dans tant de lieux associant eau et forêt tropicale, il peut y avoir des moustiques. Apportez beaucoup de répulsif et appliquez-le souvent.

ELOI_OMELLA/GETTY IMAGES ©

Cascade El Nicho

Temple de la Santeria, Cienfuegos

Une confrérie religieuse de Palmira

MÉLI-MÉLO DE CROYANCES ANCIENNES ET ACTUELLES

Palmira, à 8 km au nord, de Cienfuegos, doit sa notoriété à ses confréries de *santería*, notamment celles de Cristo, San Roque et Santa Bárbara. Ici elles perpétuent les traditions et le syncrétisme catholico-yoruba. Une brève présentation leur est consacrée au **Museo Municipal de Palmira**, sur la place principale. La visite guidée est recommandée car très instructive. Les principales fêtes religieuses y ont lieu début décembre. Sachez toutefois que certaines pratiques sont cruelles et peuvent être choquantes car des animaux sont sacrifiés et leur sang est bu. Ces croyances et pratiques profondément enracinées dans la culture populaire ont aidé les cubains à supporter l'esclavage et ses séquelles, ainsi que les difficultés et frustrations de la Cuba moderne.

Merveilleuses cascades de la Sierra

BAIN DANS UNE CASCADE ET DES BASSINS

Si la province de Cienfuegos englobe une bonne partie de la verdoyante Sierra del Escambray (dont le point culminant est le Pico de San Juan 1 156 m), l'accès est limité à une petite

POURQUOI J'AIME LA RÉGION DE CIENFUEGOS

Ray Bartlett, auteur

La région est fascinante par sa diversité. Il est agréable d'être dans un lieu où l'on peut le matin s'adonner au snorkeling ou à la plongée dans un site de classe mondiale, puis sauter dans une voiture l'après-midi pour explorer un sentier de montagne, des grottes et des cascades. Il y a de petites enclaves de terres agricoles, de magnifiques oiseaux, des surprises et des merveilles à chaque détour. La présence de grandes zones protégées comme la Sierra del Escambray y est pour beaucoup. Que Cuba ait créé ces parcs nationaux est formidable. Leur accessibilité est le seul problème, un véhicule est vraiment essentiel pour ne pas perdre trop de temps.

OÙ SE LOGER DANS LES ENVIRONS DE CIENFUEGOS

Casa Larabi
Une maison très colorée et une belle vue sur mer depuis sa terrasse.

Hotel Rancho Luna
Valeur sûre du passé avec navettes gratuites pour Cienfuegos pour découvrir la ville.

Hotel Faro Luna
Le bord de mer et la boutique de plongée font de cet hôtel sans chichis un lieu de premier choix pour les plongeurs.

LA "NOTRE DAME" DE LA PLONGÉE

Dans une région offrant partout de superbes sites plongée, il est difficile de déterminer quel est le meilleur. Cependant, les jardins coralliens au large de **Rancho Luna**, station balnéaire, à 18 km au sud de Cienfuegos, pourraient prétendre à ce titre. Surnommé par les plongeurs "Notre Dame" de la plongée, le site comprend des grottes, des jardins de corail et une abondante vie marine, des tortues de mer aux raies manta. On y trouve aussi une demi-douzaine d'épaves. La plage est aussi propice au snorkeling grâce au long récif qui la protège et qui regorge d'organismes marins.

ENIKO BALOGH/SHUTTERSTOCK ©

Laguna Guanaroca

zone protégée autour d'**El Nicho**, partie du Gran Parque Natural Topes de Collantes. El Nicho est aussi le nom de la cascade qui se jette dans le Río Hanabanilla. On s'y rend par un petit chemin longeant deux piscines naturelles où l'on peut se baigner. Apportez votre maillot de bain pour y passer la journée. Tapies dans les roseaux, de petites grenouilles attrapent des moustiques (emportez un répulsif !) et autres insectes. Derrière la cascade, un mirador (point de vue) permet d'admirer les superbes montagnes verdoyantes et l'Embalse Hanabanilla (lac) au loin. Il y a même au sommet une grotte avec chauves-souris et piscine souterraine. Le billet d'entrée comprend l'accès au restaurant et au bar près du parking, mais de nombreux visiteurs apportent des en-cas et pique-niquent au bord de l'eau.

La magnifique route qui mène à El Nicho via Cumanayagua est réputée pour ses virages en épingle à cheveux. C'est l'une des plus sinueuses de Cuba. Ces cascades méritent le détour et font l'objet d'une excursion populaire depuis Cienfuegos, aussi n'espérez pas y trouver solitude et intimité.

ACTIVITÉS DANS LES ENVIRONS DE CIENFUEGOS

Dive Center
À côté de l'hôtel Faro, ce centre dispose de 30 sites de plongée, tous à moins de 20 minutes en bateau.

Hacienda la Vega
Ferme avec du bétail et un restaurant. Les promenades à cheval jusqu'à la plage sont la principale activité.

Caleta de Castro
Excellente plage pour baignade et snorkeling, mais il faut apporter son masque et son tuba.

La danse des flamants roses

FLAMANTS ROSES ET AUTRES OISEAUX

Si vous n'avez pu vous rendre dans la **Ciénaga de Zapata** (p. 180) et que vous voulez voir des flamants roses, la **Laguna Guanaroca**, lac salé bordé de mangroves au sud-est de Cienfuegos, vous offre une seconde chance. Montez dans une barque avec un guide et naviguez sur la vaste étendue d'eau peu profonde et légèrement trouble, ou randonnez dans la réserve naturelle jusqu'à une plateforme d'observation. Le lac attire quantité d'oiseaux, et se place à juste titre parmi les plus beaux sites d'observation ornithologique après Las Salinas (péninsule de Zapata). C'est aussi l'unique *area protegida* (zone protégée) de la province. Des sentiers conduisent à une plateforme permettant d'observer flamants roses, pélicans et *tocororos* (trogons ou couroucous, l'oiseau national de Cuba). Son dos est gris terne mais sa poitrine rouge vif et blanche est saisissante. Vous apercevrez aussi des crabes se faufiler entre les racines des palétuviers. Parmi les espèces végétales, citons les poiriers, les citronniers et les avocatiers, ainsi que la güira, fruit avec lequel on fabrique les maracas.

Pour les amoureux de la nature, la lagune est une halte de choix s'ils sont dans la région. Arrivez tôt pour voir un maximum d'oiseaux.

Flâner dans un jardin botanique

LE JARDIN PLUS ANCIEN DU PAYS

Le **Jardín Botánico de Cienfuegos** de 97 ha, situé à 17 km à l'est de Cienfuegos, est le plus ancien de Cuba. Il fut créé en 1901 (plusieurs décennies plus tard, le jardin botanique de La Havane fut réalisé à partir des plants de semis de Cienfuegos). Le jardin compte 2 000 espèces d'arbres, notamment 23 espèces de bambous, 65 types de figuiers et 150 palmiers. Il fut fondé par Edwin F. Atkins, un magnat américain de l'industrie sucrière. Son projet initial était d'en faire un outil d'étude des différentes variétés de canne à sucre, mais il finit par planter des essences tropicales en provenance du monde entier.

On peut explorer les jardins librement ou participer à une visite guidée. Des circuits d'observation des oiseaux sont aussi proposés, sur réservation.

Pour vous rendre au jardin botanique, il faut être motorisé ou prendre un taxi. En voiture, depuis Cienfuegos, tournez à droite (vers le sud) à l'embranchement pour Pepito Tey.

CRABES ENVAHISSANTS

Les moustiques et les mouches ne sont pas les seuls à pulluler dans la région. Invisibles la majeure partie de l'année, des crabes rouges ou gécarcins tourlourous (*Gecarcinus ruricola*) vont frayer dans l'océan à la saison des pluies. Et ils grouillent ! De Playa Larga à Playa Ancón, près de Trinidad, les routes peuvent être couvertes de crabes, qui sont souvent malheureusement écrasés par les véhicules. À certains endroits près de Playa Girón, des barrières en ciment ont été installées pour les diriger dans des tunnels sous la route.

COMMENT S'Y RENDRE

L'option la plus pratique est de louer une voiture, car ces lieux sont éloignés et les bus parfois rares. Les Cubains se déplacent la plupart du temps le pouce tendu en agitant quelques CUP (peso cubain), mais le taxi est une autre possibilité.

SANTA CLARA

Si la ville où repose le Che fait depuis longtemps figure de sanctuaire pour les fans à béret du révolutionnaire argentin, elle ne se résume pas à ses monuments commémoratifs. Située au centre géographique de Cuba, Santa Clara, cité dynamique, se distingue en effet par ses lieux de sortie nocturnes, parmi les plus divers en dehors de ceux de La Havane. La présence de la deuxième université la plus prestigieuse de l'île intensifie l'effervescence culturelle et l'atmosphère de jeunesse impertinente qui met à mal la censure des autorités. Berceau de nouvelles tendances, Santa Clara la "libérale" n'a certes pas la beauté de Trinidad, mais ses nombreux restaurants et ses cafés rivalisent avec ceux de La Havane. Elle offre aux visiteurs un aspect du pays plutôt inattendu. Santa Clara est également un carrefour pour rallier n'importe quelle destination du territoire national.

Pour les infos pratiques, voir le Carnet d'adresses p. 204

À SAVOIR

Si vous conduisez, évitez de stationner sur la place principale (ou ailleurs que sur un parking privé). Santa Clara est connue pour ses habitants "serviables" signalant les pneus crevés (par leurs soins) et extorquant de l'argent aux touristes crédules pour les réparer.

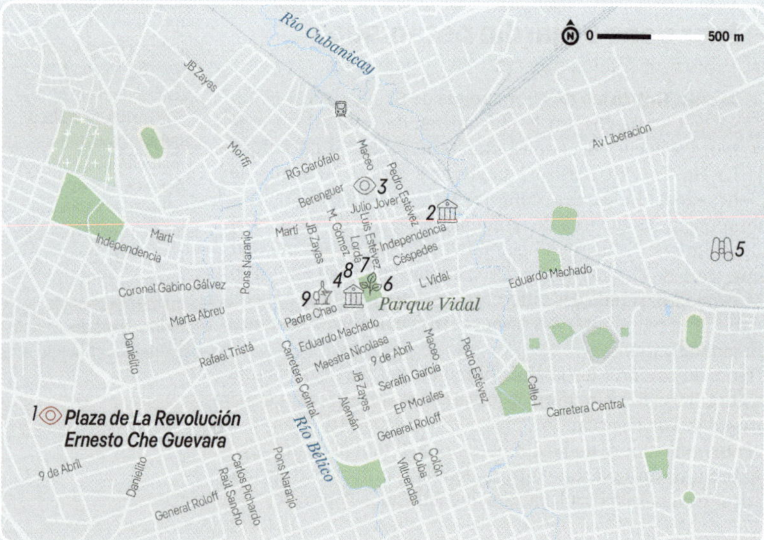

INCONTOURNABLES
1 Conjunto Escultórico Comandante Ernesto Che Guevara

VOIR
2 Café-Museo Revolución
3 Fábrica de Tabaco para le Exportación Constantino Pérez Carrodegua
4 Hotel Santa Clara Libre
5 Loma del Capiro
6 Parque Vidal
7 Museo de Artes Decorativas
8 Teatro la Caridad

PRENDRE UN VERRE ET FAIRE LA FÊTE
9 Club Mejunje

MATYAS REHAK/SHUTTERSTOCK ©

Parque Vidal

Une place historique

ARCHITECTURE DE CHOIX

Le **Parque Vidal** de Santa Clara est une des places les plus grandes et les plus jolies du centre de l'île de Cuba. Cette sorte de théâtre en plein air doit son nom au colonel Leoncio Vidal y Caro, héros de la guerre d'indépendance, tué ici le 23 mars 1896. Sur le côté ouest du parc, la façade de l'**Hotel Santa Clara Libre** porte les cicatrices d'un conflit plus récent : elle est criblée d'impacts de balles, hérités de la bataille de 1958 pour la ville entre Che Guevara et les troupes du gouvernement de Fulgencio Batista. Flânez et mêlez-vous aux habitants, pour vous imprégner de l'atmosphère de cette ville. Les bâtiments ont une majesté et une grandeur que l'on ne voit pas ailleurs. Plusieurs cafés ont des balcons qui surplombent la jolie place ornée de statues, comme le très ancien symbole de la ville, *El niño de la bota* (garçon à la botte), et celle de Marta Abreu, la philanthrope la plus aimée de Santa Clara. De splendides édifices se dressent autour, tels des chaperons. Si vous avez besoin d'ombre, entrez dans le pavillon situé au centre et sirotez une boisson glacée.

Venez le soir pour assister à un concert : l'orchestre de la ville joue tous les jeudis et dimanches à 20h.

UNE GRANDE PHILANTHROPE

Née à Santa Clara dans une famille fortunée, Marta Abreu (1845-1909) prit conscience de l'écart entre les niveaux de vie à Cuba et en Europe. Aussi s'employa-t-elle à rendre sa ville plus prospère. Elle supervisa elle-même la construction du Teatro la Caridad, et finança celle d'autres infrastructures comme la Biblioteca José Martí, la gare ferroviaire, quatre écoles, une station météorologique, des hôpitaux, une maison de retraite et l'usine à gaz de la province. Également engagée dans des causes humanitaires, elle fit campagne en faveur des sans-abri, apporta l'éclairage dans les rues grâce à la création d'une centrale électrique et améliora l'hygiène publique avec l'implantation de lavoirs. Surtout, elle consacra la somme de 240 000 pesos à la cause de l'indépendance de Cuba dans les années 1890.

OÙ SE LOGER À SANTA CLARA

Hostal Familia Rivalta
Charmante *casa particular*, excellents petits-déjeuners et chambres propres et confortables. **$**

Hostal Florida Terrace
Casa particular belle, accueillante, bien située et dont la terrasse offre une superbe vue. **$**

Hostal Familia Sarmiento
Casa particular qui ressemble vraiment à une maison, la vôtre, avec hôtes sympathiques et emplacement idéal. **$**

LE POINT DE VUE DE LOMA DEL CÁPIRO

Deux rues à l'est de l'*Estatua Che y Niño*, une rue à droite conduit au plus beau point de vue sur Santa Clara, une colline (*loma*) où trône un monument de métal qui représente différents calibres d'armes à feu, réalisé par le sculpteur José Delarra en 1988, et qui commémore la bataille du 29 décembre 1958 et la prise de la colline. Il faut tenir la forme, car il y a 300 marches à gravir pour y accéder. Une fois sur place, vous verrez ce monument et, surtout, le beau panorama sur la ville.

Deux immanquables

SUPERBES ÉDIFICES HISTORIQUES

Au nord du Parque Vidal rendez-vous au **Teatro la Caridad** (angle Máximo Gómez et Marta Abreu). Ce sobre édifice à la façade néoclassique, fut construit en 1885 grâce à Marta Abreu qui voulait qu'il existât un théâtre pour les pauvres. Il est considéré comme l'un des trois plus beaux théâtres de Cuba. L'intérieur s'apparente à ceux du Teatro Tomás Terry à Cienfuegos et du Teatro Sauto à Matanzas : trois niveaux, un auditorium en U et de somptueuses statues de marbre. Les fresques de Camilo Zelaya qui ornent le plafond en sont la pièce maîtresse.

À quelques pas de là, vous verrez le **Museo de Artes Decorativas**, installé dans un palais du XVIIIe siècle. Les collections présentées chronologiquement rassemblent des objets et des meubles représentatifs de tous les styles du XVIIIe au XXe siècle : secrétaires baroques, miroirs Art nouveau, mobilier Art déco, tableaux, etc. Prévoyez au moins une bonne heure pour le visiter tranquillement. Le soir, des concerts de musique de chambre rendent l'endroit encore plus romantique.

Monument de la Loma del Cápiro, Santa Clara

ANGELO DAMICO/SHUTTERSTOCK ©

MUSÉES INCONTOURNABLES DE SANTA CLARA

Museo Provincial Abel Santamaría
Situé dans une ancienne caserne ; expositions sur l'histoire de Santa Clara.

Sitio-Museo Acción Contra El Tren Blindado
Petit musée sur le site du fameux déraillement de train qui en relate l'histoire.

Museo de Artes Decorativas
Amateurs de meubles et fans d'Art déco apprécieront les diverses pièces exposées ici.

Monument à Che Guevara

Un hommage au Che

L'ICÔNE RÉVOLUTIONNAIRE

Véritable lieu de pèlerinage à l'ouest du Parque Vidal (comptez 20 minutes à pied via Rafael Tristá, sur l'Avenida de los Desfiles, à hauteur de l'arrêt de bus Viazul, ou via Marta Abreu), le **Conjunto Escultórico Comandante Ernesto Che Guevara** est un ensemble de style soviétique, constitué d'un monument, d'un musée et d'un mausolée. Il occupe une vaste esplanade s'étendant de part et d'autre de la *carretera*, gardée par une statue de bronze du Che posée sur un haut piédestal. Visible à toute heure, celle-ci a été érigée en 1987 pour commémorer la mort de Guevara, 20 ans plus tôt en Bolivie. Le **mausolée** où repose notamment le Che est accessible depuis l'arrière de la statue. À l'intérieur, on peut notamment voir, dans la salle de la "flamme éternelle", des niches contenant les effigies en pierre des 38 autres guérilleros tués au cours de la tentative de révolution manquée en Bolivie. C'est dans ce pays qu'en 1997 on a retrouvé, dans une tombe collective, les dépouilles de 17 d'entre eux, dont celle du Che ; ils furent ensuite inhumés ici. Le 17 octobre de cette année-là, Fidel Castro alluma la flamme qui, depuis, y brûle en permanence. Explorez aussi le petit **Café-Museo Revolución** adjacent où les photos sont

CATEDRAL DE LAS SANTAS HERMANAS DE SANTA CLARA DE ASÍS

À trois rues à l'ouest du Parque Vidal (dans la rue Marta Abreu), cette cathédrale, très controversée lors de sa construction en 1923, a remplacé l'ancienne église de Santa Clara située sur le Parque Vidal. À l'intérieur, admirez la remarquable collection de vitraux, quelques beaux éléments d'inspiration Art déco et une statue blanche de la Vierge Marie révérée sous le nom officieux de *Virgen de la Charca* (Vierge de la mare). Mystérieusement disparue peu de temps après la consécration de la cathédrale en 1954, cette statue fut découverte dans un fossé au cours des années 1980 et elle trône à nouveau dans la cathédrale depuis 1995.

OÙ SE RESTAURER À SANTA CLARA

Bodeguita del Medio
Antenne à Santa Clara de cette chaîne gérée par l'État, plats savoureux et bon marché. **$**

El Alba
Portions décentes, nappes blanches et ambiance chic dans ce bon restaurant (à côté de la place). **$$**

El Sol
Installez-vous en terrasse pour dîner en admirant les toits, au soleil, au crépuscule ou sous les étoiles. **$$**

MELAÍTO : SE MOQUER, AVEC MODÉRATION

Si le communisme cubain manque d'humour, la révolution n'a pas complètement éradiqué la satire politique – du moins quand on ne la moque pas. Fondé en 1970 pour soutenir la propagande de la "Zafra de los Diez Millones" ("la récolte de canne à sucre des 10 millions de tonnes"), *Melaíto* publie les dessins de caricaturistes cubains. Le magazine doit son nom à l'un de ses premiers personnages, baptisé Melaíto, diminutif de *mela'o* (*melado* : sirop de canne à sucre avant raffinement). Il sut tirer profit de sa popularité et aborda des sujets de la vie quotidienne et de politique étrangère sous un angle satirique. Dans les années 1970, *Melaíto* est devenu le supplément mensuel de l'hebdomadaire *Vanguardia* (vanguardia.cu ; organe du comité provincial du Parti communiste de la Provincia de Villa Clara).

interdites. Il faut laisser sacs à dos et téléphones portables dans un lieu gardé à l'extérieur du modeste musée, qui renferme des photos, des souvenirs, et bien sûr, beaucoup de propagande.

Si vous êtes au début de votre voyage, vous aurez peut-être envie de monter dans une des calèches stationnées à l'extérieur afin d'aller voir d'autres monuments dédiés au Che, notamment l'**Estatua Che y Niño**, Avenida Liberación. Sans commune mesure avec le monument dédié au Che à l'autre bout de la ville, cette statue de Guevara portant dans ses bras un enfant (symbole de la génération suivante) trône devant l'Officina de la Provincia. En l'observant on remarque sur l'uniforme des épisodes de la vie du révolutionnaire, dont la boucle du ceinturon ornée de la représentation des compagnons tués avec lui en Bolivie.

Vous pouvez aussi visiter le **Sitio-Museo Acción Contra El Tren Blindado**. C'est là que, le 29 décembre 1958, 18 hommes en armes commandés par Che Guevara ont fait dérailler un train blindé transportant 350 soldats du gouvernement de l'époque. La courte bataille fut décisive pour les révolutionnaires. Le wagon-musée, à l'est sur Independencia, juste après la rivière, marque l'endroit où le train a déraillé. Le bulldozer utilisé par les guérilleros pour entraver la voie est immobilisé sur un piédestal à l'entrée.

Visite d'une fabrique de cigares

LA CONFECTION DES CIGARES EST UNE FORME D'ART

Peu de choses évoquent autant Cuba que les cigares. Vous pouvez visiter des fabriques dans plusieurs endroits de Cuba, mais la célèbre **Fábrica de Tabaco para la Exportación Constantino Pérez Carrodegua** de Santa Clara montre bien le travail, le savoir-faire et même l'art nécessaires pour confectionner un bon cigare. La fabrique de Santa Clara, l'une des meilleures du pays, produit des Montecristo, des Partagás et des Romeo y Julieta. Achetez des billets dans une des agences de la ville et méfiez vous, car, comme dans de nombreux lieux gérés par l'État, il faut payer avec une carte bancaire. Au cours de la visite, on vous expliquera les bases de la fabrication. Quatre types de feuilles de tabac cultivées à Viñales sont utilisées, chacune possédant une caractéristique contribuant à donner un excellent cigare. Il faut un équilibre entre saveur, arôme et combustion. Le tabac est coupé, roulé et emballé à la main. Les différentes tâches sont effectuées par des experts d'une grande dextérité et dont l'expérience donne des cigares de qualité. Les photos sont interdites dans la fabrique, mais vous pourrez voir comment les cigares sont roulés puis testés. Un excellent cigare peut coûter 100 $US la pièce.

OÙ PRENDRE UN VERRE À SANTA CLARA

El Valkyrie
Lieu décoré sur le thème des vikings avec des crânes en guise de bougeoirs. Concerts et bon choix de boissons.

El Balcón de los Frutos
Sirotez votre expresso avec élégance en admirant la place depuis le balcon. Idéal pour une pause quand il fait chaud.

Bar Cafe 9¾
Dans ce bar inspiré par *Harry Potter* nul besoin d'être magicien pour apprécier "potions et élixirs".

Club Mejunje

Découvrez le Club Mejunje

LE PLUS VIEUX SPECTACLE DE TRAVESTIS DE CUBA

Au programme : graffitis urbains, théâtre pour enfants, travestis, crooners de boléro et touristes dansant la salsa. Le Club Mejunje, installé dans les vestiges d'un bâtiment sans toit envahi par la végétation, est une institution, fameuse pour bien des choses – et pas uniquement pour le seul spectacle officiel de travestis de Cuba (tous les samedis soir). On n'y va pas seulement pour boire et assister à un spectacle de travestis. Il y a des soirées slam et micro ouvert, et des expositions d'art. Quel que soit le jour, vous y vivrez une expérience unique.

SANTA CLARA ET SON PETIT GRAIN DE FOLIE

Parmi les manifestations iconoclastes de Santa Clara, citons le printanier concours de beauté **Miss Travesti** (en mars) et l'automnal **Ciudad Metal** (fin novembre ; consultez la page Facebook), à l'occasion duquel des groupes de rock cubains se produisent dans différents lieux de la ville. Ambiance festive garantie !

COMMENT S'Y RENDRE ET CIRCULER

La plupart des bus traversant le pays s'arrêtent à Santa Clara, il est donc assez facile de s'y rendre en bus (ou en train quand il y en a). En ville, vous disposez de nombreux *bici-taxis* et voitures à cheval pour vous déplacer. Si vous conduisez, garez-vous dans un parking payant plutôt que dans la rue, en particulier près du Parque Vidal, car les crevaisons de pneu sont un moyen courant pour les voyous locaux d'extorquer de l'argent aux touristes.

Environs de Santa Clara

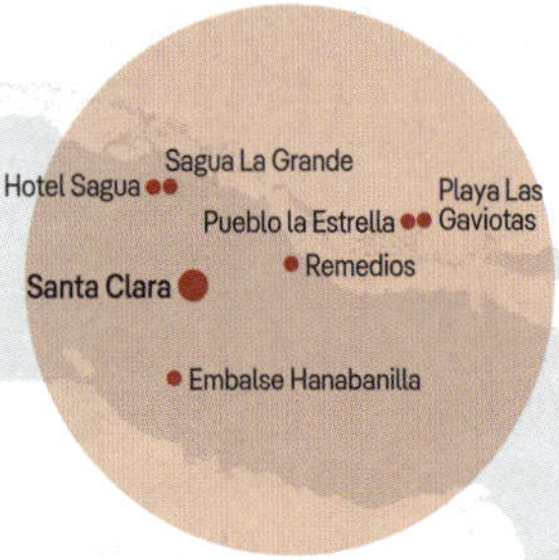

Partez à la découverte des *cayos* au large de la côte nord de la province, de villes intéressantes et profitez de nombreux terrains d'aventure.

La Provincia de Villa Clara, c'est une myriade de choses à faire et à voir. Certaines, uniques, n'existent que dans la région. Découvrez des cascades secrètes, pêchez les poissons dont vous rêviez, grimpez au sommet des montagnes et contemplez la vue. Les possibilités d'excursion d'une journée ou d'une nuit sur place sont presque illimitées. Plus loin, les nombreuses mangroves et *cayos* permettent d'observer une faune et des oiseaux exceptionnels. Vous pouvez également séjourner dans un village calme et découvrir la vie à Cuba en savourant le luxe d'être loin de tout. Comme partout dans le pays, les gens sont accueillants et enthousiastes à l'idée de vous faire connaître leur région.

Pour les infos pratiques, voir le Carnet d'adresses *p. 205*

À SAVOIR

Les sites intéressants sont légion. Si vous voulez tout voir, il est essentiel d'avoir un véhicule.

SANDRA FOYT/SHUTTERSTOCK ©

Embalse Hanabanilla

Lac de montagne enchanteur

LAC ET CASCADE

L'**Embalse Hanabanilla**, principal point d'accès à la Sierra del Escambray dans la Provincia de Villa Clara, est un lac de barrage de 36 km² niché au milieu d'exploitations agricoles traditionnelles et de collines boisées. Étrangement méconnu des touristes étrangers, l'endroit est surtout fréquenté par les vacanciers cubains. Ce plan d'eau scintillant aux allures de fjord est connu pour sa population de perches qui battent des records de taille et se cachent au milieu des racines, rochers, arbres et souches submergés. Les amoureux de la pêche, des sorties en bateau et de la nature seront à la fête. C'est un bel endroit, même si on ne pêche pas. L'eau d'un joli vert est assortie aux collines verdoyantes. Affleurements rocheux et falaises forment une toile de fond pittoresque, et il y a même quelques îles inhabitées. L'une des plus grandes attractions est le *salto* (cascade), où vous pouvez vous rafraîchir sous le jet d'eau éclaboussant les rochers. Vous verrez peut-être des tortues, des pélicans ou d'autres créatures. À l'**Hotel Hanabanilla**, sur la rive nord-ouest, vous pourrez louer un bateau pour faire diverses excursions. Les plus intrépides voudront peut-être prendre un guide (l'hôtel Hanabanilla peut

FAITES LA FÊTE À REMEDIOS

La ville de Remedios, à l'atmosphère assez calme, est l'une des plus anciennes de l'île et l'un de ses joyaux coloniaux. Elle s'embrase (littéralement) lors des **Parrandas**, au nombre des plus grandes fêtes cubaines. Démarrant quelques jours avant Noël, les festivités culminent le 24 décembre et débutent généralement à 22h par des concours de feux d'artifice et de danse opposant El Carmen et El Salvador, les deux quartiers traditionnels de Remedios. Vient ensuite un défilé de chars de carnaval, sur lesquels des personnages en tenue extravagante se tiennent immobiles, suivi de feux d'artifice. Les *parrandas* sont parmi les fêtes de rue les plus célèbres des Caraïbes. Réservez vos chambres suffisamment tôt. Outre son festival, la ville est réputée pour ses deux églises sur la place principale.

OÙ SE LOGER DANS LES ENVIRONS DE SANTA CLARA

Hotel Hanabanilla
Bruyant pour certains, mais le plus pratique pour un séjour au bord du lac. **$$**

Hotel America
À Santa Clara, des chambres bon marché et proches de la place principale. **$**

Villa Las Brujas
Un petit hôtel donnant directement sur l'eau, avec une plage de sable blanc à quelques pas. **$$$**

Sagua La Grande

vous en procurer) pour randonner dans les montagnes de la Sierra del Escambray et rallier en quelques jours El Nicho (p. 190). Il n'y a pas un grand choix d'hôtels. Si vous n'aimez pas le bruit, évitez l'Hotel Hanabanilla. Sinon, contentez-vous de faire une excursion d'une journée, depuis Santa Clara, en partant de bon matin.

Douceur de vivre au nord de la région

UNE VILLE SUCRIÈRE SOMNOLENTE ET SPLENDIDE

Restée dans l'ombre depuis le ralentissement de l'industrie sucrière dans les années 1930, **Sagua La Grande** connaît aujourd'hui une petite renaissance, fruit de la volonté de l'État cubain de rénover cette ancienne ville sucrière classée "monument national" en 2011. Conjuguée au développement du tourisme balnéaire des *cayos* de la côte au nord, grands complexes hôteliers à l'appui, cette politique vise à faire de Sagua la Grande une destination touristique. Pour le moment, la petite ville reste délicieusement tranquille, à cheval entre les réalités de la vie cubaine contemporaine et le souvenir amoureusement entretenu de ses richesses d'antan. Située à 53 km au nord de Santa Clara, Sagua reste à l'heure actuelle mal desservie par les transports publics : mieux vaut s'y rendre en voiture ou en taxi. Le large Río Sagua y serpente, enjambé par le **Puente El Triunfo** (1905). Découvrez donc la ville à votre rythme. Au centre de la Plaza Martí trône **l'Iglesia de la Purísima Concepción**, quatrième sanctuaire bâti sur la première église consacrée en 1796, précédant de seize ans la fondation de la ville elle-même. Elle a pour prestigieux voisin le fabuleux **Hotel Sagua**, sans nul doute l'un des plus beaux hébergements historiques de l'île. Inauguré en 1925 (le poète espagnol Federico García Lorca compte parmi les premiers clients), l'hôtel a rouvert en 2017 après un long sommeil. Des lampadaires pleins de cachet bordent les avenues, illuminant l'animation (ou son absence) dans les rues en contrebas. Puisque vous êtes déjà si loin, pourquoi ne pas aller (ou faire une excursion d'une journée) à **Isabela de Sagua**, surnommée la "Venise cubaine" pour ses quais et ses canaux qui rejoignent la vaste lagune s'étirant le long de la côte nord de Cuba ?

LIEUX EMBLÉMATIQUES DE SAGUA LA GRANDE

Iglesia de la Purísima Concepción
Bien que reconstruite quatre fois, l'église est antérieure à la fondation de la ville.

Hotel Sagua
Bel édifice de quatre étages au lustre restauré. Si vous ne pouvez y séjourner, jetez-y au moins un coup d'œil.

Puente El Triunfo
Joli pont photogénique à treillis sur le Río Sagua dans le nord-est de la ville.

Café Real
Un des rares points de rencontre de la ville pour discuter autour d'un bon café.

Explorez les Cayerías del Norte

UN NOUVEAU PROJET TOURISTIQUE

Le dernier projet touristique de Cuba a vu le jour sur un ensemble de *cayos* plats disséminées au large de la côte nord

OÙ SE RESTAURER DANS LES ENVIRONS DE SANTA CLARA

Hotel Hanabanilla
Dans la région du lac, vous constaterez qu'il n'y a pas beaucoup de choix. La cuisine est correcte. **$$**

El Louvre
Café-bar chic de Remidios avec une terrasse et une bonne carte de cocktails. **$$**

North Beach Hostal & Restaurant
Un bon coin pour une halte à Caibarién en allant ou revenant des *cayos*. Cuisine convenable **$**

KAMIRA/SHUTTERSTOCK ©; RIGHT: POSSOHH/SHUTTERSTOCK ©

Cayo Santa María

de la Provincia de Villa Clara. Si l'on est loin des horreurs architecturales d'autrefois qui enlaidissent d'autres stations balnéaires cubaines, le développement est vaste et rapide, contrastant avec la réserve de biosphère de Buenavista attenante, inscrite au patrimoine mondial de l'Unesco. Avant la construction du premier hôtel en 1998, les *cayos* étaient encore des lieux sauvages infestés de moustiques. En 2019, on recensait une vingtaine de complexes hôteliers, quasi identiques. Répartie sur trois *cayos* – **Cayo las Brujas**, **Cayo Ensenachos** et **Cayo Santa María** – reliés par une longue chaussée de 48 km appelée El Pedraplén, l'enclave s'adresse avant tout à une clientèle haut de gamme. Profitez de l'océan, passez de paisibles journées sur le sable blanc de plages comme **Playa Las Gaviotas** ou gagnez en bateau des sites reculés. La pêche en haute mer et les sorties de snorkeling sont faciles à organiser. Adressez-vous à votre hôtel ou allez sur les quais de Cayo las Brujas. Si les activités de plein air vous lassent, rendez-vous au bowling à La Bolera, dans le centre commercial de **Pueblo La Estrella**. Vous y trouverez aussi des tables de billard et des jeux de fléchettes.

BELLE RÉSERVE DE BIOSPHÈRE DE BUENAVISTA

Elle est pour ainsi dire en péril, car menacée par l'essor du tourisme. Mais pour l'heure, couvrant 313 km^2, la **Réserve de Biosphère de Buenavista** est une belle étendue de mangrove, de *cayos*, de lagunes, de marais et de fruticées, où vit une myriade d'espèces différentes. Elle s'étend au nord de trois provinces cubaines. Pour l'instant, elle a été épargnée par les projets de développement.
Il n'est pas très facile d'y accéder sans bateau, mais les ornithologues et les pêcheurs s'y sentiront au paradis. Aux richesses naturelles s'ajoutent les vestiges retrouvés sur une quarantaine de sites archéologiques différents : des pictogrammes auraient été dessinés par les Indiens sur leurs lieux d'habitat et leurs sites funéraires.

COMMENT S'Y RENDRE

Si vous venez de la Havane ou de Santa Clara, vous aurez probablement déjà une voiture pour explorer la région. Si vous atterrissez à l'aéroport de Cayo Las Brujas, sachez que CubaCar et Via Rent-A-Car ont des agences sur les *cayos*.

Carnet d'adresses

VARADERO

Cueva del Ambrosio
Voir p. 166 (Autopista Sur ; 5 $US ; 10h-17h)

Marina de Varadero
Voir p. 165 (extrémité de la péninsule ; 10h-19h lun-sam)

CubaCar
Voir p. 167 (45-668-196 ; angle Av. 1, entre Calle 21 et Calle 22 ; 8h-20h)

Beny House B&B
Voir p. 165 (45-611-700 ; Calle 55 n°124 entre Av. 1 et Av. 2)

Casa Amelia
Voir p. 165 (5-203-0909 ; Av. 3, entre Calle 42 et Calle 43)

Casa Leyla
Voir p. 165 (5-610-1968 ; Calle 107 n°57)

Mansión Xanadú
Voir p. 164 (45-668-482 ; varaderogolfclub.com ; angle Av. las Américas et Autopista Sur)

Meliá Las Américas
Voir p. 164 (45-667-600 ; meliacuba.com ; Playa de Las Américas, Km 9)

Valentin el Patriarca
Voir p. 164 (45-668-166 ; oceanvaradero.com ; Autopista Sur km 18 Punta Hicacos)

Varazul
Voir p. 164 (4-566-7380 ; varazul.varaderohotelsresorts.com ; Av. 1Ra et Calle 13)

Andalucia
Voir p. 166 (45-667-330 ; melia.com/en/hotels/cuba/varadero/melia-marina-varadero-apartments/restaurants ; Melia Marina Varadero)

El Aljibe
Voir p. 163 (45-614-019 ; entre Calle 37 et Av. 1X ; 12h-23h)

Factoria Veradero
Voir p. 163 (45-253-493 ; entre Calle 43 et Av. Playa ; 12h-minuit)

La Bodeguita del Medio
Voir p. 163 (Av. de la Playa, entre Calle 40 et Calle 41 ; 11h30-22h)

Melià Internacíonal
Voir p. 166 (meliacuba.com ; Av. Las Américas, Km 1)

Restaurante RT Tradicíones
Voir p. 166 (Hotel Be Live Las Morlas, Av. Las Américas)

Beatles
Voir p. 170 (Av. 1, angle Calle 59 ; 13h-3h)

Calle 62
Voir p. 170 (angle Av. 1 et Calle 62 ; 8h-3h)

Casa Blanca Panoramic Bar (Mansión Xanadú)
Voir p. 165 (Mansión Xanadú, 3e niv. ; 10h-23h30)

ENVIRONS DE VARADERO

Taino Tours
Voir p. 169 (tainotours.com.mx/varadero.html)

Varadero Yacht Charter
Voir p. 169 (varaderoyachtcharter.com ; marina de Varadero ; 24h/24)

Viajes Kronos
Voir p. 169 (viajeskronoscuba.com)

MATANZAS

Casa Galeria de Artesanias
Voir p. 174 (Calle Medio entre Calle 280 et Calle 282)

Castillo de San Severino
Voir p. 174 (Av. del Muelle ; 2 $US ; 10h-19h mar-sam, 9h-12h dim)

Museo Histórico Provincial
Voir p. 173 (45 243195 ; Plaza de la Vigía, à l'angle de Calle 272 ; 2 $US ; 10h-12h et 13h-17h mar-dim)

Museo de los Bomberos
Voir p. 173 (Calle Magdalena 1 entre Calle Medio et Calle Río, Plaza de la Vigía ; 9h-16h mar-sam)

Palacio del Justicia
Voir p. 173 (angle Plaza de la Vigía et Calle 85)

Teatro Sauto
Voir p. 173 (45-242-721 ; Plaza de la Vigía ; spectacles ven-sam soir et dim après-midi)

Hostal Medio
Voir p. 173 (45-285-633 ; Calle 85 n°27406, entre Calle 274 et Calle 276)

Hostal Sueños
Voir p. 173 (46-173-391-185 ; hostalsuenos-matanzas.maxicuba.com ; Calle Río)

Hotel E Velasco
Voir p. 173 (45-253-880 ; hotelevelascomatanzas.com-website.com/fr ; Calle Contreras entre Santa Teresa et Ayuntamiento)

ENVIRONS DE MATANZAS

Cuevas de Bellamar
Voir p. 176 (à 5 km de Matanzas ; 10 $US ; 9h-17h)

Cueva de Saturno
Voir p. 176 (à 12 km de Matanzas ; 5 $US ; 8h-18h)

Atlantida
Voir p. 176 (Av. 1 entre Calla 6ta et Calle 7, Santa Marta)

Cafeccino
Voir p. 176 (facebook.com/cafeccino.cu ; Av. 1, entre Calle J et Calle I, Santa Marta ; 6h-minuit)

PLAYA LARGA

Casa Ana-Maison des colibris
Voir p. 179 (5-353-6855 ; facebook.com/casa.ana.playa.larga.cuba ; Calle Caletón)

Criadero de Cocodrilos
Voir p. 180 (45-913-224 ; Carretera a Playa Larga ; adulte/enfant avec boisson 5/3 $US ; 9h-18h)

Santo Tomás
Voir p. 179 (20 $US/pers)

Casa Lidia y Julito
Voir p. 179 (45-984-135 ; Carretera Playa Larga a Playa Girón, Casa 2)

Hostal Pelicano Jocaos
Voir p. 179 (45-987-377 ; Litoral Playa , Caletón)

Hostal Don Luis
Voir p. 180 (1-739-1185 ; hostaldonluisplayalarga.maxicuba.com ; Calle Caletón)

Hostal Luis
Voir p. 179 (45-984-258 ; hostalluis@yahoo.es)

Chuchi el Pescador
Voir p. 180 (45 987336 ; Calle 9 n°1 entre Calle 2 et Calle 4 ; 10h-22h)

Tiki
Voir p. 180 (45-987-285 ; Playa Caletón, Bahia de Cochinos ; 8h-minuit)

CIENFUEGOS

Arco de Triunfo
Voir p. 187 (Calle 25 entre Av. 56 et Av. 54)

CHRYSO-NA/SHUTTERSTOCK.COM ©

Teatro Tomás Terry , Cienfuegos

Casa del Fundador
Voir p. 187 (angle Calle 29 et Av. 54)

Castillo de Nuestra Señora de los Ángeles de Jagua (Castillo de Jagua)
Voir p. 184 (Carretera al Castillo ; 3 $US ; 8h-18h)

Catedral de la Purísima Concepción
Voir p. 187 (Av. 56 n°2902 ; don bienvenu ; 7h-12h lun-ven)

Centro Cultural Benny Moré
Voir p. 187 (Av. 56, entre Calle 25 et Calle 27 ; 10h-23h)

Museo de las Artes Palacio Ferrer
Voir p. 187 (facebook.com/MuseoDeLasArtesPalacioFerrer ; Calle 25 n°5401, entre Calle 54 et Calle 56 ; 2 $US ; 9h-20h mar-sam, 9h-13h dim)

Museo Provincial
Voir p. 187 (angle Av. 54 et Calle 27 ; 2 $US ; 10h-18h mar-sam, 10h-12h dim)

Necrópolis Tomás Acea
Voir p. 186 (43-555-257 ; Av. 5 de Septiembre ; 2 $US ; 8h-17h)

Palacio de Gobierno
Voir p. 187 (Av. 54 entre Calle 27 et Calle 29)

Teatro Tomás Terry
Voir p. 187 (43-551-772/43-513-361 ; Av.. 56 n°270, entre Calle 27 et Calle 29 ; visite 2 $US ; 10h-18h)

Camila's Hostal
Voir p. 185 (43-661-001 ; camilashostalandrestaurant.com ; Calle 35 n°4, entre Av. 0 et Litoral ; restaurant 7h-22h)

Casa Colonial Lalita Cienfuegos
Voir p. 185 (5-251-1425 ; Calle 25 entre Calle 58 et Calle 60)

Casa Los Delfines
Voir p. 185 (43-661-010 ; casalosdelfines.blogspot.com ; Calle 35 n°4G)

Hotel La Union
Voir p. 183 (43-551-020 ; melia.com ; Calle 31 (D) entre Calle 54 et Calle 56)

Hotel Melía San Carlos
Voir p. 183 (43-875-100 ; melia.com ; Calle San Carlos, entre Gacel et Horrutinier)

Palacio Azul
Voir p. 185 (43-551-020 ; Calle 37 n°201, entre Av. 12 et Av. 14)

Perla del Mar
Voir p. 183 (43-551-003 ; Calle 37, entre Av. 0 et Av. 2)

Casa Prado Restaurante
Voir p. 184 (5-092-1816 ; facebook.com/casapradorestaurant ; Calle 37 n°4626, entre Av. 46 et Av. 48 ; 11h30-22h30 lun-ven, 11h30-23h30 sam-dim)

Coppelia Café
Voir p. 184 (Calle 7)

El Chelo
Voir p. 184 (43-551-020 ; Palacio Azul, Calle 37 n°201, entre Av. 12 et Av. 14)

El Pescador
Voir p. 183 (5-312-7736 ; castillo de Jagua ; 10h-18h)

Finca del Mar
Voir p. 184 (5-282-4133 ; facebook.com/p/finca-del-mar ; Calle 35, entre Av. 18 et Av. 20 ; 12h-minuit)

Palacio de Valle
Voir p. 184 (5-312-7432 ; angle Calle 37 et Av. 2 ; 8h-20h)

Restaurant Villa Lagarto
Voir p. 184 (43-661-004 ; facebook.com/villalagarto.restaurant ; Calle 35 n°4b, entre Av. 0 et Av. Litoral ; 12h-22h)

Club Cienfuegos
Voir p. 185 (Calle 37, entre Av. 10 et Av. 12 ; menu 20 $US ; 18h-23h30)

ENVIRONS DE CIENFUEGOS

El Nicho
Voir p. 190 (Parque natural Topes de Collantes ; 5 $US ; 8h30-18h30)

Jardín Botánico de Cienfuegos
Voir p. 191 (facebook.com/JBCienfuegos ; Calle Central 136, Central Pepito Tey ; 15 CUP ; 8h-17h)

Laguna Guanaroca
Voir p. 191 (à 12 km de Cienfuegos, près de la route de Rancho Luna ; entrée avec visite guidée 10 $US ; 8h-15h)

Museo Municipal de Palmira
Voir p. 189 (Villuendas 41, Palmira ; 1 $US ; 10h-18h mar-sam, 9h-13h dim)

Plage de Varadero

ALFREDO LÓPEZ / STOCK.ADOBE.COM ©

Rancho Luna Dive center
Voir p. 190 (43-548-040 ; Carretera Pasacaballos km 18, Rancho Luna ; à partir de 35 $US/plongée, brevet Open Water 365 $US)

Casa Larabi
Voir p. 189 (5-392-1966 ; casa.larabi1@gmail.com ; Carretera a Faro Luna, Playa Rancho Luna)

Hotel Faro Luna
Voir p. 189 (43-548-030 ; grancaribehotels.com/hoteles-y-destinos#cienfuegos ; Carretera a Faro Luna)

Hotel Rancho Luna
Voir p. 189 (43-548-012 ; Carretera a Rancho Luna km 18)

SANTA CLARA

El Mirador (Loma del Cápiro)
Voir p. 194 (Monte Capiro ; 8h-21h mar-sam, 8h-17h dim)

Conjunto Escultórico Comandante Ernesto Che Guevara
Voir p. 195 (Plaza de la Revolución ; 9h30-16h mar-dim) F

Fábrica de Tabaco para la Exportación Constantino Pérez Carrodegua
Voir p. 196 (42-202-211 ; Maceo 181, entre Julio Jover et Berenguer ; 4 $US ; 9h-11h et 13h-15h)

Museo de Artes Decorativas
Voir p. 194 (42-205-368 ; Parque Vidal 27 ; 3 $US ; 9h-17h lun-jeu, 13h-22h ven-sam, 18h-22h dim)

Museo Provincial Abel Santamaría
Voir p. 194 (Complejo Cultural Abel Santamaría ; 1 $US ; 9h-17h lun-ven, 9h-13h sam)

Sitio-Museo Acción Contra El Tren Blindado
Voir p. 196 (Carretera a Camajuaní entre Puente la Cruz et Línea del ferrocarril ; 1 $US ; 8h30-17h30 lun-sam)

Hostal Familia Rivalta
Voir p. 193 (42-227-270 ; Colón n°230 entre E.P.Morales et Serafín García)

Hostal Familia Sarmiento
Voir p. 193 (42-203-510 ; Lorda 56, entre Martí et Independencia)

Hostal Florida Terrace
Voir p. 193 (42-221-580 ; Maestra Nicolasa 59, entre Maceo et Colón)

Hotel Santa Clara Libre
Voir p. 193 (42-205-171 ; Parque Leoncio Vidal 6 entre Trista et Padre Chao)

La Bodeguita del Medio
Voir p. 195 (42-215-434 ; Vidal 1 entre Colón et Maceo ; 11h-23h)

Café-Museo Revolución
Voir p. 195 (5-380-5574 ; facebook.com/cafemuseorevolucion ; Independencia 313 ; 11h-23h lun-jeu, 11h-2h ven-sam)

El Alba
Voir p. 195 (42-203-935 ; Buen Viaje 26 entre Maceo et Parque Vidal ; 11h-22h30)

El Sol
Voir p. 195 (42-271-463 ; Maceo 52 ; 11h-23h)

Bar Café 9¾
Voir p. 196 (elyerromenu.com/b/barcafe934 ; Juan Bruno Zayas entre Marta Abreu et Callejón de los Angeles ; 10h-1h)

El Balcón de los Frutos
Voir p. 196 (223-421-5755 ; A v. Costanera Orensanz 516 ; 19h-2h mar-dim)

Club Mejunje
Voir p. 197 (Marta Abreu 107, Santa Clara ; 10h-1h)

ENVIRONS DE SANTA CLARA

Iglesia de la Purísima Concepción
Voir p. 200 (Calle Céspedes, Sagua La Grande)

Puente El Triunfo
Voir p. 200 (Calle Martí, Sagua La Grande)

Hotel America
Voir p. 199 (42-201-585 ; Calle Mujica 9 entre Colon et Maceo, Santa Clara)

Hotel Hanabanilla
Voir p. 200 (42-208-461 ; Salto de Hanabanilla, Santa Clara)

Hotel Sagua
Voir p. 200 (42-665-566 ; Ribalta, entre Martí et Balton, Sagua La Grande)

Villa Las Brujas
Voir p. 199 (42-350-199 ; gaviotahotels.com ; Cayo las Brujas, Caibarién)

El Louvre
Voir p. 200 (Maximo Gómez 122, Remedios ; 9h-minuit)

North Beach Hostal & Restaurant
Voir p. 200 (5-365-1487 ; Av. 35 n°1028 entre Calle 10 et Calle 12, Caibarién ; 12h-23h)

Café Real
Voir p. 200 (Martí, entre Céspedes et Ribalta, Sagua la Grande ; 8h-22h)

Pueblo La Estrella
Voir p. 201 (La Bolera, Cayo Santa María ; 9h-19h lun-ven)

ALEJANDRO RAUL OTTOBONI/SHUTTERSTOCK ©

Ci-dessus : Trinidad (p. 212). À droite : Cayo Guillermo (p. 238)

LE CENTRE

UNE BELLE DIVERSITÉ

Entre ses sites idylliques au nord et ses villes historiques fascinantes au sud, les provinces centrales recèlent de nombreuses richesses et curiosités.

Ceux qui filent directement vers Santiago de Cuba ou Viñales ratent quelque chose, car le centre de Cuba est une des rares régions du pays à concentrer autant de curiosités touristiques. C'est là que se dresse Trinidad, une des villes coloniales les mieux préservées des Amériques et dont l'hitoire est passionante. Sa province – la Provincia de Sancti Spíritus – est certes aux antipodes des joyaux huppés du nord comme Cayo Guillermo, dans la grande réserve de biosphère de Buenavista, où vous vous baignez dans des eaux bleu azur, bordées de plages d'un sable si blanc qu'il éblouit le voyageur en quête de farniente. Néanmoins, elle aussi offre de charmantes plages au sud, comme la Playa Ancón, et, à côté d'haciendas qui tombent en ruine, des demeures restaurées semblent avoir retrouvé leur splendeur d'antan. Il faut prendre le temps de s'arrêter et de respirer le parfum des fleurs pour apprécier la richesse historique et architecturale ainsi que les beautés naturelles des petites villes : même les voyageurs les plus intrépides ne resteront pas sur leur faim.

D'ailleurs, diverses découvertes gustatives vous attendent, dont la *canchánchara*. Si vous interrogez des habitants de Trinidad, tous vous diront fièrement que ce cocktail cubain à base de rhum, de miel et de citron fut inventé dans leur ville, et non à Santiago de Cuba, qui en revendique aussi la paternité.

SITES PRINCIPAUX

TRINIDAD
Une ville superbe et trépidante, à l'héritage colonial fascinant.
p. 212

SANCTI SPÍRITUS
Un charme authentique, une place ravissante et des édifices historiques.
p. 221

CIEGO DE ÁVILA
Une des capitales provinciales les plus intéressantes de Cuba.
p. 229

CAYO GUILLERMO ET CAYO COCO
Plages, farniente, plongée, eau turquoise et luxe. p. 237

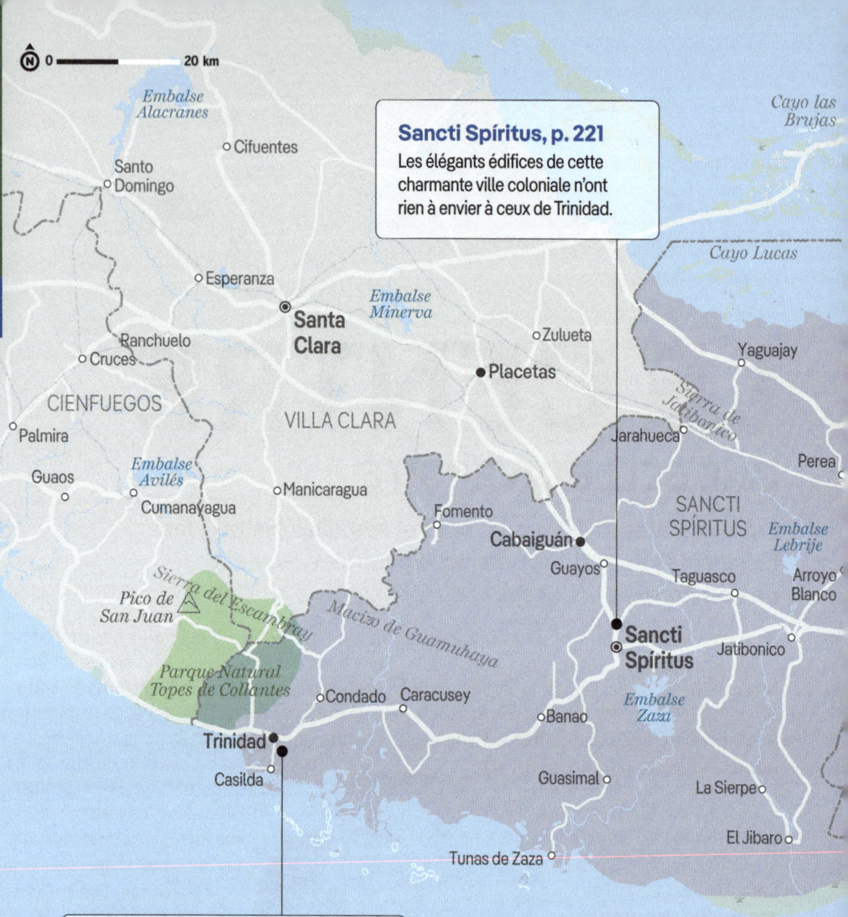

Sancti Spíritus, p. 221
Les élégants édifices de cette charmante ville coloniale n'ont rien à envier à ceux de Trinidad.

Trinidad, p. 212
Inscrite au Patrimoine mondial, c'est l'une des villes coloniales les mieux préservées des Amériques.

S'orienter

Dans les deux provinces de Sancti Spíritus et Ciego de Ávila, des villes historiques et des villages complètent joliment les plages spectaculaires du nord comme du sud.

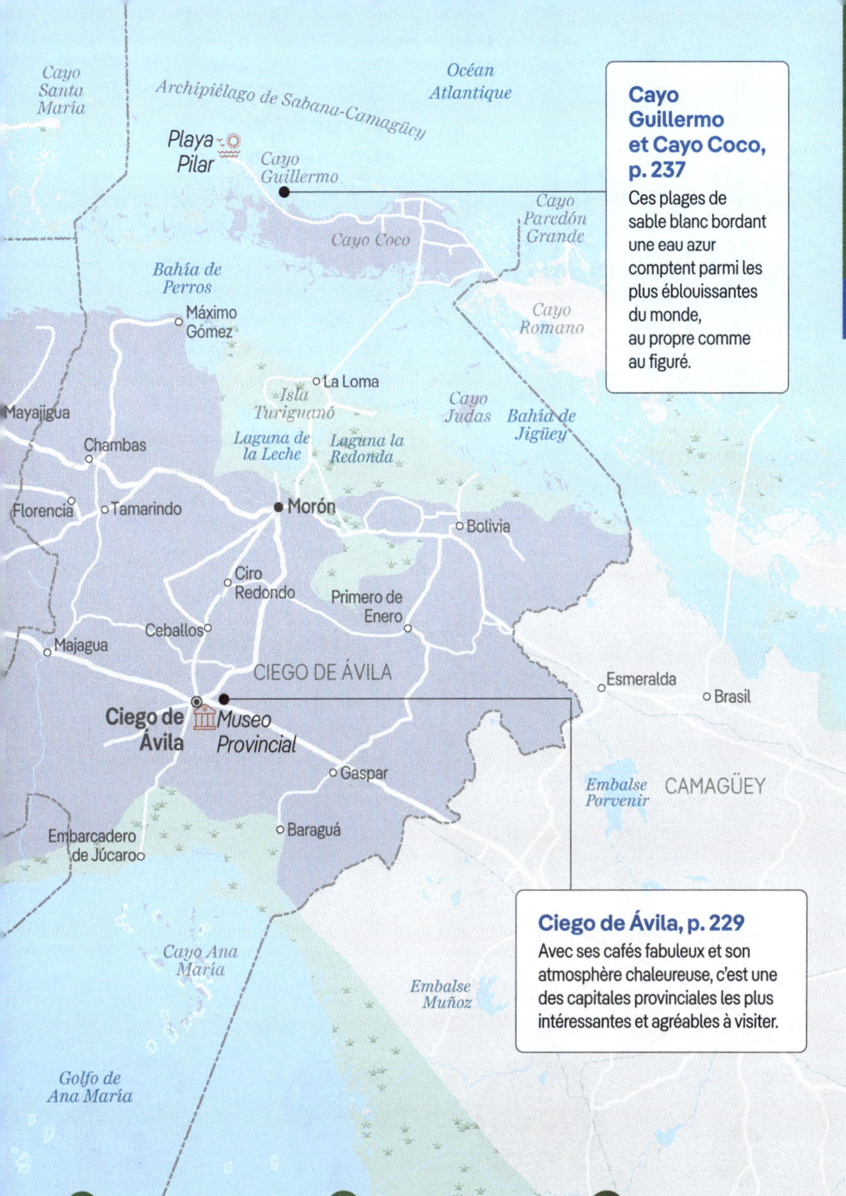

Cayo Guillermo et Cayo Coco, p. 237

Ces plages de sable blanc bordant une eau azur comptent parmi les plus éblouissantes du monde, au propre comme au figuré.

Ciego de Ávila, p. 229

Avec ses cafés fabuleux et son atmosphère chaleureuse, c'est une des capitales provinciales les plus intéressantes et agréables à visiter.

VOITURE

Pour profiter au maximum de la région, un véhicule privé est assurément le mode de déplacement le plus pratique. Vous pouvez en louer un avec ou sans chauffeur.

BUS

Si des liaisons de bus régulières desservent la plupart des grandes villes, les bourgades plus petites sont parfois assez difficiles d'accès, avec, au mieux, de rares bus, au pire, aucune liaison.

TRAIN

Les trois grandes villes locales, Trinidad, Sancti Spíritus et Ciego de Ávila, sont accessibles en train… mais encore faut-il qu'il fonctionne. Le cas échéant, c'est une belle manière de découvrir la campagne cubaine.

Planifier son séjour

Il y a tant à voir que le seul risque est de se sentir pressé par le temps. Des plages sublimes au nord et au sud, des villes captivantes et d'autres trésors entre les deux : comment faire un choix ?

DANIELA CONSTANTINESCU/SHUTTERSTOCK ©

Si vous avez peu de temps

● Sans hésitation : **Trinidad** (p. 212), ville superbe et véritable musée à ciel ouvert dont l'architecture coloniale est intacte. Les férus de soleil apprécieront ses plages, et les oiseaux de nuit, ses bars et ses discothèques (une d'elles est dans une grotte !), d'autant que les rues restent sûres même à une heure avancée. Après la visite du centre-ville de Trinidad, avec sa splendide **Plaza Mayor** (p. 213) dominée par la sobre et majestueuse **Iglesia Parroquial de la Santísima Trinidad**, baladez-vous en ville en admirant son architecture au fil des rues ou profitez du farniente qu'offre l'excellente **Playa Ancón** (photo ci-contre, p. 219).

Au fil des saisons

Hors saison des pluies (avril-novembre), le temps est assez sec et ensoleillé. Les ouragans peuvent sévir d'août à fin novembre.

JANVIER

La **Semana de la Cultura Trinitaria** fête la fondation de Trinidad avec des danses et de la gastronomie pour petits et grands.

MARS

Durant la **Semana Santa** des milliers de gens suivent les procesions de la Passion du Christ.

AVRIL-MAI

Avec le début de la saison des pluies, les journées sèches se raréfient... comme les touristes.

SANDORFOTOGRAFIA/SHUTTERSTOCK ©, EB ADVENTURE PHOTOGRAPHY/SHUTTERSTOCK ©, VICCOLON/SHUTTERSTOCK ©

Si vous avez trois jours

- Après un premier jour occupé par le programme précédent, passez le deuxième dans le superbe **Valle de los Ingenios** (p. 219), qui a fait l'immense richesse et la renommée de Trinidad. En effet, avec la plus grande exploitation sucrière de Cuba (et une multitude de plus petites sucreries), cette région était l'une des plus riches du pays, et un symbole fort de l'esclavage comme en témoigne la **Torre de Manaca Iznaga** (p. 220). Le troisième jour, appréciez les charmes coloniaux de **Sancti Spíritus** (p. 221) dont nombre d'édifices ont été restaurés, ou profitez de la plage de **Cayo Guillermo** (p. 238).

Si vous avez plus de temps

- Si vous avez la chance de rester au moins 4 jours, consacrez plus de temps aux sites déjà évoqués. Profitez à votre aise de tous les trésors historiques, culinaires et culturels de **Trinidad** (p. 212), ainsi que des plages proches de la **Playa Ancón** (p. 219), puis rendez-vous à **Sancti Spíritus** (p. 221) pour apprécier l'architecture de l'arrière-pays et la vie d'une ville chaleureuse. Ensuite, cap au nord pour découvrir les magnifiques plages à **Cayo Guillermo** (p. 238) et dans les environs, et y siroter une boisson glacée en peaufinant votre bronzage.

JUIN

Les **Fiestas Sanjuaneras** de Trinidad sont une sorte de carnaval, avec force musique, chars, chevaux et une reine.

AOÛT

La **Fiesta de Santa Elena** enflamme Casilda le 17 août. Au programme : courses de chevaux, bonne chère et rhum.

SEPTEMBRE

Le **Carnaval Aquático** de Morón est aussi festif qu'un carnaval classique, mais tout se passe sur l'eau.

NOVEMBRE

La **Fiesta de los Bandos Rojo y Azul** célèbre la culture *campesina* (paysanne) à Majagua. Concours de danse et de musique.

TRINIDAD

Le premier bruit que l'on entend le matin est le bruit des sabots des chevaux dans les rues pavées, suivi de l'appel des vendeurs de pain à bicyclette (*El pan! El pan!*). Ouvrez les yeux, admirez les hautes persiennes en bois de votre chambre coloniale vieille de 200 ans, et essayez de vous convaincre que vous êtes bien au XXIe siècle.

Inscrite au Patrimoine mondial, en même temps que le Valle de los Ingenios voisin, Trinidad est le plus ancien et le plus enchanteur des "musées en plein air" cubains. Les rues pavées du centre historique, les demeures magnifiquement restaurées, les églises imposantes et les cours fraîches distillent une atmosphère coloniale particulière. Outre la musique omniprésente, les pubs et les bars sont des lieux enrichissants, où se retrouvent habitants et touristes pour partager quelques moments. Outre son fascinant héritage colonial, Trinidad a pour atout son cadre enchanteur, dans la Provincia de Sancti Spíritus. Au sud, à 12 km, s'étend la plus belle plage de ce littoral : Playa Ancón, au sable blond. Au nord, à 18 km, se dresse la silhouette de la Sierra del Escambray, massif montagneux qui offre un luxuriant terrain d'aventure.

Pour les infos pratiques, voir le Carnet d'adresses p. 244

À SAVOIR

Le dédale de rues à sens unique et de ruelles met les nerfs des conducteurs à rude épreuve, et il n'est pas facile de se garer dans le centre-ville. Pour votre tranquillité, mieux vaut donc privilégier un hôtel en périphérie et vous déplacer en ville à pied ou en *bici-taxi*.

Trinidad

MILOSZ MASLANKA/SHUTTERSTOCK ©

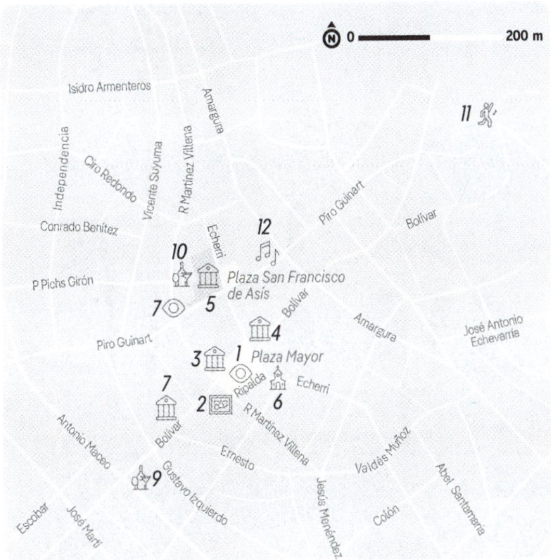

VOIR
1 Plaza Mayor
2 Galería de Arte Universal Benito Ortiz
3 Museo de Arqueología Guamuhaya
4 Museo Romántico
5 Museo Nacional de la Lucha Contra Bandidos
6 Iglesia Parroquial de la Santísima Trinidad
7 Museo Municipal de Trinidad
8 Plazuela del Jigüe

PRENDRE UN VERRE
9 Muñoz Tapas
10 Taberna La Canchánchara

SORTIR
11 Disco Ayala
12 Taberna La Botija

Un élégant patrimoine originel

HISTORIQUE ET SUPERBE

C'est en 1514 que Diego Velázquez de Cuéllar fonda sur la côte sud de Cuba La Villa de la Santísima Trinidad. Au XVIIe siècle, Trinidad, bourg reculé et isolé des autorités de La Havane, devint un refuge de pirates et de contrebandiers, où esclaves et marchandises étaient introduits en fraude depuis la Jamaïque, sous domination britannique. Au début du XIXe siècle, des centaines d'exilés français s'y installèrent, fuyant une rébellion d'esclaves à Haïti, et créèrent une cinquantaine de petites sucreries dans le proche Valle de los Ingenios, au nord-est de la ville. Au milieu du XIXe siècle, la région de Trinidad produisait un tiers du sucre du pays ; l'architecture des édifices de la ville témoigne de l'opulence de cette période. Les guerres d'indépendance sonnèrent le glas de cet âge d'or, car les plantations de canne à sucre furent dévastées. L'industrie ne s'en releva jamais, et la ville plongea dans une longue léthargie. La renaissance touristique de Trinidad a débuté dans les années 1950, quand fut promulguée une loi pour la protection de cette ville historique. Classée monument national en 1965, elle a été inscrite au patrimoine mondial de l'Unesco en 1988.

La **Plaza Mayor** est entourée d'édifices imposants, au cœur du *casco histórico* (centre historique). Prenez le temps

MUSÉES DE TRINIDAD

Museo municipal de Trinidad Installé dans le Palacio Cantero. Magnifique panorama depuis la tour.
Museo de Arqueología Guamuhaya Les cultures précolombiennes sont à l'honneur.
Museo Nacional de la Lucha Contra Bandidos Histoire de la lutte contre les contre-révolutionnaires.
Museo Romántico Superbe mobilier du XIXe siècle, collection de porcelaines et d'autres objets anciens.

OÙ SE LOGER À TRINIDAD

Cubanacán Las Cuevas
Hôtel de moyenne gamme sur une colline, proche de la Plaza Mayor et de Disco Ayala. **$$**

Iberostar Grand Trinidad
Un cinq-étoiles élégant dans une demeure coloniale revisitée du XIXe siècle. Un luxe de détails s'offre à vous. **$$$**

Hostal Romero
Chambre chez l'habitant dans une maison simple, mais chaleureuse. Ambiance familiale. **$**

LES MEILLEURS SITES HISTORIQUES DE TRINIDAD

L'artiste **Duviel López García** est aussi guide touristique.
+53 5 8194065

Plazuela del Jigüe
Marque le lieu de fondation de Trinidad en 1514 autour de l'arbre El Jigüe.

Taberna La Canchánchara
Porte le nom d'un cocktail cubain original et occupe la plus ancienne maison de la ville.

Casa Templo de Santería Yemayá
Maison-temple de la Regla de Ocha, avec son autel dédié à la déesse de la Mer, entouré d'une myriade d'offrandes.

Galería de Arte Universal Benito Ortiz
Un espace qui présente l'artisanat local, installé dans une belle demeure du XIXe siècle.

MAURIZIO DE MATTEI/SHUTTERSTOCK ©

Plaza Mayor (p. 213)

d'admirer les somptueux édifices historiques dont l'**Iglesia Parroquial de la Santísima Trinidad**, sur le côté nord-est. Reconstruite en 1892 à l'emplacement d'une ancienne église détruite par une tempête, elle mêle retouches du XXe siècle et objets du XVIIIe siècle, comme le vénéré *Cristo de la Vera Cruz* (*Christ de la Vraie Croix*, 1713), sur le deuxième autel de la travée gauche quand on entre. Cette statue devait être envoyée par bateau depuis Barcelone au Mexique– elle était destinée à l'une des églises de Vera Cruz –, mais le bateau faisant escale à Casilda, se réfugia dans le port au sud de Trinidad pour échapper aux tempêtes successives. Le capitaine finit par laisser une partie de sa cargaison, dont la célèbre statue. Pour les habitants de Trinidad, le Christ ne voulait pas quitter la ville.

Au nord de la place, le **Museo Romántico** occupe le **Palacio Brunet**, dont le rez-de-chaussée date de 1740 et la partie supérieure de 1808. C'est l'édifice qui symbolise le plus l'âge d'or de la ville. Vous pourrez y admirer du mobilier datant du XIXe siècle, une belle collection de porcelaines et d'autres objets anciens dans des pièces au décor luxueux.

De la place en descendant la Calle Simón Bolívar, vous voici devant le **Museo Municipal de Trinidad** qui a été aménagé dans la demeure grandiose de style néoclassique

OÙ SE RESTAURER À TRINIDAD

El Jigüe
Restaurant géré par l'État dans une jolie maison coloniale avec des mosaïques, mais cuisine moyenne. **$$**

Muñoz Tapas
Superbe toit-terrasse avec Wi-Fi gratuit, qui sert des plats pas forcément copieux, mais délicieux. **$$**

Vista Gourmet
Excellente table, à la fois pour la cuisine servie et la vue à couper le souffle. **$$$**

bâtie entre 1827 à 1830, le **Palacio Cantero**. La décoration intérieure reflète la richesse des occupants successifs : admirez les meubles, les fresques, les sols en marbre et le superbe patio. Le panorama sur la ville depuis la tour est superbe.

Vous repérerez facilement l'emblématique ancien couvent de San Francisco de Asís à son clocher vétuste jaune pastel. Il abrite le **Museo Nacional de la Lucha Contra Bandidos**, musée qui réunit principalement des photos, des cartes, des armes, ainsi que d'autres objets se rapportant à la lutte contre les contre-révolutionnaires qui sévissaient dans la Sierra del Escambray entre 1960 et 1965. Vous pourrez monter pour admirer la vue au sommet du clocher.

Une ville à croquer

AU PARADIS DES ARTISTES

Tout amateur d'art sera captivé et enchanté par cette ville qui se révèle sous différents visages selon les jeux de lumière. Si vous êtes artiste, venez avec votre matériel, car vous aurez à chaque instant envie de croquer le spectacle devant vous. Pour mieux connaître l'histoire artistique de la ville, des circuits font découvrir les sites historiques et artistiques majeurs.

La **Taberna La Canchánchara**, gérée par l'État, est à voir, assurément, car ses portes d'origine sont les plus vieilles de la ville. La **Plazuela del Jigüe** vaut elle aussi le détour pour ses façades de maison ornées de carreaux. Sur la Plaza Mayor, en face de l'Iglesia Parroquial de la Santísima Trinidad, entrez dans le Palacio Ortiz, magnifique demeure du XIXe siècle à la jolie petite cour, qui héberge la **Galería de Arte Universal Benito Ortiz** dédiée aux métiers d'art. Broderie, céramique et bijoux y représentent entre autres la qualité de l'artisanat local.

Autre plaisir tout simple : installez votre chevalet ou asseyez-vous sur un banc, sortez crayons ou pinceaux, et laissez votre inspiration s'exprimer une heure ou deux : vous êtes sûr de ne pas en manquer !

Scène souterraine

DANSER DANS UNE GROTTE

À Trinidad, pour faire vraiment la fête, il faudra vous rendre... sous terre ! Située dans une authentique grotte, **Disco Ayala** est une boîte de nuit à l'ambiance endiablée qui s'échauffe (littéralement) à partir de minuit. Le prix de l'entrée comprend une boisson. On y croise des touristes comme des Cubains. Pour vous y rendre, suivez la Calle Bolívar depuis la Plaza Mayor jusqu'à l'Ermita de Nuestra Señora de la Candelaria de la Popa. La discothèque est 100 m plus loin, sur votre gauche.

LA CANCHÁNCHARA

La *canchánchara* désigne à la fois un cocktail et le petit pot rond en argile – la *jícara* –, souvent vernis à l'intérieur et sans anses, dans lequel elle est servie. Vous pouvez acheter ces *jícaras* dans diverses boutiques, mais si vous voulez boire dedans, assurez-vous que la couche protectrice est du vernis et non de la cire. La légende populaire veut que ce soient les *Mambises* (armée de rebelles) durant les guerres d'indépendance au XIXe siècle, qui aient inventée cette boisson. Ils mélangeaient de l'*aguardiente*, du miel et un agrume qui leur tombait sous la main et buvaient la boisson chaude. La *canchánchara* s'imposa peu à peu et fut finalement intégrée à la cuisine cubaine comme un cocktail (avec du rhum à la place de l'*aguardiente*, du miel et du citron). Trinidad et Santiago de Cuba s'en disputent toujours la paternité.

OÙ PRENDRE UN VERRE À TRINIDAD

Disco Ayala
Même si vous ne dansez pas, vous pouvez profiter de l'ambiance et du cadre en sirotant une boisson.

Casa de la Música
Rien de mieux que la musique live dans ce patio extérieur pour une nuit cubaine de folie.

La Canchánchara
Ce piège à touristes géré par l'État n'en reste pas moins un lieu réjouissant.

L'ARCHITECTURE COLONIALE DE TRINIDAD

Trinidad est une des villes coloniales les mieux préservées des Amériques. Son architecture, remarquablement homogène, date pour l'essentiel du XIXe siècle, grande époque de l'industrie sucrière. Les maisons typiques de Trinidad sont de grands édifices de plain-pied ou à un étage, aux toits de tuiles en terre cuite. Contrairement aux maisons de La Havane, les immenses portes d'entrée ouvrent en général directement sur la pièce principale plutôt que sur un vestibule. Autres traits caractéristiques : les grandes ouvertures protégées par des grilles en fer forgé – jusqu'au XVIIIe siècle par des barreaux de bois tourné – et dotées de volets intérieurs, les fresques, les vérandas et les balcons à balustrade en bois surplombant la rue. Les plus vastes demeures ont une cour de style mudéjar avec *aljibe* (citerne).

PIERRE-JEAN DURIEU / STOCK.ADOBE.COM ©

Plaza Mayor (p. 213)

L'entrée au bas d'un escalier mène à une grotte spacieuse, sur plusieurs niveaux, avec différentes salles. Certaines, dont celle de la piste de danse principale, peuvent réunir des centaines de personnes ; ajoutez-y les jeux de lumière et la musique battante, et l'expérience est vraiment unique ! Malgré des espaces plus calmes, l'endroit bouge majoritairement sur des rythmes hip-hop et pop latino, tandis que la bière et les boissons bon marché coulent à flots. Avec un excellent DJ et une féerie de lumières, c'est un lieu de fête surréaliste, qui ne désemplit pas jusqu'au petit matin.
Précision sinistre : la grotte tient son nom de Carlos Ayala, célèbre tueur en série de Trinidad au XIXe siècle, qui torturait ses victimes dans cette grotte.

Trinidad déborde d'endroits où prendre un verre et danser, donc si vous êtes claustrophobe ou n'avez pas envie de faire la fête là où vivait un assassin, rendez-vous à la charmante terrasse de **Muñoz Tapas** ou profitez de la musique live à la **La Botija**.

COMMENT CIRCULER

Trinidad est bien desservie par des bus de La Havane et d'autres régions du pays. Vu sa petite taille, le mieux est de s'y déplacer à pied ; sinon, un *bici-taxi* est un bon moyen de locomotion. Le train touristique qui fait l'aller-retour entre Trinidad et le Valle de los Ingenios vaut la peine... mais ses jours de circulation sont très aléatoires.

Environs de Trinidad

Plages ravissantes, vallées mystérieuses aux vestiges historiques et parcs nationaux : la Provincia de Sancti Spíritus à de quoi séduire.

Peu importe la direction choisie, il y a forcément un site intéressant et fascinant autour de Trinidad, dans la Provincia de Sancti Spíritus. Parmi les plus proches, il y a la splendide Playa Ancón, souvent considérée comme la plus belle plage de la côte sud de Cuba, ou le bucolique Valle de los Ingenios, au nord-est, grâce auquel Trinidad a bâti son immense fortune, qui conserve les vestiges de dizaines de sucreries du XIXe siècle. À l'ouest, le Gran Parque Natural Topes de Collantes est un paradis pour les randonneurs et les amateurs de chutes d'eau. La province étant aussi riche que la ville de Trinidad, prévoyez vraiment un temps suffisant pour l'explorer.

Pour les infos pratiques, voir le Carnet d'adresses *p. 244*

À SAVOIR

Le réseau de téléphonie mobile étant capricieux sur les sentiers, les randonneurs ont intérêt à bien préparer leur itinéraire, *a fortiori* s'il inclut des nuitées.

Gran Parque Natural Topes de Collantes

LA SECONDE VIE D'UN SANATORIUM

C'est dans la jolie **Topes de Collantes** que Fulgencio Batista fit bâtiren 1954 un sanatorium pour les tuberculeux qui pouvait accueillir 1 000 malades. Il fit également construire la route qui reliait le site à Trinidad. Puis ce bâtiment massif tomba entre les mains des révolutionnaires. Aujourd'hui, c'est un imposant hôtel géré par l'État, Kurhotel Escambray, qui offre aussi des soins médicaux et de bien-être. Récupérées en 2008, les œuvres d'artistes cubains qui étaient dans le sanatorium sont présentées au **Museo de Arte Cubano Contemporáneo**, petit édifice jadis propriété d'un ancien sénateur. La résidence personnelle de Batista est devenue un restaurant : Mi Retiro.

TIBOR SCHOLZ/SHUTTERSTOCK ©

Cascade El Rocío, Gran Parque Natural Topes de Collantes

Randonnées d'exception

UN CADRE SPECTACULAIRE POUR LES MARCHEURS

Le **Gran Parque Natural Topes de Collantes** est un des joyaux les plus secrets de la région, si peu visité que vous avez parfois l'impression d'y être seul. Après avoir traversé une forêt verdoyante, vous découvrez une cascade dont l'eau scintillante finit sa course dans une splendide piscine naturelle. Ce parc fait partie de la **Sierra del Escambray**, deuxième plus grand massif montagneux de l'île, et possède le meilleur réseau de sentiers de randonnée du pays. Également connue pour ses nombreuses espèces de plantes, la région attire les botanistes qui repèrent les plantes épiphytes, fougères, lichens, mousses, plantes grimpantes et autres.

Les randonneurs chevronnés se régalent sur le **Sendero Centinelas del Río Melodioso**, circuit de 6 km cheminant entre des plantations de café, qui apportent une fraîcheur agréable, puis descendant brusquement vers la magnifique cascade **El Rocío**. Les plus courageux s'y baignent ! L'itinéraire longe ensuite les méandres du **Río Melodioso**, où se succèdent une autre cascade avec bassin (Poza del Venado) et des paysages époustouflants. Cette randonnée, qui s'achève aux jardins de la Casa La Gallega, une maison traditionnelle où un déjeuner

OÙ SE LOGER ET SE RESTAURER À TOPES DE COLLANTES

Villa Caburní
Bungalows dans un cadre très arboré : un petit coin de paradis. **$$**

Hotel Los Helechos
Énorme complexe avec un restaurant correct, une piscine couverte et une discothèque. **$$**

Mi Retiro
Nourriture créole avec une jolie vue depuis certaines tables. **$$**

frugal peut être prévu, se fait plutôt dans le cadre d'une excursion avec un guide ou d'un circuit organisé. Si vous la tentez seul, préparez-la minutieusement pour ne pas vous perdre. Vous pouvez aussi emprunter le **Sendero La Batata** (6 km aller-retour), qui mène à une grotte où coule une rivière souterraine, ou opter pour le **Salto del Caburní**, la randonnée classique et la plus accessible de Topes, qui part des hôtels et rejoint une cascade haute de 62 m, avec des bassins à son pied. Vous pouvez plonger depuis certains endroits de la falaise, mais soyez très prudent (en période sèche, notamment, l'eau des bassins n'est pas forcément profonde).

Se prélasser sur les plages

SABLE ET SOLEIL DE RÊVE

Trinidad est si proche de la **Playa Ancón** et de sa voisine, la **Playa María Aguilar**, que vous pouvez aisément y aller à vélo. Chacune se trouve sur la côte sud d'une longue péninsule en plein développement, avec de grands hôtels. La Playa Ancón est la plus aménagée, avec l'Hotel Ancón qui se dresse en arrière-plan. On y perd un peu le côté nature, mais on profite d'une meilleure infrastructure, avec plus d'opportunités pour occuper une journée, de bons restaurants et un magasin de plongée de qualité. Ceux qui recherchent une plage plus authentique avec quelques parasols en feuilles de palmier et une cahutte vendant de la nourriture et des boissons préféreront la Playa María Aguilar, plus petite et moins développée. Les plongeurs devront juste amener leur matériel, car il n'y a sur place ni boutique ni location.

Vous dénicherez peut-être sur ces deux plages des coquillages, des morceaux de pierres précieuses ou des de coraux. Un masque permet d'explorer une vie sous-marine extraordinaire, où poissons et coraux vivent dans une eau chaude, avec des courants assez doux. Il faut juste se méfier des conditions météo qui changent parfois vite, surtout à la saison des pluies. Néanmoins, ces plages sont un pur bonheur à toute période de l'année.

Un sucre un peu amer

LE PASSÉ SUCRIER DE TRINIDAD

Trinidad tira son immense fortune et sa renommée de sa proximité avec le **Valle de los Ingenios** – à 8 km à l'est de la ville –, vallée qui devint au XIXe siècle une des principales productrices de sucre du monde grâce à son sol fertile et son climat. Les propriétaires de sucreries constituèrent vite une élite riche et puissante grâce à une main d'œuvre constitutée d'esclaves principalement africains – les premiers esclaves arrivèrent à Cuba dès le XVIe siècle.

LA BOCA

Entre Playa Ancón et Trinidad, à l'embouchure du Río Guaurabo (position initiale de Trinidad avant les déplacements successifs de celle-ci vers l'intérieur des terres), La Boca ("la bouche") est un petit village de pêcheurs tranquille, que les touristes fréquentent essentiellement pour les plages toutes proches. En effet, si vous séjournez sur place, vous pouvez rejoindre celles-ci à pied. Mieux encore, à vélo, à peine 10 minutes suffisent pour arriver sur le sable. Nettement moins animée que Trinidad, La Boca est l'endroit idéal pour quiconque aime paresser sur une plage à l'ombre des acacias ou dans un rocking-chair, déguster de la langouste fraîche, admirer de somptueux couchers de soleil et bavarder avec les pêcheurs.

OÙ SE LOGER À LA PLAYA ANCÓN ET À LA BOCA

Memories Trinidad del Mar
Un peu tapageur, mais avec toutes les prestations attendues d'un grand complexe hôtelier. **$$$**

Hotel Club Amigo Ancón
Complexe hôtelier vieillissant, pas très joli, avec une nourriture de qualité aléatoire, mais qui jouxte la mer. **$$**

Hostal Idel
Casa particular sans chichis, mais confortables, face à la mer. Cadre kitch, avec des hamacs. **$**

MIRADOR DEL VALLE DE LOS INGENIOS

Même pas besoin d'être dans le Valle de los Ingenios pour succomber à son charme : il suffit de s'arrêter au **Mirador del Valle de los Ingenios** (à 192 m d'altitude), à 6 km à l'est de Trinidad, alors que la route s'élève pour mieux replonger ensuite dans la vallée. Certes, avec son billard, son restaurant et sa tyrolienne, l'ensemble fait un peu artificiel et piège à touristes. Mais peu importe le temps passé sur place : aucun autre endroit n'offre un tel panorama sur l'ensemble de la vallée, immense patchwork de fermes et de champs, entre lesquels serpente la rivière. Avec un peu de chance, vous verrez même le train à vapeur suivre son petit bonhomme de chemin.

Valle de los Ingenios

Aujourd'hui inscrite au Patrimoine mondial, cette vallée est une région touristique fascinante. Son cadre est magnifique, avec ses champs émaillés de palmiers et de ruines de l'époque coloniale se détachant sur fond de Sierra del Escambray. De nombreux vestiges témoignent encore de son passé sucrier : on peut voir notamment les entrepôts des machines, les quartiers réservés aux esclaves, d'anciennes demeures ainsi qu'un train à vapeur. Il est possible de visiter les ruines d'anciennes usines sucrières comme **San Isidro de los Destiladeros**, avec une hacienda, une tour de surveillance à trois niveaux, les logements des esclaves et une citerne, où le sucre était bouilli. L'**Hacienda Ingenio Guáimaro** est aussi à voir : la propriété de Don Mariano Borrell, ancien magnat du sucre est d'origine, et il y règne une atmosphère vraiment particulière. Essayez absolument de trouver quelqu'un qui vous fasse entrer dans la résidence principale pour admirer les meubles d'époque et la petite église attenante. Enfin, ne quittez pas le Valle de los Ingenios sans être monté à la **Torre de Manaca Iznaga**, plus grande tour de surveillance des esclaves de la région, d'où l'on voit toute la vallée. Remarquez l'énorme *trapiche* (moulin à canne à sucre). Il faut juste supporter les vendeurs racoleurs, attirés par ce lieu hautement touristique.

COMMENT CIRCULER

Le vélo est parfait si vous restez près des plages. En revanche, un véhicule privé s'impose pour profiter pleinement du parc et de la vallée. Si vous prenez un taxi, essayez de négocier un forfait journalier honnête au lieu de payer un trajet simple ou un tarif incluant l'attente et le retour.

SANCTI SPÍRITUS

Excellent pied-à-terre pour visiter la région environnante, cette jolie ville peu touristique déborde néanmoins, elle aussi, d'activités et de sites à découvrir. Les bâtiments sont magnifiques, beaucoup ayant retrouvé leur lustre d'antan grâce à une impressionnante restauration en 2014, à l'occasion de la célébration de son 500e anniversaire. Le Río Yayabo tout proche offre de superbes panoramas. À bien des égards, et malgré l'absence de plage à proximité, Sancti Spíritus est aussi séduisante que Trinidad. Seulement, son charme est ailleurs : on peut s'asseoir dans un restaurant ou chercher une *casa particular* sans être harcelé par un rabatteur ou un "guide". Et le spectacle des enfants jouant au base-ball dans le Parque Serafín Sánchez, alors que de la rue montent des notes de boléro, vaut bien la visite d'un monument historique.

Le Río Yayabo a prêté son nom à la *guayabera*, cette chemise typiquement cubaine créée dans les environs, ainsi qu'à la *guayaba* (goyave), que l'on trouve en grande quantité sur les berges de la rivière.

Pour les infos pratiques, voir le Carnet d'adresses *p. 244*

À SAVOIR

La plupart des visiteurs veulent photographier le magnifique **Puente Yayabo**, pont emblématique de la ville et monument national, qui enjambe la rivière éponyme. Si le moment opportun pour un joli cliché se fait attendre, patientez en prenant une collation ou un verre à la Taberna Yayabo, à côté.

Sancti Spíritus

VOIR
1 Biblioteca Provincial Rubén Martínez Villena
2 Iglesia Parroquial Mayor del Espíritu Santo
3 Parque Serafín Sánchez
4 Plaza Honorato

PRENDRE UN VERRE ET FAIRE LA FÊTE
5 Al Medio
6 Hotel del Rijo

SORTIR
7 Casa de la Cultura
8 La Balanza

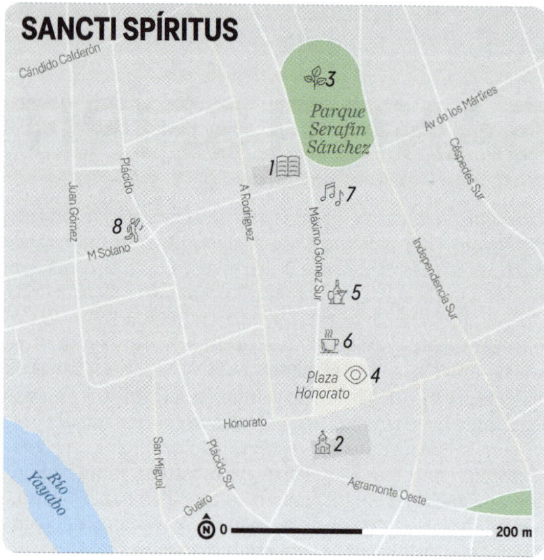

Goûter à la vie locale

UN OVALE PRESQUE AU CENTRE

S'il n'est pas le centre géographique de la ville, le **Parque Serafín Sánchez** est une jolie place qui reflète la discrète élégance de Sancti Spíritus, et très agréable pour qui veut rayonner dans la ville. De forme ovale, un peu à l'image d'une piste d'athlétisme, elle comporte au milieu une zone surélevée, où les anciens en *guayaberas* bavardent et savourent leur cigare. Parallèlement, des mères et grands-mères surveillent les enfants avançant d'un pas mal assuré vers des pigeons presque apprivoisés, tandis que les amoureux y trouvent refuge. Tout autour se dressent certains des édifices les plus impressionnants de la ville, comme le beau bâtiment ancien jaune moutarde de l'hôtel La Perla, laissé à l'abandon pendant des années, et devenu aujourd'hui un centre commercial géré par l'État et peu achalandé. Côté sud, la **Casa de la Cultura** réunit tous ceux qui aiment écouter de la musique live, surtout la nuit : là, les fêtards et l'ambiance animée franchissent parfois les portes et enflamment la partie sud du parc.

Parque Serafín Sánchez

OÙ SE LOGER À SANCTI SPÍRITUS

Hostal Los Richards
Pension à côté du parc, avec un toit-terrasse, des plafonds d'une hauteur démente et un hôte sympathique. **$**

Hotel del Rijo
Formidable ambiance dans cet hôtel chic sur la Plaza Honorato, avec restaurant et café. **$$$**

Hotel Plaza
Façade bleue avec des arcades, et chambres simples mais fonctionnelles, avec un joli carrelage. **$$**

Superbe bibliothèque provinciale

DES LIVRES DANS UN ÉCRIN

La **Biblioteca Provincial Rubén Martínez Villena** occupe un bijou architectural de 1929 dans l'angle sud-ouest du Parque Serafín Sánchez. Profitez de l'entrée libre aux heures d'ouverture pour monter au 2e étage et admirer le parc depuis le vaste et majestueux balcon à colonnes orné de sculptures. L'intérieur est tout aussi grandiose, avec une magnifique coupole, des colonnes et un somptueux escalier. Cette bibliothèque est dédiée à Rubén Martínez Villena, célèbre écrivain et avocat cubain, mort de la tuberculose en 1934.

Petite place avec une grande histoire

LES CHARMES D'UNE PLACE MINUSCULE

Si vous êtes las du Parque Serafín Sánchez ou si vous cherchez un peu d'ombre, la **Plaza Honorato** vous attend à quelques pas de là. Autrefois appelée Plaza de Jesús, elle fut le lieu des pendaisons publiques sous l'autorité espagnole. Elle accueillit ensuite un marché alimentaire, et de maigres étals bordent encore la ruelle qui part vers l'est. Côté nord se trouve le charmant **Hotel del Rijo**, qui dispose d'une terrasse, où vous pouvez prendre un café en regardant les passants défiler. La place arborée permet de profiter du calme sur un banc à

Biblioteca Provincial Rubén Martínez Villena

POURQUOI J'AIME SANCTI SPÍRITUS

Ray Bartlett, écrivain

Pour moi, cette ville réunit le meilleur de tout ce que Cuba peut offrir. Son calme et son ambiance m'ont aussitôt fait me sentir chez moi. Elle a aussi un côté très ouvert, les habitants engageant toujours gentiment laconversation. Ainsi, des gens de prime abord réservés se révèlent finalement très sympathiques. J'aime la nourriture et me balader le soir, et tout le monde ici se met sur son trente-et-un pour aller en boîte de nuit.

OÙ SE RESTAURER À SANCTI SPÍRITUS

Al Medio
Endroit très fréquenté à l'ambiance feutrée, pour un repas ou un verre (excellents cocktails). $$

Hotel del Rijo
Son élégant restaurant sert une cuisine savoureuse, et des petits-déjeuners de rêve. $$

Mesón de la Plaza
Une référence depuis longtemps. Café lumineux, portions généreuses et mojitos. $

IGLESIA PARROQUIAL MAYOR DEL ESPÍRITU SANTO

En face de l'Hotel del Rijo, de l'autre côté de la Plaza Honorato, l'Iglesia Parroquial Mayor del Espíritu Santo bleu vif est une des plus anciennes églises de la ville, et serait aussi la plus vieille de tout le pays à reposer encore sur ses fondations d'origine. Bâtie en bois, à l'origine, elle fut reconstruite en pierre en 1680. Indépendamment de son passé, elle possède un intérieur ravissant, et monter au clocher permet de profiter d'une vue sans pareil sur les toits de la ville.

l'ombre. S'y dresse aussi une statue d'**Antonio Rudesindo García Rijo**, riche médecin et chirurgien de Sancti Spíritus qui vivait dans le bâtiment à présent occupé par l'hôtel éponyme, où il fut assassiné en 1912. Par chance pour les amateurs d'architecture et les voyageurs, l'édifice alors laissé à l'abandon finit par être rénové et transformé en ce qui est aujourd'hui l'Hotel del Rijo. En face de celui-ci, la mignonne **Iglesia Parroquial Mayor del Espíritu Santo**, toute bleue, comporte un beau porche d'entrée, qui vaut autant le coup d'œil que l'intérieur.

Que vous veniez dans la fraîcheur du matin, sous le soleil brûlant de midi ou dans la touffeur du soir, cette place vous garantit calme et quiétude pour faire des photos ou vous reposer.

Vie nocturne débridée

TENUES ET RYTHMES CUBAINS

Si La Havane peut s'enorgueillir de discothèques hyper fréquentées, sous ses airs de petite ville tranquille, Sancti Spíritus est le lieu de nuits très animées, surtout en fin de semaine : hommes et femmes revêtent leurs plus beaux atours – à Cuba, quand on sort, on se met sur son trente-et-un. Vous pouvez entamer la soirée dès l'après-midi par un verre dans le patio de l'**Hotel del Rijo**, puis aller voir le programme d'**Al Medio**, établissement à proximité de la Plaza Honorato. Certaines tables sont si proches de la rue qu'elles sont quasi en plein air, mais en vous faufilant à l'intérieur, vous vous ferez peut-être de nouveaux amis. Dans tous les cas, la belle carte des cocktails et le cadre rustique et tamisé vous assurent un début de soirée réussi. Ensuite, si vous voulez vous défouler, enfilez une tenue élégante et rendez-vous à **La Balanza**, un des clubs les plus branchés de la ville. La majorité des clients ont une vingtaine ou une trentaine d'années, et le volume est si élevé qu'il coupe court aux conversations. Dansez, souriez, imprégnez-vous de l'ambiance et soyez prêt à rester éveillé jusqu'à l'aube !

Hotel del Rijo

COMMENT CIRCULER

À l'intersection de toutes les principales artères nord-sud et est-ouest, Sancti Spíritus est desservie par une multitude de liaisons de bus et ferroviaires. Les déplacements dans la ville elle-même se font aisément à pied vu sa petite taille. Mais au besoin, il y a des taxis, des voitures à cheval et des *bici-taxis*.

Environs de Sancti Spíritus

Variée et peu peuplée, cette belle région bucolique gagne à être connue. Vous apprécierez ses activités de plein air et ses musées.

La Provincia de Sancti Spíritus est un petit bijou souvent ignoré, car nombre de touristes ne font que la traverser pour aller directement à Santiago de Cuba. Elle a pourtant de quoi en combler beaucoup : réserve de biosphère, randonnées en forêt, exploration de grottes, plages quasi désertes, cascades et bassins naturels que peu de gens ont vus. Les plus motivés se rendront au Parque Nacional Caguanes pour ses étonnantes formations karstiques, sa faune, ses peintures rupestres et ses vestiges indiens. Sur le plan culturel, pour les curieux et les fans de révolution, rendez-vous Museo Nacional Camilo Cienfuegos, qui rappelle le mémorial de Che Guevara, avec son monument, son musée et son mausolée.

Pour les infos pratiques, voir le Carnet d'adresses *p. 245*

À SAVOIR

Si vous ne disposez pas d'une voiture, essayez de trouver un chauffeur de taxi qui propose un forfait journalier correct ou envisagez un circuit organisé.

Museo Nacional Camilo Cienfuegos, Yaguajay

LES MEILLEURES RANDONNÉES AUTOUR DE SANCTI SPÍRITUS

La région est une mine d'or pour les randonneurs, mais le plus souvent, il est préférable d'avoir un guide. Ecotur (ecotur.travel) sera votre meilleur interlocuteur.

Réserve naturelle Jobo Rosado
Cadre parfait pour de nombreuses randonnées entre fermes et pâturages, qui mènent jusqu'à des chutes d'eau cachées, et même des grottes.

Rancho Querete
Centre névralgique de la réserve Jobo Rosado et point de départ de multiples randonnées guidées.

Parque Nacional Caguanes
Parc naturel à l'accès limité, avec possibilité d'excursion jusqu'aux grottes de Humboldt, de Ramos et de Los Chivos, puis en bateau autour des Cayos de Piedra.

Une réserve naturelle méconnue

RANDONNÉES, GROTTES ET CHALETS

Située dans le nord de la province de Sancti Spíritus, près du **Parque Nacional Caguanes**, la **réserve naturelle Jobo Rosado** s'étend sur 40 km². Ses magnifiques paysages sont encore peu fréquentés par les voyageurs indépendants. Il est plus facile de s'y rendre dans le cadre d'un circuit organisé (idéalement par Ecotur), mais vous pouvez y aller par vos propres moyens.

L'une des activités les plus populaires est une randonnée assez courte en forêt jusqu'à la jolie **Cueva de Valdés**, une des nombreuses grottes de cette région calcaire.

Une autre marche dans un cadre tropical luxuriant mène à **La Solapa de Genaro**, ensemble de bassins de baignade doublé de superbes chutes d'eau.

Si 8 km à pied ne vous effraient pas, vous pouvez suivre l'itinéraire jusqu'au **Chalet Los Álamos** et même y camper. Ce qui fut le siège d'une ancienne plantation sucrière est aujourd'hui une sorte de musée historique vivant, avec des pièces et meubles d'époque, où vous pouvez aussi essayer de presser du jus de canne à sucre avec une machine à manivelle manuelle, comme jadis : une excellente manière de découvrir la vie paysanne cubaine et de faire un peu d'exercice par la même occasion.

Comme dans la Sierra Maestra, histoire et nature s'entremêlent : le général Máximo Gómez (1836-1905) combattit ici durant la guerre hispano-américaine et la colonne n° 2 de Camilo Cienfuegos y installa en 1958 son dernier poste de commandement. Un **monument** du sculpteur José Delarra marque le lieu.

Un hommage appuyé à Camilo Cienfuegos

MUSÉE MODERNE IMPRESSIONNANT

Inauguré en 1989, le **Museo Nacional Camilo Cienfuegos**, musée-mémorial dédié au célèbre guérillero, se trouve à Yaguajay. Sur la place, une statue haute de 5 m d'*El Señor de la vanguardia* ("l'homme de l'avant-garde"), rend hommage à Camilo Cienfuegos (1932-1959) qui livra ici une rude bataille à la veille de la victoire de la révolution, en s'emparant de la caserne militaire (l'actuel Hospital Docente General en face du musée). Cienfiegos est mort alors qu'il survolait le pays en avion – un Cessna 310 – le 28 octobre 1959 dans des circonstances restées très mystérieuses, car ni le corps, ni les

OÙ SE LOGER DANS LES ENVIRONS DE SANCTI SPÍRITUS

Hotel Zaza
Seul établissement (pas toujours ouvert) près du lac artificiel, avec une belle vue et une piscine. **$$**

Tunas de Zaza
Discutez avec les habitants pour en trouver un qui accepte de vous louer une chambre. **$**

Hostal Fuente Verde
Chambre d'hôtes avec des lits jumeaux dans cette maison de Yaguajay. **$**

HEMIS/ALAMY STOCK PHOTO ©

Grottes dans le Parque Nacional Caguanes

débris de l'avion, ni un seul objet n'ont été à ce jour retrouvés. Plusieurs hypothèses circulent sur cette mort soudaine dont celle d'un assassinat suite à un désaccord profond de Camilo Cienfuegos avec les membres communistes les plus radicaux de la révolution.

Juste en dessous de la place, le musée retrace la vie de Cienfuegos, la lutte révolutionnaire, tout en livrant une réflexion sur les nombreuses victimes de cette période. Une réplique du petit tank Dragon I, tracteur reconverti pour servir au combat, trône devant l'hôpital. À l'arrière, le **Mausoleo a los Mártires del Frente Norte de las Villas** est dédié aux rebelles qui périrent au combat.

Partie de pêche ou balade en bateau sur l'Embalse Zaza

UN RÉSERVOIR D'OPPORTUNITÉS

La pénurie de carburant et les faibles niveaux d'eau limitent malheureusement les activités sur l'**Embalse Zaza**. Il faut espérer que la situation s'améliore rapidement, car le plus vaste réservoir du pays mérite le détour. C'est un vrai plaisir de parcourir cette région avec tous ses grands lacs et ses

QU'EST-CE QU'UN RELIEF KARSTIQUE ?

Une grande partie de cette région de Cuba étant karstique, la géographie du paysage y est parfois curieuse. La formation d'un relief karstique résulte essentiellement de l'action corrosive et érosive de l'eau, qui dissout le carbonate de calcium (composant majeur des calcaires). Ainsi, les couches de calcaire qui se sont superposées pendant des millions d'années ont été ravinées, entaillées, trouées, donnant naissance à des tours et des formes évoquant des termitières ou d'immenses sculptures en cire, voire de véritables stalagmites quand la couche supérieure d'une grotte a totalement disparu.

OÙ SE RESTAURER DANS LES ENVIRONS DE SANCTI SPÍRITUS

Bar Family
Cocktails absolument épatants et très bons en-cas à Yaguajay. **$$**

Restaurante de Luna
Pour un bon repas léger au bord de l'océan, sous un toit en palmier, au sud de la ville. **$**

Hotel Zaza
Seul vrai restaurant à des kilomètres à la ronde, mais ouvert seulement si l'hôtel l'est. **$$**

TUNAS DE ZAZA, PAISIBLE PORT DE PÊCHE

Bien que cette côte n'ait rien de fastueux, le secteur de Tunas de Zaza s'avère très agréable pour une journée sympathique en dehors de Sancti Spíritus. L'occasion d'apercevoir un pélican ou un cormoran perché sur un des bateaux de pêche amarrés et dodelinant doucement, et d'admirer les palétuviers au bord des canaux et des estuaires. Cela vaut la peine de le visiter tranquillement, sans attente particulière. Simple quai avec quelques bateaux de pêche à l'embouchure du Río Zaza, la ville est mignonne. Les amateurs d'oiseaux peuvent observer moult hérons, aigrettes, cormorans, ibis et autres espèces de rivage dans les lagunes derrière le cordon littoral. Nager assez loin en direction du sud vous mènera... en Amérique du Sud.

FOTOSDCUBA/ALAMY STOCK PHOTO ©

Pêcheurs, Tunas de Zaza

montagnes en arrière-plan sous un ciel limpide. Des vaches paissent sous la surveillance de *vaqueros* (cow-boys) en tenue typique, chevauchant des montures impeccables, tandis qu'une multitude d'oiseaux pataugent dans les eaux peu profondes. Les ornithologues auront d'ailleurs tout intérêt à ouvrir l'œil et garder les jumelles à portée de main !

L'immense lac artificiel est, lui aussi, très photogénique et peut joliment occuper un après-midi si vous avez votre propre véhicule, mais mieux vaut vous renseigner avant à Sancti Spíritus sur son état et la possibilité de naviguer et d'avoir un guide.

Si vous voulez pêcher, voyez également auprès des autorités locales s'il vous faut un permis (renseignez-vous également sur le prix). Vous pourrez alors ferrer des perches truitées (pesant jusqu'à 8 kg), des bars, voire un arapaïma, plus gros poisson d'eau douce du monde. Originaire d'Amazonie et introduit dans le lac pour la pêche sportive, il doit remonter à la surface pour respirer. Sachant qu'il peut mesurer jusqu'à 4,5 m de long, mieux vaut ne pas tomber à l'eau !

COMMENT CIRCULER

Avoir son propre véhicule n'est pas forcément l'idéal pour visiter les parcs. Mieux vaut réserver un circuit organisé qui inclut le transport, car certaines routes sont à peine praticables, voire très boueuses à certains moments de l'année.

CIEGO DE ÁVILA

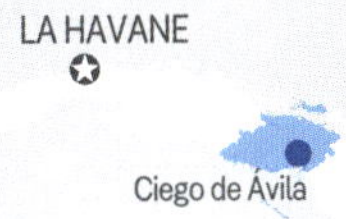

Ciego de Ávila est une des capitales provinciales les plus intéressantes de l'île. Fondée en 1840, elle se développa dans les années 1860-1870 en tant que ville de garnison, avant de devenir un important centre de conditionnement de la canne à sucre et de l'ananas (emblème de la région). Ses habitants la surnomment "ville des porches" en référence aux colonnades qui ornent les façades des maisons typiques du centre.

En passant du temps sur place, vous découvrirez que la ville, comme la province, sont deux trésors cachés. Après une renommée et une richesse en dents de scie, la ville est désormais connue pour sa redoutable équipe de base-ball. Si des efforts ont été faits pour séduire le voyageur (parcs, musées, boulevard piéton), ses magnifiques bâtiments sont toutefois décatis. Mais cette authenticité séduit.

Pour les infos pratiques, voir le Carnet d'adresses p. 245

À SAVOIR

Les habitants vous mettront en garde contre le mauvais état des routes et des trottoirs. Si vous marchez de nuit dans la ville, gardez la torche de votre smartphone allumée et regardez sans cesse où vous mettez les pieds, car les trous, briques et marches à éviter sont légion.

JOSÉ MARTÍ (1853-1895)

Philosophe d'avant-garde, écrivain indépendantiste et moderniste, il a porté le débat politique au-delà du thème de l'esclavage (aboli en 1886) et abordé la question de l'indépendance et, surtout, de la liberté. Son œuvre reste l'une des rares valeurs communes partagées par les Cubains du monde entier, toutes tendances politiques confondues. Essais, romans, poésie, écrits politiques, correspondance et même une revue pour la jeunesse immensément populaire, *La Edad de oro* : l'œuvre de José Martí est protéiforme. Après avoir passé quatorze années en exil au Mexique et aux États-Unis pour avoir soutenu la guerre de Dix Ans, Martí et ses alliés débarquèrent dans l'est de Cuba en avril 1895. Il fut mortellement blessé en mai lors de la bataille de Dos Ríos, il avait 42 ans. Sachez qu'un buste de Martí orne chaque école cubaine.

Une ville attachante

UN PEU DÉLABRÉE, MAIS SYMPATHIQUE

La Provincia de Ciego de Ávila fut explorée pour la première fois en 1513 par l'aventurier espagnol Pánfilo de Narváez, qui prospecta les immenses forêts et les plaines de la côte nord, à l'époque sous le contrôle du chef taïno Ornofay. Les vestiges du village taïno de Los Buchillones (p. 236) constituent l'ensemble de ruines précolombiennes le plus complet des Grandes Antilles. Intégrée à la nouvelle colonie espagnole de Cuba au début des années 1500, la province doit son nom actuel à un marchand, Jacomé de Ávila, qui, en 1538, reçut une *encomienda* (propriété terrienne avec main-d'œuvre d'esclaves concédée à un particulier par le roi) à San Antonio de la Palma. Un petit *ciego* (clairière) sur la propriété d'Ávila fut réservé pour servir d'aire de repos aux voyageurs qui parcouraient l'île. C'est à cet endroit que se développa une nouvelle petite ville.

Pour avoir une idée de la vie dans une petite ville cubaine, garez-vous sur la place principale de Ciego de Ávila, au **Parque Martí**, et imprégnez-vous de l'ambiance. Il se peut qu'en moins d'un quart d'heure, vous vous sentiez déjà comme un habitant et non plus un étranger. En effet, les touristes y étant peu nombreux, il n'est pas rare que l'on vous demande d'où vous venez, vous parle de base-ball et vous invite à jouer aux échecs. Curieusement, il y a un réseau Wi-Fi (parfois hors service). En revanche, la pénurie d'essence et les coupures de courant sont telles que vous aurez vite l'occasion d'aider quelqu'un à pousser sa voiture ou d'accepter la lampe torche d'un habitant pour rentrer le soir. Si, comme bien d'autres parcs cubains, le Parque Martí comporte une église, des bancs, des bosquets, quelques petits arbres et une statue du héros éponyme, José Martí, son aspect défraîchi interpelle. Mais peu importe la grande vétusté de ses bâtiments jadis élégants : ce parc a une âme.

Symbole d'une économie à bout de souffle

UN PARC EMBLÉMATIQUE DE LA SITUATION DU PAYS

C'est que que reflète le **Parque de la Ciudad**, ancien terrain vague qui s'étendait entre le centre-ville et l'**Hotel Ciego de Ávila**, et qui est désormais un vaste parc totalement laissé à l'abandon. Le projet était pourtant grandiose : un immense hôtel tout près d'un superbe lac artificiel (l'Embalse la Turbina), des terrains de jeux, des restaurants, (dont un flottant et la possibilté de louer un bateau). Malheureusement,

OÙ SE LOGER À CIEGO DE ÁVILA

Hostal Billy's House
Chambre d'hôtes bon marché et confortable, proche du Parque Martí. **$**

Villa Jabón Candado
Deux chambres d'hôtes impeccables dans une maison rose, près du Parque Martí. **$**

Hotel Ciego de Ávila
Hôtel le plus chic de la ville, actuellement fermé, mais qui devrait avoir rouvert quand vous lirez ces lignes. **$$**

BOBNOAH/SHUTTERSTOCK ©

Parque Martí, Ciego de Ávila

le rêve était trop beau, et aujourd'hui, ce grand parc est dans un état déplorable. Les installations des aires de jeux sont rongées par la rouille. L'hôtel est fermé, au moins temporairement. Quant au lac, il est un peu marron, comme si le marais de jadis voulait reprendre ses droits. Les photographes apprécieront surtout les sculptures en fer et acier, aussi bizarres qu'incongrues, auxquelles la rouille et la décoloration très esthétiques apparues au fil du temps donnent un style *steampunk*.

Le tourisme national et international croissant pourrait inciter l'État à redonner à ce parc la splendeur et le charme qu'il aurait dû avoir à sa création. Mais en attendant, il faut y venir pour une exploration urbaine insolite et l'opportunité de voir quelques animaux dans les roseaux.

Riche et vaste musée

UN MUSÉE IMPOSANT POUR UNE PETITE VILLE

Bizarrement, c'est à Ciego de Ávila, ville pourtant en retrait sur le plan touristique, que se trouve l'un des musées municipaux les mieux conçus de Cuba : le **Museo Provincial Simón Reyes**. Son bâtiment jaune moutarde arbore un extérieur typique d'une construction *avileña*, avec un grand porche accueillant. Franchir le porche typique de ce bâtiment permet

RESTAURANT EL FLOTANTE

De toutes les réalisations saugrenues du Parque de la Ciudad, El Flotante au milieu du lac artificiel (Embalse La Turbina) est à la fois la plus folle et la plus prisée. De format carré et sur un seul niveau, ce restaurant "flottant" (sur pilotis) n'est pas d'une beauté folle, mais peut accueillir tous les passagers d'un ou deux bus de voyage organisé. Les tables dressées avec des nappes en tissu offrent une vue sur l'eau, ce qui est exceptionnel au cœur des terres cubaines, loin du littoral. Quoique moyenne, la nourriture n'est pas mauvaise. Attention : si vous y venez le soir, amenez du répulsif, car vous serez au paradis des moustiques-tigres, particulièrement voraces.

OÙ SE RESTAURER À CIEGO DE ÁVILA

La Fonda
Restaurant d'État dans un angle du Parque Martí, qui sert une cuisine correcte. $

Don Ávila
Établissement qui impressionne par sa boutique de cigares et son bar à l'ancienne. $$

Molino Rojo
Nourriture correcte dans ce bar-restaurant du centre-ville au décor plutôt kitsch. $$

LES GUERRES D'INDÉPENDANCE DU XIXE SIÈCLE

Pour en savoir plus sur les **guerres d'indépendance** et l'histoire de Cuba en général, voir p. 334.

FOTOSDCUBA/ALAMY STOCK PHOTO ©

Museo Provincial Simón Reyes

LES NOCHES AVILEÑAS

Les *noches avileñas* illustrent parfaitement la volonté de la ville d'optimiser ses ressources. Chaque samedi, si tant est qu'il y ait de l'électricité (mais parfois même quand il n'y en a pas), les habitants installent des stands de nourriture et se mettent à jouer de la musique. De petites fêtes animent alors chaque ruelle ou angle de rue, et il est très amusant de se promener de l'une à l'autre en participant à celles qui vous tentent. Le Parque Martí est toujours un bon point de départ.

d'avoir un bon aperçu de la culture et de la religion afro-cubaine, et des explications sur les fêtes traditionnelles de la province. On y trouve aussi des vestiges provenant du site archéologique de Los Buchillones (p. 236), tout proche.

Cependant, la pièce majeure est une maquette de La Trocha (p. 235), imposante ligne défensive bâtie par l'armée espagnole conçue pour empêcher les *mambises* (armée de rebelles) de se frayer un passage vers l'ouest durant les guerres d'indépendance du XIXe siècle. Des parties de cette fortification sont encore visibles aujourd'hui, mais son modèle réduit donne une juste idée de l'ampleur de l'ouvrage, véritable prouesse technique.

Les enfants aiment généralement faire sonner la cloche de la locomotive *La Cuenca*, stationnée dans la cour intérieure. La manière de l'actionner est intéressante, car on ne tire pas une poignée vers le bas : on fait basculer la cloche d'avant en arrière en la saisissant sur le dessus.

COMMENT CIRCULER

Ciego de Ávila étant très étendue, il faut marcher beaucoup, mais il est possible de prendre un taxi ou de faire du stop. Si vous randonnez, choisissez un hébergement près du Parque Martí pour être à une distance à pied raisonnable des activités et curiosités.

Environs de Ciego de Ávila

Les visiteurs font souvent l'impasse sur cette partie du pays pourtant intéressante. Ne les imitez pas !

Le reste de la Provincia de Ciego de Ávila est constellé de très jolis paysages variés, des spectaculaires *cayos* au nord à la somptueuse et vaste réserve de biosphère de Buenavista, en passant par de paisibles villages et des spots de plongée et snorkeling sur la côte sud. Vous croiriez presque changer de pays en allant d'un lieu à l'autre. Ceux qui choisissent de visiter des endroits comme Morón tombent sous son charme typiquement cubain. Mais la découverte de la région ne serait pas complète sans les incroyables Jardines de la Reina, ensemble d'îles inhabitées si convoitées pour la plongée que le nombre annuel de visiteurs et de bateaux est réglementé et limité.

Pour les infos pratiques, voir le Carnet d'adresses *p. 246*

À SAVOIR

Si vous venez pour faire de la plongée, réservez tôt et attendez-vous à payer le prix fort, car les places sont chères à tous les sens du terme.

Crocodile dans les Jardines de la Reina (p. 234)

PLAISIR ABSOLU, RESPECT TOTAL

Si vous avez eu la chance de nager avec des requins-baleines, vous savez combien ces animaux sont incroyables. Mais ils sont aussi fragiles, or beaucoup d'opérateurs dérogent à la réglementation. Soyez raisonnables, et imposez-vous de ne jamais :

- les toucher, effrayer ou perturber ;
- vous en approcher à moins de 2 m ;
- porter d'écran solaire si vous plongez (les huiles altèrent l'eau et, par ricochet, l'animal et le plancton qu'il mange) ;
- nager avec eux plus de quelques minutes.

Un spot de plongée d'une beauté inouïe

LE PLONGEON D'UNE VIE

Beaucoup de visiteurs viennent à Cuba pour faire de la plongée, praticable presque partout. Néanmoins, aucun endroit au monde ne vaut les **Jardines de la Reina** ("jardins de la Reine"). À 80 km au large de la côte sud de la province, cet archipel inhabité étire sur 120 km une longue chaîne de mangroves et d'îles coralliennes. Le parc maritime occupe 3 800 km² d'un territoire souvent vierge. C'est le meilleur site de plongée de Cuba, voire des Caraïbes, mais moins de 3 000 visiteurs sont autorisés à y séjourner chaque année, à bord d'une demi-douzaine de bateaux habitables. Il n'y a aucun habitant et la pêche industrielle y est interdite.

La flore est constituée de palmiers, de pins, de raisins de mer et de mangroves. Sa faune aquatique n'est pas la seule intéressante : outre une grande variété d'oiseaux (notamment de balbuzards, de pélicans, de spatules et d'aigrettes), l'archipel accueille aussi des iguanes, *jutías* (rongeurs arboricoles) et autres petits mammifères. Mais bien sûr, c'est d'abord le monde sous-marin qui attire les plongeurs du monde entier : un véritable paradis composé de jardins coralliens vierges, gorgones, mollusques, copépodes, crevettes et des poissons par milliers, dont un grand nombre d'espèces de requins, tel le requin-baleine, le plus grand d'entre eux. Plonger et parfois sympathiser avec d'autres personnes à bord du bateau fait aussi partie de l'expérience. Certains ont noué des amitiés pour la vie sur le pont autour d'une bière, après ce moment indicible et merveilleux passé sous l'eau... à la clarté inégalée.

Les forfaits, généralement hebdomadaires, comprennent les éléments habituels : hébergement en bateau, équipement, guide, licence, nourriture et boisson (mais pas à discrétion, et avec l'alcool parfois facturé en sus, selon l'organisateur). Ils coûtent une petite fortune, que presque personne ne regrette ensuite d'avoir dépensée.

Tortue dans les Jardines de la Reina

Une fête haute en couleur

LES ROUGES, LES BLEUS ET VOUS

Si vous êtes à Ciego de Ávila début novembre, vous devez absolument vous offrir une escapade dans la bourgade de **Majagua** à 25 km à l'ouest de la ville. Autant rien ne justifie vraiment sa visite les autres mois de l'année, autant sa **Fiesta de los Bandos Rojo y Azul** est incontournable. La fréquentation de la ville connaît alors un pic, des gens venant de partout pour assister ou participer à cette fête

MUSÉES À CIEGO DE ÁVILA

Centro de Promoción Cultural Guiarte
Galerie qui expose des artistes locaux et Raúl Martínez, roi du pop art cubain.

Museo de Artes Decorativas
Musée présentant d'anciens meubles, objets et effets personnels d'un temps révolu, et de l'art oriental.

Museo Casa Natal de Pedro Martínez Brito
Maison natale du héros révolutionnaire Pedro Martínez Brito, convertie en musée.

Museo de Artes Decorativas, Ciego de Ávila

folklorique dont les racines remontent à la période espagnole. Le principe est simple : deux *bandos* (camps) s'affrontent, les Rouges et les Bleus. Cette division marque les habitants quasiment dès leur naissance et décide de l'esthétique de leur maison et de leurs vêtements. Vêtus de costumes traditionnels sophistiqués (rouges et bleus, donc), hommes et femmes célèbrent joyeusement le patrimoine *campesino* (paysan) par de multiples danses, défilés et cortèges très vivants, des concours, etc. Bien sûr, la musique est souvent jouée avec des instruments traditionnels comme le *tres* et le marimba. Ces fêtes et concours entre deux camps se retrouvent dans beaucoup de villages et de petites villes de Cuba. Si vous voulez passer la nuit sur place, réservez votre hôtel ou chambre d'hôtes très longtemps à l'avance (peut-être plusieurs mois). Sinon, vous pouvez dormir à Ciego de Ávila, qui n'est pas loin.

Florencia

UN NOM FLATTEUR

Située dans la partie nord-ouest de la province de Ciego de Ávila, **Florencia**, entourée de douces collines et située à proximité de la réserve naturelle de Boquerón, est une agréable

LA TROCHA

Malgré le grand nombre de lignes de défense construites dans tout le pays pour se protéger des envahisseurs et des guérilleros, aucune n'a jamais été aussi longue ni imposante que la ligne militaire fortifiée de La Trocha. Bâtie par l'armée espagnole durant les guerres d'indépendance du XIXe siècle, celle-ci s'étendait sur 68 km de Júcaro, au sud, à Morón, au nord, et coupait l'île en deux. Cette haute barrière de terre comportait une dépression de chaque côté, avec pas moins de 39 postes de garde armés, surmontés d'une tour. Quelques-unes sont encore debout aujourd'hui, dont une qui abrite le Museo Provincial Simón Reyes à Ciego de Ávila.

OÙ SE RESTAURER DANS LES ENVIRONS DE CIEGO DE ÁVILA

La Esquinita
Café de Florencia qui sert des en-cas et des boissons, mais organise aussi moult activités. **$**

Restaurante Presa de Florencia
Restaurant au beau milieu du lac avec une vue sans pareil, mais une cuisine médiocre. **$$**

La Marquesita
Cuisine cubaine servie avec le sourire dans cet établissement de Majagua. **$**

LOS BUCHILLONES

Situé à l'écart sur le littoral nord-ouest de la province, le site archéologique de Los Buchillones fut mis au jour dans les années 1980, après la découverte par des pêcheurs de manches de hache et d'aiguilles dans les marais environnants. Il apparut ensuite que Los Buchillones se trouvait à l'emplacement d'un village taïno composé de 40 à 50 habitations, et antérieur à l'arrivée des Européens. Tout, des *cemíes* (figurines à l'effigie des divinités taïnos – de la pluie, du manioc, etc.) aux pirogues en passant par les maisons elles-mêmes, a été récupéré sur le site, qui reste un chantier gorgé d'eau. La vase du lit de ce lac peu profond a permis l'excellente conservation des objets, qui constituent l'ensemble le plus important de vestiges précolombiens des Grandes Antilles.

RAY BARTLETT ©

Parque de la Ciudad (p. 230), Ciego de Ávila

destination pour une excursion à la journée depuis Morón. Au début des années 1990, le gouvernement cubain a construit un barrage, le "Liberacíon de Florencia", sur le Río Chambas, créant un joli lac de retenue (La Presa de Florencia), qui est devenu un pôle de loisirs pour les amoureux de la nature. Il est possible de se rendre en bateau sur sa plus grande île, où il y a même un restaurant, et de pratiquer diverses activités aquatiques, dont le kayak, mais si vous n'aimez pas trop l'eau, vous pouvez parcourir les sentiers des collines alentour à pied ou à cheval. Tout ceci peut s'organiser auprès de Cubatur, l'agence la plus proche se trouvant à Morón. Les visiteurs en provenance des îles offrent souvent un spectacle amusant, arrivant ici en longues files indiennes de SUV depuis Cayo Guillermo ou Cayo Coco.

COMMENT CIRCULER

Pour accéder à ces sites, le plus simple est d'avoir un véhicule personnel. Si vous ne louez pas de voiture, essayez de négocier un bon forfait journalier auprès d'un chauffeur dans le Parque Martí.

CAYO GUILLERMO ET CAYO COCO

Pour Ernest Hemingway, les plages de Cayo Guillermo étaient les plus belles du monde. Après les avoir vues, vous pourriez bien partager son avis. Appartenant au long Archipiélago de Sabana-Camagüey, dit aussi Jardines del Rey ("jardins du Roi"), elles sont exceptionnelles. Absolument rien n'égale ici l'éclat ni la beauté de la mer. Tandis que les kitesurfeurs glissent à la surface et que des quiscales noirs et des orioles gazouillent dans les cocotiers, vous ne résisterez pas à l'envie d'ôter vos chaussures et de rester un moment pieds nus dans le sable blanc. Les complexes hôteliers tout compris offrent à peu près tout ce dont un visiteur peut avoir besoin, mais même si vous venez du continent pour une petite visite, vous serez subjugué et voudrez rester. Cayo Coco, juste à côté, est pratiquement aussi séduisante.

Pour les infos pratiques, voir le Carnet d'adresses *p. 246*

À SAVOIR

Lorsque vous êtes sur la plage ou à table, méfiez-vous des voleurs à plumes : quiscales noirs et orioles n'hésitent pas à chiper tout ce qui reste sans surveillance. Gardez vos effets personnels dans des poches bien fermées.

Cayo Guillermo

METALPRINTS/SHUTTERSTOCK ©

CAYO GUILLERMO ET CAYO COCO

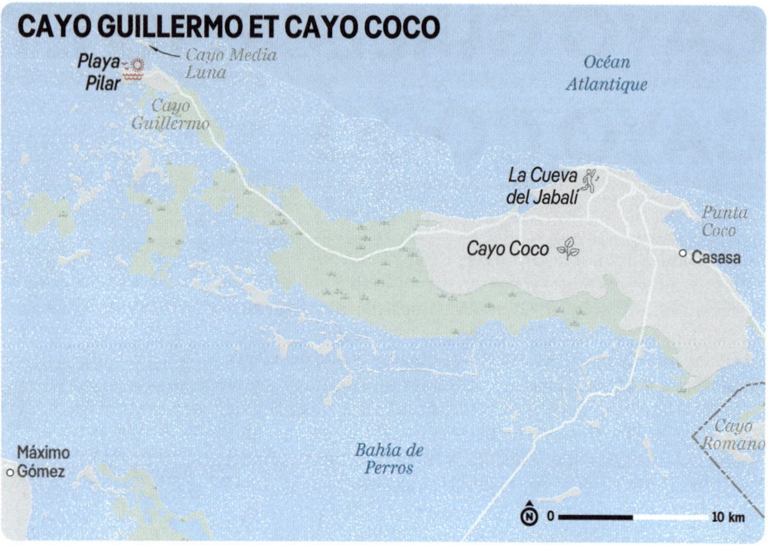

AU GRÉ DU VENT

Voile
Embarquez sur un catamaran pour rejoindre un endroit éloigné.

Planche à voile
Amusez-vous à regarder filer ces voiles triangulaires sur une planche.

Kitesurf
Sur ces planches, une aile a remplacé la voile.

Wingsurf
Ces surfeurs avancent en tenant une aile en forme de papillon.

Foilboard
Affranchie du contact avec l'eau, la planche file sur son foil.

Irrésistible Cayo Guillermo

UNE PLAGE HORS NORME

La sublime plage de **Cayo Guillermo** a quelque chose de mythique. Ernest Hemingway l'aimait tant et y venait si souvent en vacances qu'au début du pont d'accès à l'île, trois statues grandeur nature de l'écrivain vous saluent. L'eau y est merveilleuse : tantôt d'une température idéale pour se baigner, tantôt chaude mais rafraîchissante. Parfois, même en vous avançant assez loin dans la mer, vous avez encore très largement pied. Cependant, pour beaucoup, la magie n'est pas dans l'eau, mais étendus sur un sable particulièrement moelleux pour un bain de soleil. Votre hôtel tout compris à quelques pas offre tout ce dont vous pouvez rêver : massages, cocktails, accessoires de plage, vêtements, etc. Celui qui vient sur l'île depuis le continent ne bénéficie pas de tous ces services, mais est comblé par la **Playa Pilar**, à l'extrême ouest, facilement accessible grâce aux promenades en bois pour passer les dunes. Un restaurant modeste quoiqu'animé propose surtout des plateaux de poissons frits et autres produits de la mer, sous l'œil attentif de quiscales gourmands et effrontés, prêts à se précipiter sur les restes. Il y a aussi un bar où vous pouvez prendre un mojito ou, plus original, votre boisson alcoolisée préférée, servie dans un ananas évidé. Gardez néanmoins vos lunettes de soleil pour ne pas être ébloui

OÙ SE LOGER À CAYO GUILLERMO

Iberostar Playa Pilar
Seul complexe tout compris à proximité immédiate de la plage publique Playa Pilar. **$$$**

Starfish Cayo Guillermo
Hôtel tout compris plus petit et chaleureux, très fréquenté par les amateurs de sports de vent. **$$$**

Grand Muthu Cayo Guillermo
Immense complexe tout compris avec moult activités familiales. **$$$**

par cette immensité bleue à l'horizon. Que l'on aime ou non les œuvres d'Hemingway, on reconnaîtra qu'il avait vu juste pour cette plage.

Enjôleuse Cayo Coco

TOUJOURS PLUS DE PLAGES !

Cayo Coco n'est pas le nom d'une noix de coco, mais d'un oiseau local, l'ibis blanc, que les Cubains appellent *coco*. Il est tout aussi spectaculaire que l'île, dont le sable est si doux, blanc et poudreux qu'on a envie de le fouler pieds nus : comme à Cayo Guillermo, juste à l'ouest, on touche du doigt la plage parfaite, d'autant que la blancheur évite au sable de devenir brûlant. Plus vaste que Cayo Guillermo et **Cayo Romero**, Cayo Coco est en quelque sorte la grande sœur de l'archipel. Les infrastructures, curiosités et activités y sont forcément plus nombreuses. Il y a même des centres commerciaux et un aéroport. Ce n'est donc pas sur cette île qu'il faut venir pour un maximum de nature.

Toutefois, les plages restent exceptionnelles. L'eau est peu profonde, sans courant, chaude et d'un bleu incroyable. Des conditions idéales pour un bain de soleil, des jeux aquatiques et faire le plein de vitamine D.

VVITAL/SHUTTERSTOCK ©

Cayo Coco

UNE CHAUSSÉE MAL PENSÉE

Ceux qui atterrissent à l'aéroport Jardines del Rey ne voient pas forcément la longue chaussée *pedraplén* (route-digue) de 27 km qui traverse la Bahía de Perros et relie les îles au continent. Outre son coût exorbitant, la construction en 1986 eut un fort impact environnemental : l'édification d'une telle digue au milieu d'une plaine de marée a modifié les schémas de drainage et la salinité de la zone et, par ricochet, la population d'oiseaux, à l'instar des flamants roses qui, selon les experts, n'ont jamais été aussi nombreux. Pour tenter d'atténuer ces répercussions négatives, des tunnels furent creusés par la suite, afin de permettre à l'eau de passer sous la chaussée.

OÙ SE LOGER À CAYO COCO

Memories Caribe
Hôtel réservé aux plus de 16 ans, idéal pour les jeunes couples, avec bars sur la plage et multiples activités. **$$$**

Meliá Jardines Del Rey
Extra pour les familles, avec accès facile à la plage, savoureux buffets et cocktails. **$$$**

Hotel Tryp Cayo Coco
Hôtel tout compris plus petit, avec 7 restaurants et 4 bars, des chambres sur plusieurs niveaux, parfois avec vue sur la mer. **$$$**

UNE GROTTE QUI S'ENFLAMME LA NUIT

Danser dans une grotte a quelque chose de vraiment excitant. Néanmoins, on peut aussi visiter **La Cueva del Jabalí** en journée, moment plus opportun pour les familles, pour voir un lieu assez civilisé, peuplé de charmantes chauves-souris, avec quelques stalactites. Le soir, les clients des hôtels viennent en bus pour danser, boire un verre et faire la fête jusqu'aux aurores. Les vendredis et samedis en pleine saison touristique, la grotte déborde de noceurs friands de cette expérience, qui se déhanchent toute la nuit au rythme des DJ.

Outre la plage, l'île plaît pour ses innombrables flamants roses et spatules rosées (oiseau exotique qui tire son nom de la forme de son long bec) et, dans un tout autre genre, **La Cueva del Jabalí**, discothèque dans une grotte, pour danser et faire la fête jusqu'à l'aube entre stalactites et chauves-souris.

Un havre pour les oiseaux

DANS LE MONDE MERVEILLEUX DES OISEAUX

Beaucoup de touristes à Cuba viennent d'abord pour observer la population exceptionnelle d'oiseaux. Ces *cayos* sont alors inégalables, car vous pouvez y côtoyer de nombreux habitats en une journée. Commencez celle-ci par l'extérieur des plages pour voir des pluviers, pélicans, bécasseaux, sternes et, bien sûr, quelques mouettes, puis avancez jusqu'aux lagunes peu profondes pour repérer des échassiers, hérons, aigrettes, spatules rosées et flamants roses, ainsi qu'une variété de canards, foulques et d'autres scolopacidés. N'oublions pas les parulines, qui évoluent dans les fourrés broussailleux et les mangroves. Si vous êtes accompagné d'un guide ornithologue, vous aurez sans doute la chance de rejoindre le continent en voiture ancienne par la chaussée et d'y observer des espèces endémiques totalement différentes : trogon de Cuba (l'oiseau national, aussi appelé *tocororo*), chevêchette de Cuba, pic poignardé, sporophile négrito, caracara, rougequeue, thraupidés, etc. Voir autant d'habitats distincts en si peu de temps est rarissime, *a fortiori* en se déplaçant dans un cabriolet de 1957 ! Aucun observateur d'oiseaux digne de ce nom ne vient sans ses jumelles, son zoom et sa longue-vue, mais beaucoup de guides ont leur équipement et le prêtent volontiers. Si ce n'est pas inclus dans le circuit organisé, pensez à apporter de quoi vous désaltérer et vous restaurer.

AUTRE DISCOTHÈQUE DANS UNE GROTTE

Étonnamment, il existe à Trinidad un autre haut lieu de la nuit dans une grotte, **Disco Ayala** (p. 215).

COMMENT CIRCULER

Les visiteurs atterrissent généralement à l'aéroport de Cayo Coco (Aeropuerto Internacional Jardines del Rey), puis se déplacent en taxi. Si vous louez une voiture, sachez que les parkings sont essentiellement pour les clients des hôtels tout compris, mais il est facile d'accéder au continent grâce à la chaussée.

Environs de Cayo Guillermo et Cayo Coco

Superbes lagunes, eau de rêve, vastes baies peu profondes et terres peu visitées : le gage d'une journée, nuit ou visite réjouissante !

Que vous logiez dans un des complexes tout compris ou que vous veniez de villes comme Ciego de Ávila, découvrir la région autour des *cayos* est un vrai plaisir. Si les ornithologues seront aux anges avec une diversité d'habitats telle qu'ils pourront observer des dizaines, voire des centaines d'espèces différentes, chacun appréciera la vie des petites bourgades, les jolis panoramas et les merveilles naturelles, le tout dans un rayon assez restreint. Sans parler des fêtes et des fermes où le temps semble s'être arrêté au siècle dernier. Cela vaut vraiment la peine de vous balader dans l'arrière-pays pour découvrir une région de Cuba radicalement différente du “tout compris” insulaire : presque un autre monde...

Pour les infos pratiques, voir le Carnet d'adresses *p. 246*

À SAVOIR

Au lieu d'avoir sans cesse votre crème ou spray de répulsif avec vous, allez l'esprit libre en portant des vêtements dotés d'une protection dédiée.

Parc national de Cayo Guillermo

ALEJANDRO RAUL OTTOBONI/SHUTTERSTOCK ©

L'EAU À L'HONNEUR AU CARNAVAL AQUATIQUE DE MORÓN

Chaque année en septembre, les chars flottent au lieu de rouler. Le carnaval aquatique de Morón est un rendez-vous prestigieux, qui se tient sur, dans et autour de la magnifique Laguna de la Leche, avec la joyeuse animation habituelle d'une fête cubaine, juste un peu plus discrète et modeste (certains chars sont même un peu branlants). Entre les danses, costumes, concours, la nourriture et, bien sûr, beaucoup de *música en vivo* (musique live), chacun passe vraiment un bon moment. Généralement, ce carnaval marque la fin de l'été et des événements souvent sponsorisés (comme pas mal de chars) par les grands complexes hôteliers insulaires.

Le chant du coq

ESCALE COLONIALE ENRICHISSANTE

Fondée en 1543, trois siècles avant Ciego de Ávila, la capitale de la province, **Morón**, est connue dans toute l'île comme la Ciudad del Gallo ("Cité du Coq"), volatile objet de bien des légendes populaires et qui a sa sculpture en bronze en ville. Elle est à la fois un nœud ferroviaire et une ville à l'architecture magnifique. En venant des *cayos* au nord, elle est la première et peut-être unique chance de vraiment apprécier la beauté de ces bourgades coloniales. Ne manquez pas le **Terminal de Ferrocarriles**, la plus belle gare hors de La Havane. Construit en 1923, l'édifice possède une façade néocoloniale et un hall intérieur Art déco où l'on trouve les guichets. La verrière en vitraux est également remarquable. Clin d'œil nostalgique, une cabine téléphonique poussiéreuse, vouée à disparaître, occupe encore un petit renfoncement appelé *Teléfono*.

Blotti au milieu des trottoirs animés et des colonnades, le **Museo Caonabo**, musée d'Histoire et d'Archéologie, occupe l'ancienne banque de la ville, bel édifice néoclassique (1919). Il est doté d'un *mirador* (belvédère) offrant une jolie vue sur la ville. Bien qu'en espagnol, les explications souvent courtes se comprennent aisément, comme le rôle de nombreux objets à leur simple vue.

À 3 km au sud de Morón, il faut absolument visiter le **Central Azucarero Patria o Muerte**, ancienne grande usine sucrière à présent délabrée. Vous y découvrirez le processus de broyage de la canne à sucre et les conditions de vie des esclaves, et pourrez même faire un charmant circuit en train à vapeur (succès garanti auprès des enfants).

Un lac de lait

VISION ÉTRANGE

En voyant la **Laguna de la Leche**, on comprend aussitôt son nom : le "lac de lait". Contrairement aux eaux alentour turquoise, les siennes sont opaques, couleur lait, vraiment comme si une grande quantité de ce liquide avait été versée dans la mer bleu vert. Néanmoins, comme il s'agit d'un parc national cubain, cette couleur ne résulte pas d'une erreur ou volonté humaine, mais du mélange de l'eau aux dépôts calcaires blancs au fond du lac. Celui-ci a deux autres particularités : il est le plus grand lac naturel de Cuba (cependant plus petit que les lacs de barrage) et possède une eau saumâtre, composée à la fois d'*agua salada* (eau salée) et d'*agua dulce* (eau douce). C'est aussi une destination phare des pêcheurs du monde entier pour ses espèces de choix, notamment des tarpons,

OÙ SE LOGER ET SE RESTAURER À MORÓN

La Casona de Morón
Hôtel historique jaune et blanc avec 8 chambres modestes et une jolie piscine ombragée. **$$**

Alojamiento Vista al Parque
La vie en bleu dans cette charmante maison avec 3 chambres. Petit-déjeuner à prendre au B&B en face. **$**

Restaurante Maité La Qbana
La table incontournable de Morón, avec de formidables cocktails, soupes et entrées, et une paëlla extra. **$$**

Laguna de la Leche

tilapias et perches. Il s'agit essentiellement d'une pêche *no-kill* (prise et relâche), mais selon les espèces et l'équipement du guide, vous pouvez parfois garder le poisson attrapé pour le dîner. Certaines excursions organisées pour ce site partent à côté de Morón, d'autres de l'entrée du parc. Près de la rive sud-est marécageuse du lac, vous pouvez aussi visiter l'élevage de crocodiles Criadero de Cocodrilos, peut-être votre unique chance de voir une *jutía* de près.

Laguna Redonda

LA LAGUNA LA REDONDA

Avis aux pêcheurs : à 12 km au nord de Morón, près de la route de Cayo Coco, ce lac de 4 km² entouré de mangrove possède la plus forte densité d'achigans et de truites de Cuba. Outre une sortie de pêche de 4 heures, voire plus, on peut aussi faire des excursions en bateau à à travers les étroits affluents, bordés par une végétation luxuriante. Vous pourrez même prendre le gouvernail si vous le souhaitez ! Et pour ceux qui veulent prendre un verre en contemplant le paysage il y a un bar-restaurant, face à une vue particulièrement ravissante.

COMMENT CIRCULER

L'Aeropuerto Internacional Jardines del Rey de Cayo Coco est le plus proche. La plupart des sites autour de Cayo Coco et Cayo Guillermo sont accessibles depuis les îles dans le cadre d'un circuit organisé, et depuis l'île principale en bus ou en train, jusqu'à Morón. Il y a un péage sur le *pedraplén* (chaussée) vers les îles ; s'il est en panne, un agent vous fera signe de passer.

Carnet d'adresses

TRINIDAD

Casa Templo de Santería Yemayá
Voir p. 214 (Rubén Martínez Villena 59, entre Simón Bolívar et Piro Guinart ; horaires variables)

Galería de Arte Universal Benito Ortiz
Voir p. 215 (angle Rubén Martínez Villena et Bolívar ; 9h-17h)

Iglesia Parroquial de la Santísima Trinidad
Voir p. 214 (Plaza Mayor ; 11h-12h30 lun-sam)

Museo de Arqueología Guamuhaya
Voir p. 213 (cubaarqueologica.org ; Simón Bolívar 457 ; 1 $US ; 10h-18h lun-sam)

Museo municipal de Trinidad
Voir p. 214 (Simón Bolívar 423 ; 2 $US ; 9h-17h sam-jeu)

Museo Nacional de la Lucha Contra Bandidos
Voir p. 215 (Echerri 59 ; 2 $US ; 9h-17h ven-mer)

Museo Romántico
Voir p. 214 (Echerri 52 ; 2 $US ; 8h30-17h mar-dim, jusqu'à 22h mar et jeu)

Cubanacán Las Cuevas
Voir p. 213 (41-996-133 ; Finca Santa Ana)

Hostal Romero
Voir p. 213 (55-608-482 ; Ficel Claro 159, entre Frank Pais et Clemente Pereira)

Iberostar Grand Trinidad
Voir p. 213 (41-996-070 ; ibercuba.com ; angle José Martí et General Lino Pérez)

El Jigüe
Voir p. 214 (41 996443 ; Ruben Martinez Villena 69, angle Piro Guinart ; 10h-22h)

Muñoz Tapas
Voir p. 214 (41-993-031 ; munoztapas.com ; Antonio Maceo 476A ; 7h30-23h30)

Vista Gourmet
Voir p. 214 (41-996-700 ; Callejón 18h30-23h)

Casa de la Música
Voir p. 215 (Simón Bolívar ; 1 $US ; 10h-1h lun-jeu, 10h-2h ven, 10h-3h sam)

Taberna La Canchánchara
Voir p. 215 (Real del Jigüe 90, angle Rubén Martínez Villena et Ciro Redondo ; 10h-minuit)

Disco Ayala
Voir p. 215 (Las Cuevas ; 23h-3h)

La Botija
Voir p. 216 (facebook.com/labotijatrinidad ; angle Amargura et Piro Guinart ; 12h-4h)

ENVIRONS DE TRINIDAD

Hacienda Ingenio Guáimaro
Voir p. 220 (La Paloma, à 22 km deTrinidad)

Mirador del Valle de Los Ingenios
Voir p. 220 (Carretera Trinidad-Sancti Spíritus, Km 5, Finca Loma del Puerto)

Museo de Arte Cubano Contemporáneo
Voir p. 218 (Carretera Principal, Topes de Collantes ; 2 $US ; 8h-20h)

San Isidro de los Destiladeros
Voir p. 220 (Valle de los Ingenios ; 1 $US ; 9h-17h)

Salto del Caburní
Voir p. 219 (Topes de Collantes ; 6,50 $US)

Torre de Manaca Iznaga
Voir p. 220 (Valle de los Ingenios ; accès à la tour 1 $US ; 9h-16h)

Sendero Centinelas del Río Melodioso
Voir p. 218 (Ruta Parque Guanayara ; 10 $US)

Sendero La Batata
Voir p. 219 (Topes de Collantes ; 10 $US)

Hostal Idel
Voir p. 219 (41-998-634 ; Av. del Mar 9, La Boca, Playa Ancón)

Hotel Club Amigo Ancón
Voir p. 219 (41-996-174 ; asubdirector@brisastdad.co.cu ; Playa Ancón)

Hotel Los Helechos
Voir p. 218 (Topes de Collantes)

Memories Trinidad del Mar
Voir p. 219 (41-996-500 ; memoriestrinidaddelmar.com ; Playa Ancón)

Mi Retiro
Voir p. 218 (Carretera de Trinidad, Topes de Collantes ; 8h-23h)

Villa Caburní
Voir p. 218 (42-540-231 ; Carretera Topes de Collantes)

SANCTI SPÍRITUS

Biblioteca Provincial Rubén Martínez Villena
Voir p. 223 (Máximo Gómez Norte 1 ; 8h-20h lun-ven, 8h-16h sam)

Iglesia Parroquial Mayor del Espíritu Santo
Voir p. 224 (Agramonte Oeste 58 ; 9h-18h)

Hostal Los Richards
Voir p. 222 (Independencia Norte 28, angle Los Martires et Rafael Aguilera)

Hotel del Rijo
Voir p. 222 (41-328-588 ; hoteldelrijo.com ; Honorato del Castillo 12)

Hotel Plaza
Voir p. 222 (Independencia Norte 2)

Al Medio
Voir p. 223 (50-915-895 ; almediorestaurante.com ; Máximo Gómez Sur 15 ; 11h-2h)

Mesón de la Plaza
Voir p. 223 (Máximo Gómez Sur 34 ; 11h-minuit)

Taberna Yayabo
Voir p. 221 (Menéndez 106 ; 9h-22h30)

Casa de la Cultura
Voir p. 222 (M Solano 11)

La Balanza
Voir p. 224 (@labalanzabar ; angle Placido et M Solano)

ENVIRONS DE SANCTI SPÍRITUS

Cueva de Valdés
Voir p. 226 (Parque Natural Rancho Querete, Yaguajay ; vistes guidées 5 $US ; 9h-16h mar-dim)

Museo Nacional Camilo Cienfuegos
Voir p. 226 (Yaguajay ; 1 $US ; 8h-16h mar-ven et dim, 8h-18h sam)

Rancho Querete (Jobo Rosado)
Voir p. 226 (41-554-044 ; Yaguajay ; vistes guidées 5 $US ; 9h-16h mar-dim)

Hostal Fuente Verde
Voir p. 226 (41-552-642 ; Gral Gonzales 43, angle Marrero et Dumas Gonzales, Yaguajay)

San Isidro de los Destiladeros (p. 220)

Hotel Zaza
Voir p. 226 (41-327-015 ; Carreterra Central Km 5,5, Zaza)

Bar Family
Voir p. 227 (Brisas Guardavalaca, Yaguajay ; 24h/24)

Restaurante de Luna
Voir p. 227 (Carretera a Trinidad Km 18, Sancti Spíritus ; 10h-22h)

CIEGO DE ÁVILA

Centro de Promoción Cultural Guiarte
Voir p. 234 (Independencia 65 ; 8h-21h mar-ven et dim, 8h-23h sam)

Museo Casa Natal de Pedro Martínez Brito
Voir p. 234 (entre Calle 8 et Calle 13)

Museo de Artes Decorativas
Voir p. 234 (Angle Independencia et Marcial Gómez ; 1 $US ; 8h-16h30 lun-mar, 8h-20h mer-sam, 8h-12h et 18h-22h dim)

Museo Provincial Simón Reyes
Voir p. 231 (Angle Honorato del Castillo et Máximo Gómez ; 1 $US ; 8h-22h)

Hostal Billy's House
Voir p. 230 (53-038-932 ; facebook.com/Rental.Billy.House.Cuba ; Candelario Agüero 206 angle Onelio Hdez et Arnaldo)

Hotel Ciego de Ávila
Voir p. 230 (33-228-013 ; Carretera a Ceballos, Km 1,5)

Villa Jabón Candado
Voir p. 230 (33-225-854 ; facebook.com/VillaJabonCandado ; Carretera Central de Cuba entre A. Delgado et Narcisso Lopez)

Don Ávila
Voir p. 231 (Marcial Gomez 22 angle Libertad ; 12h-22h)

El Flotante
Voir p. 231 (Parque de la Ciudad ; 12h-22h mer-lun)

La Fonda
Voir p. 231 (33-266-186 ; Honorato del Castillo 34, angle Máximo Gómez ; 12h-22h)

Molino Rojo
Voir p. 231 (33-223-888, 53-5801-8138 ; facebook.com/molinorojociegodeavila ; Marcial Gómez 55, angle Joaquín Agüero et Chicho Valdés ; 12h30-1h)

ENVIRONS DE CIEGO DE ÁVILA

Los Buchillones
Voir p. 236 (près de Punta Alegre)

Cubatur à Morón
Voir p. 236 (Calle Marti, Morón ; 8h30-16h)

La Esquinita
Voir p. 235 (48-796-303 ; Rafael Trejo 18, angle Mariana Grajales et Joaquín Pérez)

La Marquesita
Voir p. 235 (Independencia)

Restaurante Presa de Florencia
Voir p. 235 (33-569-294 ; Complejo Hidráulico Florencia-Chambas ; 9h-17h)

CAYO GUILLERMO ET CAYO COCO

Grand Muthu Cayo Guillermo
Voir p. 238 (33-310-200 ; muthuhotelsmgm.com ; Cayo Guillermo)

Hotel Tryp Cayo Coco
Voir p. 239 (33-301-300 ; meliacuba.com)

Iberostar Playa Pilar
Voir p. 238 (33-306-300 ; ibercuba.com ; Km 55 vers Playa Pilar, Cayo Guillermo)

Melía Jardines Del Rey
Voir p. 239 (33-304-300 ; meliacuba.com ; Carretera a Cayo Guillermo Km 9, Cayo Coco)

Memories Caribe
Voir p. 239 (33-302-350 ; memoriesresorts.com ; Cayo Coco)

Starfish Cayo Guillermo
Voir p. 238 (starfishresorts.com ; Jardines del Rey, Cayo Guillermo)

La Cueva del Jabalí
Voir p. 240 (5 $US ; 22h30-2h mar-jeu)

ENVIRONS DE CAYO GUILLERMO ET CAYO COCO

Central Azucarero Patria o Muerte
Voir p. 242 (entre Calle 1 et Calle 4, Morón ; 3 $US ; 8h-16h)

Laguna de la Leche
Voir p. 242 (au nord de Morón)

Laguna Redonda
Voir p. 243 (au nord de Morón ; 4 $US ; 9h-17h)

Museo Caonabo
Voir p. 242 (Martí 374, entre Cervantes et Antuña, Morón ; 1 $US ; 9h-17h lun-ven, 9h-13h sam)

Terminal de Ferrocarriles
Voir p. 242 (gare ferroviaire ; Av. de Tarafa, Morón)

Alojamiento Vista al Parque
Voir p. 242 (33-504-181 ; Luz Caballero 49d, entre Libertad et Agramonte, Morón)

La Casona de Morón
Voir p. 242 (33-502-230 ; Colón 41, Morón)

Restaurante Maité La Qbana
Voir p. 242 (33-504-181 ; maiteaccommodation.blogspot.com ; Luz Caballero 40b, entre Libertad et Agramonte, Morón ; 10h-22h)

Trinidad (p. 212)

CHRISTIAN_SCHMIDT/SHUTTERSTOCK ©

Ci-dessus : Camagüey (p. 254). À droite : violoniste de rue, Santiago de Cuba (p. 282)

L'EST

PRÉSERVÉ, PEU VISITÉ, SOUS-ESTIMÉ

Le plus haut sommet de Cuba, les épisodes les plus décisifs de l'histoire du pays et des plages magnifiquement préservées : l'Oriente vous réserve de belles surprises.

Tout a commencé dans l'Oriente (l'Est) : c'est là que Christophe Colomb fit ses premiers pas sur le sol cubain, là qu'était le centre florissant des industries du sucre et du rhum, et là encore que se jouèrent les guerres d'indépendance cubaines.

Pourtant, si vous discutez avec les habitants, ils vous diront avec leur mélodieux accent caractéristique de l'Oriente qu'ils se sentent délaissés par l'État et par la plupart des touristes qui s'en tiennent à l'itinéraire occidental classique reliant La Havane, Viñales et Varadero, certains poussant quand même jusqu'à Trinidad. Mais si vous avez l'esprit aventureux et que vous souhaitez voir Cuba sous un jour différent, venez ! Pendant des siècles, l'Oriente n'était qu'un seul immense district, qui fut séparé en 1976 en cinq provinces profondément différentes géographiquement, historiquement et culturellement. Vous y trouverez des plaines arides semi-désertes, des vallées verdoyantes, la seconde ville du pays – Santiago de Cuba – et des cités et villages isolés où survivent les traditions amérindiennes. Chaque province recèle un littoral singulier, des légendes intrigantes et des habitants ne demandant qu'à vous raconter leur histoire.

BUENA VISTA IMAGES/GETTY IMAGES ©

SITES PRINCIPAUX

CAMAGÜEY
Artistes et artisans.
p. 254

HOLGUÍN
Festival de cinéma et plages de carte postale.
p. 267

GRANMA
Haut lieu de la rébellion et de la révolution.
p. 274

SANTIAGO DE CUBA
Ville chargée d'histoire.
p. 282

BARACOA
Paradis des gourmets.
p. 295

Camagüey, p. 254

Avec ses nombreux ateliers d'artistes et d'artisans, Camagüey n'a rien à envier à La Havane en termes de culture.

Granma, p. 274

Peut-être la province la plus méconnue de Cuba, Granma et les montagnes emblématiques de la Sierra Maestra sont un mélange fascinant d'histoire et de nature.

S'orienter

La plupart des visiteurs renoncent à visiter cette partie excentrée de l'île. Pourtant, avec son histoire aussi riche qu'étonnante, ses merveilles naturelles et ses curiosités culturelles, l'est de Cuba vaut amplement le déplacement.

VOITURE

Louer une voiture ou réserver un taxi est le meilleur moyen de découvrir les villes et villages les plus reculés.

BUS

Laissez-vous guider par la compagnie nationale de bus Víazul, qui assure des liaisons régulières entre toutes les provinces de l'Oriente.

AVION

Épargnez-vous la longue route depuis l'Ouest en prenant un vol intérieur pour Camagüey, Holguín ou Santiago de Cuba, et à vous l'Oriente !

Holguín, p. 267

Cett ravissante ville est un excellent point de départ pour découvrir la côte nord de la province.

Santiago de Cuba, p. 282

Le charme suranné de la première capitale de Cuba sert de cadre à de nombreux musées, édifices remarquables et salles de concert, ainsi qu'à un cimetière où l'on remonte le temps.

Baracoa, p. 295

Plages, rivières, montagnes, archéologie et la meilleure cuisine de Cuba : Baracoa a vraiment tout pour plaire.

Planifier son séjour

L'est de Cuba est très vaste. Si vous avez peu de temps, concentrez-vous sur une ou deux provinces. Un séjour plus long permet de découvrir en profondeur l'essence même de Cuba.

RUDIERNST/SHUTTERSTOCK ©

Si vous ne pouvez voir qu'une province

● Si vous ne visitez qu'un seul endroit dans l'Est, cap sur Baracoa. Explorez le **canyon de Yumurí** (p. 304), naviguez sur le fleuve et découvrez les célèbres escargots *Polymita* aux couleurs vives. Sur le chemin du retour, arrêtez-vous à la **Finca Las Mujeres** (p. 300), exclusivement gérée par des femmes, pour découvrir la culture (dans tous les sens du terme) de la plante sacrée qu'est le cacao. Le lendemain, après une randonnée dans le **Parque Nacional Alejandro de Humboldt** (ci-contre, p. 308), réputé dans toutes les Amériques pour ses espèces endémiques, passez l'après-midi à la **Playa Maguana** (p. 299), une plage parfaite en tout point. Passez vos soirées au **Restaurante Ortiz** ou chez **Baracoando** (p. 300), les meilleures tables de Baracoa.

Au fil des saisons

Il fait chaud à Cuba, et plus encore dans l'Oriente. L'été est riche en festivals ; l'hiver est idéal pour la plage ; le printemps est luxuriant.

JANVIER

Commencez la nouvelle année en beauté dans la plus animée des villes de l'Oriente, **Santiago de Cuba** (p. 282).

AVRIL

Faites l'ascension du **Pico Turquino** (p. 293) au printemps, lorsque les montagnes de la Sierra Maestra sont les plus verdoyantes.

JUIN

Fin juin, passez une soirée à Las Tunas pour la **Jornada Cucalambeana** (p. 265), avec cow-boys, artisanat et musique.

VADIM_N/SHUTTERSTOCK ©, JUAN ACEITUNO/SHUTTERSTOCK ©, WEERACHAI PATTALA/SHUTTERSTOCK ©

Deux jours à Camagüey

Après un petit-déjeuner chez **El Andén** (p. 262), passez le premier jour à vous perdre dans le labyrinthe de rues de la ville et découvrez ses charmantes places, notamment la **Plaza de los Trabajadores** et le **Parque Ignacio Agramonte** (p. 256). Consacrez le lendemain à la culture en visitant le studio de la compagnie de danse classique **Ballet de Camagüey** (p. 257) pour assister à une répétition. Explorez ensuite les principales galeries d'art de la ville sur la **Plaza del Carmen** (p. 258). Le soir, cap sur **Aldea San Blas** (p. 261) pour découvrir une *eco-finca* (écoferme) à l'élégance stupéfiante et savourer la meilleure cuisine de Camagüey.

Une semaine à la découverte de l'histoire cubaine

Commencez par **Bayamo** (p. 275), la capitale provinciale de Granma, et faites une excursion d'une journée à **La Comandancia de la Plata** (p. 277), le quartier général secret des rebelles de Fidel Castro. Passez les deux jours suivants sur la route pour découvrir des sites historiques comme **La Demajagua** (p. 278), avant de rejoindre **Santiago de Cuba** (p. 282) par une splendide **route côtière** (p. 281). Consacrez deux jours à la découverte des musées et salles de concert de la ville avant de poursuivre votre périple. Faites un pèlerinage à la **Basílica de Nuestra Señora del Cobre** (p. 289), perchée au-dessus de mines de cuivre désaffectées, et partez à l'assaut du plus haut sommet de Cuba, le **Pico Turquino** (p. 293).

JUILLET
Le mois du **carnaval caribéen** (p. 284) à Santiago de Cuba.

AOÛT
Gibara sort de sa torpeur pour le **Festival Internacional de Cine de Gibara** (p. 272).

SEPTEMBRE
Alors que la chaleur reste accablante sur le reste de l'île, il fait plus frais à **Baracoa** – et septembre est idéal pour la pêche au *tetí*.

DÉCEMBRE
Profitez des stations balnéaires de **Guardalavaca** (p. 273) lorsque le climat cubain est le plus agréable et le moins pluvieux.

CAMAGÜEY

Camagüey ne ressemble à aucune autre cité d'Amérique latine. Sa singularité réside dans le plan labyrinthique de la ville qui, dans un souci défensif, a été conçu pour désorienter les pirates qui y ont souvent mené des attaques, et pour fournir un refuge aux habitants. Résultat : un réseau sinueux et irrégulier de ruelles qui se démarque des plans quadrillés, que l'on retrouve ailleurs dans le pays. Camagüey est la troisième ville du pays par la taille, et un bastion culturel qui héberge certaines des académies d'art et des institutions de danse les plus prestigieuses du pays. Avec 15 églises dans le centre historique – classé au Patrimoine mondial –, Camagüey est considérée comme la ville la plus catholique de Cuba. Au nombre de 300 000, les *camagüeyanos* tirent une fierté justifiée d'appartenir à une ville si riche sur les plans historique, architectural et culturel.

Pour les infos pratiques, voir le Carnet d'adresses p. 312

À SAVOIR

On se perd facilement dans l'étonnant dédale de rues de Camagüey ; ne vous séparez pas de votre plan de la ville. Sinon, gardez votre calme, acceptez de vous perdre et vous verrez bien où vous mène le labyrinthe des rues !

VOIR
1 Ballet Contemporáneo de Camagüey
2 Ballet de Camagüey
3 Ballet Folklórico de Camagüey
4 Vitrales Daluz

SE LOGER
5 Casa 1902
6 Casa Maydi
7 El Paso
8 Hostal La Isabela
9 Hostal San Rafael
10 Hotel San Juan

SE RESTAURER
11 Austria
12 El Andén

FOTOS593/SHUTTERSTOCK ©

Camagüey

Les origines d'une ville unique

UNE HISTOIRE INTENSE

La fondation de Santa María del Puerto Príncipe, ancêtre de Camagüey, remonte à 1514. Elle fait partie des sept *villas* établies à leur arrivée par les conquistadors. Initialement créée à l'emplacement de l'actuelle Nuevitas, la ville fut déplacée en 1516 en amont du Río Caonao, puis implantée sur le site actuel en 1528 et fut baptisée Camagüey. Au XVIIe siècle, les attaques répétées des pirates ne freinèrent pas un essor rapide, grâce à une économie basée sur la production sucrière et l'élevage du bétail. En raison de la pénurie d'eau dans la région, les habitants durent fabriquer des *tinajones* afin de collecter l'eau de pluie. C'est aussi la ville natale du héros de la première guerre d'indépendance Ignacio Agramonte (1841-1873), du poète patriote Nicolás Guillén (1902-1989) et de l'éminent Dr Carlos J. Finlay (1833-1915) qui découvrit l'agent transmetteur de la fièvre jaune, entre autres personnalités remarquables. En 1959, les citoyens de Camagüey se brouillèrent avec les castristes révolutionnaires lorsque le commandant Huber Matos (1918-2014), rebelle de la première heure attaché aux principes démocratiques, accusa le *Líder Máximo* d'enterrer la révolution, ce qui lui valut d'être jeté en prison pour 20 ans.

LES TINAJONES

De grands pots en terre cuite appelés *tinajones* émaillent tout le centre historique, d'où le surnom de Camagüey : "la ville des *tinajones*". Ces jarres, venues d'Espagne, sont rapidement devenues un élément essentiel de la vie à Camagüey, servant à recueillir l'eau de pluie et à la maintenir fraîche dans cette région aride de Cuba où l'eau est précieuse. Rares sont les patios ne comprenant au moins un ou deux *tinajones*, dont la fonction est désormais surtout décorative. Ayant inspiré de nombreuses danses folkloriques, chansons et poèmes, les *tinajones* sont devenus un emblème de l'identité et du patrimoine de Camagüey.

OÙ SE LOGER À CAMAGÜEY

El Paso
Chacune des sept chambres de cet hôtel porte le nom d'une *camagüeyana* célèbre. $

Hostal San Rafael
Auberge de jeunesse de charme à la décoration impeccable, dans un édifice de la fin du XVIIIe siècle. $$

Hotel San Juan
De grandes portes turquoise ornent l'entrée de ce magnifique hôtel doté d'une fantastique cour intérieure. $$

LE "TRIANGLE D'OR" DE CAMAGÜEY

Camagüey possède le plus grand centre historique de Cuba et plusieurs places, parcs et boulevards aussi beaux qu'animés. Commencez sous le kapokier de la **1 Plaza de los Trabajadores**, qui marque le centre de la ville. La place comprend l'église **2 Nuestra Señora de la Merced** (1748), dans laquelle un tombeau en argent abrite la statue couchée du Christ. À côté se trouve un musée incontournable, la **3 Casa Natal de Ignacio Agramonte**, retraçant la vie et le rôle dans la guerre d'un des plus grands héros de l'histoire de Cuba. En quittant la place, descendez la Calle Ignacio Agramonte, surnommée **4 Calle de los Cines**, flanquée de bars et de restaurants dont le nom et l'ambiance évoquent des films populaires, ainsi que de deux grands cinémas. La rue débouche sur la jolie **5 Plaza de la Soledad**, où convergent plusieurs artères principales de Camagüey. Également appelée Plaza del Gallo, elle est flanquée d'hôtels historiques comme le Santa Maria, La Avellaneda et Camino de Hierro. Descendez la **6 Calle Maceo**, boulevard principal animé, et profitez-en pour observer les passants. À mi-boulevard, prenez à droite dans la Calle General Gómez et continuez sur un pâté de maisons jusqu'aux pavés de la **7 Calle Independencia**. Prenez-la sur la gauche jusqu'au **8 Parque Ignacio Agramonte**, orné d'une statue en bronze d'Agramonte à cheval et dont les quatre coins sont plantés de palmiers commémorant les quatre combattants de l'indépendance tués durant la guerre de Dix Ans. Terminez votre promenade par un verre ou deux dans un des bars et cafés du coin, comme le **9 Bar el Cambio** ou le **10 Café Ciudad**.

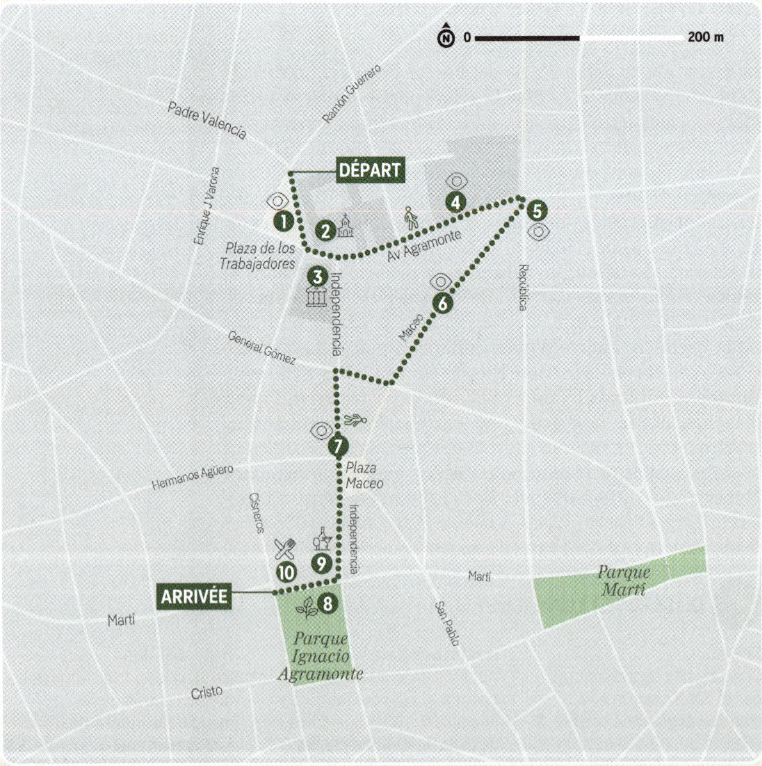

Teatro Principal, Camagüey

Fervente catholique, Camagüey accueillit le pape Jean-Paul II en 1998. En 2014, pour le 500e anniversaire de sa fondation, la ville a fait l'objet d'une rénovation attentive.

Les compagnies de ballet cubaines

LA DANSE CLASSIQUE À CAMAGÜEY

Certaines des plus prestigieuses écoles et compagnies de ballet de Cuba, sont installées à Camagüey. Beaucoup proposent des visites guidées à réserver auprès du bureau de l'agence touristique d'État Paradiso. Le **Ballet de Camagüey**, à 10 minutes de route au sud-est de la ville, a été fondé en 1967, puis repris en 1975 par Fernando Alonso (1914-2013), co-fondateur du Ballet national cubain de La Havane et époux de la danseuse Alicia Alonso. Dans la salle principale, vous pourrez voir les jeunes danseurs lors des répétitions. Dans des bâtiments annexes, à cause des pénuries permanentes de matériaux, on se débrouille et on fabrique à la main chaussons, costumes et décors de la compagnie, .

Installé dans le bel édifice du Centro Iberoamericano, le **Ballet Contemporáneo de Camagüey** est une autre compagnie renommée. Fondée en 2002, l'institution mêle danses classique et contemporaine et accueille également les visiteurs souhaitant voir les danseurs pratiquer cette fusion

NECRÓPOLIS DE CAMAGÜEY

Dans cette forêt de pierres tombales d'inspiration gothique, de guingois et blanchies par le temps, se cache la tombe bleue du héros indépendantiste Ignacio Agramonte (au milieu de la seconde avenue sur la gauche après l'entrée). D'autres sont plus difficiles à trouver, comme les tombes des combattants de la liberté Tomás Betancourt ou Salvador Cisneros Betancourt (qui fut président de Cuba).

Ballet de Camagüey

OÙ SE LOGER À CAMAGÜEY

Casa 1902
Une *casa particular* élégante avec 2 chambres doubles et un patio ensoleillé au rez-de-chaussée. **$**

Casa Maydi
Modeste *casa particular* en face du Teatro Principal, dont les propriétaires sont très chaleureux. **$**

Hostal La Isabela
Situé en plein centre dans Calle República, avec des chambres confortables et des hôtes accueillants. **$**

LES GALERIES D'ART DE CAMAGÜEY

À Camagüey, la culture est à l'honneur à tous les coins de rue. Explorez les galeries et les ateliers dont les portes sont toujours ouvertes aux visiteurs. Commencez par le **1 Taller Nazario Salazar Martínez**, juste en dessous du **Teatro Principal**. L'atelier de cet artiste chevronné de Camagüey est rempli d'une collection hétéroclite de tourbillons abstraits et de vases en terre cuite élaborés. Prenez à gauche pour serpenter dans la Calle Lugareño avant de tourner à nouveau à gauche dans la Calle Raúl Lamar. Une rue plus loin, vous arriverez en haut de la Calle San Juan de Dios, où une série d'ateliers vous attend. Commencez à la **2 Galería Eduardo Rósales Ruíz**, débordant d'œuvres axées sur trois thèmes : les origines amérindiennes, africaines et espagnoles de Cuba. Eduardo se passionne pour ces sujets et en discute volontiers. Dans l'atelier de maroquinerie de la **3 Galería Pepe Gutierrez**, des dizaines de petits visages de cuir ornent les murs. En face, **4** l'**Estudio Magdiel García Almanza** expose les sculptures de l'artiste, des œuvres interactives amusantes en acajou et bronze recyclés. Reprenez la Calle Lugareño dans le sens inverse. Après quelques rues tournez à gauche dans la Calle Martí et continuez jusqu'à la Plaza del Carmen. Là, **5** l'**Estudio Marta Jiménez Pérez** est l'atelier d'une des artistes les plus réputées de Cuba, célèbre pour les figures féminines volumineuses représentées dans ses œuvres. La place est ornée de quelques-unes de ses sculptures grandeur nature de *camagüeyanos* ordinaires. De l'autre côté de la place, **6** l'**Estudio Osmany Soler Mena** permet de découvrir des œuvres représentant des formes naturelles et des créatures marines, que l'on retrouve dans de nombreux hôtels de Camagüey.

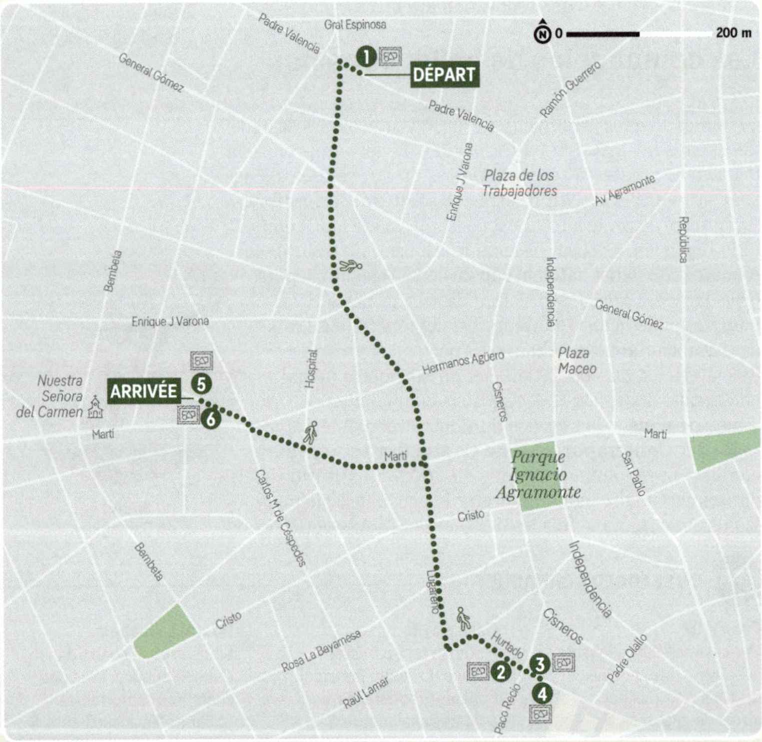

unique de styles. Une autre institution à ne pas manquer est le **Ballet Folklórico de Camagüey**, sis dans Callejón Finlay. La compagnie a été créée en 1991 dans le but de préserver les nombreuses danses populaires et folkloriques qui se sont développées à Cuba au fil des siècles d'influence espagnole, africaine, française et caribéenne. L'organisation s'enorgueillit d'un répertoire de centaines d'œuvres incorporant des styles allant de la rumba afro-cubaine au mambo et à la danse de salon *danzón*, en passant par le ballet et la danse contemporaine.

La capitale cubaine de l'artisanat

CÉRAMIQUE ET VITRAUX

Grâce à la terre argileuse de Camagüey, la ville a développé depuis longtemps une culture de la céramique. En face du Teatro Principal se trouve l'**atelier de Ramón Guerra López**, l'un des céramistes les plus respectés en ville et membre de l'Association cubaine des artisans et artistes. Entrez et regardez-le travailler à son tour de potier, façonnant ses sculptures chaotiques de maisons et d'églises célébrant le patrimoine architectural de Camagüey. Il colore délicatement leurs toits de terre cuite, leurs volets et leurs tourelles en saillie avec des tons naturels délavés, avec des peintures à base de métaux comme le magnésium, le zinc et le cobalt.

De l'autre côté de la ville se trouve un atelier dédié à un autre type d'artisanat de Camagüey, les vitraux. Il y a quinze ans, les frères David et Dasmián Sánchez Prieto ont mis de côté leurs professions d'architecte et d'ingénieur pour devenir vitraillistes et fonder leur atelier, **Vitrales Daluz**, en 2016. La table de l'atelier est recouverte de morceaux de verre destinés à être sertis de métal pour former comme des mosaïques élaborées. Les étagères débordent de plaques de verre teintées de toutes les nuances de couleur imaginables. Pourtant, trouver ces matériaux de base à Cuba est une lutte de tous les instants pour les deux frères. Ils doivent souvent se résigner à peindre du verre transparent avec des mélanges de peinture dont la composition demande d'innombrables ajustements. On peut voir leurs œuvres dans toute la ville – ils ont notamment restauré les vitraux centenaires des églises de Camagüey. David et Dasmián sont tout à la fois artistes, scientifiques, restaurateurs et ingénieurs en matériaux.

DES ÉGLISES À FOISON

Iglesia de Nuestra Señora de la Merced Selon la légende locale, une silhouette sortie des eaux serait apparue à cet endroit en 1601, raison pour laquelle on y érigea un sanctuaire.

Catedral de Nuestra Señora de la Candelaria Reconstruite au XIXe siècle, elle porte le nom de la sainte patronne de Camagüey.

Iglesia de Nuestra Señora de la Soledad Un édifice massif en brique de 1779. À l'intérieur, on peut admirer de belles fresques baroques.

Iglesia del Sagrado Corazón de Jesús Une des rares églises néogothiques construites à Cuba.

Iglesia de Nuestra Señora del Carmen Un joyau baroque de 1825 avec deux clochers.

Iglesia de la Caridad Possède un bel autel en argent (XVIIIe siècle), surmonté d'une représentation de la Virgen de la Caridad del Cobre, parée d'une couronne de *mariposas*, la fleur nationale.

COMMENT CIRCULER

Le trajet de La Havane à Camagüey coûte 35 $US en bus Víazul et dure 8 à 11 heures. En taxi, comptez 175-200 $US, mais vous paierez la même chose en louant une voiture à quatre ou cinq personnes, et vous gagnerez en temps de trajet et en confort. Des vols relient Camagüey à La Havane tous les samedis (aller 100-150 $US : réservations sur cubana.cu.

Provincia de Camagüey

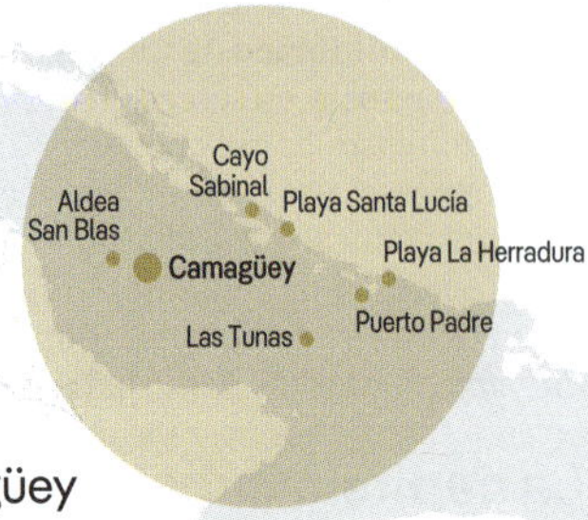

Plus grande des provinces de l'île, Camagüey est, selon l'interlocuteur, à l'est, au centre ou au centre-est de Cuba. Quoi qu'il en soit, c'est un haut lieu de culture et de gastronomie.

Ni Occidente ni Oriente, Camagüey est un peu la forte tête de Cuba, une région qui aime agir à sa guise dans le domaine politique et culturel – avec succès généralement –, au grand dam de La Havane et de Santiago de Cuba. Cette habitude remonte à l'époque coloniale. Préférant l'élevage à la canne à sucre, Camagüey était alors moins dépendante du travail des esclaves et plus favorable à l'abolition de ce système. Près de la frontière avec la Provincia de Las Tunas se trouve la ville de Guáimaro, où fut signée la première constitution de Cuba en présence d'Agramonte et de Carlos Manuel de Céspedes. La plus vaste des provinces cubaines offre un mélange de pâturages, de villes indolentes aux raffineries de sucre désaffectées et, au sud, un patchwork de petites collines.

Pour les infos pratiques, voir le Carnet d'adresses p. 312

À SAVOIR

Ne partez pas de Camagüey sans goûter le fromage artisanal de la province, que vous pourrez acheter directement aux fermiers installés au bord des routes.

Guáimaro

ARTERRA PICTURE LIBRARY/ALAMY STOCK PHOTO ©

LATITUDESTOCK/ALAMY STOCK PHOTO ©

Guáimaro

La finca la plus chic de Cuba

COCKTAILS, CABAÑAS ET CUISINE CRÉOLE

Sur la route de Florida, à 21 km à l'ouest de la ville de Camagüey, repérez une clairière marquée par une curieuse arche en bois. Une fois franchie, vous découvrez l'**Aldea San Blas**, une écoferme/bar-restaurant récemment ouverte. Pour le propriétaire Romey Chuit, qui a grandi dans le village voisin, la transformation des terres familiales en *finca* est le projet de toute une vie. À l'ombre de gigantesques arbres fruitiers se trouvent un bar rustique et des sortes de nids circulaires de branches enchevêtrées où sont servis les repas. Pour l'instant, seule la moitié environ des ingrédients utilisés par le restaurant proviennent du bétail et des serres bio de la *finca*, dont l'objectif est de devenir autosuffisante. Savourez des salades bien présentées et parsemées de carottes, de tomates cerises et de fenouil, des planches à partager de feta, de chorizo et de saucisses produites dans la ferme, une succulente *ropa vieja* (plat de bœuf effiloché), et du manioc fondant dans la bouche. Tout, y compris les boissons, est divin. L'équipe de la *finca* est en train de construire des bungalows en bois au milieu des vergers de l'exploitation, transformant l'endroit en éco-hôtel où les visiteurs peuvent se retrousser les manches et travailler bénévolement à la ferme.

POURQUOI J'AIME CAMAGÜEY

Katya Bleszynska, auteure

Avant ma première visite à Camagüey, je pensais qu'il n'y avait pas grand-chose à y faire. Pour moi, La Havane et Santiago de Cuba étaient les deux grandes villes à voir. Mais en arrivant à Camagüey, j'ai compris à quel point je m'étais trompée. J'ai été stupéfaite par la richesse culturelle de la ville : galeries d'art, ateliers d'artisans, académies de danse, et des bars et restaurants rivalisant largement avec ceux de la capitale. Camagüey est cosmopolite et animée, mais sûre et policée, et ponctuée de places tout simplement magnifiques comme celles de San Juan de Dios et del Carmen.

OÙ SE RESTAURER À CAMAGÜEY

El Melangé
Tenu par Romey d'Aldea San Blas ; cuisine raffinée et ambiance cosmopolite. $

Mesón el Príncipe
Institution culinaire servant des classiques cubains et un bon choix de vins. $

Restaurant 1800
Le service est lent, mais les plats délicieux et le cadre agréable avec terrasse sur la Plaza San Juan de Dios. $

LES MEILLEURS PETITS-DÉJEUNERS DE CAMAGÜEY

Prenez des forces à Camagüey avant de partir pour la journée ou plus longtemps dans le reste de la province.

Austria
Un lieu typiquement cubain où siroter un café avec une pâtisserie. Cela dit, le propriétaire autrichien a ajouté des touches européennes, et le strudel aux pommes est très apprécié. $

El Andén
À côté de la gare, ce lieu d'exception propose des petits-déjeuners rares à Cuba : galettes de pommes de terre, bruschetta au saumon fumé et baguette au jambon serrano. $

Playa Santa Lucía

Les forêts protégées de Camagüey

OBSERVER LES OISEAUX ET EXPLORER DES GROTTES

Envie de nature après une session histoire et culture à Camagüey ? La **Reserva Ecológica Limones Tuabaquey**, au nord de la capitale provinciale, est sillonnée de sentiers accessibles, idéaux pour une excursion d'une demi-journée. Dans cette réserve écologique de la Sierra de las Cubitas ne manquez pas la série de peintures rupestres précolombiennes gravées sur les parois de la **Cueva Pichardo** et de la **Cueva María Teresa**, considérées comme les principaux exemples d'art indigène de Cuba. Un des plus beaux sites de la réserve est l'**Hoyo de Bonet**, une dépression karstique naturelle de 300 m de large sur 90 m de profondeur, tapissée de végétation et de superbes fougères arborescentes, que l'on peut admirer depuis la plateforme d'observation de Limones. La réserve se prête également à l'**observation des oiseaux**, notamment de nombreux *tocororos* (trogons de Cuba) et *cartacubas* (espèce endémique multicolore). Plusieurs sentiers mènent à des grottes, à des cavités et jusqu'à une étroite gorge naturelle serrée entre des parois de 40 m de haut : le Paso de los Paredones. La réserve est à environ 35 km au nord de la ville de Camagüey, sur la route principale entre Morón et Nuevitas. L'embranchement se trouve à proximité du village de Cubitas.

OÙ PRENDRE UN VERRE À CAMAGÜEY

Seven Lounge Bar
Bar musical avec concerts variés tous les soirs de la semaine.

Congo's Bar
Tapas, tacos et tournois de dominos. Fermé le lundi et en journée.

Eleazar
Bar huppé et convivial apprécié des jeunes. Venez prendre un verre mais évitez d'y manger.

Un long récif corallien

LES PLAGES DE CAMAGÜEY

De nombreux visiteurs ignorent que la **Playa Santa Lucía** est bordée du plus long récif corallien au monde après la Grande Barrière de corail d'Australie. Longue de 21 km, la plage est appréciée pour ses eaux calmes et peu profondes, la mer entre le récif et la côte ne dépassant jamais 3 m de profondeur avant de s'ouvrir sur une grande piscine naturelle. La plage est à deux heures de route de Camagüey, ce qui permet d'y faire une excursion en une journée si l'on part assez tôt. Vous pourrez aussi rester quelques jours dans un des hôtels balnéaires.

En roulant un peu plus vers le nord, le long d'exploitations de sel et de lagunes peuplées de flamants roses, arrêtez-vous au bout du quai pour découvrir une autre petite plage, tout aussi belle et sans la moindre construction en vue. Si la **Playa La Boca** n'est pas aussi tournée vers le tourisme que la ville balnéaire de Varadero, elle n'a rien à envier à la beauté de ses plages, avec son sable blanc et ses eaux bleu électrique où patrouillent parfois des espadons. L'endroit est calme en semaine, mais le week-end vous partagerez la plage avec de nombreux Cubains venus passer du bon temps.

Escale à Santa Isabel

SIROTEZ DU CAFÉ CORSÉ ET REGARDEZ LE MONDE TOURNER

À mi-chemin entre Camagüey et Playa Santa Lucía se trouve un petit café où de nombreux Cubains font une pause avant de rejoindre la plage. De nombreux vendeurs y proposent des en-cas à des prix indécents ; mieux vaut se contenter d'un expresso corsé et regarder défiler les clients. Derrière le café s'étendent les ruines de l'**Ingenio Santa Isabel**, une sucrerie du XVIIIe siècle. La population locale raconte qu'elle fut baptisée ainsi par son propriétaire après la mort d'une de ses filles qui chuta dans la presse à sucre en 1822. Le site fut bombardé et incendié par les troupes espagnoles en 1868, et est à l'abandon depuis.

Un parc très amusant

L'ARCHE DE NOÉ DE CUBA

Sur la route de Playa Santa Lucía vous attend une autre étape, qui sera probablement l'expérience la plus surréaliste de votre séjour. La **Finca el Lago de las Delicias** est un projet de développement local initié en 2010 par José Fernando Menéndez Betancourt, qui entreprit de transformer une décharge sauvage en un parc d'attractions/zoo/bar-restaurant

RESERVA ECOLÓGICA LIMONES TUABAQUEY

Un taxi peut vous y déposer, vous attendre et vous ramener à Camagüey pour 50 $US environ. À l'entrée du parc, payez un droit d'entrée raisonnable pour accéder au service d'un guide. Veillez à porter des manches longues et prévoyez du répulsif à insectes pour éviter les piqûres de moustiques et autres insectes. Votre guide vous mettra en garde contre une bestiole répugnante, le *gusano meón* ("vers pisseur") : endémique de la réserve, ce long invertébré noir projette un jet d'acide quand on lui marche dessus. Bien qu'il n'occasionne pas de blessures graves, l'acide peut brûler ; faites attention où vous mettez les pieds, en particulier dans l'obscurité des grottes.

OÙ SE LOGER ET SE RESTAURER À PLAYA LA HERRADURA

Casa Heredia
Maison merveilleusement décorée dans un style espagnol traditionnel. $

Paradise House
Un escalier de pierre en colimaçon mène à trois chambres basiques et à un toit-terrasse avec vue sur la mer. $

Restaurant Neptuno
Derrière sa façade rose bonbon, ce restaurant ouvert de style *ranchón* propose un vaste choix de poissons frais. $

IGNACIO AGRAMONTE, HÉROS DE L'INDÉPENDANCE

Icône vénérée dans tout Camagüey, Ignacio Agramonte (1841-1873) fut une des figures les plus importantes du mouvement indépendantiste cubain. Connu pour ses prouesses militaires, Agramonte mena plusieurs batailles victorieuses contre l'armée espagnole, dont le soulèvement de Camagüey en 1868. Sa mort au combat en 1873 porta un coup sévère au mouvement indépendantiste. Les Espagnols brûlèrent son corps et dispersèrent ses cendres. Mais le souvenir du héros, bien vivant, reste un symbole de l'engagement inébranlable de Cuba en faveur de la liberté et de l'auto-détermination.

en plein air. L'entrée est libre, alors n'hésitez pas à y faire un tour pour boire un verre et vous extasier devant ce joyeux capharnaüm. La *finca* est peuplée de centaines d'animaux, dont une majorité d'oiseaux en tout genre : paons, oies, poules, dindes, perroquets et perruches de toutes les couleurs, la plupart évoluant en liberté dans le parc. Il y a aussi une mini-ferme pédagogique avec chevaux, chèvres, *jutías* et tortues géantes. Outre le restaurant qui sert des plats aux prix gouvernementaux (donc bon marché), il y a une épicerie regorgeant d'en-cas et boissons importées, une aire de jeux pour enfants et des bungalows à louer. Parmi les activités proposées, citons la pêche sportive et le pédalo sur le lac de la *finca*, où flottent d'énormes flamants roses gonflables. Tout cela est un peu kitsch et farfelu, mais vaut le détour.

Dans la Provincia de Las Tunas

COW-BOYS ET VIE RURALE

Las Tunas est une province célèbre pour… ne pas l'être. Coincée entre la cosmopolite Camagüey à l'ouest et le creuset culturel de l'Oriente à l'est, elle n'est généralement visitée que par les voyageurs en transit. Son patrimoine historique, peu spectaculaire, repose sur la maestria de la Victória de Las Tunas, bataille de la guerre d'indépendance de 1897 remportée par le général *mambí* Calixto García. Mais il peut être intéressant d'y passer une nuit ou plus en route vers Camagüey ou Holguín. Si vous parlez de la ville de Las Tunas à un Cubain, il évoquera immédiatement la **Casa Insólita**. Cette maison anti-gravité joue avec la science et les illusions sensorielles. Les poissons nagent de haut en bas, les canapés ne vous laissent pas vous relever sans effort et des boules de billard posées sur un plan incliné ne bougent pourtant pas d'un pouce.

Playa La Herradura

À la périphérie nord-ouest de la ville, le motel **El Cornito** loue des bungalows entourés d'une forêt de bambous. L'endroit, désert une grande partie de l'année, accueille fin juin la **Jornada Cucalambeana**, une fête champêtre en l'honneur du poète local Juan Cristóbal Nápoles Fajardo (surnommé El Cucalambé, 1829-1862), qui vécut dans cette ancienne ferme. L'événement, qui s'étale sur un week-end, célèbre les traditions littéraires, orales et musicales des *guajiros* (paysans) de Las Tunas. Des stands de cuisine de rue, des étals de maroquinerie artisanale, des rodéos animés et un concours de beauté complètent les festivités. Si vous venez à un autre moment, contentez-vous d'arpenter l'artère principale de Las Tunas jusqu'à atteindre l'**Hotel Cadillac**, où vous pourrez boire un cocktail sur un patio donnant sur le joli Parque Vicente García.

Puerto Padre

Les plages les plus secrètes de Cuba

BEAUTÉS INTACTES

Des trésors cachés vous attendent sur la côte nord de Las Tunas. La **Playa La Herradura**, qui tire son nom de sa forme en fer à cheval, est l'une de plages les plus sauvages et les plus belles de Cuba. Mais le plus étonnant dans ce village côtier isolé, ce sont les pensions très chics qu'il abrite. Au bout de la rue principale, le **Rincón Gallego** est immédiatement reconnaissable à ses murs d'un blanc étincelant et ses volets bleus. Apprécié des touristes américano-cubains, c'est l'endroit idéal pour un week-end en famille ou entre amis si vous cherchez quelque chose de simple et agréable. Pablo et Marey préparent de délicieux déjeuners de produits de la mer ou de *puerco asado* (cochon à la broche), servis sur le patio, et le porche arrière ouvre sur une plage quasiment privée, que l'on pourrait contempler des heures entières.

En continuant sur la même route, on atteint deux autres plages. **La Llanita** est totalement vierge et déserte, tandis que la **Playa Las Bocas** est flanquée d'une poignée de cabanons de restauration. Un ferry relie les plages à la ville portuaire de **Puerto Padre**. À 30 km de route de Playa La Herradura, c'était jadis le plus grand port sucrier du monde, ce que rien ne laisse plus deviner. Ce n'est pas un haut lieu du tourisme, mais c'est ce qui fait tout son charme. À la nuit tombée des fêtes de rue endiablées, réputées dans toute la région, envahissent le Malecón. Mettez le cap sur le bar ultra-chic **Drs.com**, géré sur leur temps libre par des médecins et des étudiants en médecine. C'est le lieu festif incontournable en ville.

PLAISIRS OCÉANIQUES

Des excursions plongée, snorkeling, pêche, sports nautiques et, pour les plongeurs qualifiés, des plongées contrôlées avec des requins-bouledogues peuvent être réservées auprès de votre hôtel ou de **Náutica Marlin Santa Lucía** (comercial@marlin.stl.tur.cu), sur l'avenue principale entre l'Hotel Brisas et l'Hotel Gran Club. Pour déjeuner, **Luna Mar**, à côté du centre commercial et identifiable à sa façade orange et vert, sert des produits de la mer à deux pas de la plage.

OÙ SE LOGER ET SE RESTAURER ET À LAS TUNAS

El Caché
Toujours très fréquenté, ce restaurant sert de bons plats cubains et italiens dans une salle où la clim tourne à fond. $

Sal y Pimienta
Le restaurant le plus connu de Las Tunas sert des spécialités cubaines et des cocktails. Fermé le lundi et le mercredi. $

Casa Lily
Chambres lumineuses et d'une propreté impeccable ; Danniuris, votre hôtesse, est particulièrement serviable. $

MUSIQUE PAYSANNE CUBAINE

La musique des campagnes de Cuba, ou *música campesina*, est connue pour ses mélodies simples, ses instruments rustiques et les histoires que racontent ses paroles. Les musiciens interprètent en acoustique des *décimas* (strophes de 10 lignes) poétiques improvisées parlant d'amour, de la nature et des difficultés de la vie rurale. Le *punto cubano* (ou *punto guajiro*), sous-genre originaire d'Andalousie et des Canaries, est ainsi nommé car les musiciens utilisent un *punto* (médiator) plutôt que leurs doigts pour gratter leur guitare. Ce style est pratiqué par des groupes dont les chanteurs se répondent en improvisant les paroles, avec dans l'intervalle de longs passages instrumentaux leur laissant le temps de réfléchir à la prochaine strophe.

SERGEY SOLDATOV/ALAMY STOCK PHOTO ©

Playa La Herradura

Cayo Sabinal

UN ÎLOTSUPERBE

Bien que menacé par le développement touristique, cet îlot corallien de 30 km de long reste l'habitat de prédilection des flamants roses et des iguanes. Le paysage assez plat et d'une grande beauté de Cayo Sabinal alterne marécages et lagunes où vivent des rats arboricoles et des sangliers, ainsi qu'une grande variété de papillons. Zone pourtant sauvage, Cayo Sabinal a une histoire particulière. En effet, pour rétablir l'ordre et contrer les attaques répétées des pirates durant les XVIIe et XVIIIe siècles, les Espagnols y édifièrent un fort en 1831. À la Punta Maternillo, vous verrez le **Faro Colón** (1848), un des plus anciens phares de Cuba encore en activité. De toutes les plages qui bordent le Cayo Sabinal, **Playa Bonita** arrive en tête du palmarès. Elle est réquisitionnée quotidiennement par les excursionnistes qui viennent en catamaran depuis Playa Santa Lucía.

Une route en terre battue conduit à la digue qui relie Cayo Sabinal à l'île principale. Longue de 2 km, elle fut la première du genre construite à Cuba, et aussi la plus néfaste pour l'environnement.

COMMENT CIRCULER

Las Tunas est à 2 heures de route de Camagüey par la Carretera Central. Quatre bus Víazul par jour partent entre 1h et 9h et reviennent à 9h45 ou 21h15. De même, 3 bus partent tôt le matin pour Holguín. Mieux vaut être motorisé pour explorer la province, mais vous pouvez prendre un *colectivo* (taxi collectif) en allant le matin à la gare ferroviaire au nord-est de Camagüey, et ainsi ne payer que quelques centaines de pesos pour rejoindre Puerto Padre.

HOLGUÍN

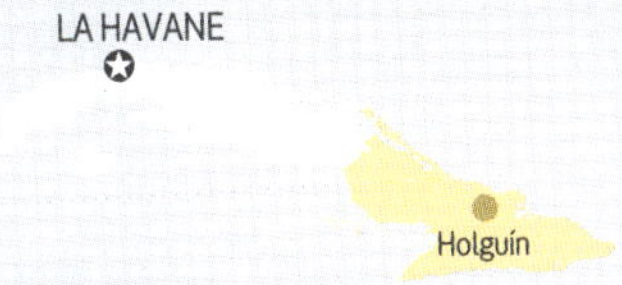

San Isidoro de Holguín figure à peine dans les brochures touristiques. Aux yeux de certains voyageurs, c'est justement ce qui fait son charme. Elle vous accueille, non dans une ambiance de splendeur coloniale déchue, mais plutôt avec une sorte d'énergie industrieuse : on sent là l'influence de la United Fruit Company, qui donna jadis à la ville des faux airs de banlieue nord-américaine. En outre, sa disposition – ses grandes places lui ont valu le surnom de "ciudad de los parques" ("cité des parcs") – et le belvédère naturel qu'est La Loma de la Cruz, sont autant d'atouts jouant en sa faveur. Calixto García, grand général de la guerre d'indépendance cubaine, est né dans la province, et sa statue est fièrement dressée dans le parc éponyme du centre-ville. La capitale provinciale possède une atmosphère détendue et tranquille par rapport à d'autres villes de l'Est. Ne passez pas à côté de ses nombreuses places et parcs agréables, idéalement disposés en enfilade.

Pour les infos pratiques, voir le Carnet d'adresses p. 313

À SAVOIR

Holguín est souvent considérée comme la porte d'entrée de l'Oriente, étant frontalière avec toutes les autres provinces de l'Est : Las Tunas, Guantánamo, Santiago de Cuba et Granma. Cette situation en fait un excellent point de départ pour explorer l'Est en bus, en voiture ou en avion.

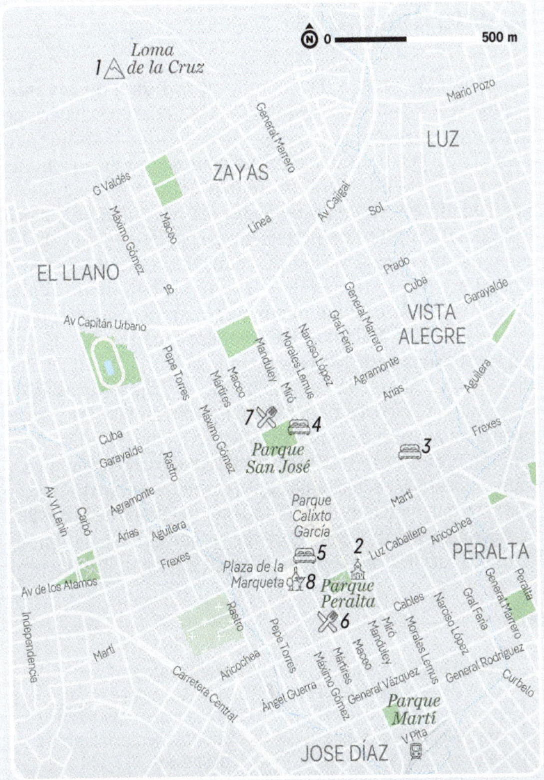

VOIR
1 Loma de la Cruz
2 Catedral de San Isidoro

SE LOGER
3 Hostal Gina y Francis
4 Hostal Ideal
5 Hotel Saratoga

SE RESTAURER
6 1910
7 San José

PRENDRE UN VERRE ET FAIRE LA FÊTE
8 Bar Benjuly

LE GÉNÉRAL CALIXTO GARCÍA

Pour en savoir plus sur les hauts faits de ce héros national, visitez la **Casa Natal de Calixto García**, à deux pâtés de maisons au sud-est du parc du même nom. Ce vaillant général, qui prit aux Espagnols les villes de Las Tunas, Holguín et Bayamo entre 1896 et 1898, naquit ici en 1839. Cette petite collection donne un bon aperçu de sa vie : cartes militaires, vieux uniformes, armes et même une cuillère avec laquelle il aurait mangé tandis qu'il se trouvait en campagne, en 1885.

Loma de la Cruz

La ville des parcs

UNE BELLE CAPITALE PROVINCIALE

Le site le plus célèbre de Holguín est la **Loma de la Cruz**. Gravissez les 465 marches de la cette colline en lisière de la ville le matin, avant que le soleil ne tape trop fort, ou cherchez un taxi dans un des parcs pour une ascension moins éprouvante. Culminant à 261 m au-dessus du niveau de la mer, la colline était un point de défense crucial pour l'armée espagnole. En 1790, une croix fut érigée au sommet de La Loma par un frère franciscain – dans la tradition religieuse espagnole, placer une croix sur le point culminant d'une ville offrait une protection divine contre les catastrophes naturelles et les maladies. La première semaine de mai ont lieu les **Romerías de Mayo**, un grand pèlerinage annuel. Les fidèles font l'ascension de la Loma de la Cruz pour assister à une messe célébrée pour l'occasion. Toute la ville suit la procession qui part de la Catedral de San Isidoro, une coutume qui remonte aux années 1790. En ville sont organisés en même temps concerts, spectacles de danse et événements artistiques.

En vous baladant dans Holguín, visitez le **Museo de Historia Provincial**. Sis sur le côté nord du Parque Calixto García, ce bâtiment est désormais un monument national. Édifié entre

OÙ SE LOGER À HOLGUÍN

Hostal Ideal
Sur la Plaza San José, 6 chambres basiques et une réception ornée de peintures colorées. $

Hostal Gina y Francis
À proximité du centre, avec des chambres modernes, une belle terrasse et une petite piscine. $

Hotel Saratoga
Le plus bel hôtel d'Holguín, aux chambres réparties autour d'une cour vert menthe avec fontaine. $$

1860 et 1868, il tint lieu de caserne aux Espagnols pendant les guerres d'indépendance. On l'avait surnommé La Periquera ("la cage aux perroquets"), allusion aux uniformes colorés des soldats qui y montaient la garde. La pièce maîtresse du musée est la Hacha de Holguín, une hache de pierre anthropomorphe, précolombienne, sans doute fabriquée au début du XVe siècle et découverte en 1860 ; on y voit aussi un sabre qui appartint à José Martí.

Le **Parque Peralta** (Parque de las Flores) porte le nom du général Julio Grave de Peralta (1834-1872), qui prit la tête du soulèvement local contre l'Espagne en octobre 1868. Sa statue de marbre (1916) sur la place fait face à la **Catedral de San Isidoro** (1720) d'un blanc étincelant et caractérisé par ses clochers jumeaux coiffés d'un dôme. Sur le côté ouest de la place, observez le Mural Orígenes, un haut-relief illustrant l'histoire de Holguín et de Cuba de l'époque précolombienne jusqu'à l'abolition de l'esclavage.

Le **Parque San José** (Parque Céspedes) est le plus récent et le plus ombragé de Holguín. La place centrale pavée (le Parque Cespédes) porte le nom du "père de la mère patrie", Carlos Manuel de Céspedes, dont la statue trône près d'un monument à la mémoire des héros de la guerre d'indépendance. La place est dominée par la belle **Iglesia de San José**, qui se distingue par son haut clocher (1842), son dôme et sa galerie en mezzanine. L'église servit jadis de tour de guet aux indépendantistes.

Quant au **Parque Calixto García** c'est plus un endroit dont il faut s'imprégner qu'un site à l'architecture admirable. Conçue en 1719 comme place d'armes, il servit longtemps de lieu de rencontre et de place du marché. Aujourd'hui, la **statue du General Calixto García** (1912) est le point où convergent vieux sages, amateurs de base-ball et adolescents.

Dans l'angle sud-ouest se trouve le **Centro de Arte** (Maceo 180), galerie qui partage ses locaux avec la **Biblioteca Alex Urquiola**, qui porte le nom d'un révolutionnaire local.

Situé sur le Parque Calixto García le **Teatro Eddy Suñol** (Calle Martí 111), grand théâtre de Holguín, est un bijou Art déco de 1939. Il abrite le **Teatro Lírico Rodrigo Prats** et le **Ballet Nacional de Cuba**, et jouit d'une réputation nationale et internationale pour ses opérettes, spectacles de danse et comédies musicales. Renseignez-vous sur place quant aux dates des représentations du célèbre théâtre pour enfants Alas Buenas et de l'Orquesta Sinfónica de Holguín.

Sur le boulevard principal se trouve le siège de l'**UNEAC** (l'Union nationale des artistes et écrivains de Cuba). Vous y verrez sans doute une exposition dans le hall principal, ou bien une conférence ou une performance dans le patio arrière. Si la ville est paisible en journée, le soir les clients des

HISTOIRE DE LA PROVINCE

La plupart des historiens pensent que Christophe Colomb aurait accosté pour la première fois le 28 octobre 1492 à Cayo Bariay, près de Playa Blanca, à l'ouest de Playa Don Lino. Vingt ans plus tard, délaissant Bariay au profit de Guantánamo pour établir la nouvelle capitale coloniale à Baracoa, Diego Velázquez de Cuéllar offrit les terres vallonnées au nord de Bayamo à Bartolomé de Bastidas, puis au capitaine García Holguín, conquistador espagnol revenu du Mexique. La province devint une importante zone productrice de canne à sucre vers la fin du XIXe siècle, lorsqu'une grande partie des terres fut achetée et déboisée par la United Fruit Company. Holguín est une province indépendante depuis 1975.

OÙ SE RESTAURER ET PRENDRE UN VERRE À HOLGUÍN

1910
Le numéro un en ville. Assiettes terre-mer, filet mignon et soupe à l'oignon. **$**

San José
Restaurant spécialisé dans les barbecues, avec un gril en plein air aux effluves alléchants. **$**

Bar Benjuly
Un des bars de la Plaza de La Marqueta, avec une belle carte des cocktails et des tapas légères. **$**

nombreux bars bordant la **Plaza de La Marqueta** – 1848, refaite en 1918 –, où l'on trouve un café et des étals d'objets artisanaux, se déversent dans une petite rue piétonne où l'animation atteint son paroxysme. Au nord et au sud de la place, on découvre une myriade de boutiques de musique, d'artisanat et de cigares. Vous trouverez d'excellents cocktails, des plats grésillant sur un gril *al carbón* (au charbon) en plein air, et des concerts sur la petite scène au bout de la ruelle.

Sur la vaste **Plaza de la Revolución**, dans la partie est de la ville, se dresse un énorme monument aux héros de l'indépendance comportant des citations de José Martí et de Fidel Castro, comme il se doit. Des rassemblements s'y tiennent tous les ans lors de la fête du Travail, le 1er mai. La tombe de Calixto García se trouve également ici, tout comme un petit monument à la mémoire de sa mère.

FIESTAS !

Fin octobre, durant la **Fiesta de la Cultura Iberoamericana**, des célébrités cubaines et des musiciens du monde entier envahissent Holguín pour une semaine de concerts, dont beaucoup sont gratuits. Les styles sont très variés et plus de 40 pays sont représentés. Il y a aussi un soupçon d'art et de danse. La grande fiesta annuelle de Holguín, le **carnaval**, a lieu la troisième semaine d'août, avec au programme des concerts en plein air, de multiples occasions de danser, du cochon rôti et des boissons fortes.

Une affaire de famille

LE DOMAINE DES CASTRO

Fidel Castro Ruz est né le 13 août 1926 à la Finca Las Manacas, près du village de Birán, à environ 70 km au sud est de Holguín. Il est l'enfant illégitime d'un propriétaire terrien espagnol illettré, Ángel Castro, et de son employée de maison, Lina Ruz (qu'il épousera par la suite). Fidel, avec ses trois sœurs et ses deux frères, grandit dans une famille aisée qui exploitait quelque 11 000 ha de terre dans ce domaine, acquis en 1915.

En 2002, la propriété est devenue le **Museo Conjunto Histórico de Birán**. Cet ensemble de bâtiments orangés aménagés sur un domaine luxuriant constitue un vrai *pueblito* (petit village). Sa visite guidée est des plus intéressantes car on y voit notamment l'école de Fidel Castro, sa maison, mais aussi un bureau de poste, une boucherie, etc. Dans les diverses maisons, vous verrez plus d'une centaine de photos, des vêtements, le lit d'enfant de Fidel Castro et l'automobile de son père, une Ford datant de 1918. Le plus intéressant reste peut-être l'école où sont exposées les photos du *Líder Máximo* et de son frère Raúl enfants. Dans le cimetière sont enterrés Ángel, le père de Fidel, et Raúl, ainsi que d'autres membres de la famille Castro.

Pour ceux qui viennent par leurs propres moyens, munissez-vous d'une carte détaillée. Plusieurs agences de voyages proposent des visites à la journée depuis Holguín.

Environs de Holguín

La côte nord de Holguín est émaillée de superbes plages de sable blanc bordées d'eaux chaudes et d'un village de pêcheurs insolite.

"C'était la pauvreté absolue, mais aussi la liberté absolue ; en plein air, entouré d'arbres, d'animaux, d'apparitions..." C'est en ces termes que le célèbre écrivain et dissident Reinaldo Arenas parlait de son enfance dans la province rurale de Holguín, dont le territoire s'étend des montagnes couvertes de pins de la Sierra Cristal aux plages bordées de palmiers des alentours de Guardalavaca. Cette province est une terre d'extrêmes. Ainsi en va-t-il du contraste entre la Gibara typiquement cubaine et qui accueille le plus grand festival de cinéma de Cuba, et la touristique ville balnéaire de Guardalavaca. Christophe Colomb, le premier, admira la beauté de Holguín lorsqu'il accosta, à en croire la plupart des chroniqueurs, près de Gibara en octobre 1492. Vous aurez certainement la même opinion !

Pour les infos pratiques, voir le Carnet d'adresses p. 313

À SAVOIR

Depuis Holguín, un aller simple en taxi coûte environ 30 $US pour Gibara et 45 $US pour Guardalavaca.

Guardalavaca

À PART LE FESTIVAL

Qu'est-ce qu'on peut bien faire à Gibara en dehors du festival ? Bien plus que vous ne l'imaginez ! Gravissez la petite colline pour un panorama sur la ville avant de visiter la **Cueva del Silencio** (aussi appelée Cueva de los Panaderos). La grotte fait partie d'un réseau souterrain de 2 km réparti sur quatre niveaux de galeries et de rivières souterraines peuplées d'espèces aquatiques fascinantes. Vous pouvez aussi louer un vélo et partir pour **Caletones**, un village de pêcheurs à 19 km de Gibara, pour savourer les meilleurs produits de la mer de la région. Gibara a ses spécialités locales, comme les mollusques du Río Gibara, qui se dégustent avec du riz, les *jaibitas rellenas* (crabes d'eau douce farcis) et le *budín de caro* (œufs de crabe pressés en une galette moelleuse évoquant un gâteau).

MARCIN JUCHA/SHUTTERSTOCK ©, EN BAS, À DROITE : MICHEL GUENETTE/SHUTTERSTOCK ©

Gibara

Une ville balnéaire devenue temple du cinéma

LE FESTIVAL DE CINÉMA INDÉPENDANT DE GIBARA

Située à 33 km de Holguín par une route panoramique sinueuse qui traverse de pittoresques villages, **Gibara** est une petite ville à l'atmosphère intimiste dont l'aménagement urbain reste modeste et concentré sur la restauration des édifices, à l'architecture magnifique. Une fois par an, la ville accueille pour une semaine le **Festival Internacional de Cine de Gibara** (ficgibara.icaic.cu), un événement majeur rassemblant cinéastes et cinéphiles de Cuba et du monde entier. Il n'a ni tapis rouge, ni paparazzis, ni stars mondiales, mais compense cela grâce aux talents qu'il fait découvrir. Créé en 2003, ce festival est le rejeton spirituel de feu le réalisateur cubain Humberto Solás, tombé sous le charme de ce port de pêche lors du tournage du film *Lucía*, en 1968.

Jadis organisé en avril, le festival a désormais lieu en août et commence par un feu d'artifice. Des amoureux du 7e art venus assister à des projections, des tables rondes et des discussions évoluent parmi les édifices historiques et les lieux de rassemblement en plein air. Au fil des ans, le festival s'est étendu à d'autres arts tels que la photographie, le théâtre et la musique. Mais il semble qu'un sort ait été jeté sur la ville : il se met à pleuvoir dès qu'une fête commence...

OÙ SE RESTAURER ET SE LOGER À GIBARA

Hostal el Patio
Ambiance familiale, chambres bien décorées et emplacement central. $

Hostal Mar y Sol
Un édifice jaune et bleu donnant sur la plage. $

La Villa de las Rosas
Bar-restaurant étonnamment branché avec concerts fréquents. $

Pour ceux qui veulent s'essayer à l'escalde dans le secteur, rendez-vous à la **Silla de Gibara**, une formation calcaire en forme de selle à 35 km au sud-est de Gibara. Sa face nord ombragée compte environ 20 itinéraires d'ascension "balisés". La meilleure période pour s'y mesurer va de novembre à février. Apportez votre matériel et engagez un guide.

Grand luxe à la plage

PLAYAS ET PIÑA COLADAS AU BORD DE LA PISCINE

Station balnéaire la plus prisée de Cuba après Varadero, **Guardalavaca** qui signifie "garde la vache" indique combien cette région était, au début du XXe siècle, dévolue à l'élevage du bétail. Chacun des trois hôtels balnéaires de la ville est très fréquenté par des voyageurs canadiens venus pour échapper au rude hiver nord-américain. Il y a **Las Brisas**, agréable quatre étoiles, le **Club Amigo Atlántico**, trois étoiles moins fringant, et le cinq étoiles **Gran Muthu Almirante**, petit dernier en ville et de loin le plus élégant. Le vestibule de ce dernier est d'un luxe étonnant, avec un long balcon au fond donnant sur l'ensemble du complexe. L'hôtel compte 534 chambres, dont 53 dans la section VIP qui a son propre restaurant, un salon VIP, un service de majordome et une somptueuse piscine incurvée bien plus luxueuse que la piscine centrale de l'hôtel. Au rez-de-chaussée, des allées bien entretenues, bordées de verdure et de fleurs, mènent aux bars, aux piscines, aux snacks et aux trois restaurants à thème servant leurs versions de cuisines italienne, asiatique et indienne.

L'attraction principale de Guardalavaca, c'est bien évidemment la plage. Sirotez la meilleure piña colada de tout Cuba en regardant la mer la plus bleue du pays, allongé sur le sable le plus blanc de toute l'île. Outre les portions de plages privées des hôtels bordant la Playa Guardalavaca, Holguín compte 41 plages ; deux d'entre elles – **Playa Esmeralda** et **Playa Pesquero** – sont faciles à visiter en une journée depuis votre hôtel.

Playa Guardalavaca

ESCAPADE SUR UNE ÎLE DÉSERTE

Excursion à la journée prisée depuis Guardalavaca, le ravissant **Cayo Saetía**, dans la Bahía de Nipe, est une petite île secrète plate et boisée reliée à Cuba par un pont, mais les vacanciers arrivent généralement en catamaran. Dans les années 1970 et 1980, c'était la chasse gardée, au sens propre comme au figuré, de la puissante nomenklatura cubaine. L'endroit est parsemé de agunes salées et de criques de sable entourées de forêts luxuriantes. Déjeunez dans le restaurant du *ranchón*, au bord de la plage bordée d'eaux peu profondes, passez la nuit à la Villa Cayo Saetía ou visitez l'étonnant parc animalier exotique de l'île, où gambadent en liberté dromadaires, autruches et buffles.

COMMENT CIRCULER

Des vols internationaux directs, notamment en provenance du Canada, du Mexique et d'Allemagne, desservent l'aéroport Frank País de Holguín. Il y a aussi un vol depuis La Havane le mercredi et le dimanche (150 $US environ l'aller simple).

GRANMA

Donnant sur le golfe de Guacanayabo et la mer des Caraïbes, Granma est une province reculée intimement liée à l'histoire de Cuba. C'est d'ici que partit la première guerre d'indépendance lorsque, en 1868, Carlos Manuel de Céspedes, natif de Bayamo, organisa avec ses partisans un soulèvement en proclamant l'indépendance de Cuba et l'abolition de l'esclavage, affranchissant ses propres esclaves. C'est ici que José Martí mourut en 1895 lors de la bataillc dc Dos Ríos. Et c'est ici encore que Fidel Castro débarqua, en décembre 1956, en compagnie de 81 hommes, d'un yacht baptisé *Granma* – d'où le nom de la province. Les hautes montagnes couvertes d'une végétation tropicale dense servirent de refuge aux guérilleros pendant plus de deux ans. L'isolement de Granma y a également forgé une identité cubaine spécifique. Les villes et les villages conservent un air bucolique. Quant à la capitale provinciale, Bayamo, elle brille par son calme et sa propreté.

Pour les infos pratiques, voir le Carnet d'adresses *p. 314*

À SAVOIR

Par endroits, la province de Granma jouit d'un climat exceptionnellement doux. Les montagnes de la Sierra Maestra sont assez humides. Si vous prévoyez d'y randonner, la période la plus sèche s'étend de mars à avril, avec des températures nocturnes supportables.

Bayamo

Une capitale provinciale belle et paisible

REGARDEZ TRANQUILLEMENT DÉFILER LES PASSANTS

Antérieure à La Havane et Santiago de Cuba, et reconnue comme la ville d'où partit le mouvement indépendantiste cubain, **Bayamo** reste une capitale de province décontractée et discrète, l'endroit parfait pour recharger les batteries avant de partir explorer la Comandancia de la Plata ou le Pico Turquino. Arpentez les rues étroites bordées d'immeubles aux couleurs acidulées et découvrez les hauts lieux de la ville, dont la Plaza de Himno, où l'hymne national de Cuba, *La Bayamesa*, résonna pour la première fois sur l'île en 1868. Sur la place, l'**Iglesia Parroquial Mayor de San Salvador** fut ravagée par l'incendie de 1869, si bien que l'essentiel de ce que l'on voit aujourd'hui résulte de travaux effectués en 1919. En revanche, la Capilla de la Dolorosa, dotée d'un autel en bois doré, est une partie du bâtiment d'origine (1740). Remarquez la fresque évoquant la bénédiction du drapeau cubain devant l'armée indépendantiste le 20 octobre 1868. En 1869, plutôt que de voir leur ville prise par l'ennemi, les habitants de Bayamo l'incendièrent, réduisant en cendres nombre de ses bâtiments les plus importants. Parmi les quelques édifices à avoir survécu, la **Casa Natal de Carlos Manuel de Céspedes**, le “père de la

Cathédrale, Bayamo

OÙ SE LOGER À BAYAMO

Casa Lucy Bayamo
Maison de ville jaune bouton d'or avec terrasses donnant sur la campagne ou sur le centre-ville. **$**

Casa de Pupi
Belle *casa* familiale avec 4 chambres, 2 terrasses, de jolies salles de bains et une table de ping-pong. **$**

Hotel Royalton Bayamo
À l'angle du Parque Céspedes et à deux pas des principaux sites d'intérêt. **$$**

L'INCENDIE DE BAYAMO

Le 20 octobre 1868, au dixième jour de la lutte pour l'indépendance, les rebelles s'emparèrent de Bayamo sous la conduite de Carlos Manuel de Céspedes. L'hymne national actuel - *La Bayamesa* -, composé en 1868 par Perucho Figueredo, né à Bayamo, commence par les mots *"Al combate corred, Bayameses"* ("Courez au combat, Bayameses). Le 12 janvier 18"69 près du Río Cauto, les forces indépendantistes, mal préparées, furent battues par les soldats des troupes régulières espagnoles. Mais plutôt que de voir leur ville tomber aux mains de l'ennemi, les habitants de Bayamo l'incendièrent. Elle fut de nouveau gravement endommagée lors de la seconde guerre d'indépendance en 1895, mais rien dans son aspect actuel ne le laisse supposer.

DAVID EVISON/SHUTTERSTOCK ©

La Comandancia de la Plata

mère patrie" a été transformée en musée. Il y naquit le 18 avril 1819 et y passa les 12 premières années de sa vie. Les objets qui rappellent son souvenir sont complétés par une collection de meubles d'époque. Unique demeure coloniale à un étage subsistant à Bayamo, c'est une rareté architecturale. Après votre promenade en ville, arrêtez vous manger à la **Mesón La Chuchipapa**, un hommage décoratif et culinaire à la province de Granma, pour goûter des spécialités locales comme le *bollo prieto* (dessert dont nous ne traduirons pas le nom, trop grivois), composé d'une base de manioc croustillante et d'une pâte de maïs et de cacahuètes.

Jardin botanique de Bayamo

UN ÉDEN AUX ARBRES CENTENAIRES

Dans les contreforts de la Sierra Maestra, près de la ville de Guisa, se trouve le troisième plus grand jardin botanique du pays, le **Jardín Botánico Cupaynicú**. Une grande partie du jardin, considérée comme zone protégée, est dédiée à la conservation de la flore indigène de la province et comprend plus de 2 000 espèces végétales, dont 80 sont endémiques. Il y a aussi un solarium et une section appelée El Bosque de los Gigantes ("forêt des géants"), où de nombreux arbres ont plus de 200 ans. Le jardin est ouvert de 9h à 15h30 tous les jours sauf le lundi.

QUE BOIRE À BAYAMO

Aliñao
Boisson à base d'*aguardiente* et de fruits.

Frucanga
Cocktail brûlant à base de piment, de feuilles d'orange amère, de gingembre, de citron et de miel.

Prú
Boisson fermentée à base de racines et de feuilles, appréciée dans tout Cuba.

Le QG des rebelles

LE CAMP DE BASE SECRET DE FIDEL CASTRO

L'histoire résonne à travers les montagnes de la Sierra Maestra, où la guérilla fit rage entre décembre 1956 et décembre 1958. Durant la première année du conflit, Fidel Castro et ses partisans ne restaient jamais plus de quelques jours au même endroit, et ce n'est qu'au début de l'année 1958 qu'ils établirent une base permanente sur une crête, dans une forêt de nuages, proche du Pico Turquino. C'est depuis ce QG connu sous le nom de **Comandancia de la Plata** que Castro organisa les offensives contre le gouvernement de Batista. Le départ du sentier menant au site est à 1 heure 30 de route de Bayamo en grimpant dans les montagnes jusqu'au village de **Santo Domingo**. Après vous êtes inscrit au bureau d'information du parc national et avoir été présenté à votre guide, vous pouvez soit vous lancer à pied sur la route incroyablement escarpée menant à l'**Alto del Naranjo**, ce qui prend environ 2 heures, soit vous y faire conduire en 4×4. C'est là que commence le sentier de 3 km vers le camp rebelle, qui offre de beaux panoramas sur la plus haute chaîne de montagnes de Cuba. Il faut notamment voir le petit musée, près de l'entrée, la Casa de Fidel, avec ses sept sorties dissimulées afin qu'il puisse s'échapper au cas où il serait découvert, et faire l'ascension escarpée jusqu'à Radio Rebelde, les bâtiments de radiocommunication d'où eurent lieu les premières émissions des rebelles. Les bâtiments du dispensaire se trouvent loin en dessous, le long d'un chemin distinct.

Vie paysanne

BALADE À CHEVAL ET CAFÉ À L'ANCIENNE

Levé à 5h du matin, comme tous les vrais fermiers, Anley Rosales Benítez, guide né à Granma, vous emmènera dans une communauté agricole isolée pour vous faire découvrir le quotidien des *campesinos* de la province, en commençant par la traite du matin. Il vous conduira ensuite dans sa demeure au cœur de la Sierra Maestra. Après avoir nourri les cochons, les poules et les moutons, vous assisterez à un autre rituel matinal : la préparation du *café* à l'ancienne, bien corsé. Puis vous explorerez à cheval des plantations de café et d'ananas. En chemin vous discuterez avec des agriculteurs qui vous raconteront des anecdotes sur la vie avant et après la révolution. Vous pourrez aussi découvrir dans un rucher le processus de fabrication du miel avant une baignade dans le Río Yara, bienvenue après 2 heures en selle. La visite s'achève par un retour à la *casa*, où vous attend un déjeuner traditionnel à base de produits de la ferme : riz, porc rôti tendre à souhait,

HORS DES SENTIERS BATTUS

Anley Rosales Benítez, propriétaire de Bayamo Travel Agent (bayamotravelagent.com), partage son activité favorite à Granma. *@bayamo_travel_agent_cuba*

Si je ne devais montrer qu'une seule chose dans la province à mes clients, ce serait ma maison dans la campagne de la Sierra Maestra. Cette expérience est née de 10 années d'amitié avec le défunt agriculteur Miguel Nóno, qui me racontait des choses sur ces montagnes que vous ne trouverez dans aucun livre d'histoire. Ce qu'il m'a appris de la vie paysanne me sert encore au quotidien, et j'aime transmettre cette sagesse aux voyageurs qui viennent ici. Dans tout ce que je fais, il y a le désir de mettre les visiteurs en contact avec les *campesinos* pour les aider à améliorer leur vie.

OÙ SE LOGER DANS LES ENVIRONS DE LA COMANDANCIA DE LA PLATA

Villa Balcón de la Sierra
À 30 minutes de route de Santo Domingo, avec vue sur la Sierra Maestra depuis la piscine en toit-terrasse. **$$**

Villa Santo Domingo
Répartis sur les rives de la Yara, 55 bungalows agréables près de l'entrée du parc. **$**

El Mirador de Arcadia en la Montaña
Trois chambres perchées sur la colline de Santo Domingo. Cuisine savoureuse. **$**

LA LUMIÈRE DE YARA

La **Luz de Yara** est une légende folklorique de l'Oriente qui se transmet de génération en génération depuis plus de cinq siècles. On raconte que lorsque le chef indigène Hatuey fut brûlé vif, une lumière jaillit de son corps et erre depuis lors dans les rues de Yara. Certains pensent que la lumière est l'esprit de l'amante éplorée du chef, prénommée Yara, qui se jeta dans les flammes pour l'étreindre et périt avec lui. La légende raconte que lorsque *la luz* apparaît à l'horizon, ceux qui l'aperçoivent la suivent comme hypnotisés jusque dans des lieux où ils n'avaient nulle intention d'aller.

soupe de haricots noirs et salade. Il est possible de passer la nuit dans la propriété d'Anley, dans une des minuscules chambres ou à la belle étoile. Il n'y a pas l'eau courante et les toilettes sont rustiques, mais rien ne vaut un réveil avec vue sur la Sierra Maestra.

Des villes chargées d'histoire

LÉGENDES LOCALES ET RÉBELLION PAYSANNE

La province de Granma est émaillée de sites que la plupart des visiteurs ignorent. Mais aller voir de près ces lieux oubliés est la meilleure manière d'avoir un aperçu authentique du quotidien des Cubains de l'Oriente. À **Yara**, petite ville perdue au milieu des rizières verdoyantes, règne aujourd'hui un calme qui ne laisse rien deviner de son passé mouvementé. Les premiers colons espagnols l'avaient inscrite dans leur liste de *pueblos indios* (villages indiens). Une statue du cacique (chef) taïno Hatuey, sur la place principale, rappelle que les Espagnols préférèrent le brûler ici qu'à Baracoa, le 2 février 1512. Ils fondèrent la ville justement à cet endroit le 5 novembre 1513. Plus tard, Yara devint la première ville arrachée aux Espagnols par les forces rebelles de Carlos Manuel de Céspedes, le 11 octobre 1868. Un second monument sur la même place commémore cet événement important, ainsi que le célèbre *Grito de Yara*, déclaration au cours de laquelle Céspedes proclama pour la première fois l'indépendance de Cuba.

À 20 minutes de route de Yara se trouve la ville de **Manzanillo**, cité côtière donnant sur la vaste baie du golfe de Guacanayabo. Arpentez son mini-Malecón au soleil couchant, et le soir venu rejoignez les habitants au Parque Céspedes. Un superbe pavillon mauresque, La Gaviota de Manzanillo, éclairé la nuit en violet et orange, offre un cadre idéal pour les concerts organisés sur la place le week-end.

Située à 10 km au sud de Manzanillo, **La Demajagua** était la plantation de Carlos Manuel de Céspedes, où il lança le fameux *Grito de Yara* (le cri de Yara), manifeste historique après lequel il affranchit ses esclaves le 10 octobre 1868, et qui fut le signal de départ des guerres d'indépendance. On peut voir à l'extérieur la fameuse cloche Demajagua que Céspedes fit sonner pour annoncer l'indépendance de Cuba (alors pas encore officielle), ainsi que des vestiges de l'ancienne usine sucrière.

Manzanillo

COMMENT CIRCULER

Le meilleur moyen de rejoindre Bayamo est le bus de nuit Víazul partant de La Havane à 23h55 et arrive à 12h45 (50 $US environ). Il vous faudra cependant une voiture pour vous déplacer dans la province, en particulier pour en explorer les parties les plus reculées. Les chauffeurs de taxi peuvent volontiers faire des arrêts et vous attendre en échange d'un petit supplément.

Autres sites de la Provincia de Granma

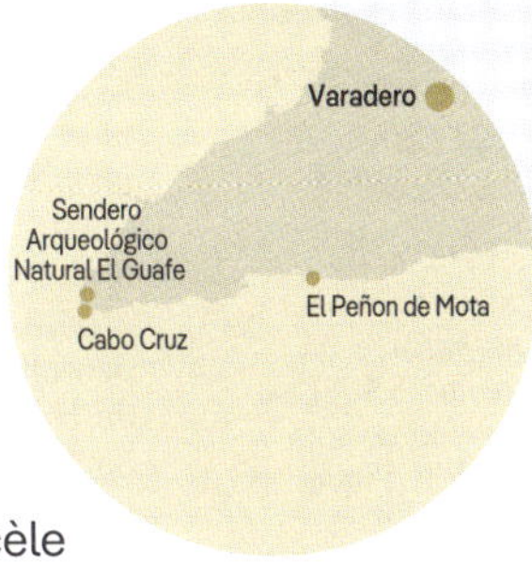

La province la plus méconnue de Cuba recèle des trésors cachés, réservés aux voyageurs prêts à s'aventurer en pleine nature.

La plupart des visiteurs se rendant à Granma se contentent de visiter Bayamo – la capitale provinciale – et La Comandancia de la Plata, passant rarement plus de deux jours dans la province avant de poursuivre leur périple vers Santiago de Cuba, puis de retourner à La Havane. Pourtant, Granma a bien plus à offrir que ce que la plupart des gens imaginent. En prolongeant votre séjour, vous serez étonné par ce que vous trouverez : récifs coralliens immaculés au large de Cabo Cruz, villages ruraux nichés dans les montagnes de la Sierra Maestra, sans compter la route côtière la plus impressionnante de tout le pays. Les amateurs d'aventure pourront explorer un formidable réseau de grottes accessibles via des sentiers de randonnées.

Pour les infos pratiques, voir le Carnet d'adresses p. 314

À SAVOIR

Une grande partie de la province est dépourvue de ressources et d'installations ; soyez préparé et prévoyez vos propres provisions.

Cabo Cruz

FLAVIO VALLENARI/GETTY IMAGES ©, À GAUCHE : RICHARD SEMIK/SHUTTERSTOCK ©

PARQUE NACIONAL DESEMBARCO DEL GRANMA

Les 275 km² du Parque Nacional Desembarco del Granma (5 $US), avec leurs forêts, leurs reliefs karstiques et leurs terrasses marines, offrent une diversité biologique unique dans un cadre chargé d'histoire. Ces lieux sont aussi le "sanctuaire spirituel" de la révolution cubaine, où le yacht *Granma* s'échoua en décembre 1956. Inscrit au Patrimoine mondial, le parc englobe des falaises côtières parmi les plus préservées d'Amérique : au sein des 512 espèces de plantes identifiées à ce jour, 60% sont endémiques et une douzaine ne se trouvent qu'ici dans le parc. Vingt-cinq espèces de mollusques, 7 d'amphibies, 44 de reptiles, 110 d'oiseaux et 13 de mammifères illustrent la richesse de la faune dans cette belle réserve. Les deux points d'accès principaux au parc sont Las Coloradas et le village d'Alegría de Pío.

Trésors aquatiques de Granma

SNORKELING ET DÉLICES DE LA MER

Posé sur la pointe la plus méridionale de l'île, **Cabo Cruz** est un village de pêcheurs isolé bordé d'un des récifs coralliens les mieux préservés au monde. D'une longueur d'environ 1 500 m, le récif se compose de sept terrasses et de 46 variétés de coraux grouillant de vie marine. En plongeant le regard dans l'eau peu profonde, on devine aux nuances variées de bleu, allant du turquoise à l'indigo, la profondeur des terrasses séparées par des à-pics pouvant aller jusqu'à 100 m de profondeur. On distingue nettement l'endroit où le récif plonge brutalement dans le golfe de Guancanayabo, agissant comme une barrière protégeant le village des tempêtes. Il n'y a aucun commerce ou équipement dans ce petit village ; prévoyez votre propre matériel de snorkeling pour partir en quête de poissons-perroquets, de barracudas et de tortues marines. Ensuite, un déjeuner avec vue sur la mer vous attend au **Paladar los Santos**, où vous dégusterez de généreuses portions de poulpe aux oignons et à la coriandre, ou de langouste marinée dans une sauce acidulée. C'est dans un cadre modeste que sont servis ces plats, les moins chers mais les plus succulents de Cuba.

Alegría de Pío

HAUT LIEU DE LA RÉVOLUTION ET GROTTES SPECTACULAIRES

C'est ici qu'en 1956 les partisans de Castro firent naufrage et furent forcés de se séparer et de fuir devant l'armée de Batista. C'est également ici que s'achève la randonnée de 18 km depuis Las Coloradas, qui retrace le parcours des rebelles en décembre 1956.

ROBERTO MACHADO NOA/GETTY IMAGES ©

Sierra Maestra

On peut faire des randonnées guidées, observer des oiseaux et explorer un superbe réseau de grottes, à condition d'endurer les 28 km de nids-de-poule sur la route partant de Niquero. Emportez beaucoup d'eau. Un monument commémorant l'événement a été édifié dans le champ de canne à sucre où les rebelles se sont fait surprendre. Un guide vous montrera le site, qui comporte plusieurs tombes, des panneaux d'affichage et une grotte dans laquelle Che Guevara et Juan Almeida se cachèrent deux jours durant.

Mais ici, les amateurs d'aventure seront surtout bluffés par l'impressionnant réseau de grottes. Le **sendero Morlotte-Fustete** (2 km) traverse des terrasses marines spectaculaires nécessitant par endroits l'utilisation d'échelles en bois. Il mène à la **Cueva del Fustete**, grotte de 5 km de long hérissée de stalactites et de sta-lagmites, et à l'**Hoyo de Morlotte**, une cavité karstique (dépression circulaire due à l'érosion des calcaires) de 77 m de profondeur. Le **sendero El Samuel** (1,3 km) débouche quant à lui sur la **Cueva Espelunca**, où les premiers habitants auraient célébré des cérémonies religieuses. **La Boca de Toro**, sentier de 6 km, conduit à de hautes falaises dominant une vallée fluviale. Il passe par le **Farallón de Blanquizal**, un superbe belvédère naturel.

De là, le sentier des rebelles partis de Las Coloradas continue vers l'est jusqu'à Cinco Palmas avant de s'achever à la Comandancia de La Plata.

Une route cahoteuse mais sublime

LA ROUTE CÔTIÈRE DE SANTIAGO

Évidemment, le plus rapide pour rallier Santiago depuis Granma est de prendre la grande route intérieure, mais où est le plaisir ? Les 180 km de route battue par les éléments qui longent la côte déchiquetée sont difficiles -nids-de-poule et rochers font doubler le temps de trajet - mais ils sont considérés comme le plus beau tronçon d'asphalte de tout Cuba. La route débute à **El Peñon de Mota**, et file entre d'impressionnantes falaises rocheuses d'un côté, et des plages de sable noir et de galets battues par la houle de l'autre. La route grimpe ensuite brièvement dans les montagnes avant de revenir embrasser l'océan. Il vous faudra zigzaguer entre des cohortes de crabes multicolores qui traversent pour rejoindre la mer. Le périple est long, d'autant que vous aurez du mal à ne pas vous arrêter toutes les 10 minutes au bord de la route déserte pour admirer le paysage et humer l'air marin.

SITE ARCHÉOLOGIQUE

Roulez 10 minutes à peine de Cabo Cruz vers l'intérieur des terres et vous atteindrez le départ du Sentier naturel archéologique d'**El Guafe**. Une marche facile de 2 heures vous mènera à un impressionnant réseau de grottes contenant les vestiges d'un des plus importants peuplements indigènes précolombiens de Cuba. La **Cueva del Ídolo del Agua** est une grotte dédiée à Atabey, déesse de l'eau et protectrice des femmes enceintes. Un rituel souvent pratiqué par les visiteurs consiste à s'asperger le visage trois fois avec l'eau de la grotte en faisant trois vœux. La **Cueva de los Petroglifos**, qui servait de chambre funéraire, renferme six idoles sculptées dans des stalagmites, sans doute destinées à veiller sur les défunts.

COMMENT CIRCULER

La magie de cet itinéraire tient en partie au fait que la route est incroyablement isolée et essentiellement déserte, mais cela implique aussi le choix d'un véhicule - qu'il s'agisse d'une voiture, d'un taxi ou d'un vélo - à même d'affronter les divers obstacles.

Emportez également toute la nourriture, l'eau et le matériel nécessaires. Par temps de pluie, certaines portions peuvent être inondées, donc infranchissables - assurez-vous de pouvoir passer avant de vous lancer.

SANTIAGO DE CUBA

Il existe deux façons de voir Santiago de Cuba : comme une ville torride et assez exaspérante, remplie de *jineteros*, qui donne envie de prendre le premier bus pour La Havane, ou bien comme une capitale culturelle resplendissante qui a joué un rôle déterminant dans l'évolution de la littérature, la musique, l'architecture, la politique et la société cubaines. On l'aime ou on l'abhorre, mais elle nc laisse jamais indifférent. Santiago, géographiquement plus proche d'Haïti et de la République dominicaine que de La Havane, s'est forgé son identité, née d'un brassage d'influences afro-caribéennes venues de l'est comme de l'ouest. Diego Velázquez de Cuéllar en fit sa deuxième capitale, Fidel Castro inaugura ici sa révolution, Don Facundo Bacardí y fonda sa première distillerie, et à peu près toutes les musiques cubaines, de la salsa au *son*, ont d'abord retenti dans une de ses rues poussiéreuses.

Pour les infos pratiques, voir le Carnet d'adresses p. 314

À SAVOIR

Mieux vaut être vigilant dans les rues de Santiago. L'ambiance est parfois tendue, notamment pendant les grands événements comme le carnaval de juillet. Faites attention à vos affaires et méfiez-vous des *jineteros*.

Cathédrale, Santiago de Cuba

VOIR
1 Casa de Diego Velázquez
2 Casa Dranguet
3 Cementerio Santa Ifigenia
4 Cuartel Moncada
5 Museo de la Lucha Clandestina
6 Museo del Carnaval
7 Port d'Alameda
8 Casa del Caribe
9 Parque Céspedes
10 Plaza de Marte

Santiago de Cuba

L'HISTOIRE DU RHUM CUBAIN

Autrefois situé au centre-ville dans Calle San Basilio, le **Museo del Ron** est désormais installé dans la distillerie Ron Santiago de Cuba (jadis la distillerie Bacardí), à côté de la brasserie Hatuey (qui appartenait aussi à Bacardí). Après 1959, le gouvernement de Castro nationalisa l'entreprise Bacardí, forçant la famille à quitter l'île. L'État rebaptisa alors la marque "Ron Santiago de Cuba" dans la controverse. En 2019, le géant de la boisson Diageo s'est associé à l'État cubain pour distribuer le rhum du pays à l'international. La distillerie abrite un musée où l'on découvre l'histoire et le processus de fabrication du rhum, ainsi qu'un espace où l'on peut observer les bouteilles défiler sur le tapis roulant de l'usine, d'une capacité de production de 10 000 bouteilles par jour.

Museo del Carnaval

Une longue histoire

SITES HISTORIQUES DE SANTIAGO

Santiago jouit d'un cadre naturel remarquable : lové entre les sommets de la Sierra Maestra et l'azur de la mer des Caraïbes, son *casco histórico* (centre historique), quelque peu décati, conserve un charme suranné. Jouxtant le Parque Céspedes, la **Casa de Diego Velázquez**, la plus ancienne de Cuba (1522), fut la résidence de Diego Velázquez de Cuéllar, premier gouverneur de l'île. De style mudéjar (arabo-andalou), comme en témoigne la magnifique loggia protégée par des moucharabiehs finement ouvragés, le bâtiment a été restauré à la fin des années 1960. Le rez-de-chaussée était un lieu de négoce et abritait une fonderie d'or, tandis que Diego Velázquez de Cuéllar résidait à l'étage. Aujourd'hui, les salles présentent l'évolution du mobilier cubain du XVIe au XIXe siècle. Quelques rues plus loin, dans la Calle Heredia, le **Museo del Carnaval** renferme de nombreux objets liés au carnaval annuel de la ville. Dans cette même rue, la plus charmante de Santiago, la musique ne s'arrête jamais. Des mélodies s'échappent de la **Casa de Cultura Josue País García**, où des adeptes du *danzón* (danse de salon) côtoient des rappeurs. À côté se tient la **Casa de la Trova**, une jolie maison bleue entourée d'un balcon du XIXe siècle. L'animation se concentre au rez-de-chaussée en fin d'après-midi avant de gagner progressivement l'étage où, à partir de 22h, l'ambiance

OÙ SE LOGER À SANTIAGO DE CUBA

Roy's Terrace Inn
Fantastique *casa* avec sa terrasse verdoyante, l'endroit idéal pour le petit-déjeuner. **$**

Gracia Latina
Six chambres à l'étage pour couples, groupes et familles, avec restaurant au rez-de-chaussée. **$**

Hotel Casa Granda
On ne fait pas plus central que cet hôtel historique de la place principale de Santiago. **$$**

BALADE DANS SANTIAGO

Le quartier résidentiel de Vista Alegre s'étend dans l'est de la ville. Ses avenues arborées sont bordées de maisons, pour la plupart construites dans les années 1920-1930. Depuis le centre, un taxi vous emmènera en 10 minutes à la **1 Loma de San Juan**, colline où eut lieu l'une des plus importantes batailles de la guerre hispano-américaine de 1898. Abritez-vous sous l'Árbol de la Paz et admirez la vue sur la province de Santiago et La Gran Piedra. De là, descendez la Calle 11 sur trois rues et prenez à droite dans la Calle 8, où vous attend la **2 Casa del Caribe**, un centre culturel dédié à la musique, la danse, l'art et la religion afro-caribéens. Vous arriverez une rue plus loin au **3 Monumento José María Heredia**, qui rend hommage au grand poète du XIXe siècle. Prenez à gauche dans l'Avenida Rafael Manduley jusqu'à la **4 Galería René Valdés**, l'une des galeries d'art les plus réputées de la ville. À côté se dresse l'ostentatoire **5 Palacio de Pioneros**, demeure rose du début du XXe siècle qui fut un temps la plus grande de Santiago de Cuba et appartenait à l'une des familles les plus riches de la ville. La demeure fait office, depuis 1974, de centre pour *pioneros* (scouts communistes).

Continuez à descendre l'avenue jusqu'au **6 Club LED**, où vous pourrez manger un morceau ou prendre un café. De l'autre côté de l'avenue se trouve **7 La Maison**, un restaurant organisant également des défilés de mode (réservez) en soirée. Passez le **8 Parque Ferreiro** et prenez l'Avenida Garzón jusqu'au centre-ville, ou tournez à droite vers le **9 Meliá Hotel** pour revenir dans le centre en taxi.

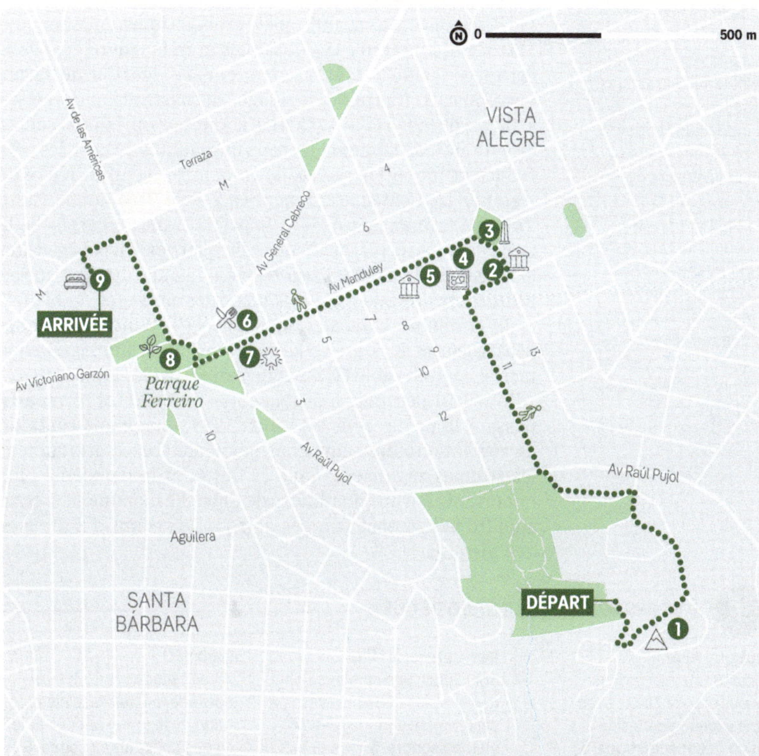

ÉGALEMENT EN JUILLET

Si le carnaval est une affaire d'adultes, quelques jours avant le festival se tient le Carroza Infantil (Défilé des enfants), destiné aux enfants des artistes se produisant lors du carnaval. Autrement, le **Carnaval Acuático** (Carnaval aquatique) envahit les côtes de Santiago, avec une ribambelle de bateaux décorés comme les chars défilant sur la terre ferme. Mais juillet n'est pas seulement le mois des carnavals caribéens. Le 26, on célèbre l'anniversaire de l'assaut de la caserne Moncada. Castro avait choisi cette date pour faire coïncider l'attaque avec le carnaval, espérant que ses adversaires soient moins vigilants. Mais rien ne se passa comme prévu.

UN ASSAUT AVORTÉ

Pour en savoir plus sur l'assaut du **Cuartel Moncada**, rendez-vous p. 336.

Cuartel Moncada

devient plus *caliente*. Toujours dans cette rue, ne manquez pas la **Casa Natal de José María Heredia**, qui retrace la vie de l'un des plus grands poètes romantiques cubains, José María Heredia (1803-1839). Sa plus grande œuvre, *Niágara*, est inscrite sur le mur à l'extérieur. Le quartier de Tívoli, vieux quartier français de Santiago, fut construit par des colons français d'Haïti à la fin du XVIIIe siècle. Sur un flanc de colline orienté au sud, dominant les eaux miroitantes du port, les toits rouges et les patios cachés de ce quartier sont un havre de tranquillité. Centenaire, l'**escalier Padre Pico** (angle Padre Pico et Diego Palacios), dans la partie la plus escarpée de la Calle Padre Pico, marque l'entrée du quartier. On peut y visiter le **Museo de la Lucha Clandestina**, installé dans un ancien poste de police attaqué en 1956 par des activistes du M-26-7, le 30 novembre 1956, afin de détourner l'attention durant le débarquement du *Granma*. Le musée raconte la lutte clandestine menée contre le gouvernement cubain dans les années 1950.

Enfin, un peu plus loin du centre, le **Cuartel Moncada** passa à la postérité le 26 juillet 1953, lorsqu'une centaine de révolutionnaires emmenés par Fidel Castro attaquèrent les troupes régulières, dans ce qui était la deuxième plus importante garnison militaire de Cuba. Le monument évoque aujourd'hui surtout l'un des plus grands coups d'État ratés de l'histoire.

OÙ SE RESTAURER À SANTIAGO DE CUBA

Sabor y Arte
Restaurant intime dans le quartier de Tívoli, avec une excellente cuisine et un décor éclectique. **$**

Bar-Cafetería M'ka
Sur le port, une ambiance on ne peut plus cubaine, avec une carte variée et du *reggaetón* en fond sonore. **$**

Club LED
À Vista Alegre, le Club LED possède une terrasse idéale pour un déjeuner décontracté ou des cocktails en soirée. **$**

L'été est chaud à Santiago

SUPPORTEREZ-VOUS LA CHALEUR ?

Juillet est un mois très chaud à Santiago, d'une part car le mercure monte en flèche, mais aussi en raison de plusieurs événements électrisants. La première semaine de juillet se tient le **Festival del Caribe** (festivaldelcaribe.net), qui célèbre les cultures cubaine et caribéenne au sens large. Chaque année, le festival est organisé autour d'un thème spécifique lié à l'un des dizaines de pays invités. Pendant les festivités, faites un tour à la **Casa del Caribe**, dans le quartier de Vista Alegre, un centre qui organise événements, ateliers et concerts. En même temps que le festival, la **Fiesta de Fuego** débute par le Desfile de la Serpiente (Défilé du serpent), une procession mêlant les danses et musiques folkloriques de chaque pays, qui démarre sur la **Plaza Marte** et atteint son apogée au **Parque Céspedes**. Le dernier soir, descendez sur le port, près du **Parque Alameda** pour vous joindre à la foule venue voir le célèbre défilé de feu, lors duquel un totem géant représentant le diable est dévoré par les flammes au son des percussions. C'est à partir du 21 juillet qu'a lieu la plus célèbre fête de la ville : le **carnaval**. Pendant une semaine, les places et artères principales de Santiago se muent en mers de chars multicolores, de *comparsas* (danseurs en costumes) et de chenilles humaines, le tout émaillé de stands de poulet frit et de cochon rôti, sans compter que bière, rhum et *aguardiente* bon marché coulent à flots.

Un véritable voyage dans l'histoire

UN CIMETIÈRE HISTORIQUE

Dans le **Cementerio Santa Ifigenia** (1868) reposent nombre de figures importantes du pays. Parmi ses 8 000 tombes, on remarque les noms d'Emilio Bacardí Moreau (1844-1922), de Carlos Manuel de Céspedes (1819-1874) et le célébrissime musicien du Buena Vista Social Club, Compay Segundo (1907-2003). La principale curiosité des lieux est le mausolée quasi religieux du héros national, José Martí (1853-1895). Érigée sous Batista en 1951, cette imposante structure hexagonale est positionnée de manière à ce que le cercueil en bois de Martí (solennellement drapé dans un drapeau cubain) soit exposé à la lumière du jour en référence à l'un de ses poèmes, dans lequel il disait vouloir mourir non pas comme un traître dans la pénombre, mais le visage tourné vers le soleil. À côté se trouve la dernière demeure de Fidel Castro (1926-2016). Le monument consiste en un gros rocher arrondi portant une plaque gravée du prénom "Fidel". Certaines tombes de grandes figures du pays ont été déplacées pour entourer la tombe de Fidel Castro.

MUSEO-CASA NATAL DE ANTONIO MACEO

Ce musée important occupe la maison où naquit, le 14 juin 1845, le célèbre général mulâtre Antonio Maceo, héros des deux guerres d'indépendance. Il retrace les temps forts de sa vie grâce à des photographies et des lettres, mais aussi au drapeau – en lambeaux – qui l'accompagnait pendant les batailles. Surnommé le "titan de bronze" par les Cubains pour sa bravoure, Antonio Maceo était le parangon de l'"homme d'action". Dans sa *Protesta de Baraguá* de 1878, il rejeta tout compromis avec les autorités coloniales et s'exila plutôt que de se rendre aux Espagnols. Débarquant à la Playa Duaba en 1895, il marcha avec son armée jusqu'à Pinar del Río, dans l'ouest de l'île, avant de trouver la mort lors d'une bataille en 1896.

COMMENT CIRCULER

Santiago est la ville des motos, qui pétaradent par centaines à travers les rues coloniales. Si vous levez la main au coin d'une rue, un taxi-moto ne manquera pas de s'arrêter pour vous proposer une course. Ce moyen de transport n'a rien d'officiel – ne payez pas plus de quelques dollars quelle que soit votre destination en ville.

Provincia de Santiago de Cuba

Échappez à la frénésie urbaine et plongez au cœur de la plus caribéenne des provinces de Cuba.

Si la ville de Santiago a largement de quoi vous occuper avec ses bars, restaurants, musées et concerts, la chaleur et l'agitation deviennent parfois étouffantes. Aventurez-vous hors de la ville, où des excursions d'une journée ou plus vous permettront de découvrir la richesse religieuse, historique et géographique de la province de Santiago de Cuba. Vous pourrez découvrir des plantations de café abandonnées et d'étranges formations rocheuses, ou encore plonger parmi les épaves de navires de guerre émaillant la côte sud-est de la province, faire un pèlerinage à El Cobre, l'église la plus vénérée de tout le pays, et vous attaquer au plus haut sommet de Cuba, le Pico Turquino.

Pour les infos pratiques, voir le Carnet d'adresses *p. 315*

À SAVOIR

Votre *casa particular*, votre hôtel ou l'agence de Cubatur (en face de l'Hotel Casa Granda) peuvent vous aider à organiser des excursions.

Pico Turquino

LOSA/SHUTTERSTOCK ©

Basílica de Nuestra Señora del Cobre

Le plus grand pèlerinage de Cuba

UNE GRANDE DÉVOTION

Belle apparition surplombant le village d'El Cobre, la **Basílica de Nuestra Señora del Cobre** scintille devant les montagnes verdoyantes. C'est un des sites les plus sacrés du pays, et lieu de pèlerinage incontournable pour les Cubains. La basilique actuelle date de 1927, mais un sanctuaire existe sur ce site depuis 1648. L'église est consacrée à la Virgen de la Caridad (Notre-Dame de la Charité), dite Cachita, la sainte pa-tronne de l'île. En arrivant en ville, on remarque immédiatement les trottoirs couverts de bibelots religieux et de bouquets géants de tournesols vendus aux pèlerins comme autant d'offrandes à apporter à l'église. L'extérieur de la basilique est un magnifique exemple d'architecture néobaroque. Malgré un défilé incessant de pèlerins, un silence respectueux règne dans la basilique, à la lueur des bougies de prière. La Vierge occupe une vitrine au-dessus de l'autel. La statuette semble bien minuscule – 40 cm du sommet de la couronne à l'ourlet de la robe dorée – par rapport aux pouvoirs qu'on lui attribue. Appréciez au passage le superbe travail de broderie du blason cubain, au centre. La plupart des dons laissés sur place (des béquilles devenues inutiles, des récompenses obtenues grâce à la prière) ont été enlevés.

LA CACHITA

D'après la légende, une statuette de la Vierge aurait été découverte en 1612, flottant sur une planche dans la baie de Nipe, par trois pêcheurs, les "trois Juan", pris dans une violente tempête. Sentant leur vie en danger, ils sortirent la statuette de l'eau et virent alors la phrase "Je suis la Vierge de la Charité – la Virgen de la Caridad" inscrite sur la planche. À ce moment-là, la tempête se calma, ce que les pêcheurs attribuèrent à un miracle. La statue, rapportée sur la terre ferme et affectueusement surnommée Cachita, est devenue depuis la sainte patronne de l'île. Il est d'usage de ramasser aux abords de la basilique une petite pierre tachetée de cuivre pour se protéger du mauvais sort. Notre-Dame de la Charité est également liée à la divinité afro-cubaine Oshún, symbolisée par la couleur jaune et la fleur de tournesol.

OÙ SE RESTAURER À SANTIAGO DE CUBA

Roy's Terrace Inn
Cette *casa* propose également des repas sur sa charmante terrasse à l'étage. $

St Pauli
Ce bar, restaurant et night-club jouxtant la Plaza Marte attire une jeune clientèle cubaine. $

El Madrileño
Restaurant en plein air de Vista Alegre au décor hispanisant ; goûtez les *tostones rellenos*. $

MONUMENTO AL CIMARRÓN

Une ascension d'une dizaine de minutes par un escalier en pente raide conduit à cette sculpture d'Alberto Lescay Merencio (1997) commémorant la révolte des esclaves des mines de cuivre, au XVIIe siècle. C'est désormais ici qu'a lieu chaque année en juillet l'un des plus grands rassemblements de la *santería* à Cuba, la *Ceremonia a los Cimarrones*. L'endroit offre un panorama magnifique : en vous éloignant de la sculpture, vous découvrirez des falaises couleur de cuivre plongeant dans une eau émeraude.

L'accès est indiqué dans El Cobre.

La Gran Piedra

Une chapelle latérale renferme une collection incroyable d'ex-voto : des balles de base-ball signées, une télévision, une thèse, des stéthoscopes, une sculpture en canot pneumatique (laissant penser que ces croyants ont réussi à traverser le détroit de Floride) et d'innombrables figurines métalliques représentant des parties du corps tapissent intégralement la pièce. Des Cubains s'assoient avec déférence devant la statue et prient. Que l'on soit croyant ou non, on ne peut rester de marbre face à cette dévotion.

Un rocher au sommet

LE PLUS BEAU PANORAMA DE SANTIAGO

La Gran Piedra (La Grande pierre) est un site naturel étonnant à une heure de la ville, dans la réserve de biosphère de Baconao. C'est un énorme rocher volcanique de plus de 50 m de long et pesant 63 000 tonnes. Pour arriver au rocher, il vous faudra serpenter sur des routes de montagne venteuses. À mi-chemin environ, le climat se rafraîchit brutalement, offrant un répit bienvenu après la chaleur accablante de Santiago. Vous devrez grimper 459 marches à travers des fougères (dont il y a plus de 200 espèces) pour arriver au sommet du rocher. À 1 214 m au-dessus du niveau de la mer, la vue est inouïe : montagnes, vallées, campagnes, ville et mer s'étalent sous vos yeux. La nuit, on peut même voir scintiller les lumières de la Jamaïque à l'horizon.

OÙ PRENDRE UN VERRE À SANTIAGO DE CUBA

El Morro
À côté du fort d'El Morro ; venez admirer la vue sur la mer et boire un verre ou deux.

Casa Granda
Le bar en toit-terrasse de cet hôtel est un *must* pour un cocktail au soleil couchant.

Casa Dranguet
Institution de Santiago avec concerts et événements réguliers.

La route cubaine du café

CULTURE CAFÉ

La Cordillera de La Gran Piedra fait partie de la chaîne montagneuse la plus singulière, la plus verte et la plus diverse (en matière de faune et de flore) de Cuba. Non seulement ce massif bénéficie de l'agréable fraîcheur d'un microclimat, mais il veille sur un héritage historique unique : des plantations de café (*cafetales*) léguées par les Français de l'île à la fin du XVIIIe siècle. Ayant fui une révolte des esclaves en Haïti en 1791, les immigrants français parvinrent à surmonter les conditions de vie difficiles et la médiocrité du terrain pour métamorphoser l'île. À tel point, qu'au début du XIXe siècle, Cuba était devenue le premier producteur mondial de café. Cette maîtrise et cette ingéniosité sont préservées à l'intérieur d'un site classé au Patrimoine mondial, qui s'étend autour du **Cafetal La Isabelica**. C'est l'une des plantations du XIXe siècle les mieux préservées de toutes les Caraïbes, avec au centre une demeure à deux niveaux où résidait le propriétaire, Victor Constatan. L'endroit est aujourd'hui un musée retraçant l'histoire glorieuse du café de Cuba, ainsi que celle bien plus sombre de l'esclavage. L'étage supérieur était réservé aux appartements des propriétaires, tandis que le rez-de-chaussée contient une cuisine, un *secadero* (espace dédié au séchage des grains de café), un entrepôt à café et un hangar à outils dont le passé lugubre est souligné par les chaînes pour les esclaves. On peut voir sur le domaine le moulin à café où étaient broyés les grains et les sinistres quartiers d'habitation des esclaves.

De retour au centre-ville, vous pourrez aussi visiter la **Casa Dranguet**, maison de ville coloniale qui appartenait à l'exportateur de café Don Carlos Dranguet. Le patio intérieur est désormais un établissement proposant du bon café et des concerts. C'est aussi le siège d'un centre dédié à la préservation du patrimoine cubain de la culture du café.

La Gran Piedra, Sierra Maestra

LE JARDIN DU PARADIS

En montant ou en descendant de La Gran Piedra, faites un détour au **Jardín Ave del Paraíso**, aménagé sur les ruines de la plantation de café La Siberia. Le jardin botanique est rempli de fleurs odorantes comme la colonia, qui sent l'eau de Cologne, et les gardénias au parfum doux. Si de nombreuses plantes du jardin sont assez communes dans les régions tropicales de Cuba, les anciens propriétaires français y ont également importé des espèces végétales du monde entier, dont des pêchers, des myosotis et des fenouils, qui s'épanouissent dans le climat frais et brumeux de la région. Les jardiniers évoquent aussi avec nostalgie les roses noires décimées par l'ouragan Sandy.

Cafetal La Isabelica

Épave, Santiago de Cuba

Les épaves de Santiago

UN RÊVE DE PLONGEUR

Le long du littoral de Santiago se trouve un monde fantôme sous-marin suspendu dans le temps, véritable parc archéologique aquatique dont les épaves racontent un événement historique qui a changé le cours de l'histoire de Cuba et de tout le continent américain. Le **Parque Arqueológico Subacuático**, qui s'étend sur plus de 100 km, comprend six navires de guerre espagnols et deux navires de guerre américains coulés au cours de la bataille navale de Santiago de Cuba, un tournant de la guerre hispano-américaine de 1898. Sachant la défaite imminente, les Espagnols tentèrent de rapprocher leurs navires de la terre ferme pour sauver leurs équipages, les épaves gisent donc tout près de la côte. Le croiseur espagnol *Almirante Oquendo* repose à faible profondeur au large de la **Playa Juan González**, à 30 minutes de la capitale. On aperçoit un de ses canons jaillir de la surface, sur lequel on peut même grimper (soyez prudent !) et s'asseoir pour admirer l'épave évidée. À l'autre bout du parc sous-marin, au large de la **Playa La Mula**, gît l'épave la mieux préservée du site, celle du *Cristóbal Colón*. Outre les navires, d'innombrables artéfacts jonchent les fonds marins, dont des vestiges de pièces d'artillerie, de gréements et de mâts.

Un vaisseau fantôme

LIBÉRÉ PAR L'OURAGAN DENNIS

En 2005, suite aux ravages que fit l'ouragan Dennis le long des côtes sud-ouest de Cuba, une équipe de sauvetage envoyée sur la Playa Siboney eut la surprise de découvrir les vestiges d'un vaisseau inconnu. L'ouragan avait remué le fond marin,

Exploration des épaves de Santiago

IMAGEBROKER.COM GMBH & CO. KG/ALAMY STOCK PHOTO ©, EN HAUT À GAUCHE : YANDRY_KW/SHUTTERSTOCK ©

OÙ VOIR DES CONCERTS

Issue d'une famille de musiciens, **Arletis ("Lety") Ricardo Labrada** est choriste au Coro Madrigalista, basé à Santiago. Voici ses lieux musicaux préférés.

Coro Madrigalista
Vous pourrez nous voir répéter presque tous les matins dans notre QG, en face du Museo Emilio Bacardí.

La Casa de la Trova
Avant qu'elle prenne sa retraite, ma grand-mère et moi chantions régulièrement ensemble dans cette casa légendaire.

Iris Jazz Club
Sur la Plaza Marte, c'est l'endroit où aller pour écouter du jazz (et bien manger).

Centro Multicultural El Ingenio
Profitez d'un répertoire varié de performances d'artistes qui montent.

Cayo Granma

mettant à nu des parties d'un navire enfoui et préservé depuis plus d'un siècle dans d'épaisses couches sédimentaires. Des mois d'investigations archéologiques ont permis d'identifier l'épave comme celle du *Shafter Bridge*, le second navire américain coulé pendant la bataille de Santiago. Pour organiser une excursion et approcher au plus près cette épave remarquable, rendez-vous au bureau Cubatur en face de l'Hotel Casa Granda.

CAYO GRANMA

Juste avant que la baie de Santiago ne s'ouvre sur le large se trouve une petite île appelée Cayo Granma où vous attend un village de pêcheurs avec des pontons délabrés et des maisons en bois sur pilotis. Faites une excursion au fort d'El Morro de Santiago et arrêtez-vous au port de Punta Gorda pour une brève traversée en ferry jusqu'à l'île, ou partez directement du port de Santiago. Les voitures sont bannies sur Cayo Granma, mais l'île est si petite qu'on peut en faire le tour en 20 minutes de marche. Il y a quelques endroits où se restaurer et une modeste église au sommet d'un monticule de l'île.

Le plus haut sommet de Cuba

TREK À L'AUBE DANS LA SIERRA MAESTRA

Culminant à 1 974 m d'altitude, le **Pico Turquino** est le seul endroit de Cuba à avoir jamais connu la neige. L'ascension de ce pic le plus souvent couvert de brume est un beau rite de passage pour tout voyageur dans l'Oriente. Il est situé dans la Sierra Maestra, une chaîne de montagnes qui s'étend à travers les provinces de Santiago de Cuba (au sud) et de Granma (au nord) ; l'ascension peut donc s'entreprendre depuis les deux provinces. Le trek est difficile mais reste abordable selon la façon dont vous vous y attaquez. Vous pouvez effectuer l'ascension en une journée en partant de Santiago vers 4h du matin pour atteindre le point de départ, à Las Cuevas, à 6h et y revenir en fin d'après-midi ou en début de soirée, selon votre forme physique. Autrement, prenez votre temps en passant une nuit dans un campement de montagne pour revenir à Las Cuevas le lendemain après-midi. Vous pouvez même partir de Santiago et descendre à Granma, ou inversement – et ainsi faire une belle traversée d'une province à l'autre. Comme la plupart des randonnées dans cette partie de Cuba, l'ascension est truffée de sites

Sentier vers le Pico Turquino

PICO TURQUINO : INFOS PRATIQUES

• Apportez des provisions, notamment des réserves de nourriture, des barres énergétiques et de l'eau en bouteille. Les pénuries sont fréquentes à Cuba.
• Si vous passez la nuit en montagne, emportez des vêtements chauds. Les nuits sont fraîches même pendant les mois les plus chauds.
• Organisez votre randonnée à l'avance auprès d'une agence de voyage, ou, une fois à Cuba, au bureau Cubatur en face de l'Hotel Casa Granda à Santiago ou à l'Hotel Sierra Maestra de Bayamo.
• Si la vue au sommet est obstruée par une végétation dense, les panoramas en chemin sont spectaculaires.
• Le nom *turquino* viendrait des mots indigènes *turey* (ciel) et *quino* (personne ou chose éminente).

Au pied de la Sierra Maestra

historiques majeurs. Prévoyez suffisamment de nourriture, des vêtements chauds et de pluie. Les précipitations sont fréquentes – 2 200 mm annuels – et varient du crachin à la pluie battante.

La citadelle de Santiago

FORT, MUSÉE

Inscrit au patrimoine mondial, le **Castillo de San Pedro de la Roca del Morro** se dresse telle une citadelle imprenable sur un promontoire haut de 60 m, à l'entrée du port et à 10 km au sud-ouest de Santiago. La vue majestueuse depuis la plus haute terrasse embrasse le littoral sauvage à l'ouest, avec à l'arrière-plan les flancs de la Sierra Maestra. Il fut achevé au début du XVIIIe siècle. Ses batteries, bastions, réserves et murailles n'eurent guère l'occasion de servir. Il a été restauré à la fin des années 1960. Aujourd'hui, il héberge un Museo de Piratería, ainsi qu'une salle retraçant la grande bataille navale hispano-américaine qui se déroula ici en 1898.

Comme à La Havane, la cérémonie du *cañonazo* (tirs de canon) est célébrée tous les jours au coucher du soleil par des acteurs habillés en *mambises*.

COMMENT CIRCULER

La compagnie aérienne Cubana propose des vols entre La Havane et Santiago de Cuba le mardi et le vendredi pour environ 150 $US l'aller simple. Autrement, prenez le bus Víazul partant de La Havane et traversant toutes les provinces du sud et de l'est. Il y a trois bus par jour et le trajet, qui dure entre 15 et 20 heures selon le nombre d'arrêts, coûte environ 58 $US l'aller simple. Réservez sur viazul.wetransp.com avant d'arriver à Cuba.

BARACOA

Pour faire simple, Baracoa, c'est le paradis. En 1492, Christophe Colomb, pénétrant dans la baie de Porto Santo, écrivit dans son journal que c'était "le plus bel endroit que des yeux humains aient jamais contemplé". Rien n'a changé depuis. Luxuriance tropicale, bassins naturels, chutes d'eau, rivières et océans aux eaux d'une clarté inimaginable, écosystèmes riches en oiseaux, insectes et poissons chamarrés – comment ne pas tomber sous le charme de Baracoa ? Deux décennies après la venue de Colomb, en 1511, le conquistador Diego Velázquez y établit une colonie qui fut un temps la capitale de Cuba. Située à l'extrême est de l'île et cernée de montagnes et de forêts, la région de Baracoa a toujours été difficile d'accès. Cet isolement reste le plus grand défi de la région, mais les habitants se sont forgé et ont conservé une identité unique qui prend sa source dans les liens ancestraux avec le peuple taïno.

Pour les infos pratiques, voir le Carnet d'adresses *p. 315*

À SAVOIR

Alors qu'ailleurs à Cuba juillet-août est la période la plus humide et la plus sujette aux tempêtes, le climat de Baracoa est tout à fait différent. Cette période offre ici des températures douces, des eaux paisibles et des fruits bien juteux.

Baracoa

ALXPIN/GETTY IMAGES ©

INCONTOURNABLES
1 El Yunque
2 Canyon de Yumurí

VOIR
3 El Edén
4 Finca Las Mujeres
5 Malecón
6 Museo Arqueológico La Cueva del Paraíso
7 Catedral de Nuestra Señora de la Asunción
8 Playa Maguana
9 Playa Manglito
10 Yara-Majayara

SE RESTAURER
11 Baracoando
12 Restaurante Ortiz
13 Villa Paradiso

PRENDRE UN VERRE ET FAIRE LA FÊTE
14 Café Yaima

SORTIR
15 Casa de la Trova

Plaza Independencia

La magie d'une petite capitale

PLACE ET PASSANTS

On vient surtout à Baracoa pour les excursions hors de la ville, pourtant la place principale, **Plaza Independencia**, est très agréable. Asseyez-vous au **Café Yaima**, commandez un cocktail *canchánchara* au jus de citron vert à 2 $US et imprégnez-vous de l'ambiance animée et conviviale du centre-ville. La capitale de la Provincia de Guantánamo ne manque pas de personnages intéressants qui ne demandent qu'à entamer la conversation. Sur la place, dans la **Catedral de Nuestra Señora de la Asunción**, admirez la précieuse **Cruz de la Parra**, seule rescapée des 29 croix en bois que Christophe Colomb fit dresser à Cuba lors de son premier voyage en 1492. La datation au carbone 14 a confirmé qu'elle date de la fin du XVe siècle, mais indiqué aussi que le bois est une essence cubaine, contre-disant la légende qui voulait que le crucifix ait été apporté d'Europe par Colomb. Devant la cathédrale, le **buste d'Hatuey** rappelle que ce cacique taïno fut brûlé vif par les Espagnols en 1512, près de Baracoa, pour avoir résisté à la colonisation et refusé de se convertir au catholicisme.

Flânez jusqu'à l'extrémité est du **Malecón** au coucher du soleil pour vous joindre aux enfants et adolescents de Baracoa

LES BONNES RECETTES DE BARACOA

La sauce appelée *lechita*, un mélange de lait de coco, sauce tomate, ail et épices servi avec les crevettes, l'*aguja* (espadon) et le *dorado* (dorade coryphène), constitue une expérience gustative réjouissante. Parmi les autres spécialités, citons le *bacán* (banane plantain verte et chair de crabe dans une feuille de bananier) et le *frangollo* (la même chose avec du sucre en plus dans la banane écrasée). Baracoa se distingue aussi en matière de desserts, grâce aux nombreux cacaoyers. La **Casa del Cacao** est un bon endroit pour goûter du chocolat. Vous aurez aussi la chance de boire dans votre *casa particular* un *chorote* (chocolat chaud à la poudre de banane). La friandise la plus caractéristique reste le *cucurucho* fait à base de noix de coco râpée et divers fruits moulus (orange, cacahuètes, papaye, goyave, mandarine), sucre et miel, emballés dans une feuille de palmier en forme de cône.

OÙ SE LOGER À BARACOA

Villa Paradiso, Baracoa
Manuel et Roberto vous proposent la plus belle vue en ville et une cuisine maison à tomber. $

Casa Colonial Isabel Castro
Une des plus anciennes maisons de Cuba, avec un jardin splendide où chantent les oiseaux. $

Villa Esmeralda
Migdalia est l'incarnation de l'hospitalité cubaine dans cette jolie *casa* avec vue sur la baie. $

SEMAINE DE LA CULTURE DE BARACOA

Chaque printemps, Baracoa organise la **Semana de la Cultura**, un festival d'une semaine dédié à la musique, à la danse, à l'art et à la gastronomie. L'événement célèbre le mélange unique d'influences africaines, espagnoles et indigènes qui forment l'identité de Baracoa, dont les habitants tirent une immense fierté. C'est une fête de petite ville, loin d'être aussi enfiévrée que le carnaval de Santiago mais possédant son propre charme. Ne manquez pas les performances des *treseros*, musiciens jouant le *tres*, une guitare traditionnelle à trois rangées de deux cordes, un style au cœur du *son* cubain et de ses prédécesseurs le *nengón*, le *kiribá* et le *changüí*.

ALEKSANDAR TODOROVIC/SHUTTERSTOCK ©

Playa Maguana

qui s'amusent à sauter de la digue dans les eaux bordant la plage en contrebas. Ensuite, cap sur la **Casa de la Trova** pour un petit concert, en prenant garde de ne pas tomber dans les filets des nombreux *jineteros* qui y rôdent.

Baracoa est gardée par trois forts espagnols. Édifié en 1802 à l'entrée sud de la ville, le **Fuerte Matachín** héberge le Museo Municipal qui retrace l'histoire de la plus vieille cité cubaine, des escargots *Polymita*, de la chocolaterie et de la musique originaire de Baracoa, le *kiribá*, ancêtre du *son*. Une salle est consacrée à la célébrissime exilée russe de Cuba, Magdalena Menasse (née Rovenskaïa) dite "La Rusa", dont Alejo Carpentier s'inspira pour son roman *La Danse sacrale*.

À distance de marche du centre, le **Museo Arqueológico La Cueva del Paraíso** a pris place dans La Cueva del Paraíso, une série de grottes funéraires remontant aux Taïnos. La collection réunit près de 2 000 pièces témoins de la culture indigène, squelettes, céramiques et pétroglyphes. On y voit aussi la copie d'une des pièces maîtresses de la culture taïna, l'**Ídolo del Tabaco**, sculpture découverte à Maisí en 1903.

OÙ SE LOGER À BARACOA

Hostal Casa Grande
Sept chambres spacieuses et un bar-restaurant à l'étage. $

Hostal Las Terrazas Casa Nilson
Déco mêlant les thèmes de la mer et de la *santería*, et personnel aux petits soins. $

Casa Yamicel
Maison coloniale jaune et bleu avec repas, décor et hospitalité irréprochables. $

Les plages de rêve de Baracoa

VIERGES, ISOLÉES ET PAISIBLES

De retour d'excursion, profitez d'un après-midi sur une des plages phénoménales de Baracoa. La plus prisée, **Playa Maguana**, toute proche du Parque Nacional Alejandro de Humboldt, a tout ce qu'il faut : sable blanc, eau turquoise et grands cocotiers apportant un peu d'ombre. Au bord de la plage, Víctor prépare dans son petit cabanon bleu du poisson grillé au lait de coco et des mojitos à la mangue. Lézarder au soleil vous ennuie ? Louez pour une bouchée de pain un vélo aquatique, un kayak ou un catamaran.

La **Playa Manglito**, à 10 minutes en voiture sur la route du retour du canyon de Yumurí, n'est pas aussi parfaite que Maguana (et parfois visitée par des cochons sauvages), mais a du charme. Contrairement à d'autres plages cubaines où rôdent les *jineteros* en quête d'argent facile, ici les habitants, d'une grande gentillesse, vendent des produits à base de cacao et des amandes, et proposent des massages à l'huile de noix de coco de Baracoa pour 10 $US. Un peu plus loin le long de la plage, allez au **Restaurant Tato**, où l'on vous installera une table et des chaises de jardin fatiguées pour un festin de crabe et de poulpe en plein sur la plage. Un peu plus hors des sentiers battus, les plages de **Cajuajo** et **Mapurisí** se lovent au cœur d'une nature sauvage, sans l'ombre d'un restaurant ou d'un loueur de kayaks à l'horizon.

La vie au fil de l'eau

BAIGNADES DANS LES COURS D'EAU DE BARACOA

Les 29 rivières de Baracoa font partie intégrante de l'écosystème, de l'identité et du mode de vie de la ville. Le **Río Toa**, qui traverse le Parque Nacional Alejandro de Humboldt et fait partie de la réserve de biosphère Cuchillas del Toa, est la première rivière de Cuba en terme de débit, et l'une des plus riches en biodiversité. Le **Río Camarones** est localement réputé pour les vertus thérapeutiques de ses eaux, tandis que le **Río Duaba** ("eau propre" en langue taïno) est si limpide que l'on distingue les moindres détails de son lit, même aux endroits où il atteint 8 m de profondeur. La région de Baracoa est connue pour ses plages, mais les Cubains préfèrent souvent la baignade en eau douce, en particulier dans le Duaba. Laissez-vous guider par ses cours d'eau, en bateau ou en longeant les rives à pied, et découvrez les petits villages installés sur les berges où l'on vit au rythme de l'eau. Les habitants s'y baignent, y pêchent, s'y déplacent en canoë ou sur des radeaux de fortune et y font la lessive à l'ancienne

PÊCHE AU CLAIR DE LUNE

Endémique de Baracoa, le *tetí* est un poisson minuscule que l'on pêche de juin à décembre à la lumière d'une lune décroissante, comme si un sort leur avait été jeté. Le *tetí* est techniquement un poisson d'eau douce, car ses œufs sont pondus dans les rivières de Baracoa avant que le courant n'emporte les alevins jusqu'à la mer. Une fois adultes, ils remontent comme par magie le courant en bancs argentés vers les rivières où ils sont nés. Les pêcheurs les attendent avec leurs filets pour pêcher les poissons qui sautent à la surface. Les *tetí* sont ensuite frits et dégustés avec du riz, dans des plats ou dans des sauces.

OÙ SE LOGER À BARACOA

Las Palmeras
Adresse décontractée avec vue sur les montagnes verdoyantes depuis une jolie terrasse. **$**

Casa Colonial Yikira
Maison modeste tenue par Yikira, qui est adorable et cuisine très bien. **$**

Finca la Esperanza
Ranch d'État très basique dans un cadre somptueux au bord du Río Toa. **$**

en battant le linge avec des palettes en bois. Baracoa possède aussi un nombre incalculable de cascades et de bassins naturels alimentés par les rivières, où il fait bon se rafraîchir pendant ou après une longue marche.

MEILLEURES TABLES DE BARACOA

Le blogueur culinaire **Álvaro Llerena** explore toute l'île pour découvrir le meilleur (et le pire) de la cuisine cubaine. Voici ses recommandations à Baracoa. *@alvarofoodie*

Restaurante Ortiz
La rencontre de la cuisine traditionnelle *baracoense* avec des recettes innovantes. Ne manquez pas le gâteau au chocolat.

Baracoando
Institution vegan proposant une carte improvisée chaque jour. Lorsque c'est le propriétaire Aristides qui reçoit, la soirée vire à la performance théâtrale.

Villa Paradiso
La cuisine proposée dans cette *casa particular* est préparée avec soin.

La capitale culinaire de Cuba

NOIX DE COCO, CACAO ET CAFÉ

Prenez le temps de vous mettre à table à Baracoa car la nourriture diffère vraiment de celle du reste de l'île. La région a mis à profit son microclimat pluvieux et son isolement géographique, revisitant la cuisine cubaine à l'aide d'épices, de sucre, de fruits exotiques et de noix de coco. Le poisson et les fruits de mer qui figurent sur la plupart des menus réservent quelques surprises. Attendez-vous ainsi à goûter des crevettes d'eau douce de la taille de petites langoustes ou encore de minuscules poissons, les *tetí*, pêchés dans le Río Toa entre juillet et janvier sous la lune déclinante. En vous promenant à travers la ville, humez les effluves de cuisine à l'huile de noix de coco s'échappant des fenêtres ouvertes des maisons. La plupart des Cubains n'utilisent la noix de coco que dans les desserts et les piña coladas, mais à Baracoa on adore le lait de coco dans les recettes salées. Par ailleurs, les Cubains sont réputés pour ne pas supporter la nourriture *picante* (épicée). Or Baracoa est célèbre pour ses sauces piquantes. Pour découvrir la magie culinaire de la région, rien de plus facile ! Le centre-ville de Baracoa est émaillé de restaurants proposant une cuisine ambitieuse. Menu gastronomique ou repas maison, Baracoa ne déçoit jamais en matière de plaisirs gourmets.

La finca 100% féminine de Baracoa

LA CULTURE ANCESTRALE DU CACAO

Le cacao fut une des premières cultures introduites sur l'île par les Européens, et bien qu'il n'atteignît jamais l'importance de la canne à sucre, du tabac ou du café, le cacao reste intimement lié à l'identité cubaine. C'est encore plus vrai à Baracoa, où la plupart des plantations ont été établies.

Les *Baracoenses* en sont tellement friands qu'au lieu de boire un expresso le matin, comme la plupart des Cubains, ils préfèrent souvent siroter un chocolat chaud. La **Finca Las Mujeres**, en lisière de la ville, est une ferme entièrement gérée par des femmes. Daisy, surnommée la "Reina del cacao", cadette d'une fratrie de six sœurs, s'est mariée avec un homme issu d'une famille de planteurs de cacao. Son beau-père lui a appris le travail de la terre et le maniement de la machette. Devenue la propriétaire, elle est aidée par quatre à six femmes, dont

OÙ SE RESTAURER À BARACOA

Mirador del Silencio
Tout près de Yumurí, dégustez des délices de la mer dans une des tours de guet en bois surplombant l'océan. $

Marco Polo
La cuisine de cette adresse très fréquentée est savoureuse ; venez l'après-midi pour admirer le coucher du soleil. $

El Sueño
En plein sur le Malecón, avec un menu fixe correct et une ambiance jeune. $

INSPIRED BY MAPS/SHUTTERSTOCK ©

Parque nacional El Yunque

sa mère, âgée de 96 ans. Lors d'une visite de la *finca*, où des cabosses de cacao pourpre et marron pendent à l'ombre des arbres, Daisy vous expliquera le processus de culture et de récolte. Elle détaillera ensuite les méthodes traditionnelles de fermentation, séchage, torréfaction et broyage permettant de transformer les graines de cacao en délicieux chocolat. Organisez une visite par l'intermédiaire de votre *casa particular* ou d'un guide touristique.

Le plus haut sommet de Baracoa

UNE ASCENSION PAS SI ARDUE

À 30 minutes de route du centre-ville se dresse le plus haut sommet de la province, **El Yunque**. En observant d'en bas le sommet plat culminant à 575 m au-dessus du niveau de la mer, vous vous demanderez comment vous allez bien pouvoir y arriver, mais avec un bon guide ce ne sera pas si difficile. Il organisera des pauses multiples en chemin pour vous

VISITE GASTRONOMIQUE À BARACOA

Steve, de Baracoa4u, mène une visite hors des sentiers battus à la découverte de l'authentique cuisine de rue de Baracoa. En chemin, il raconte l'histoire de la cuisine *baracoense* et la manière dont elle reflète les changements sociétaux qu'ont connus les habitants de la province et comment ils se sont adaptés aux difficultés du quotidien dans cette région isolée. Il raconte également la complexité de la recherche de nourriture à Baracoa, où faire les courses relève souvent de la chasse au trésor. La visite s'achève par un déjeuner convivial chez Steve, qui vous servira des plats et des boissons typiques de Baracoa.

LES MEILLEURS GUIDES DE BARACOA

Steve Cardosa
Administrateur du canyon de Yumurí, et propriétaire de Baracoa4u (baracoa4u@gmail.com ; +53-5530-2820).

Noel Coutin Lobaina
Noel prend le temps de vous montrer chaque plante locale, dont des espèces rares (coutinnoel1974@gmail.com).

El Indio
Il a guidé des ornithologues de classe mondiale à travers le Parque Nacional Alejandro de Humboldt (+53-5563-4136).

LA REINE DU CACAO

Daisy, la reine du cacao de la Finca Las Mujeres, nous parle de son amour pour cette plante ancestrale magique.

Originaire d'Amérique centrale, le mot "cacao" vient du maya *kakaw* ("nourriture des dieux"). Les tribus amérindiennes en buvaient à la pleine lune pour favoriser la fertilité. À Baracoa, nous utilisons les propriétés curatives des plantes qui nous entourent. Le cacao favorise la bonne humeur, ralentit le vieillissement, fait baisser le cholestérol et stimule les défenses immunitaires. Cultiver le cacao est éprouvant. En outre, la plante est très sensible et doit être traitée avec amour et attention. Je veux laisser aux visiteurs une impression si durable qu'à chaque fois qu'ils dégusteront du chocolat, ils auront une pensée pour les femmes de cette *finca*.

aider à encaisser la pente abrupte, évoquant au passage les efforts de conservation entrepris pour protéger El Yunque et les nombreuses variétés de plantes utilisées pour se soigner dans cette région coupée du reste du pays.

Vous pouvez espérer voir le *tocororo* (trogon, oiseau national cubain), le *zunzuncito* (colibri d'Helen, le plus petit oiseau du monde), des papillons et des *Polymita* (escargots aux couleurs vives, en voie de disparition).

À mi-chemin du sommet, vous pourrez faire une pause bien méritée dans la hutte en palmes d'un *campesino* qui vous préparera une assiette de fruits tropicaux cultivés dans sa ferme et vous ouvrira une noix de coco désaltérante.

Au sommet, signalé par le portrait en bronze du héros de guerre Antonio Maceo, la ville et la région de Baracoa s'étaleront à vos pieds.

Une fois redescendu, votre guide pourra vous emmener à la cascade **El Jutiero** ou au **Charco de la Piña**, un bassin nature, pour une baignade rafraîchissante.

Le cœur archéologique de Cuba

PÉTROGLYPHES ET PANORAMAS

On trouve un peu de tout dans la zone protégée de **Yara-Majayara**, à seulement 3 km de Baracoa. L'endroit est avant tout connu pour son importance archéologique et spéléologique ; on pense que la zone abritait l'une des plus importantes populations précolombiennes de Cuba, estimée à 4 000 habitants.

Le site est constitué de vastes galeries souterraines réparties sur trois niveaux, comprenant plus de 500 m de grottes,

Yara-Majayara

MASTERZ/ALAMY STOCK PHOTO ©

Playa Blanca, Baracoa

500 pétroglyphes découverts à ce jour et un réseau antique de voies navigables.

Yara-Majayara est donc au centre de la culture amérindienne, et chaque année à partir du 10 août y est organisé un festival dédié aux traditions taïnos.

Les descendants des premiers Taïnos apportent des plats traditionnels comme des *buñuelos* (beignets de pâte frite), de la *tulanga* (plat à base de manioc, de noix de coco et d'épices) et des *frangollos* (sortes de nougats à base de bananes plantains, de mélasse et de noix) à partager, et se lancent dans des danses sur fond de musique traditionnelle. Yara-Majayara jouxte l'embouchure du **Río Miel**, bordée d'épaisses mangroves, et la **Playa Blanca**, un petit bout de sable blanc dont les eaux se prêtent au snorkeling.

Vous pourrez également vous baigner dans le bassin naturel à l'intérieur de la **Cueva La Perla del Agua**. La partie la plus impressionnante de l'excursion est sans doute le point de vue situé au troisième niveau, qui offre un panorama à 360° sur le parc, l'embouchure du Río Miel et, au loin, la ville de Baracoa.

MYTHES DE BARACOA

Voici deux des 200 mythes oraux *baracoenses* connus sous le nom de *mentiritas* (petits mensonges).

El Yunque
Les Amérindiens appelaient cette montagne *yuke* ("terres blanches") en raison des épais nuages qui en dissimulent le sommet. Lorsque les Espagnols arrivèrent ici, ils prirent le mot *yuke* pour *yunque* (enclume), pensant qu'il faisait référence au sommet plat de la montagne.

Río Miel
Ce mythe raconte l'histoire d'un soldat espagnol qui tomba amoureux d'une jeune Amérindienne. Ils s'enfuirent dans les forêts de Baracoa, se baignant dans les rivières, et le soldat finit par manquer le bateau devant le ramener en Europe. Lorsque les Espagnols revinrent, ils donnèrent à la rivière le nom de Río Miel en référence à la douceur séduisante de ses eaux qui sont si difficiles à quitter.

SPÉCIALITÉS SUCRÉES DE BARACOA

Chorote
Chocolat chaud souvent agrémenté de lait de coco, de cannelle, de vanille et d'une pincée de sel.

Torta Chocorón
Sorte de tourte/brownie à base de cacao et de rhum.

Cucurucho
Noix de coco râpée avec sucre et noix, le tout servi dans un cône en feuille de palmier.

LE TOP DES RANDONNÉES À BARACOA

Steve Cardosa, administrateur du canyon de Yumurí et patron de la compagnie de guides Baracoa4u, nous parle de ses randonnées préférées dans sa province bien-aimée. *@baracoa4utours*

El Yunque
J'aime le défi que représente l'ascension d'El Yunque, où je peux révéler aux visiteurs les secrets de la faune et de la flore locales.

Yumurí-Belete
Cette randonnée de 13 km emmène les visiteurs en pleine nature à travers des formations géologiques fascinantes, avec en prime une baignade dans les chutes de Belete.

Balcón de Iberia
Mon itinéraire préféré parmi les six que compte le Parque Nacional Alejandro, avec des paysages verdoyants et des espèces endémiques à foison.

Le majestueux canyon de Yumurí

ESCARGOTS COLORÉS ET FALAISES IMPRESSIONNANTES

Entouré de profondes forêts humides, émaillé de cascades spectaculaires, flanqué de falaises impressionnantes et sillonné par un fleuve débordant de vie aquatique, le canyon de Yumurí est une des merveilles naturelles de Cuba. Au Centre pour la faune et la flore, géré par la compagnie d'État en charge de la protection de la zone, vous pourrez choisir parmi de multiples excursions guidées, la plus demandée étant la descente en bateau du Río Yumurí, qui serpente à travers le canyon.

La barque glisse sur la rivière, dont les eaux claires scintillent de bancs de poissons transparents tandis que les chants de plus de 30 espèces d'oiseaux descendent des arbres et des falaises. Vous n'avez plus qu'à vous laisser bercer par la sérénité des lieux.

Des **randonnées** de 9 km et 13 km sont également possibles, et permettent d'apprécier dans tous leurs détails les sites naturels et les espèces peuplant la zone. Ne manquez sous aucun prétexte les *polymitas*, des escargots colorés célèbres dans le monde entier.

Remontez une route escarpée jusqu'à un point de vue sur le canyon pour découvrir le projet de conservation des *Polymita* entrepris par la famille Matos-Duran. En 2022, ces escargots ont remporté le titre mondial de mollusque de l'année grâce

Canyon de Yumurí

TOMAS ZRNA/GETTY IMAGES ©

Canyon de Yumurí

à leur beauté et à leur importance écologique. Pourtant leurs coquilles colorées, très recherchées, font l'objet d'un commerce illégal. Ils sont aujourd'hui menacés d'extinction. Cependant, grâce à des initiatives de protection comme celle-ci, le nombre d'espèces présentes dans le canyon de Yumurí a augmenté de 15% lors des dernières années.

Le jardin d'Éden

LA NATURE DANS TOUTE SON HARMONIE

Sur le chemin de Quibijan, un village agricole à 30 minutes de route de Baracoa, vous trouverez une *finca* qui développe des pratiques agricoles durables. Pour atteindre la ferme, il faut traverser le Río Quibijan, soit à pied en se mouillant le bas du corps soit sur un radeau bricolé en bambou.

Sur l'autre rive, Oni et son mari Pincho vous accueilleront dans leur ferme permacole, **El Edén**. L'endroit mérite bien son nom. Il y a huit ans, le couple s'est inscrit à un cours de l'université de Santiago de Cuba pour étudier les principes de la permaculture, et a commencé à transformer la *finca* familiale. Tous deux y cultivent un éventail de produits bio (fruits, légumes, tubercules et herbes). Il y a aussi une boutique où vous pourrez acheter des bocaux d'épices afin de soutenir leur initiative. Leur terrain est sillonné d'un labyrinthe de sentiers et d'éléments en pneus retournés, bouteilles de verre et briques qui imitent des formations naturelles et incitent les plantes à coopérer entre elles plutôt qu'à se concurrencer.

Passez l'après-midi à vous détendre dans leur tour de guet en palmes, pendant qu'Oni prépare un grand festin de produits de la ferme, ou peut-être un petit en-cas de *tostones* (bananes plantains frites) et d'œufs brouillés agrémentés de tomates et de poivrons. Ici, tout n'est qu'harmonie.

YUMURÍ : ORIGINES D'UN NOM

D'après la légende, lorsque les Espagnols tentèrent de réduire la population indigène en esclavage, de nombreux indigènes parvinrent à s'échapper en sautant dans la rivière depuis les falaises de la vallée. Au moment de se jeter dans le vide, ils criaient en espagnol *yo moriré* ("je mourrai"), ce qui avec leur accent donnait *yumurí*. Le nom de cette région rappelle donc la fierté des indigènes qui préférèrent la mort à l'esclavage.

LE TOP DES SPÉCIALITÉS DE BARACOA

On trouve à Baracoa des dizaines de plats n'existant nulle part ailleurs à Cuba. Si vous êtes un gourmet, faites de la capitale provinciale votre prochaine destination.

Bacán
Sorte de *tamal* cubain, le *bacán* est une barre de pâte de banane plantain farcie de chair de crabe et enveloppée dans des feuilles de bananier. Le *bacán perdido* est une variante sans feuille, cuite dans du lait de coco.

Casabe
Pain plat à base de manioc râpé, un aliment de base ancestral des Taïnos.

Calalú
Ce plat caribéen se compose généralement de feuilles de patate douce cuites à l'étouffée dans une sauce épicée à la noix de coco.

Forêt nationale d'El Yunque

Les vestiges de la United Fruit

HISTOIRE D'UN EXPORTATEUR DE BANANES AMÉRICAIN

Au tournant du XXe siècle, Baracoa était l'épicentre du commerce de la banane florissant, dont Cuba était alors l'un des plus grands exportateurs au monde

Dominée par le géant américain United Fruit Company (UFC), la région de Baracoa était couverte d'immenses plantations de bananes, qui apportèrent prospérité et infrastructures à la province.

En 1960, le gouvernement cubain saisit les actifs d'UFC, mettant fin à l'histoire de l'entreprise à Cuba. Mais des vestiges en ont subsisté. En bordure des forêts du canyon de Yumurí se trouvent les ruines d'un site d'UFC, comprenant notamment les restes d'un ascenseur à bananes.

COMMENT CIRCULER

Le vélo est un excellent moyen de se déplacer à Baracoa. Vous devriez pouvoir en louer par l'intermédiaire de votre *casa particular* pour 8-10 $US par jour. Pédalez à la découverte de sites comme El Yunque (18 km), la Finca Las Mujeres (42 km) et la Playa Maguana (44 km) ; si vous êtes fatigué, revenez en taxi en embarquant votre vélo.

Environs de Baracoa

Baracoa est un excellent point de départ pour découvrir la Provincia de Guantánamo, en grande partie inexplorée.

Les visiteurs ont tendance à sous-estimer la quantité de choses à faire à Baracoa, et n'y restent que quelques jours sur le chemin de Santiago de Cuba. La plupart se contentent des sites les plus proches et les plus faciles d'accès, comme El Yunque ou Yumurí, pourtant Baracoa et les régions environnantes méritent d'y rester au moins dix jours. Le Parque Nacional Alejandro de Humboldt, à plus d'une heure au nord de Baracoa par la route cahoteuse de Moa, possède une biodiversité unique à Cuba, et est connu sur tout le continent pour ses nombreuses espèces endémiques. À une heure et demie de route à l'est de Baracoa, Maisí est la municipalité la plus orientale de l'île, et son secret le mieux gardé.

Pour les infos pratiques, voir le Carnet d'adresses p. 315

À SAVOIR

Un bon guide est essentiel à Baracoa. Recrutez un guide officiel au bureau Ecotur de la ville.

Parque Nacional Alejandro de Humboldt

DR ENRIQUETA FAVEZ

Née en Suisse en 1791, Enriqueta Favez, mariée à un soldat français à l'âge de 15 ans, usurpa son identité pour pouvoir étudier la médecine et devenir chirurgien militaire lorsque celui-ci fut tué au combat. En 1819, elle débarqua à Cuba et commença à pratiquer la médecine à Baracoa, toujours sous sa fausse identité. Enriqueta épousa une indigène pauvre, mais bientôt la supercherie fut dénoncée aux autorités par un serviteur. Lors de son procès, elle affirma avoir une âme d'homme dans un corps de femme. Elle fut reconnue coupable de fraude avant d'être envoyée à La Nouvelle-Orléans, où elle se fit nonne.

TUPUNGATO/SHUTTERSTOCK ©, BOTTOM RIGHT: HOLGER LEUE/GETTY IMAGES ©

Parque Nacional Alejandro de Humboldt

Randonnée dans le Parque Nacional Alejandro de Humboldt

UN ENDÉMISME SANS ÉGAL

"Sans égal dans toutes les Caraïbes" : c'est ainsi qu'on présente souvent le **Parque Nacional Alejandro de Humboldt**. Classé au patrimoine mondial de l'Unesco en 2001, ce beau parc au-dessus de la Bahía de Taco concentre les plus grands efforts entrepris par Cuba en faveur de l'environnement. Zone protégée de 700 km², il s'étend à travers les provinces de Holguín et de Guantánamo. Le parc porte le nom de l'explorateur allemand Alexander von Humboldt, qui arriva à Cuba au début du XIXe siècle et fut immédiatement frappé par la biodiversité exceptionnelle de la région. À 40 km au nord-ouest de Baracoa, il couvre une bonne part de la forêt primaire du pays, protège quelque 667 km² de terres et 2 641 ha de lagunes et de mangroves. Avec 1 000 espèces de plantes à fleurs et 145 sortes de fougères, c'est la flore la plus variée de toutes les Caraïbes. Selon l'Unesco, ce parc est "l'un des écosystèmes terrestres insulaires et tropicaux les plus divers du monde sur le plan biologique". La flore y est endémique à 70%, tout comme près de 20 espèces d'amphibiens, 45% des reptiles et une grande partie des oiseaux. Plusieurs espèces menacées vivent ici, tels le perroquet appelé amazone de Cuba, le milan bec-en-croc et le pic à bec ivoire.

Le parc est connu pour ses six sentiers de randonnée englobant terre et mer. Le **sendero El Recreo**, d'une durée de 3 heures environ, serpente à travers l'épaisse forêt humide et permet de se rendre compte du haut niveau d'endémisme qui fait la réputation du parc dans le monde entier. Il y a ici un type de roche toxique pour les végétaux, qui ont dû s'adapter à ces conditions pour survivre, notamment en développant des épines pour se protéger et absorber de l'eau. On peut voir en chemin de nombreuses espèces rares comme le todier de Cuba et le colibri d'Helen, et, en fouillant le tapis de feuilles humides jonchant le sol de la forêt, la plus petite grenouille de l'hémisphère nord, longue de 1 cm seulement. Les véritables fous de nature apprécieront l'**itinéraire Humboldt**, une excursion de 34 km combinant plusieurs sentiers en trois jours, qui implique de camper dans le parc ainsi que l'ascension de son plus haut sommet, El Toldo.

Médecine par les plantes

TIRER LE MEILLEUR DE LA FLORE LOCALE

L'isolement de la région et le manque d'accès aux médicaments ont donné naissance à une culture de l'homéopathie et des médecines douces s'appuyant sur la riche flore locale. El árbol de la suegra est un arbre ainsi surnommé en raison de ses feuilles qui se retournent d'un côté et de l'autre dans le vent, à la manière des sautes d'humeur de votre *suegra* (belle-mère). Ses feuilles remplacent l'aspirine et son latex aide à éliminer verrues et boutons de fièvre. La goyave, parfois surnommée pomme de Cuba, est un fruit utilisé contre la nausée et dont les feuilles ont des propriétés antiseptiques. Le cocotier, arbre aux cent usages, est utilisé pour combattre la dengue.

Croisière dans la Bahía de Taco

MANGROVES ET LAMANTINS

Parmi les nombreuses activités possibles dans le Parque Nacional Alejandro de Humboldt, une croisière dans la Bahía de Taco permet d'explorer ce superbe bras de mer d'eau salée débouchant sur l'océan Atlantique. Au cours de l'excursion de 2 heures, vous aurez peut-être la chance d'apercevoir un **lamantin**, mammifère endémique des Antilles très discret qui apprécie les profondeurs boueuses de la baie. Vous verrez probablement aussi des poissons-lions au corps rayé et aux nageoires en forme d'éventail, espèce invasive qui s'est introduite suite à la perturbation des courants marins causée par l'ouragan Matthew.

À mi-parcours environ, le bateau s'enfonce dans des épaisses **forêts de mangroves**, cruciales pour l'écosystème aquatique, protégeant l'environnement des tempêtes et de l'érosion côtière, améliorant la qualité de l'eau et emmagasinant d'importantes quantités de carbone. Le long de la baie, des pousses vertes de palétuviers récemment plantées témoignent d'un projet de reforestation dont le but est de lutter contre les effets du changement climatique sur les mangroves. Si les mangroves n'égalent pas en beauté d'autres paysages cubains, elles grouillent d'une vie tapie sous la surface de l'eau, une multitude d'espèces de poissons et d'oiseaux se reproduisant et trouvant refuge dans leurs racines enchevêtrées. Demandez à votre guide si vous pouvez faire la croisière à l'aube pour écouter la symphonie de chants d'oiseaux qui s'éveillent avant de se lancer dans le ciel matinal.

LE FIER HATUEY

Hatuey était un grand cacique taïno qui vivait dans l'actuelle Haïti. En 1511, Diego Velázquez quitta Hispaniola pour conquérir Cuba – mais à sa grande surprise, Hatuey l'avait devancé, fuyant en canoë avec 400 hommes pour avertir les peuples de Cuba de ce qui les attendaient lorsque les Espagnols débarqueraient.
La rébellion menée par Hatuey contre les conquistadors avorta quand il fut capturé et condamné au bûcher. On raconte qu'un moine franciscain s'avança pour lui donner le baptême et que Hatuey s'y opposa, objectant que si les Espagnols allaient au paradis, il préférait y renoncer. Il est demeuré un héros national à Cuba.Un buste du cacique se dresse devant la cathédrale de Baracoa.

Bahía de Taco

LA PLUS HAUTE CHUTE DE CUBA

Peu connu, même des Cubains, le **Salto Fino** est la plus haute chute insulaire des Caraïbes, et la 20e au monde. Dégringolant sur 305 m au total en une suite de 8 petites cascades, elle doit son existence à une dénivellation brutale de l'Arroyo El Infierno ("ruisseau de l'Enfer") dans le massif des Cuchillas del Toa. Inaccessible par la route, car au cœur d'une épaisse forêt tropicale du Parque Nacional Alejandro de Humboldt, elle n'a été cartographiée et mesurée exactement qu'en 1966, au moyen d'un hélicoptère, par le célèbre géographe et révolutionnaire cubain (1923-1998). En 1996, ce dernier a réussi à se frayer avec son équipe un passage à travers la végétation touffue pour y mener la première expédition scientifique. Rares sont les randonneurs à s'aventurer jusqu'ici. Un belvédère permet de contempler les chutes.

LENA WURM/SHUTTERSTOCK ©

Faro de Maisí

Isolement total à Maisí

SEUL AU MONDE

Vous pensez qu'on ne peut pas faire plus isolé que Baracoa ? Vous vous trompez. Longtemps zone militaire interdite d'accès, la pointe extrême-orientale de Cuba est désormais ouverte aux voyageurs. Six sentiers permettent désormais d'atteindre des lieux jusque là très peu visités. La **randonnée de la Cueva de Patana**, qui traverse 10 km de forêt semi-aride, est réservée aux aventuriers aguerris, avec un terrain rocailleux très délicat à arpenter et très abrupt par endroits. Pour vous en sortir, il vous faudra l'agilité et l'endurance d'une chèvre de montagne. Des myriades d'escargots *Polymita* s'accrochent aux arbres, des papillons bleus et noirs de jais volètent çà et là, et vous sentirez par moments l'odeur poivrée de l'origan sauvage.

Le sentier débute dans le hameau de **Patana**. Les habitants de Maisí sont connus pour leur hospitalité, accueillant les visiteurs chez eux et insistant souvent pour leur offrir un succulent café corsé. Par deux fois pendant le trek, vous émergerez dans des clairières offrant des panoramas impressionnants sur l'océan. Des trésors encore peu explorés se cachent dans les profondeurs de la mer, dont une vie marine intacte et des épaves de navires.

Trésors archéologiques

UN DES SITES LES PLUS IMPORTANTS DE CUBA

Le principal intérêt de la randonnée de la Cueva de Patana est la grotte dans laquelle ont été découverts de nombreux artéfacts et pétroglyphes amérindiens. En 1915, l'archéologue américain Mark Raymond Harrington fit l'une des découvertes archéologiques les plus importantes de Cuba à ce jour, l'idole de pierre du Gran Cemí, dans l'une des chambres intérieures infestées de chauves-souris de la grotte. Taillant la roche pour l'emporter, il transporta l'idole aux États-Unis, où elle est toujours exposée au National Museum of the American Indian. Des négociations sont en cours entre Cuba et les États-Unis pour un éventuel retour de l'idole sur son île d'origine.

La pointe de l'Oriente

LAGUNES ET PHARES

La **Punta de Maisí** est si excentrée que lorsqu'un cyclone arrive, les habitants se réfugient dans les grottes avoisinantes. Pendant la période coloniale, la pointe était un site important pour la navigation, servant de point de repère aux navires voguant des Caraïbes vers l'Atlantique. À la pointe orientale de Cuba se dresse le **Faro de Maisí**, phare anciennement appelé La Concha, construit en 1862 et toujours en fonction aujourd'hui. Payez un droit d'entrée dérisoire (par carte de préférence) pour grimper les 144 marches menant au sommet et profiter d'un beau panorama sur la côte orientale sauvage et le passage du Vent, un détroit de la mer des Caraïbes séparant Cuba de l'île d'Hispaniola. Par temps clair, on aperçoit Haïti à l'horizon, à seulement 77 km du phare.

Les environs sont émaillés de *cenotes* (dolines), notamment le **Pozo Azul**. Un sentier rural de 24 km qui débute juste avant le phare y mène, à faire entièrement à pied ou en partie en voiture (à condition d'avoir un 4×4 robuste). Le sentier combine archéologie, géologie et écologie : vous verrez de nombreuses grottes, des formations rocheuses étonnantes et des espèces rares de papillons, d'oiseaux et de cactus. Une fois arrivé à la doline, entourée de fougères géantes, vous pourrez y nager dans des eaux de jade au milieu des poissons et des crustacés.

EMBLÈME DE LA LIBERTÉ

Beaucoup pensent que le *tocororo*, avec son dos bleu, sa poitrine blanche et son ventre rouge, est l'emblème de Cuba parce qu'il partage ces couleurs avec le drapeau national. Mais il existe une autre raison, plus profonde, expliquant le statut de l'oiseau : on dit que lorsqu'on met le *tocororo* en cage, il meurt rapidement car il ne sait pas survivre en captivité. L'oiseau est donc devenu un symbole de liberté à Cuba, où il jouit d'une totale liberté dans les campagnes. Depuis 1982, il est interdit de le chasser ou de le capturer.

COMMENT CIRCULER

Le moyen le plus simple d'atteindre Baracoa, que ce soit en taxi, en bus ou en voiture de location, est de passer par la jolie route serpentant dans les montagnes de Nipe-Sagua-Baracoa, qui relie Baracoa au reste de l'île. Considérée comme une des sept merveilles de l'ingénierie cubaine, la route est l'un des emblèmes de la région. Filant sur plus de 100 km, elle fut construite dans les années 1960 dans le cadre du plan de Castro visant à améliorer les infrastructures et à relier les régions isolées du pays. Les habitants de Baracoa étaient tellement ravis du retour métaphorique de la lumière dans l'isolement obscur de la région qu'ils surnommèrent la route La Farola (le réverbère).

Carnet d'adresses

CAMAGÜEY

Ballet Contemporáneo de Camagüey
Voir p. 257 (Cisneros, entre General Gómez et Hermanos Agüero ; 8h30-15h lun-ven)

Ballet Folklórico de Camagüey
Voir p. 259 (Callejón Finlay, n°4 entre República y Lope Recio ; 9h-17h lun-sam)

Casa Natal de Ignacio Agramonte
Voir p. 256 (Av. Agramonte 459 ; 2 $US ; 10h-17h45 mar-jeu, 8h-12h dim)

Catedral de Nuestra Señora de la Candelaria
Voir p. 259 (Cisneros 168)

Centro Iberoamericano
Voir p. 257 (Ave. De los Mártires 365 ; 9h-13h)

Estudio Magdiel García Almanza
Voir p. 258 (Plaza de San Juan de Dios ; 9h-18h)

Estudio Marta Jiménez Pérez
Voir p. 258 (Hermanos Agueros 282, angle Carmen et Honda, Plaza del Carmen ; 8h-20h)

Galería Eduardo Rósales Ruíz
Voir p. 258 (Calle Lugareno entre San Rafael et San Clemente)

Iglesia de la Caridad
Voir p. 259 (Av. de la Libertad et Sociedad Patriótica)

Iglesia de Nuestra Señora de la Merced
Voir p. 259 (Plaza de los Trabajadores)

Iglesia de Nuestra Señora de la Soledad
Voir p. 259 (República et Av. Agramonte)

Iglesia del Sagrado Corazón de Jesús
Voir p. 259 (República et Luaces)

Necrópolis de Camagüey
Voir p. 257 (Plaza del Cristo ; 7h-18h)

Parque gnacio Agramonte
Voir p. 256 (Martí et Independencia)

Vitrales Daluz
Voir p. 259 (daluzcuba.com ; Gral. De la Vega ; 8h-17h lun-ven)

Paradiso
Voir p. 257 (paradiso@sccm.artex.cu ; Ignacio Agramonte 409a ; 8h30-17h lun-ven)

Casa 1902
Voir p. 257 (Padre Valencia 5 entre San Ramon et Charles Aldana)

Casa Maydi
Voir p. 257 (5 278-6183)

El Paso
Voir p. 255 (32-246-725 ; Plaza del Carmen)

Hostal La Isabela
Voir p. 257 (54-181-690 ; República 162)

Hostal San Rafael
Voir p. 255 (32-258-485 ; San Rafael 191, angle Rito Arencibia et Ramon Pinto)

Hotel San Juan
Voir p. 255 (32-244-944 ; Plaza San Juan de Dios, angle San Rafael et Padre Olallo)

Austria
Voir p. 262 (32-285-580 ; Lugareño 121, entre Raúl Lamar et Matías Varona ; 7h30-23h30)

El Andén
Voir p. 262 (52-712-473 ; Van Horne angle Padre Olallo ; 6h-minuit)

El Melangé
Voir p. 261 (55-276-295 ; Cisneros 126 entre San Clemente et Pobre ; 12h-1h lun, mer et dim, 12h-2h mar, jeu-ven, 12h-3h sam)

Mesón el Príncipe
Voir p. 261 (52-404-598 ; Astilleros 18, entre San Ramón et Lugareño ; 12h-23h)

Restaurant 1800
Voir p. 261 (32-283-619 ; Plaza San Juan de Dios 113 entre San Rafael et San Juan de Dios ; 9h-1h)

Bar el Cambio
Voir p. 256 (angle Independencia et Martí ; 10h-2h)

Café Ciudad
Voir p. 256 (Plaza Agramonte, angle Martí et Cisneros ; 9h-23h)

Congo's Bar
Voir p. 262 (Bartolomé Masó ; 11h-22h lun-jeu, 16h-1h ven-dim)

Eleazar
Voir p. 262 (Avellaneda 361E, angle San Martin et San José ; 12h-23h)

Seven Lounge Bar
Voir p. 262 (San Ramón, 7 entre Astilleros et General Gómez ; 19h-3h mer, ven et dim, 16h-2h jeu, 19h-2h sam)

Teatro Principal
Voir p. 258 (Padre Valencia 64 ; 20h30 ven-sam, 17h dim)

PROVINCIA DE CAMAGÜEY

Casa Insólita
Voir p. 264 (Vicente Garcias et Lucas Ortiz, Las Tunas ; mer-dim)

Finca el Lago de las Delicias
Voir p. 263 (entre Bote Nuevitas et Balastrera Minas)

Reserva Ecológica Limones Tuabaquey
Voir p. 262 (route principale entre Morón et Nuevitas ; entrée 6 $US, avec visite guidée 24 $US)

Aldea San Blas
Voir p. 261 (facebook.com/aldeasanblas ; Carretera Florida km21, Camagüey ; à partir de 11h)

Náutica Marlin Santa Lucía
Voir p. 265 (marinasmarlin.com ; Av. Turística, Playa Santa Lucía ; à partir de 22 $US)

Casa Lily
Voir p. 265 (Saturno Lora, Las Tunas)

El Cornito
Voir p. 264 (Carretera Central Km 8, Las Tunas)

Hotel Cadillac
Voir p. 265 (Angel Guardia E/ Fco Vega Y Fco Varona, Las Tunas)

Paradise House
Voir p. 263 (52-047-101 ; Calle 17 130, Playa la Herradura)

Rincón Gallego
Voir p. 265 (Playa La Herradura 227, Playa la Playita)

Luna Mar
Voir p. 265 (32-336-146 ; Playa Santa Lucia ; 12h-21h)

El Caché
Voir p. 265 (31-347-300 ; Francisco Varona 293, Rto. Primero, Las Tunas ; 12h-2h)

Restaurant Neptuno
Voir p. 263 (58-346-130 ; La Playita, Las Tunas ; 9h-minuit)

Sal y Pimienta
Voir p. 265 (55-289-965 ; Nicolas Heredia, Las Tunas ; 18h-23h mer-lun)

Drs.com
Voir p. 265 (55-614-631 ; Camilo Cienfuegos 57 ; 19h-minuit mar-dim)

HOLGUÍN

Casa Natal de Calixto García
Voir p. 268 (Miró 147 ; 2 $US ; 9h-17h mar-sam)

Camagüey

Museo de Historia Provincial
Voir p. 268 (Frexes 198 ; 2 $US ; 8h-16h30 mar-sam, 8h-12h dim)

UNEAC
Voir p. 269 (Manduley 148 entre Luz Caballero et Martí)

Hostal Gina y Francis
Voir p. 268 (52-557-124 ; Frexes, entre Cervantes et Fomento)

Hostal Ideal
Voir p. 268 (53-568-168 ; Libertad 139, angle Arias et Agramonte)

Hotel Saratoga
Voir p. 268 (59-865-198 ; Maceo, angle Martí et Luz Caballero)

1910
Voir p. 269 (53-185-391 ; Mártires 143, entre Aricochea et Cables ; 10h-minuit)

San José
Voir p. 269 (Agramonte 163, entre Libertad et Maceo ; 12h-23h45)

Bar Benjuly
Voir p. 269 (Callejón Mercado 1, Plaza de la Marqueta ; 7h-1h lun-ven, 7h-2h sam, 13h-1h dim)

ENVIRONS DE HOLGUÍN

Museo Conjunto Histórico de Birán
Voir p. 270 (10 $US ; 9h-15h30 mar-sam, 9h-12h dim).

Club Amigo Atlántico
Voir p. 273 (atlanticoguardalavaca.com ; Playa Guardalavaca)

Gran Muthu Almirante
Voir p. 273 (muthuhotelsmgm.com ; Calle 3, Playa Guardalavaca)

Hostal el Patio
Voir p. 272 (J. Peralta, Gibara)

Hostal Mar y Sol
Voir p. 272 (52-402-164 ; J. Peralta 59 Entre J. Mora et M. Grajales, Gibara)

Las Brisas
Voir p. 273 (2443-0218 ; brisashotelguardalavaca.website ; Playa Guardalavaca)

La Villa de las Rosas
Voir p. 272 (J Aguero 69 angle Donato Marmol et Narciso López, Gibara ; 10h-2h ven-sam, 17h-2h dim)

GRANMA

Casa Natal de Carlos Manuel de Céspedes
Voir p. 275 (Maceo 57 ; 2 $US ; 9h-17h mar-ven, 9h-17h et 20h-22h sam, 10h-13h30 dim).

Comandancia de la Plata
Voir p. 277 (Sierra Maestra, Parque Nacional Turquino ; excursion guidée transport inclus 33 $US, appareil photo 5 $US)

Iglesia Parroquial Mayor de San Salvador
Voir p. 275 (23-422-514 ; Maceo angle José Joaquín Palma)

Jardín Botánico Cupaynicú
Voir p. 276 (Carretera de Guisa Km 10 ; entrée 1 $US, avec guide 2 $US)

La Demajagua
Voir p. 278 (Yara ; 1 $US ; 8h-18h lun-ven, 8h-12h dim)

Casa de Pupi
Voir p. 275 (Coronel Estrada 76-78, entre Capote et Juan Rodriquez, Bayamo)

Casa Lucy Bayamo
Voir p. 275 (facebook.com/CasaLucyBayamo ; Máximo Gómez 20 entre Maceo et Canducha Figueredo, Bayamo)

El Mirador de Arcadia en la Montaña
Voir p. 277 (58-580-202 ; Bartolomé Masó)

Hotel Royalton Bayamo
Voir p. 275 (23-422-246 ; Libertad 4)

Villa Balcón de la Sierra
Voir p. 277 (23-565-535 ; Carretera Providencia Km 1, Bartolome Maso)

Villa Santo Domingo
Voir p. 277 (23-526-410 ; Carretera La Plata, Km 16, Bartolomé Masó)

Mesón La Chuchipapa
Voir p. 276 (23-411-991 ; Parada angle Martí et Marmol, Parque de los Coches, Bayamo ; 11h-23h)

AUTRES SITES DE LA PROVINCIA DE GRANMA

Cueva del Ídolo del Agua
Voir p. 281 (Parque Nacional Desembarco del Granma, Niquero)

Sendero Arqueológico Natural El Guafe
Voir p. 281 (Parque Nacional Desembarco del Granma, Niquero)

SANTIAGO DE CUBA

Casa del Caribe
Voir p. 287 (Calle 13 n°154 angle Reparto Vista Alegre ; 9h-17h lun-ven)

Casa de Diego Velázquez
Voir p. 284 (Félix Peña 602 ; 2 $US ; 9h-16h)

Casa Natal de José María Heredia
Voir p. 286 (Heredia 260 ; 2 $US ; 9h-19h mar-sam, 9h-14h dim)

Cementerio Santa Ifigenia
Voir p. 287 (Av. Crombet ; 1 $US ; 8h-18h)

Cuartel Moncada
Voir p. 286 (Av. Moncada)

Galería René Valdés
Voir p. 285 (Manduley 304 angle Calle 11 et Calle 13 ; 10h-17h lun-ven, 9h-12h30 sam)

Monumento José María Heredia
Voir p. 285 (angle Av. Manduley et Calle 13)

Museo Emilio Bacardí
Voir p. 292 (angle Aguilera et Pío Rosado, Santiago de Cuba ; 2 $US ; 9h-16h30 lun-ven, 9h-17h30 sam, 9h-14h30 dim)

Museo-Casa Natal de Antonio Maceo
Voir p. 287 (Los Maceos 207 ; 1 $US ; 9h-17h lun-sam).

Museo de la Lucha Clandestina
Voir p. 286 (General Jesús Rabí 1 ; 1 $US ; 9h-17h mar-dim)

Museo del Carnaval
Voir p. 284 (Heredia 303 ; 1 $US ; 14h-17h lun, 9h-17h mar-ven et dim, 14h-22h dim)

Museo del Ron
Voir p. 284 (San Basilio 358 ; 2 $US ; 9h-17h lun-sam)

Palacio de Pioneros
Voir p. 285 (angle Av. M anduley et Calle 11)

Cubatur
Voir p. 288 (angle Heredia et General Lacret ; 9h-17h lun-sam, 9h-12h dim)

Gracia Latina
Voir p. 284 (22-658-103 ; Santa Rita 461 ; 12h-23h)

Hotel Casa Granda
Voir p. 284 (22-653-024 ; Heredia 201, angle San Pedro)

Roy's Terrace Inn
Voir p. 284 (22-620-522 ; facebook.com/roysterraceinn ; Santa Rita 177)

Bar-Cafetería M'ka
Voir p. 286 (Paseo Alameda angle José Antonio Saco ; 11h30-23h)

El Madrileño
Voir p. 289 (22-644-138 ; Calle 8 n°105 entre Calle 3 et Calle 5. Reparto Vista Alegre ; 12h-23h)

Sabor y Arte
Voir p. 286 (53-403-014 ; entre Hospital et Bartolomé Masó ; 12h30-22h)

St Pauli
Voir p. 289 (58-966-055 ; Enramada 605 ; 12h-6h)

Club LED
Voir p. 286 (Av. Manduley ; 12h-1h lun-dim)

Casa Dranguet
Voir p. 290 (casadranguet.wordpress.com ; Calle Corona, angle Heredia ; entrée 2 $US ; 9h-17h lun-sam, café jusqu'à 21h)

Casa Granda
Voir p. 290 (dernier ét, Heredia 201 ; entrée 3-10 $US ; 11h-1h)

El Morro
Voir p. 290 (Carretera Del Morro Km 8.5, Bahia de Santiago ; 10h-17h)

Casa de la Trova
Voir p. 292 (Heredia 208 ; 5 $US ; à partir de 22h sam)

Casa del Caribe
Voir p. 287 (Calle 13 n°154 ; 9h-17h lun-ven)

Centro Multicultural El Ingenio
Voir p. 292 (Enramadas entre Calvario et Reloj)

Coro Madrigalista
Voir p. 292 (Prol. de Pio Rosado ; 9h-12h lun-ven)

Iris Jazz Club
Voir p. 292 (General Serafín Sánchez, entre José A. Saco et Bayamo ; 13h-21h)

La Maison
Voir p. 285 (Manduley 52, entre Calle 1 et Calle 3 ; 5 $US ; jusqu'à 2h)

PROVINCIA DE SANTIAGO DE CUBA

Basílica de Nuestra Señora del Cobre
Voir p. 289 (22-346-118 ; El Cobre, Cerro de la Cantera ; 6h30-18h)

Cafetal La Isabelica
Voir p. 291 (Carretera a la Gran Piedra ; 2 $US ; 8h-16h)

Castillo de San Pedro de la Roca del Morro
Voir p. 294 (El Morro ; 5 $US ; 9h-19h)

Jardín Ave del Paraíso
Voir p. 291 (à 2 km de La Gran Piedra, Carretera a la Gran Piedra 14 ; 1 $US)

La Gran Piedra
Voir p. 290 (Carretera a la Gran Piedra ; 1 $US)

Pico Turquino
Voir p. 293 (53-653-859 ; 130 km à l'ouest de Santiago de Cuba ; randonnées guidées 15-48 $US)

BARACOA

Casa del Cacao
Voir p. 297 (Antonio Maceo, entre Maraví et Frank País ; entrée libre ; 7h-23h)

Catedral Nuestra Señora de la Asunción
Voir p. 297 (Antonio Maceo 152 ; messes 18h lun-dim et 9h dim)

Cueva La Perla del Agua
Voir p. 303 (nord-est de Baracoa)

El Edén
Voir p. 305 (zone de Quibiján)

Fuerte Matachín
Voir p. 298 (Museo Municipal ; angle José Martí et Malecón ; 2 $US ; 8h-12h et 14h-18h).

Museo Archaeológico La Cueva del Paraíso
Voir p. 298 (Moncada, à 300 m de l'Hotel El Castillo ; 3 $US ; 8h-17h)

Yara-Majayara
Voir p. 302 (entre le delta de la rivière Miel et la baie de Boma ; 3 $US, point de vue 6 $US)

Finca Las Mujeres
Voir p. 300 (près d'El Güirito ; visite gratuite)

Casa Colonial Isabel Castro
Voir p. 297 (53-553-634 ; Mariana Grajales 35, entre Emiliano Corrales et Calixto Garcia)

Casa Colonial Yikira
Voir p. 299 (53-486-182 ; Maceo 168A entre Cespedes et Ciro Frias)

Casa Yamicel
Voir p. 298 (Martí 145a, entre Ciro Frías et Pelayo Cuervo)

Finca la Esperanza
Voir p. 299 (52-180-735 ; Carretera de Moa-Baracoa, km 8)

Hostal Casa Grande
Voir p. 298 (52-718-528 ; José Marti, 81)

Hostal Las Terrazas Casa Nilson
Voir p. 298 (5-271-8556 ; Flor Crombet 143, entre Ciro Frías et Pelayo Cuervo)

Las Palmeras
Voir p. 299 (52-946-890 ; Mariana Grajales 93, Altos Esquina Livertad)

Villa Esmeralda
Voir p. 297 (58-704-801 ; Calixto Garcia 1)

Villa Paradiso Baracoa
Voir p. 297 (53-019-085 ; villaparadisobaracoa.com ; Moncada 92B)

Baracoando
Voir p. 300 (52-589-319 ; Flor Crombet y Castillo Duany, La Punta ; 13h-21h)

El Sueño
Voir p. 300 (51-523-030 ; Apto A, Malecon entre Calle Frank Pais et Pelayo Cuervo ; 11h-23h)

Marco Polo
Voir p. 300 (53-553-623 ; Malecon 82 ; 8h-23h)

Restaurante Ortiz
Voir p. 300 (58-001-237 ; Rafael Trejo 15 ; 18h-23h mar-dim)

Restaurant Tato
Voir p. 299 (53-628-584 ; Carretera a Maisi, Playa Manglito ; 10h-23)

Café Yaima
Voir p. 297 (Felix Ruene, entre Circo Frias et Frank Pais ; 10h-23h)

Casa de la Trova
Voir p. 298 (Félix Ruenes 149b, entre Ciro Frias et Rafael Trejo ; 1 $US ; 21h-minuit)

ENVIRONS DE BARACOA

Faro de Maisí
Voir p. 311 (Punta de Maisí ; 2 $US ; 10h-16h)

CARNET PRATIQUE

Ce chapitre présente toutes les informations pratiques essentielles dont vous aurez besoin pour voyager à Cuba.

La Havane (p. 46)

Arriver à Cuba

Les principaux points d'entrée à Cuba sont l'Aeropuerto Internacional José Martí de La Havane et l'Aeropuerto Internacional Juan Gualberto Gómez à Varadero, situés dans l'ouest du pays.

Avion

Cuba compte 10 aéroports internationaux et est reliée aux pays d'Amérique centrale et du Sud, ainsi qu'à l'Europc et au Canada. Vols directs pour La Havane notamment depuis Paris avec **Air France** (airfrance.fr), depuis Zurich avec **Swiss** (swiss.com) et depuis le Canada avec **Air Canada** (aircanada.com). Sinon vols avec correspondance (à Madrid notamment). **Cubana de Aviación** (cubana.cu), la compagnie aérienne nationale, n'assure que des vols pour Madrid. Il n'est pas rare que des voyages organisés comprenant le vol et le séjour dans une des stations balnéaires reviennent moins cher que le seul vol aller-retour.

Aeropuerto Internacional José Martí (facebook.com/Aeropuerto.HAV/) se trouve à Rancho Boyeros, à 20 km au sud-ouest de La Havane. Pour rallier l'aéroport : taxi 30 min, 30 $US.

Aeropuerto Internacional Juan Gualberto Gómez se situe à 20 km de Varadero, en direction de Matanzas, à 6 km de la route principale. Pour rallier l'aéroport : taxi 35 min, 30 $US.

Médicaments

Cuba manque de très nombreux médicaments de base. Vous êtes autorisé à entrer sur le territoire avec 10 kg de médicaments sans frais de douane. Attention à les transporter dans un sac à part, hors de vos bagages personnels.

Formulaire en ligne

Tous les voyageurs doivent remplir un formulaire en ligne, le Dviajeros (dviajeros.mitrans.gob.cu/inicio) au moins 72 h avant l'atterrissage. Une fois complété, le formulaire génère un QR code qu'il faut présenter à la police aux frontières.

Obligatoire

- Visas : la *tarjeta del turista* (carte de touriste, nominative et payante), valable 90 jours et délivrée par l'ambassade cubaine de votre pays, est l'équivalent du visa d'entrée pour Cuba. Elle peut être délivrée par les tours-opérateurs agréés par les autorités cubaines. Les personnes qui optent pour les formules "tout compris" reçoivent la carte avec leurs autres documents de voyage. Cette carte est indispensable pour entrer dans le pays. Elle est renouvelable une fois. Sachez aussi que vous ne pourrez pas quitter Cuba sans présenter votre carte de touriste. Les douaniers cubains étant particulièrement tatillons, veillez à remplir votre carte de touriste le plus clairement et le plus soigneusement possible.
- Vous devez être en possession d'un passeport d'une durée de validité supérieure à celle de votre séjour.
- Vous n'êtes pas autorisé à entrer à Cuba sans billet retour.
- La loi exige que vous ayez votre passeport et votre *tarjeta del turista* sur vous à tout moment.
- Une assurance médicale est exigée par les autorités cubaines pour les voyageurs se rendant à Cuba. Une attestation d'assurance liée à une carte bancaire suffit.

SE RENDRE À CUBA DEPUIS LES ÉTATS-UNIS

Les voyageurs se rendant à Cuba depuis les États-Unis (y compris pour un simple transit par un aéroport américain) doivent se conformer aux règles instaurées par les États-Unis et remplir le formulaire remis par les autorités américaines avant l'embarquement. Ainsi il est obligatoire de posséder un passeport biométrique et de faire une demande d'autorisation de voyage électronique, appelée ESTA. Connectez-vous au site https://esta.cbp.dhs.gov/esta pour remplir le formulaire en ligne. Il est vivement conseillé de consulter au préalable les représentations américaine et cubaine de votre pays de résidence

CI-DESSUS : FUSE/GETTY IMAGES ©, À DROITE : GEORGE MDIVANIAN / EYEEM/GETTY IMAGES ©

Comment circuler

Cuba dispose de nombreux bus, de lignes ferroviaires assez lentes et d'un réseau routier assez inégal. Le plus simple reste de prendre le bus ou des taxis longue distance.

BUDGET

Bus pour Varadero
9 $US*

Bus pour Santiago de Cuba
56 $US*

Vol vers Santiago de Cuba
175 $US*

Bus ou bâteau pour l'Isla de la Juventud
60 CUP*

* au départ de La Havane

Louer une voiture

Les locations de voitures restent relativement chères à Cuba (compter environ 80 € par jour). Les voitures sont louées avec une assurance obligatoire payante. Le coût élevé et les pénuries de carburant – qui impliquent de longues files d'attente aux stations-service – font partie du quotidien. Tenez-en compte avant de louer un véhicule.

Taxi

Si vous voyagez en petit groupe, les *colectivos* (taxis collectifs) restent l'idéal pour des trajets de longue durée. Les frais pouvant être partagés en quatre, le trajet devient presque aussi abordable que le bus. Les taxis se trouvent souvent près des gares routières. Vous pouvez également en contacter un auprès d'une société privée.

À SAVOIR

Il n'y a pas d'automates sur les *parqueos* (parkings). Il faut régler auprès un agent sur place, qui porte généralement une veste rouge.

LA CONDUITE À CUBA

Les Cubains conduisent comme ils l'entendent. Vous aurez l'impression que le chaos règne, mais en réalité la circulation suit des règles propres et est assez fluide. Malgré le trafic routier assez réduit, la circulation est parfois difficile à cause du manque de signalisation. L'état des routes laisse à désirer, entre les trous et le manque d'entretien et des nombreux obstacles (animaux, véhicules sans éclairage, etc.). En général, il vaut mieux s'en remettre à la conduite d'un professionnel expérimenté et prendre un taxi ou un bus.

CODE DE LA ROUTE

50

La vitesse est limitée à 100 km/h sur l'*autopista*, 80 km/h sur les routes de campagne et 50 km/h dans les villes

Si les ceintures de sécurité sont présentes dans le véhicule – ce n'est pas le cas dans les vieilles autos –, il faut les boucler.

Bus Víazul

Les bus sont un moyen de transport fiable, du moins dans les régions les plus fréquentées. Víazul (viazul.wetransp.com) a le plus grand réseau de bus longue distance. Ils sont bien entretenus, climatisés et desservent de nombreux sites touristiques. Les billets sont réglables uniquement par carte bancaire.

En train

Pour voyager en train à Cuba, il faut s'armer de patience et se préparer aux imprévus. Le réseau ferroviaire est mal entretenu. Malgré des rénovations en 2019, les trains restent lents et peu fiables, mais ils sont un peu plus confortables. La meilleure ligne est celle qui relie La Havane à Santiago de Cuba.

À vélo

Avec relativement peu de circulation sur l'autoroute, le pays se prête plutôt bien aux grands trajets à vélo. Les principaux inconvénients restent la chaleur tropicale et le manque d'agences de location ou de magasins spécialisés. Si vous souhaitez aller loin, il vaut mieux apporter votre propre vélo.

Argent

MONNAIE : **PESO CUBAIN (CUP)**

Cartes bancaires

Les cartes bancaires sont acceptées à Cuba. Pour certains services, c'est parfois le seul moyen de paiement disponible. Attention : les cartes affiliées à des banques américaines ne sont pas acceptées.

Devises étrangères

De plus en plus de prestataires demandent des paiements en devises étrangères, en particulier en euros, mais aussi en dollars américain et canadien ou en livres sterling.

Bureau de change

Vous pourrez effectuer le change dans les *cadecas* que l'on trouve dans tout le pays. Les taux sont généralement affichés sur un écran à l'intérieur.

Pourboires

Les pourboires sont une source de revenus indispensable pour les employés. Comparé à d'autres pays, leurs salaires sont souvent très faibles. Si vous êtes satisfaits de la qualité du service, il est recommandé de laisser un pourboire d'au moins 10% (voire 15 ou 20% si le service est excellent) du prix de la prestation.

COMBIEN COÛTE...

Une entrée de musée **1 $US**

le carburant **de plus en plus cher**

Un billet au Tropicana **à partir de 75 $US**

Une session de plongée **30-45 $US**

BONS PLANS... Changer de monnaie en toute sécurité

- Il vaut mieux changer de petites sommes : les taux de change fluctuent en permanence et vous ne pouvez pas quitter le territoire avec des pesos cubains.
- Les taux de change aux aéroports sont très élevés.
- Les réglementations sur la monnaie changent constamment, pensez à les consulter avant votre séjour.
- Les taux de change officiels sont disponibles sur le site cadeca.cu, vous pouvez également consulter les taux de change pratiqués sur eltoque.com.

Scannez le QR Code pour voir les taux de change

À SAVOIR

L'économie de Cuba fonctionne beaucoup avec des espèces. Il vaut mieux prendre des coupures propres, en bon état, et de préférence des euros ou des dollars américains.

LE MARCHÉ NOIR

Cuba compose avec une immense économie souterraine à laquelle presque tout le monde participe. Sur le marché noir, on trouve des taux de conversion beaucoup plus avantageux que les taux officiels du gouvernement pratiqué dans les banques, les distributeurs automatiques et les *cadecas*. Ne changez jamais d'argent avec un inconnu dans la rue. Souvenez-vous, les euros et les dollars américains sont communément acceptés, mais pensez toujours à vérifier quel taux de conversion en pesos est pratiqué pour chaque transaction.

Hébergement

Casas Particulares

Une *casa particular* (chambre chez l'habitant) reste la meilleure option pour les voyageurs indépendants. C'est aussi l'idéal pour rencontrer la population. En général, les chambres comprennent au moins deux lits (dont un lit double), un réfrigérateur, un climatiseur ou un ventilateur, et une salle de bains privée. Certaines ont davantage d'équipements, par exemple une terrasse, une entrée séparée, une télévision, un mini-bar, une kitchenette, un casier sécurisé ou une place de parking.

Hôtels publics

Tous les hôtels de Cuba appartiennent à l'État à hauteur d'au moins 51%. Le standing varie, des petits villages vacances deux étoiles aux établissements de la marque Encanto, inspirés des boutiques-hôtels. Beaucoup sont installés dans des sites historiques. Exception faite des établissements cinq étoiles, les services et infrastructures dans les hôtels publics sont généralement de moins bonne qualité que dans le secteur privé.

Complexes touristiques

Cuba dispose de nombreux complexes touristiques assez étendus avec des forfaits tout compris dans des hôtels de standing international. La quasi-totalité des touristes réservent leur séjour depuis l'étranger, avec le vol inclus. La plupart des complexes sont situés à Varadero, Cayo Santa María, Cayo Coco, Playa Santa Lucía et Guardalavaca. Ils se concentrent autour des plages les plus connues et la majorité d'entre eux est gérée en partie par des chaînes internationales comme Meliá, Iberostar et Blue Diamond.

COMBIEN COÛTE UNE NUIT DANS...

Une *casa particular*
25-50 $US

Un complexe milieu de gamme (tout compris)
à partir de 140 $US

Un hôtel cinq étoiles à La Havane
à partir de 250 $US

Autres hébergements privés

Ces cinq dernières années, les hébergements privés haut de gamme se sont multipliés. On trouve de tout : chambres chez l'habitant, logements entiers mis à disposition, boutiques-hôtels de petite taille. Beaucoup sont disponibles à condition de réserver en ligne avant votre arrivée sur place.

RÉSERVEZ TÔT

En réservant un séjour tout compris (pour les hébergements gérés par l'État) ou sur des sites comme Expedia ou Airbnb (pour les hébergements privés), vous pourrez payer par carte sur Internet avant votre départ et voyager avec moins d'argent liquide sur place. Attention, actuellement le site Booking.com ne liste aucun hébergement cubain. Beaucoup de chaînes d'hôtels internationales sont implantées à Cuba. Meliá (melia.com) y compte plus de 30 hôtels, Iberostar (ibercuba.com) 18, et Blue Diamond (bluediamondresorts.com) en a plus de 25 sous les marques Starfish, Memories, et les complexes ultra-luxueux Royalton.

EN HAUT À GAUCHE, PUIS DANS LE SENS HORAIRE : RODWORKS/SHUTTERSTOCK ©, LJUPCO SMOKOVSKI/SHUTTERSTOCK ©, ESTUDIO MAIA/SHUTTERSTOCK ©

Avec des enfants

Beaucoup de familles voyagent à Cuba avec leurs enfants, 95% d'entre elles se tournent vers les forfaits tout compris des complexes hôteliers. Les alternatives existent et, malgré l'absence de parcs à thème et d'attractions, il y a de nombreuses activités amusantes à faire. Si vous logez chez l'habitant, vous pourrez aller à la rencontre des familles cubaines.

Sécurité

Les enfants cubains se promènent dans les rues en toute liberté, la communauté est vigilante et très soudée. En prenant quelques précautions de base, vous n'avez aucun souci à vous faire pour la sécurité de vos enfants. Le pays tout entier se passionne pour le foot de rue et le base-ball. Faites attention à la circulation et aux abords de routes non protégées. Il faut également garder à l'esprit que le pays manque de dispositifs de sécurité modernes.

Vaccins et médicaments

Il n'y aucun vaccin particulier à effectuer avant le voyage pour vos enfants. Il y a très peu de médicaments à Cuba, veillez à emporter avec vous une petite trousse à pharmacie contenant quelques produits indispensables. Un répulsif anti-moustique sera le bienvenu dans les plaines. Les couches et le lait pour bébé peuvent être difficiles à trouver. Il vaut mieux prendre les vôtres.

Sièges auto

Les rehausseurs ne sont pas obligatoires à Cuba. Les taxis et les voitures de location n'en fournissent pas. Si vous avez prévu de vous déplacer en voiture, il faudra apporter le vôtre.

Chaises hautes/ poussettes

Faute de chaises hautes dans les restaurants, les serveurs improvisent. Les trottoirs de l'île n'étant pas conçus pour les poussettes, l'utilisation d'un porte-bébé est conseillée.

NOTRE SÉLECTION

Parque Histórico Militar Morro-Cabaña (p. 95 et 96)

Deux superbes forts, une cérémonie de tir au canon.

El Nicho (p. 190)

Une cascade magnifique avec des bassins naturels.

Cayo Jutías (p. 122)

Une petite île avec des pédalos, des paddles et de nombreux spots pour observer les étoiles de mer.

Jibacoa (p. 139)

Pour les plus grands, un site idéal de snorkeling avec de nombreux poissons.

Varadero (p. 162)

Le plus grand complexe touristique de Cuba propose de nombreuses activités pour les enfants.

AU RESTAURANT

Peu d'épices exotiques fortes, une nourriture plutôt simple et saine : à Cuba, il est aisé de trouver une nourriture adaptée au goût des enfants. Rares sont les restaurants qui refusent les enfants à table, et, dans la plupart des établissements, le personnel est adorable avec les petits.

Le riz et les haricots sont appréciés des jeunes, tandis que le poulet et le poisson fournissent les protéines nécessaires. Seul bémol : les légumes frais sont souvent absents des repas (mais les enfants ne s'en plaignent généralement pas !). Pensez à prendre des vitamines.

Santé et sécurité

ATTENTION AUX ARNAQUES

Les deux principales arnaques concernent le change et les cigares. Ne changez jamais d'argent dans la rue : pour changer des devises, mieux vaut s'en tenir aux banques et aux sources fiables. *Idem* pour les cigares, presque tous ceux vendus dans la rue sont des contrefaçons et des cigares volés. Vous trouverez de véritables cigares dans les boutiques gérées par le gouvernement ou des chaînes comme Casa del Habano.

Eau

L'eau courante n'est pas potable. Une épidémie de choléra a été déclarée en 2012 (après plus d'un siècle sans aucun cas recensé). La Ciego Montero, une eau locale, se vend en bouteille à des prix tout à fait abordables, mais elle est parfois difficile à trouver dans les zones plus reculées. Pour stériliser l'eau, la meilleure solution est de la faire bouillir durant 15 minutes. Si vous ne pouvez faire bouillir l'eau, traitez-la chimiquement avec des comprimés ou des gouttes, comme le Micropur (vendu en pharmacie) très efficace.

Cliniques internationales et pharmacies

Pour une consultation sans urgence particulière, rendez-vous dans une *clínica internacional* du CSMC (smcsalud.cu). Dans les différentes régions, chaque ville en dispose d'au moins une. Les complexes touristiques ont généralement leur propre clinique. On compte également plus de 80 pharmacies internationales pour les étrangers (appelées Novafarmas), appartenant également au CSMC. Pensez à apporter vos médicaments en quantité suffisante.

À SAVOIR

Les tricheries sur le rendu de la monnaie ne sont pas rares dans les banques, restaurants, bars et boutiques, surtout quand il s'agit d'établissements d'État.

INFOGRAPHIE : CLASSIFICATION DES OURAGANS

Catégorie 1 : 119-153 km/h ; quelques dégâts

Catégorie 2 : 153-207 km/h ; dégâts importants

Catégorie 3 : 179-208 km/h ; dégâts très importants

Catégorie 4 : 209-251 km/h ; dégâts catastrophiques

Catégorie 5 : plus de 252 km/h ; dégâts catastrophiques

OURAGANS

La saison des ouragans commence en juin et dure jusqu'en novembre. Cuba est frappé par un ouragan majeur environ tous les quatre ans. Fort heureusement, le pays sait parfaitement gérer ces situations et les bilans humains ne sont jamais lourds. Si vous voyez un orage se former, renseignez-vous sur la situation en regardant la télévision, en écoutant la radio, ou en visitant le site Internet de l'US National Hurricane Center (nhc.noaa.gov).

EN HAUT À DROITE PUIS SENS HORAIRE : BAYUROV ALEXANDER/SHUTTERSTOCK ©, WABENO/SHUTTERSTOCK ©, AMAPHOTO/SHUTTERSTOCK ©

Manger, boire et sortir

Un petit-déjeuner généreux

Le petit-déjeuner à Cuba est généralement copieux. Il est traditionnellement proposé dans les hôtels et les *casas particulares*, moyennant un petit supplément. La plupart du temps, il comprend une grande assiette de fruits (papaye, mangue, goyave, ananas), du pain cubain, de la confiture de goyave et des œufs. Avec un peu de chance, vous aurez même droit à des biscuits ou des *pastelitos de guayaba* (pâtisseries à la goyave).

Alcools de choix

Les deux bières cubaines les plus répandues sont la Cristal, une blonde légère et rafraîchissante à 4°, et la Bucanero, plus forte (5,4°) et plus sombre. On trouve également trois cocktails classiques à base de rhum : le mojito, le daiquiri et le Cuba libre. Par défaut, le rhum utilisé est le fameux Havana Club, distribué dans le monde entier. Mais n'importe quel Cubain vous dira que le meilleur rhum du pays est celui de Santiago de Cuba, fabriqué dans la ville du même nom, dans l'ancienne usine Bacardí.

COMPRENDRE LA CARTE

Ajiaco Bouillon épais et assaisonné

Cafecito Expresso sucré de torréfaction noire

Congris Riz et haricots rouges (parfois avec du porc)

Entrantes Entrées

Fruta bomba Papaye (attention à ne pas utiliser "papaya" qui désigne une certaine partie de l'anatomie féminine)

Guarniciones Accompagnements

Hierbabuena Herbe proche de la menthe, utilisée dans les mojitos

Langosta mariposa Queue de langouste

Lechón asado Porc rôti (généralement cuit en entier à la broche)

Lomo Filet de bœuf

Moros y cristianos Riz avec des haricots noirs

Picadillo a la habanera Bœuf haché avec une sauce tomate assaisonnée

Platos principales Plats principaux

Postres Desserts

Ropa vieja Bœuf effiloché légèrement épicé (plat national cubain)

Tostones Bananes plantains frites

COMMENT...

Régler dans un restaurant privé

Depuis l'arrêt de la circulation du peso convertible (CUC) en 2021, la plupart des restaurants affichent leurs tarifs en pesos cubains (CUP). Toutefois, certains établissements privés proposent également des menus en euros/dollars (les deux monnaies ont la même valeur sur le marché noir). Les restaurants d'État n'acceptent que le paiement par carte, ce qui convertit les monnaies au taux de change officiel. Dans les restaurants privés, il faut presque toujours régler en liquide avec des pesos cubains, ou en euros/dollars (certains acceptent également les livres sterling et les dollars canadiens). Si vous réglez dans une devise étrangère, pensez à regarder le taux de change pratiqué avant de choisir votre restaurant. Il peut beaucoup varier d'un établissement à l'autre, même s'il sera toujours plus avantageux que le taux de change officiel. Beaucoup de restaurants ajoutent également un supplément de 10% pour le service.

DE HAUT EN BAS : KAMIRA/SHUTTERSTOCK ©, ANDYD/GETTY IMAGES ©

COMBIEN COÛTE...

Un café noisette
à partir de 350 CUP

Une bière
300–400 CUP

Un plat dans un restaurant privé
1 000-1 500 CUP

Un plat dans un restaurant d'État
750-1 200 CUP

Un mojito
400-500 CUP

Un sandwich
750 CUP

COMMENT...

Choisir entre restaurants d'État ou privés

À Cuba, il faut bien distinguer les restaurants d'État et les *paladares* (restaurants privés). Le standing varie beaucoup entre les deux. La qualité des produits, du service et de l'ambiance est presque toujours meilleure dans les restaurants privés. Les restaurants d'État étaient prédominants jusqu'au début des années 2010. Ils ont donné une assez mauvaise réputation à la cuisine cubaine, et malgré les cartes de plus de dix pages, seul du poulet frit était en fait disponible à la commande. Les plats étaient bien souvent fades et peu appétissants, et le service inexistant voire froid. L'assouplissement des lois sur les commerces "privés" en 2010 a permis l'ouverture de restaurants privés avec une carte plus variée et plus de tables. Notez bien que d'une manière ou d'une autre l'État a toujours la mainmise car il contrôle tout ce qui touche au tourisme. De nombreux établissement proposent des spécialités étrangères. Il existe encore de nombreux restaurants gérés par le gouvernement à Cuba, et hormis quelques exceptions, ils sont presque toujours moins bons. On les repère plus facilement : les prix sont plus bas, les tables plus vides, et le personnel plus discret. Depuis les nouvelles réglementations monétaires de 2021, ils acceptent seulement le paiement par carte (quand le terminal fonctionne). Vous trouverez de meilleures options dans les complexes touristiques d'État ou dans les hôtels haut de gamme de La Havane.

Les paladares

Les *paladares* ont été légalisés pour la première fois dans le milieu des années 1990. Le nom (qui signifie littéralement "palais", l'organe du goût) fait référence à la chaîne de restaurants fictive dans le feuilleton brésilien *Vale Tudo*, très populaire à l'époque chez les cubains.

SORTIR

À Cuba, la fête ne s'arrête jamais, au mépris des intempéries, des *apagones* (coupures de courant), de la crise économique ou du manque de liberté. Lors d'une sortie en ville, vous remarquerez immédiatement à quel point la musique est omniprésente et les musiciens talentueux. N'importe quel bar avec une alimentation électrique accueille des groupes, mais également de plus en plus de restaurants privés. Bien sûr, le succès du reggaetón a ouvert de nouveaux horizons, mais les Cubains ont toujours un faible pour le jazz, les *trovas* et les *boleros*, sans oublier le flamenco, la musique classique, le ballet et l'opéra, que l'on peut apprécier dans la même soirée à La Fábrica de Arte Cubano (p. 82). Quel que soit le genre, les Cubains se distinguent. Vous pourrez découvrir l'héritage afro-cubain du pays avec les rumbas de La Havane, de Mantanzas, et les concerts endiablés de Santiago.

Concernant les bars, on trouve de tout. Certains spots de La Havane proposent des cocktails hors de prix, sous prétexte d'un lointain passage d'Hemingway quand d'autres servent des rhums arrangés médiocres dans les campagnes de Las Tunas. Vous trouverez des bières abordables un peu partout, et tous les serveurs cubains ou presque savent préparer un mojito digne de ce nom. Les bars les plus branchés accueillent également des DJs, où l'électro des années 1990 fait fureur.

La Havane est la capitale cubaine du divertissement, mais les *santiagueros* ont également leur mot à dire. En vérité, vous trouverez des artistes très talentueux aux quatre coins du pays, même dans les plus petites villes. Santa Clara, Trinidad et Baracoa ont toutes une vie nocturne palpitante.

Voyage responsable

Voyage et changement climatique

L'impact des voyages sur l'environnement est aujourd'hui bien connu, et impose de faire ce qui est en notre pouvoir pour le limiter. Lonely Planet recommande ainsi aux voyageurs de se renseigner sur l'empreinte carbone de leurs déplacements. Divers outils en ligne permettent de calculer les émissions de CO_2 générées par chaque trajet, notamment celui de l'Ademe. De nombreuses plateformes de réservation et compagnies aériennes proposent de compenser leurs émissions de gaz à effet de serre par une contribution financière à des projets respectueux de l'environnement, partout dans le monde. Chez Lonely Planet, nous continuons à compenser l'empreinte carbone de tous nos auteurs, tout en étant conscients que cela ne résout pas entièrement le problème.

Las Terrazas

À la fin des années 1960, Las Terrazas dans la Provincia de Artemisa est un modèle pour la reforestation. Les Cubains ont replanté des centaines d'hectares de terres déboisées pour empêcher une catastrophe écologique. C'est aujourd'hui une réserve de biosphère de l'Unesco.

Ecotur

C'est la principale agence de voyage éco-responsable du pays. Elle propose des excursions de randonnée, de pêche et d'observation des oiseaux dans des zones reculées. Vous trouverez une agence Ecotur dans toutes les régions ; le siège est La Havane (+53-7273-1542).

Parque Nacional Alejandro de Humboldt

Vous apprendrez comment des mesures environnementales ont permis la sauvegarde d'une des dernières parcelles de forêt vierge des Caraïbes, abritant des oiseaux endémiques, des lamantins et la plus petite grenouille de l'hémisphère nord.

Les marchés des producteurs s'appellent les *agropecuarios*. Toutes les villes en ont au moins un. En général, un trouve à la fois de la marchandise produite par l'État et des biens privés. Si vous tendez l'oreille, vous entendrez peut-être les *pregones*, les chansons humoristiques des vendeurs qui vantent les mérites de leurs produits.

En plus des parcs nationaux, on trouve de nombreuses zones protégées et éco-réserves pour préserver la faune et la flore du pays, notamment dans la Sierra del Chorrillo au sud-est de Camagüey et la Reserva Ecológica Varahicacos à Varadero.

SITES UTILES

Complejo Las Terrazas
lasterrazas.cu

Société cubaine de protection des animaux (CeDA)
cedacuba.org

Voyageurs LGBTQI+

Longtemps persécutée, la communauté LGBTQI+ de Cuba est désormais plus acceptée. En 2022 la loi a autorisé le mariage homosexuel et l'adoption homoparentale. La discrimination basée sur le genre ou l'orientation sexuelle est désormais illégale.

L'influence du cinéma

Tout a commencé en 1994, avec la sortie du film à succès *Fresa y chocolate* (*Fraise et Chocolat*) qui sensibilise le public cubain à ces questions. Il raconte l'histoire de Diego, un artiste qui s'interroge sur sa sexualité et tombe amoureux d'un militant communiste hétérosexuel qui l'espionne en secret. Le film est nommé aux Oscars dans la catégorie du meilleur film étranger. Le glacier Coppelia (p. 78) et le restaurant Guarida (p. 69) apparaissent dans plusieurs scènes et sont devenus incontournables à La Havane.

HÔTELS LGBTQI+

Le Muthu Rainbow, lancé en 2020 à Cayo Guillermo, était le premier hôtel LGBTQI+ friendly du pays, suivi ensuite par le Telégrafo Axel de La Havane. Bien sûr, les voyageurs LGBTQI+ sont également bienvenus dans les *casas particulares*.

Les homosexuels internés dans des camps

Avant les années 1970, les homosexuels étaient envoyés en camps de "rééducation" – des camps appelés UMAP, Unidades Militares de Ayuda a la Producción. C'étaient de véritables camps d'internement et de travail, imposés par un régime dominé par d'anciens guérilleros militaires.

SANTA CLARA

Santa Clara a longtemps été l'une des villes les plus ouvertes de Cuba. On y trouve beaucoup d'étudiants, et une forte communauté gay qui se concentre autour du célèbre centre culturel El Mejunje, qui organise des spectacles de drag-queens depuis les années 1980.

LA HAVANE

La communauté LGBTIQ+ de la Havane est en plein essor avec l'ouverture de nombreux bars et clubs gays, qui viennent s'ajouter aux établissements iconiques que sont le Cabaret Las Vegas, connu pour ses spectacles de drag-queens, et le Café Cantante Mi Habana du Teatro Nacional de Cuba, qui accueille des soirées gay le samedi. Il y a également une plage gay, Playa Boca Ciega, dans le quartier de La Habana del Este. La ville a récemment inauguré son premier hôtel LGBTIQ+ friendly, le Telégrafo Axel à Parque Central.

LGBTQI+ Le mois des fiertés

En 2008, les autorités cubaines ont choisi d'organiser un mois des fiertés en mai, pour sensibiliser la population aux difficultés rencontrées par la communauté LGBTQI+. Une grande parade des fiertés est organisée dans la capitale le 17 mai, journée mondiale de lutte contre l'homophobie et la transphobie.

Voyage et handicap

Entre les trottoirs accidentés, les bâtiments mal entretenus et l'omniprésence de panneaux "hors services", Cuba n'est pas une destination facile pour les personnes à mobilité réduite. Mais c'est tout de même possible en préparant votre séjour, notamment dans un complexe hôtelier.

Préparation en amont

En dehors des complexes touristiques, Cuba peut être difficile d'accès pour les personnes à mobilité réduite. En organisant vos sorties à l'avance, vous saurez à quoi vous attendre et pourrez veiller à ce que vos besoins puissent être pris en compte.

Aéroports

Sans être très modernes, les deux principaux aéroports (La Havane et Varadero) sont équipés d'ascenseurs et de rampes. Si vous avez besoin d'assistance entre l'avion et le terminal, un service d'aide est disponible à la demande.

Hébergement

La plupart des complexes hôteliers ont été construits en prenant en compte l'accessibilité. En revanche, les *casas particulares* seront sans doute plus difficiles d'accès. Mais les propriétaires sont toujours de bonne volonté et pleins de ressources.

SE DÉPLACER

La plupart des transports en commun ne sont pas adaptés aux personnes à mobilité réduite. Pour plus de confort et de fiabilité, mieux vaut prendre les Cubataxi jaunes et modernes. Pensez à réserver un véhicule plus spacieux à l'avance.

Les plus

- Les Cubains sont extrêmement serviables et s'adaptent volontiers.
- Habana Vieja possède un quartier piéton bien aménagé.
- Le terminal de croisière et les principaux aéroports sont accessibles.
- La plupart des complexes touristiques du pays ont des chambres accessibles à la demande.

Les moins

- Les toilettes publiques ne sont presque jamais accessibles.
- Certaines villes plus anciennes ont des ruelles pavées.
- La plupart des bâtiments historiques n'ont ni rampes ni ascenseurs.
- Vous ne trouverez pas de taxis/minivans accessibles en fauteuil roulant.

ZONES PIÉTONNES

Les trottoirs de Cuba sont bien souvent accidentés, sans parler des nids-de-poule. Mais rassurez-vous, la plupart des villes ont au moins une rue piétonne, généralement appelée El Bulevar.

SITES UTILES

Asociación Cubana de Limitados Físico-Motores (aclifim.cu/que-es-la-aclifim/) Association cubaine du handicap physique ou moteur. Organisation à but non lucratif reconnue à l'international et par le ministère de la Justice cubaine. Les bureaux sont situés à Miramar, le quartier des ambassades de La Havane.

Disabled Holidays (disabledholidays.com) Ce portail d'informations pratiques répertorie les hôtels cubains équipés de rampes, de salles de bains spéciales et de poignées d'appui.

Assistance locale

De nombreuses personnes à mobilité réduite vivent à Cuba. En général, les habitants se montrent très serviables et prêtent volontiers main forte aux touristes. Les Cubains sont astucieux et connus pour résoudre n'importe quelle situation.

Bon à savoir

HEURES D'OUVERTURE

Banques 9h-15h du lundi au vendredi

Bureaux de change Cadeca 9h-19h du lundi au samedi, 9h-12h le dimanche. La plupart des hôtels haut de gamme proposent de faire le change jusque tard le soir.

Bureaux de poste 8h-17h du lundi au samedi

Commerces 9h-17h du lundi au samedi, 9h-12h le dimanche

Pharmacies 8h-20h

Restaurants 10h30-23h

Accès à Internet

Le Wi-Fi s'améliore progressivement à Cuba, mais il reste très lent par rapport au reste du monde. Pour accéder au réseau public, vous devrez acheter une carte dans une boutique d'Etecsa telepunto.

EN BREF

Fuseau horaire
Heure GMT/UTC -5 heures. Quand il est 12h à Paris, il est 6h à La Havane.

Indicatif du pays
+53

Numéro d'urgence
106

Population
11,2 millions

Poids et mesures

Le système métrique est utilisé partout sauf sur les marchés de fruits et légumes, où l'on utilise le système d'unités impérial.

Toilettes

Les toilettes publiques manquent souvent d'eau, de savon et de papier toilette. Il vaut mieux prendre un désinfectant pour les mains et votre propre papier.

Électricité

110V ; 220V dans la plupart des hôtels

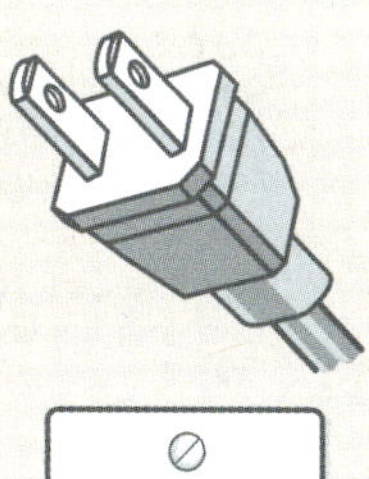

Type A
120 V/60 Hz

JOURS FÉRIÉS

Il y 10 jours fériés officiels auxquels s'ajoutent des dates commémoratives : 28 janvier (mort de José Martí), 19 avril (victoire de la baie des Cochons), 8 octobre (mort de Che Guevara), 28 octobre (disparition de Camilo Cienfuegos) et 7 décembre (mort d'Antonio Maceo). De 1968 à 1997, fêter Noël était interdit. Le jour de Noël redevint férié à la veille de la visite du pape Jean Paul II à Cuba en janvier 1998.

1er janvier Triunfo de la Revolución (Jour de la Libération)

2 janvier Día de la Victoria (Victoire des forces armées)

Mars/avril (date variable) Vendredi saint

1er mai Día de los Trabajadores (fête du Travail)

25-26-27 juillet Día de la Rebeldía Nacional (Commémoration de l'attaque de la caserne de Moncada)

10 octobre Día de la Independencia (Jour de l'indépendance)

25 décembre Navidad (Noël)

31 décembre Réveillon du Nouvel an

Langue

L'espagnol, également appelé castillan, est la langue officielle de Cuba. C'est la plus parlée des langues romanes. Connaître quelques mots d'espagnol vous permettra d'échanger avec les habitants et d'apprécier encore plus votre séjour.

Conversation de base

Bonjour. Hola. *o*·*la*
Au revoir. Adiós. *a*·*dyos*
Oui/Non. Sí/No. *si*/*no*
S'il vous plaît. Por favor. por fa·*vor*
Merci. Gracias. *gra*·thyas
De rien. De nada. dé *na*·da
Comment ça va ? ¿Qué tal? *ké tal*
Bien, merci. Bien, gracias. byén *gra*·thyas
Pardon. Perdón. pèr·*donn*
Désolé. Lo siento. lo sy·*èn*·to
Comment vous appelez-vous/ comment t'appelles-tu ?
¿Cómo se llama Usted?/ *ko*·mo sé *lya*·ma *ous*·*té*
¿Cómo te llamas? *ko*·mo té *lya*·mas
Je m'appelle...
Me llamo... me *lya*·mo...
Parlez-vous français ?
¿Habla francés? *a*·bla frann·*thès*
Je ne comprends pas.
No entiendo. no en·*tyèn*·do

Demander son chemin

Où est...?
¿Dónde está...? donn·dé èss·ta...
Quelle est l'adresse ?
¿Cuál es la dirección? *koual* ès la di·rèk·*thyonn*
Pourriez-vous l'écrire, s'il vous plaît ?
¿Puede escribirlo, por favor? *poué*·dé èss·kri·*bir*·lo por fa·*vor*
Pourriez-vous me montrer (sur la carte) ?
¿Me lo puede indicar (en el mapa)?
mé lo *poué*·dé inn·di·*kar* (ènn èl *ma*·pa)

Panneaux

Abierto Ouvert
Cerrado Fermé
Entrada Entrée
Mujeres Femmes
Hombres Hommes
Prohibido Interdit
Salida Sortie
Servicios/Aseos Toilettes

Heure

Quelle heure est-il ?
¿Qué hora es? ké *o*·ra es
Il est (10) heures. Son (las diez). sonn (las dyeth)
Il est (une) heure et demi.
Es (la una) y media.
èss (la ou·na) i *mé*·dya
hier ayer. a·*yèr*
aujourd'hui hoy. oï
demain mañana. ma·*nya*·na

Au restaurant

Que conseillez-vous ?
¿Qué recomienda?
ké ré·ko·*myènn*·da
Santé ! ¡Salud! sa·*lou*
L'addition, s'il vous plaît.
La cuenta, por favor.
la *kouènn*·ta por fa·*vor*

Urgences

Au secours ! ¡Socorro! so·*ko*·ro
Appelez la police ! ¡Llame a la policía! *lya*·mé a la po·li·*si*·a
Appelez un médecin ! ¡Llame a un médico! *lya*·mé a oun *mé*·di·ko

CHIFFRES

1 **uno** *ou*·*no*
2 **dos** doss
3 **tres** trèss
4 **cuatro** *koua*·tro
5 **cinco** *thinn*·ko
6 **seis** seïss
7 **siete** *sié*·té
8 **ocho** *o*·tcho
9 **nueve** *noué*·vé
10 **diez** dyèth

SONS

Certains sons espagnols diffèrent de ceux du français : ch (prononcé tch), z (prononcé “s”), j (la “jota” gutturale, kh), ll (“l mouillé” français), ñ (gn), r (roulé), v (b)

EMPRUNTS À L'ESPAGNOL

Ils sont nombreux, entre autres : armada, aficionado, cacao, embargo, fiesta, gamba, patio ...

Bref glossaire

Alquiler de automóviles - location de voitures / **apagón (pl : apagones)** - panne d'électricité / **barrio** - quartier **botella** - auto-stop, littéralement “bouteille” / **bosque** - forêt/ **cajero automático** - distributeur automatique de billets (DAB) / **calle** - rue / **carretera** - route / **casco histórico** - centre historique / **cola** - queue, file d'attente/ **finca** - ferme ou plantation / **gasolina** - essence / **jinetera** - femme qui tente d'obtenir de l'argent ou des cadeaux d'un touriste étranger, sans lui proposer nécessairement des relations sexuelles / **jinetero** - rabatteur qui harcèle les touristes ; gigolo ; littéralement “cavalier”/ **libreta** - carnet de rationnement / **mercado** - marché / **muelle** - quai / **parada** - arrêt de bus / **parque central** - parc ou place centrale d'une ville / **piropo** - compliment adressé aux femmes / **sendero** - chemin ou sentier / **taquilla** - billetterie / **temporada alta/baja** - haute/basse saison / **tienda** - magasin

Prononciation

Si vous êtes habitué au son de l'espagnol européen, vous remarquerez que les Cubains prononcent le *th* comme un s.

Americano/a

À Cuba, *americano/a* renvoie à un citoyen de n'importe quel pays d'Amérique (du Canada à l'Argentine), pour parler d'une personne des États-Unis, on préférera *norteamericano/a*, *estado-unidense* ou encore *gringo/a* et *yuma*.

L'ESPAGNOL DANS LE MONDE

Au cours des cinq derniers siècles, l'espagnol d'Amérique latine et celui d'Europe n'ont pas évolué de la même manière. Entre autres différences, vous reconnaîtrez facilement les Latino-Américains à l'absence de “sifflement” dans leur élocution. Ainsi, dans *cerveza* (bière), le *c* et le *z* sont “sifflés” en Europe (langue contre les dents), mais pas de l'autre côté de l'Atlantique (son dental).

ARTE
BARRIO

COMPRENDRE

CUBA

Nos auteurs proposent une découverte des multiples facettes de Cuba.

Rue de La Havane (p. 46)

UNE HISTOIRE DE CUBA EN 14 LIEUX

L'histoire de Cuba est pleine de rebondissements. Figures héroïques, luttes acharnées pour l'indépendance et contre l'esclavage, une révolution qui s'éternise : la seule constante reste un combat permanent pour la liberté. Par Brendan Sainsbury

L'HISTOIRE DE CUBA est une épopée sans commune mesure avec la taille de ce petit pays. Depuis l'arrivée de Christophe Colomb en 1492, l'archipel a connu l'esclavage, deux guerres d'indépendance, une période d'indépendance quasi totale, puis une révolution qui, en dépit des promesses des débuts, s'est rapidement dévoyée pour devenir un État à parti unique et l'est restée à ce jour. Elle a conduit à l'émigration de près d'un cinquième de la population cubaine, principalement vers les États-Unis.

Avant 1492, Cuba fut peuplée par trois groupes culturels différents, des populations parties du bassin de l'Orénoque, en Amérique du Sud, remontées vers le nord en passant d'île en île. À ce jour, leurs cultures respectives n'ont que partiellement été étudiées, car ces peuples ont laissé peu de témoignages exploitables de leur présence dans l'île.

La période coloniale a été dominée par les Espagnols et la question de l'esclavage, qui l'a marquée de son empreinte des années 1520 jusqu'à l'abolition en 1886. L'esclavage a laissé de profondes blessures dans l'imaginaire collectif cubain, et fait partie intégrante de l'évolution de sa culture.

La période postcoloniale se divise en deux époques, la seconde se subdivisant à son tour en deux autres périodes. La période qui va de la défaite espagnole en 1898 au coup d'État de Fidel Castro en 1959 est généralement considérée comme une ère de quasi-indépendance, soumise cependant à l'influence américaine. Elle fut aussi caractérisée par de fréquentes insurrections menées par des groupes d'opposition qui souhaitaient renverser le gouvernement.

L'ère castriste, après 1959, compte deux étapes : la période d'influence soviétique (1961-1991), puis celle qui va de la "période spéciale" à l'époque actuelle. Malgré la mort de Fidel Castro en 2016, le castrisme est toujours sur le devant de la scène.

1. Zone protégée de Yara-Majayara

CULTURE TAÏNO

Les Guanahatabey, première civilisation connue à Cuba, étaient un peuple primitif de l'âge de la pierre. Ces chasseurs-cueilleurs furent peu à peu repoussés vers l'ouest, dans l'actuelle province de Pinar del Río, par une autre civilisation de la période précéramique, les Ciboney. Ce peuple de pêcheurs et de petits agriculteurs s'installa sur la côte sud de l'archipel. Au début du XIIe siècle, ils furent à leur tour peu à peu chassés par les Taïnos, groupe issu des Arawaks, qui peuplaient la plupart des îles des Caraïbes et le nord de l'Amérique du Sud. Ils assimilèrent les communautés qui les avaient précédés à Cuba, et établirent une société structurée autour d'un chef, le cacique. Ils cultivaient le manioc (*yuca*), le coton, la patate douce (*boniato*), le maïs, le cacao, l'avocat et le tabac, qu'ils fumaient.

Pour en savoir plus sur la zone protégée de Yara-Majayara voir p. 302

2. Baracoa

PREMIÈRE COLONIE DE L'ÎLE

Arrivé dans la région en novembre 1492, un mois environ après avoir débarqué près de Gibara, Christophe Colomb planta une petite croix de bois dans une baie magnifique qu'il baptisa Porto Santo. En 1511 débarqua une flottille de quatre vaisseaux transportant 400 hommes menés par Diego Velázquez de Cuéllar (1465-1524), qui devint la même année gouverneur de l'île. Les conquistadors érigèrent un fort de bois et fondèrent la première colonie de l'île, La Villa de Nuestra Señora de la Asunción de Baracoa. Les nouveaux arrivants rentrèrent en guerre avec les indigènes taïnos, dont le chef Hatuey fut brûlé vif après avoir refusé de se convertir au christianisme.

Pour en savoir plus sur Baracoa, voir p. 295

3. Plaza de Armas, La Havane

LES ORIGINES DE LA CAPITALE

San Cristóbal de La Habana a été fondée en 1514 sur la côte sud de Cuba, près de l'embouchure du Río Mayabeque, une zone marécageuse et quasi déserte à environ 60 km au sud de La Havane actuelle. Quelques années plus tard, la colonie se déplaça sur l'embouchure du Río Almendares entre les actuels quartiers du Vedado et de Miramar, avant de se fixer définitivement, à l'automne 1519, à l'entrée du port, dans le secteur connu sous le nom de La Habana Vieja. La nouvelle cité a été inaugurée par une messe solennelle sous un majestueux ceiba, là où se trouve actuellement la Plaza de Armas. La Havane était la dernière des sept *villas* (villes) fondées par les Espagnols. Avec sa situation plus reculée et des attaques régulières, ce n'est qu'en 1607 qu'elle remplace Santiago de Cuba comme capitale de la colonie.

Pour en savoir plus sur Plaza de Armas, voir p. 56

Plaza de Armas, La Havane (p. 56)

4. El Morro, La Havane

LA BRÈVE PÉRIODE BRITANNIQUE

Cuba, et plus particulièrement La Havane, est une cible de choix pour les pirates et les corsaires. La ville se dote alors d'un imposant fort, le Castillo de los Tres Santos Reyes Magos del Morro, érigé entre 1589 et 1630 sur un promontoire calcaire abrupt. La Havane est sérieusement menacée au milieu de XVIIIe siècle, alors qu'elle se retrouve au cœur de conflits européens durant la guerre de Sept Ans. Lorsque l'Espagne rejoint le camp de la France en 1762, l'Angleterre envoie 45 navires de guerre à La Havane pour tenter de conquérir la colonie. Les forces britanniques tentent de canonner le fort El Morro depuis la mer, puis finissent par le capturer par les terres après un siège de 44 jours. Cuba devient alors une colonie britannique pendant 11 mois, avant d'être de nouveau cédée aux Espagnols en échange de la Floride lors du traité de Paris en 1763.

Pour en savoir plus sur El Morro, voir p. 96

5. Valle de los Ingenios

LA RICHESSE DE LA CANNE À SUCRE

Le commerce de la canne à sucre est la principale ressource de Cuba au début du XIXe siècle, en particulier à Trinidad, où des centaines de Français fuient la rébellion des esclaves d'Haïti et installent plus d'une cinquantaine de petites sucreries dans le Valle de los Ingenios. La canne à sucre ne tarde pas à détrôner le cuir et la viande de bœuf pour devenir le produit le plus important de la région. Dans les années 1850, la région autour de Trinidad concentre plus du tiers de la production nationale. Mais les guerres d'indépendance viennent mettre un arrêt brutal à cette expansion. Les plantations qui ne sont pas incendiées sont ravagées au cours des batailles. Trinidad ne s'en est jamais complètement remise, le commerce de la canne à sucre s'est déplacé vers l'ouest dans les provinces de Cienfuegos et de Matanzas.

Pour en savoir plus sur le Valle de los Ingenios, voir p. 219

6. La Demajagua

L'APPEL DE LA LIBERTÉ

En 1868, la bourgeoisie créole ne supporte plus la domination espagnole et sa politique coloniale réactionnaire.

Carlos Manuel de Céspedes, propriétaire d'une exploitation sucrière, organise avec ses partisans un soulèvement depuis son domaine de La Demajagua, près de Manzanillo dans l'Oriente, proclamant l'indépendance de Cuba et l'abolition de l'esclavage. Lui-même libére ses propres esclaves à titre d'exemple et les arme pour qu'ils prennent part aux combats. Puis lance un appel à la rébellion, le *Grito de Yara*. Bourgeoisie créole, paysans, Noirs libres et mulâtres se joignent au mouvement, formant cette armée appelée *mambí*, mot d'origine congolaise signifiant "rebelle". L'un des combattants les plus célèbres est Antonio Maceo, officier mulâtre surnommé le "titan de bronze". C'est le début de la guerre de Dix Ans.

Pour en savoir plus sur La Demajagua voir p. 218

7. Cementerio Santa Ifigenia

LA MORT D'UN INTELLECTUEL PATRIOTE

José Martí (1853-1895), véritable héros national à Cuba, est enterré dans un superbe mausolée du cimetière de Santa Ifigenia de Santiago de Cuba. Exilé quatorze ans au Mexique et aux États-Unis pour avoir soutenu la guerre de Dix Ans, il revient sur l'île pour diriger un mouvement révolutionnaire qui cherche à obtenir l'indépendance par la force. Il se trouve dans l'est de l'île en avril 1895 et perd la vie au combat un mois plus tard, en menant une charge désespérée de deux cavaliers contre tout un bataillon espagnol lors d'un affrontement à Dos Ríos, près de Bayamo. José Martí était plus un intellectuel qu'un soldat, mais sa mort prématurée en a fait un héros et sa pensée est une source d'inpiration pour les nationalistes cubains, toutes tendances politiques confondues.

Pour en savoir plus sur le Cementerio Santa Ifigenia voir p. 287

8. Loma de San Juan

BATAILLE DÉCISIVE DE LA GUERRE HISPANO-AMÉRICAINE

En 1898, lors de la seconde guerre d'indépendance, les États-Unis se rangent aux côtés des Cubains contre les Espagnols après l'explosion mystérieuse de leur cuirassé *USS Maine* dans le port de La Havane le 15 février 1898, qui provoqua la mort de 253 marins. Deux batailles décisives de la guerre hispano-américaine ont alors lieu, sur terre et sur mer. Le 1er juillet le futur président américain Théodore Roosevelt lance une charge de cavalerie sur la Loma de San Juan (colline de San Juan), colline stratégique aux portes de Santiago de Cuba, où se trouvait une garnison espagnole. Puis, dans la baie de Santiago, la flotte américaine réduit à néant la flotte espagnole. Les Américains acceptent la reddition des Espagnols. Le 12 décembre 1898, un traité de paix est signé à Paris, mettant fin à cette guerre hispano-américaine. La République indépendante est proclamée le 20 mai 1902.

Pour en savoir plus sur La Loma de San Juan, voir p. 285

9. Hotel Nacional

UN REPÈRE HISTORIQUE

À peine la construction de l'opulent Hotel Nacional fut-elle achevée (1930) qu'un affrontement se déroula à l'intérieur en 1933, après qu'un coup d'État eut renversé le président Machado. Un sergent, Fulgencio Batista (1901-1973), profita des événements et du vide politique pour s'affirmer comme le nouvel homme fort du régime. Métis *holguinero* originaire de la ville de Banes, Batista occupa le poste de chef d'état-major de 1934 à 1940, date à laquelle il fut élu démocratiquement président avec le soutien du parti communiste ; la même année, il fit rédiger un texte constitutionnel garantissant un certain nombre de droits et entreprit des réformes sociales. En 1946, l'Hotel Nacional accueillit le plus grand rassemblement de la Mafia nord-américaine.

Pour en savoir plus sur l'Hotel Nacional, voir p. 83

10. Cuartel Moncada

LE PUTSCH RATÉ DE FIDEL CASTRO

Quelques mois avant les élections prévues – auxquelles devait participer le jeune avocat Fidel Castro –, Batista organisa un coup d'État militaire sans effusion de sang. Castro se détourna alors des urnes pour prendre les armes. À la tête d'un groupe de rebelles, Castro mena une attaque contre la caserne Moncada à Santiago de Cuba, assez mal défendue. Préparée pour susciter un soulèvement de la population, l'attaque se solda par un lamentable échec.

Les insurgés furent tués ou fait prisonniers. Après son procès, Castro fut condamné à 19 ans d'emprisonnement. En février 1955, Batista remporta la présidence à l'issue des élections et fit libérer tous les prisonniers politiques, y compris Fidel Castro, lequel partit en exil au Mexique.

Pour en savoir plus sur le Cuartel Moncada, voir p. 286

11. Comandancia de la Plata

LA RÉVOLUTION DANS LES MONTAGNES

Peu après leur arrivée désastreuse dans un bateau de plaisance à l'est de Cuba en 1956, Fidel Castro et 81 volontaires rassemblés au Mexique essuyèrent une lourde défaite face aux forces du gouvernement cubain. Les rebelles prirent la fuite dans la Sierra Maestra où Castro établit son QG à La Plata. Puis ils lancèrent des raids de plus en plus audacieux dans les villes et villages alentour.

Pour en savoir plus sur la Comandancia de la Plata, voir p. 277

12. Santa Clara

UNE BATAILLE VICTORIEUSE

La prise de Santa Clara, après une courte bataille en décembre 1958, sonna le glas du règne de Batista et devint un moment charnière de la révolution cubaine. Les troupes menées par Ernesto Guevara capturèrent le train blindé envoyé pour renforcer la résistance de Santa Clara et s'emparèrent de la ville. De leur côté, Camilo Cienfuegos et ses hommes livrèrent bataille à Yaguajay, et la reddition des troupes de Batista fut obtenue le 31 décembre. Le 1er janvier 1959, à 2 h du matin, Batista s'enfuyait vers la République dominicaine et le même jour Fidel Castro faisait un discours triomphal à l'hôtel de ville de Santiago de Cuba.

Pour en savoir plus sur Santa Clara, voir p. 192

Hotel Nacional et Malecón (p. 83)

EGT-1/SHUTTERSTOCK.COM ©

13. Playa Girón

LES DÉBUTS DE LA GUERRE FROIDE

Dès son arrivée au pouvoir en 1959, Castro nationalise les compagnies américaines sur l'île sans compensations. Soutenus par les États-Unis, des Cubains exilés tentent, en avril 1961, un débarquement sur la Playa Girón dans la baie des Cochons. Mais lorsque le président Kennedy succède à Eisenhower, il refuse d'envoyer un soutien aérien. Plus de 1 500 exilés se retrouvent rapidement encerclés par les forces de Fidel Castro, qui célèbrent alors leur victoire.

Pour en savoir plus sur Playa Girón, voir p. 179.

14. Malecón, La Havane

UN BOULEVARD CHER AUX CUBAINS

Ce vaste boulevard qui longe le front de mer et promenade préférée des Havanais, a connu nombre d'événements dont le Grand Prix automobile de Cuba (le dernier se tint en 1960). C'est également un lieu de protestation. En août 1994, des centaines de Cubains se rassemblèrent pour exprimer leur opposition au régime castriste, épisode connu sous le nom de *Maleconazo*. Cette manifestation fut considérée comme l'une des plus importantes depuis le début de la révolution cubaine. Mais depuis, d'autres protestations ont éclaté et la plus massive a eu lieu le 11 juillet 2021 dans tout le pays. Ces manifestations spontanées de Cubains poussés par la faim, les pénuries et le désespoir ont été sévèrement réprimées : des centaines de manifestants ont été condamnés à plusieurs années de prison.

Pour en savoir plus sur le Malecón, voir p. 69.

À LA RENCONTRE DES CUBAINS

Julio Muñoz, qui se décrit comme le John Wayne de la photographie de rue cubaine est également propriétaire du restaurant Muñoz Tapas à Trinidad. Il a été choisi par l'ambassade américaine pour rencontrer Barack Obama lors de sa visite de Cuba en 2016. Voici comment il présente les Cubains.

CUBA PRÉSENTE DES DIFFÉRENCES régionales assez marquées. Les *Habaneros* se croient supérieurs, même si maintenant la plupart sont originaires de l'Oriente. Les habitants de Santiago sont souvent perçus comme des migrants arrivés dans l'ouest en quête de travail et d'une vie meilleure.

Trinidad est l'une des plus vieilles zones de peuplement de l'île, mais ses reliefs montagneux l'ont isolée du reste du pays pendant de longues années. C'est ce qui a permis à Trinidad de préserver non seulement son architecture, mais aussi sa culture, ses coutumes et sa religion. Entre la richesse des traditions locales et les paysages spectaculaires, la région a de quoi séduire les visiteurs.

Si je devais ne citer qu'un seul symbole de Cuba, ce serait le Cristo de la Veracruz, un crucifix de la plus grande église de Trinidad. D'après la légende, il a été retrouvé après un cyclone en 1713. On lui a aussitôt attribué des vertus miraculeuses. C'est devenu un symbole de protection pour les habitants de la ville de toutes confessions.

José Martí est notre héros national, c'est une figure incontournable pour tous les Cubains, des *habaneros* aux expatriés de Miami. Auteur, philosophe, poète, il s'est battu pour l'indépendance. Ici, on l'appelle souvent l'"apôtre". Tous les jeunes du pays lisent *El edad del oro* (*L'Âge d'or*) sa célèbre revue pour enfants compilée dans un livre.

À Cuba, on dit que le quotidien, c'est *la lucha* (la lutte). Parfois on a l'impression d'être 11,2 millions de masochistes à survivre à la sueur de notre front, mais on parvient toujours à s'en sortir. En fin de compte, *la lucha* nous rend plus forts, plus fiers et nous donne confiance en nous.

Je pense que de nombreux touristes viennent à Cuba pour nous rencontrer. Ils veulent découvrir l'atmosphère libre et décontractée du pays. Beaucoup de voyageurs m'ont confié qu'ils adoraient l'accueil chaleureux qu'on leur réserve ici. Je pense que ça les aide à redécouvrir leur humanité et à se ressourcer.

La population cubaine

Il y a environ 11,2 millions d'habitants, mais la population est en légère baisse depuis 2016. Il y a aussi plus d'un million d'exilés cubains dans le monde.

Les Cubains sont très sociables et adorent discuter. Je le constate tous les jours en me rendant au travail. En théorie, mon trajet jusqu'au restaurant ne dure que quelques minutes à pied. Mais dans la pratique, je mets toujours une demi-heure. C'est à la fois agréable et problématique, car je peux parfois perdre beaucoup de temps à bavarder.

Les Cubains sont très accessibles. Lors de mes travaux de photographe documentaire, je n'ai aucun mal à aborder des inconnus dans la rue, à lancer la conversation et à les prendre en photo. Si je faisais la même chose dans un autre pays, je me prendrais certainement des claques ! Mais à Cuba, les gens sont faciles à vivre. Personne ne vous demandera quel est votre métier ou si vous gagnez bien votre vie. On partage de bon cœur ce que l'on a à offrir.

MES RACINES

Je suis né à Trinidad en 1966 dans la maison de mes parents. Mon grand-père était gynécologue. C'était une grande maison coloniale avec beaucoup de chambres, une pièce avait même été aménagée en salle d'accouchement.

Beaucoup d'autres habitants de Trinidad sont nés dans ma maison. C'est aussi pour cette raison que mon nom de famille, Muñoz, est assez connu dans la ville. J'ai grandi à Trinidad, mais je suis parti faire mes études à La Havane pour devenir ingénieur en électronique.

Mes ancêtres sont venus de plusieurs régions d'Espagne, mais j'ai également des racines en Allemagne. Je pense que j'ai hérité d'un esprit d'entreprise, d'un instinct de survie et d'une flexibilité qui sont des qualités essentielles pour vivre à Cuba et affronter les difficultés de *la lucha*.

La Havane (p. 46)

UNE ARCHITECTURE SINGULIÈRE

À l'image de la musique de l'île, Cuba mêle différents styles d'architecture, qui lui donnent un visage unique et séduisant.

Votre premier contact avec l'architecture cubaine sera très certainement avec les édifices du centre historique de La Habana Vieja : une architecture coloniale impressionnante restaurée avec soin. Mais dès que vous quittez cet écrin, vous trouvez une sorte de grand désordre , un "concert baroque" urbain : une rue peut aligner une maison Art déco, juste à côté d'une imposante ancienne banque de style néoclassique, un building des années 1950 ou Art nouveau et une villa du début du XXe siècle. Ce manque d'harmonie peut surprendre, mais en réalité il est le visage même de la capitale, ainsi que de quelques villes dans l'île. Et ce c'est qui fait son charme. Malheureusement, ce patrimoine est en péril à cause du manque d'entretien et des assaut répétés des ouragans. Il y a eu certes des restaurations bien menées, mais elles ne concernent que des bâtiments historiques qui hébergent des musées ou des hôtels, délaissant les maisons et les immeubles d'habitation. À l'heure actuelle, la vétusté des bâtiments conduit inéluctablement à leur démolition ou à leur effondrement.

Styles et tendances

Sorties relativement indemnes de plusieurs guerres et d'une révolution, et épargnées par la mondialisation du fait de la situation économique très singulière de Cuba, plusieurs villes bien préservées telles que Camagüey, Santiago de Cuba et La Havane conservent au XXIe siècle une architecture coloniale d'une grande beauté. La préservation de ce patrimoine a par ailleurs été favorisée par le classement de Trinidad, Cienfuegos et de La Habana Vieja au patrimoine mondial de l'Unesco.

Le réseau de forteresses espagnoles, construites dans le pays aux XVIe et XVIIe siècles pour protéger les cités côtières, comprend quelques-unes des créations architecturales les plus anciennes et les plus belles de Cuba. Le Castillo de la Real Fuerza à La Havane, celui de San Pedro del Morro, à Santiago, et l'imposante Cabaña dans la baie de La Havane en sont des exemples emblématiques.

C'est avant tout l'architecture religieuse qui façonne le paysage urbain des XVIIe et XVIIIe siècles à Cuba, donnant au baroque ses lettres de noblesse dans l'île. La Habana Vieja se targue de quelques-unes des plus belles réalisations architecturales de cette époque : son étonnant plan urbain, organisé autour de quatre grandes places, la distingue des autres capitales de l'Espagne coloniale. Le style néoclassique fait son

apparition au tout début du XIXe siècle, synonyme de progrès économique et artistique. Il est représenté notamment par des édifices tels El Templete à La Havane ou les nombreux bâtiments de Matanzas.

Les styles de la République (1902, instauration de la République) convoquent la plupart des styles nés en Europe et aux États-Unis. Art déco, Art nouveau, éclectisme fleurissent avec bonheur, notamment dans la capitale cubaine.

Quant au modernisme, il fait son entrée à La Havane dans les années 1950 par le biais de plusieurs gratte-ciel mêlant fonctionnalisme et esthétique avec une certaine réussite. Ce riche patrimoine architectural est représenté par la construction cubique de l'Hotel Habana Libre ou encore l'immense Edificio Focsa. Parmi les réalisations les plus remarquables de l'architecture moderne à La Havane, citons Las Escuelas Nacionales de Arte (1961-1965) de Garatti, Gottardi et Porro, et le bâtiment Coppelia (1966) de Girona.

Les forteresses du littoral

Le chapelet des fortifications qui jalonnent les côtes cubaines entre La Havane, à l'ouest, et Baracoa, à l'est, constitue l'un des plus beaux ensembles d'architecture militaire défensive des Amériques. L'édification de ces robustes mastodontes de pierre par les Espagnols aux XVIe, XVIIe et XVIIIe siècles témoignait de l'importance stratégique de cette colonie sur les routes marchandes de l'Atlantique, et de sa vulnérabilité aux attaques des pirates et des puissances coloniales rivales.

En tant que capitale cubaine et premier port espagnol des Caraïbes, La Havane suscitait toutes les convoitises. Le sac de la ville par le corsaire français Jacques de Sores, en 1555, démontra les faiblesses de ses défenses et initia la première vague de construction. Les autorités de La Havane firent appel aux services d'un architecte militaire italien, Bautista Antonelli (1547-1616). Celui-ci releva le défi et renforça les défenses de l'embouchure du port avec deux forts magnifiques, El Morro et le Castillo de San Salvador de la Punta. Le chantier, qui débuta en 1589, s'effectua avec lenteur et une extrême méticulosité. Les forts ne furent achevés qu'après la mort d'Antonelli, en 1630. Antonelli est aussi le concepteur du fort du Castillo de San Pedro de la Roca del Morro à Santiago. Commencé à peu près à la même époque, celui-ci ne fut pas achevé avant 1700, du fait d'attaques répétées perpétrées en 1662 par Henry Morgan, le célèbre boucanier britannique.

D'autres forts virent le jour au XVIIIe siècle, en particulier à Jagua (près de Cienfuegos) sur la côte sud, et à Matanzas dans le nord. Baracoa, dans l'extrême est, fut encerclée par un ensemble de trois petites fortifications, toutes toujours debout.

Avec leurs murailles épaisses et leur plan en forme de polygone conçu pour s'intégrer à la topographie côtière, les forts de Cuba furent construits pour durer et remplirent amplement leur rôle de dissuasion face aux envahisseurs jusqu'en 1762. Cette année-là, lors de la guerre de Sept Ans, les Britanniques arrivèrent dans les eaux

Palacio de los Capitanes Generales, La Havane (p. 56)

de Cuba et créèrent une brèche à San Severino, dans la province de Matanzas. Ils s'emparèrent de La Havane après avoir fait subir un siège de 44 jours au fort d'El Morro. Aussi, lorsqu'elle leur reprit La Havane en 1763, l'Espagne fit-elle construire le gigantesque fort de La Cabaña, le plus grand des Amériques. Dans les années 1980 et 1990, les forts de La Havane et de Santiago ont été classés au patrimoine mondial de l'Unesco.

L'architecture des théâtres

Lors d'une représentation dans le théâtre d'une province cubaine, il arrive souvent que le spectateur soit distrait de ce qui se passe sur scène par la beauté de la salle elle-même. La vie culturelle a toujours été importante à Cuba et de superbes salles de spectacle ont été édifiées dans toutes les provinces de l'île, la plupart des villes possédant un théâtre historique où sont données les dernières productions artistiques.

Le Teatro Sauto à Matanzas, le Teatro la Caridad à Santa Clara, et le Teatro Tomás Terry à Cienfuegos comptent parmi les plus achevés architecturalement. Ces trois édifices du XIXe siècle (construits respectivement en 1863, 1885 et 1889) se caractérisent par leurs sobres façades de style néoclassique français, et leur intérieur typique des théâtres à l'italienne – avec une salle en forme de fer à cheval, à trois niveaux de balcons, le tout orné d'une profusion de lambris sculptés et de fer forgé, que coiffent de superbes plafonds peints à fresque. On doit les fresques représentant des chérubins, dans le Teatro la Caridad et le Teatro Tomás Terry, à l'artiste philippin Camilo Salaya. Celles du Teatro Sauto sont l'œuvre de l'architecte scénographe italien qui a conçu la salle elle-même, Daniele Dell'Aglio. Lustres, mosaïques dorées à la feuille et splendides statues de marbre viennent compléter le décor. Les statues du Teatro Sauto représentent des déesses grecques, tandis que celle du magnat du sucre et mécène vénézuélien Tomás Terry trône dans le théâtre qu'il a fait bâtir et qui porte son nom.

DE NOMBREUX ÉDIFICES, FANÉS SINON EN RUINE, TÉMOIGNENT DU CRUEL PASSAGE DU TEMPS, ET DE PLUS DE 60 ANS D'ABANDON.

La philanthropie a joué un rôle majeur pour nombre de théâtres cubains au XIXe siècle. Le meilleur exemple en est le Teatro la Caridad (littéralement "charité") de Santa Clara, financé par Marta Abreu. Cette bienfaitrice, qui avait par ailleurs fait de nombreux dons en faveur de causes sociales et artistiques, a veillé à ce qu'une partie des bénéfices engrangés par le théâtre soit reversée à des œuvres de charité.

Aujourd'hui, nombre de théâtres cubains manquent cruellement de fonds pour procéder à des réparations indispensables. Certains édifices n'ont pas survécu. Le Coliseo, tout premier théâtre moderne érigé en 1823 à Santiago de Cuba, fut détruit par un incendie en 1846. Le Teatro Brunet, construit en 1840 à Trinidad, est aujourd'hui une ruine qui sert de centre social. Plus ancien théâtre de La Havane, le Tacón est toujours là, mais un centre social espagnol (le Centro Gallego) l'a investi dans les années 1910. Récemment rénové, le Teatro Milanés (1838), à Pinar del Río, possède un ravissant patio sévillan, et le Teatro Principal (1850) de Camagüey, de style néoclassique, est la résidence de la plus grande compagnie de ballet de Cuba.

Le baroque cubain

L'architecture baroque est arrivée à Cuba via l'Espagne au début du XVIIIe siècle, soit environ un demi-siècle après son âge d'or en Europe. En plein essor de l'industrie sucrière, les nouvelles richesses qu'acquièrent propriétaires d'esclaves et négociants en sucre sont investies dans la construction de somptueuses demeures urbaines et des édifices publics, inscrivant les plus beaux exemples d'architecture baroque qui soient dans La Habana Vieja. Il fallut toutefois attendre la construction de la Catedral de La Habana et de la place qui l'entoure, dans la deuxième moitié du XVIIIe siècle, pour voir éclater dans toute sa splendeur le style baroque cubain.

Sous l'influence des conditions locales, climatiques notamment, le baroque traditionnel (le mot vient du portugais *barroco,* qui désigne une perle de forme irrégulière) n'a pas tardé à se "tropicaliser" à Cuba. *Rejas* (grilles en fer forgé aux fenêtres destinées à assurer la ventilation des pièces et la sécurité à la fois), *mediopuntos* (vitraux de couleur), *entresuelos* (entresols) et *portales* (galeries extérieures avec arcades protégeant les passants du soleil et de la pluie) sont ainsi apparus.

Les grands édifices baroques, comme le Palacio de los Capitanes Generales, sur la Plaza de Armas de La Havane, ont été construits avec la pierre calcaire dure extraite des carrières de San Lázaro, à proximité de la capitale, par une main-d'œuvre servile. Les travailleurs locaux n'étant pas aussi expérimentés dans l'art de la taille que leurs homologues en Europe, les édifices cubains ne présentent pas une ornementation extérieure aussi raffinée que les décorations extrêmement travaillées qui caractérisent le baroque en Espagne et en Italie.

Trinidad s'enorgueillit de quelques-uns des plus beaux édifices baroques de Cuba. Ils ont été construits au moment de l'essor de l'industrie sucrière, dans les premières décennies du XIXe siècle, à une période où les arts décoratifs étaient marqués de l'empreinte des créations de l'Italie, de la France et de l'Angleterre georgienne.

Des lignes inspirées de l'Antiquité classique

Réaction au baroque et à sa débauche d'ornements, le néoclassicisme est apparu en Europe vers le milieu du XVIIIe siècle. Les premiers adeptes du mouvement issu des académies de Londres et de Paris professaient l'utilisation de couleurs primaires et de lignes symétriques, dans un souci affirmé de retrouver la supposée "pureté" architecturale de la Grèce et de la Rome antiques.

Introduit à Cuba au début du XIXe siècle, le néoclassicisme s'imposa rapidement dans toute l'île. Avec leurs lignes symétriques, leurs façades grandioses et leurs imposantes colonnades, les bâtiments massifs édifiés au milieu du XIXe siècle par la bourgeoisie cubaine à Cienfuegos et à Matanzas sont caractéristiques du style.

Premier édifice véritablement néoclassique de La Havane, El Templete (sur la Plaza de Armas, dans La Habana Vieja) est un petit temple dorique construit en 1828 pour indiquer le lieu exact où fut fondée La Havane. Vers le milieu du XIXe siècle, l'extension vers l'ouest, à l'extérieur des remparts du XVIIe siècle, permit la réalisation de bâtiments plus ambitieux, comme le fameux Hotel Inglaterra, qui donne sur le Parque Central. Cette période est aussi marquée par l'apparition d'éléments nouveaux comme les grandes cours intérieures et les imposantes colonnades des façades sur rue – ce n'est pas pour rien qu'Alejo Carpentier a qualifié La Havane de "ville des colonnes".

On assiste dans les années 1920 et 1930 à un renouveau néoclassique sur l'île, qui ajoutera au paysage havanais plusieurs nouveaux édifices monumentaux, dont le Capitolio Nacional et l'université de La Havane. En province, le genre atteint son apogée dans une série de superbes théâtres.

Un renouveau arhitectural : l'Art déco

Né en France au début du XXe siècle, ce style architectural élégant s'est épanoui aux États-Unis dans les années 1920 et 1930. En une association éclatante qui puise dans le cubisme, le futurisme et l'art primitif africain, il s'est incarné dans des bâtiments à la fois élaborés et fonctionnels, intégrant des lignes courbes et des motifs exubérants. La flèche du Chrysler Building à New York et le quartier de South Beach à Miami en sont des exemples emblématiques.

La nation cubaine a rapidement assimilé le style, lui donnant vie dans plusieurs édifices importants, en particulier à La Havane. Un des plus beaux exemples latino-américains de l'Art déco des premières années, l'Edificio Bacardí, dans La Habana Vieja, fut construit en 1930 pour accueillir les locaux havanais de la célèbre rhumerie installée à Santiago de Cuba. Autre création emblématique, l'Edificio López Serrano (1932), dans le Vedado, fut, avec ses 13 étages, le premier vrai *rascacielo* (gratte-ciel) de La Havane.

D'autres édifices plus fonctionnels furent construits par la suite, parmi lesquels le Teatro América, dans l'Avenida de Italia, le Teatro Fausto, sur le Paseo de Martí, et la Casa de las Américas, dans la Calle G. Avec ses lignes symétriques et ses deux tours mauresques dominant le Malecón, le célèbre Hotel Nacional affiche une version plus diluée et éclectique du style.

La Havane (p. 46)

Éclectisme

L'éclectisme désigne généralement un vaste mouvement architectural expérimental et non conformiste qui rejetait les modèles académiques classiques pour développer une large palette d'influences, revendiquant l'ouverture, la souplesse et une certaine philosophie du "tout est permis". Le style éclectique s'impose à Cuba dans la nouvelle République née en 1902, combinant divers genres modernisés tels que le néogothique, le néobaroque, le néo-Renaissance et le néomauresque, qui inspirent une architecture originale, aussi fascinante qu'excessive. Il est visible dans les immenses et plus ou moins extravagantes demeures construites par de riches propriétaires terriens cubains et américains dans les nouveaux quartiers résidentiels huppés de l'époque. Séduisantes, tape-à-l'œil et parfois franchement kitsch, ces vastes résidences arboraient murs crénelés, belvédères aux formes étranges, coupoles et gargouilles. Trois quartiers pour découvrir l'éclectisme à la cubaine : Miramar à La Havane, Vista Alegre à Santiago de Cuba, et Punta Gorda à Cienfuegos.

MUSIQUE ET DANSE, UN SUPPLÉMENT D'ÂME

À Cuba, la vie musicale a toujours été intense et la danse a suivi l'évolution et la fusion des genres. La tradition, la poésie, l'innovation et un grain de folie ont marqué ce pan de la culture cubaine.

L'ETHNOMUSICOLOGUE FERNANDO ORTÍZ a qualifié la musique cubaine d'"histoire d'amour entre les percussions africaines et la guitare espagnole". C'est ici que la salsa plonge ses racines, ici que les danses élégantes des salons de la société blanche ont adopté les rythmes noirs plus puissants, ici que le tambour africain a succombé à la mélodie poétique espagnole. Des quartiers miséreux du port de Matanzas aux villages champêtres de la Sierra Maestra, ce métissage passionnel a fini par nourrir nombre de musiques, du *son* à la rumba et au mambo en passant par le cha-cha-cha, la *charanga*, le *changüí*, le *danzón* et d'autres encore.

Pour s'initier à la danse cubaine, consultez le programme de spectacles du Conjunto Folklórico Nacional ; impossible également de manquer le Ballet Folklórico Cutumba de Santiago, spécialisé dans la danse afro-cubaine d'origine haïtienne, sans oublier les nombreux festivals qui, à longueur d'année, célèbrent toutes les formes de danse sur l'île.

Le métissage

Outre ses racines espagnoles et africaines manifestes, la musique cubaine s'est inspirée d'autres influences, venues notamment de France, des États-Unis, d'Haïti et de Jamaïque, qui ont renforcé l'exotisme de ce brassage. À leur tour, nombreux sont les musiciens du monde qui ont puisé énergie et inspiration dans les rythmes cubains, jusqu'à Georges Bizet dans la célèbre *habanera* de l'opéra *Carmen*. Appelé *ida y vuelta* ("aller-retour") en Espagne, ce phénomène apparaît le plus clairement dans un style de flamenco dénommé *guajira*. L'"effet Cuba" se retrouve dans des formes aussi variées que le jazz néo-orléanais, la salsa new-yorkaise et l'afrobeat ouest-africain. Qualifiée d'"expression verticale d'un acte horizontal", la danse cubaine est connue pour ses rythmes sensuels.

L'époque du danzón

On attribue généralement l'invention du *danzón* au pionnier Miguel Faílde Pérez (1852-1921), un musicien de Matanzas, qui joua avec son orchestre *Las Alturas de Simpson* en 1879. Élégant et exclusivement instrumental au début, le *danzón* faisait évoluer les danseurs sur un rythme plus lent que la *contradanza* (contredanse ou quadrille) en des figures complexes et, surtout, par couple et non en groupe – ce qui fit scandale dans la bonne société de l'époque. Le genre ne cessa de se transformer à partir des années 1880, appuyant son rythme syncopé si spécifique et intégrant des éléments inattendus (congas et même voix).

Au début du XXe siècle, l'élégante danse de salon était devenue une forme plus débridée, que l'on appellera *charanga, danzonete* ou *danzón-chá*. Bien qu'attaché avant tout à la société blanche aisée,

Musicien, Santiago de Cuba (p. 282)

et donc jamais reconnu véritablement comme hybride, le *danzón* est devenu la danse nationale cubaine.

L'appel de l'Afrique

S'il était en principe interdit de jouer des percussions dans les colonies d'Amérique du Nord, les esclaves cubains préservèrent et transmirent nombre de leurs traditions musicales par le biais des *cabildos* de *santería*, influentes confréries religieuses qui ressuscitèrent les musiques de percussions africaines anciennes sur de simples tambours *batá* ou des *chequerés* (sorte de maracas). Jouée lors de célébrations annuelles ou de jours dédiés à des saints catholiques, cette musique de danse, rythmée mais élaborée, était offerte en signe de vénération aux *orishas* (divinités).

Au fil du temps, les percussions rituelles de la *santería* évoluèrent vers la rumba. Ce genre plus élaboré naquit dans les ports de La Havane et de Matanzas dans les années 1890 : continuellement soumis à des influences extérieures, les anciens esclaves battaient le rythme sur de vieilles caisses en écho à divers rites religieux africains. Les motifs rythmiques des percussions s'étant complexifiés, des voix s'y ajoutèrent, des danses émergèrent et, bientôt, cette musique se mua en une forme collective d'expression sociale pour tous les Noirs de Cuba.

Gagnant en popularité dans les années 1920 et 1930, la rumba donna naissance à trois formes de danse : le *guaguancó*, ouvertement érotique, le *yambú*, une danse lente, et la *columbia*, une danse rapide et agressive, où l'on utilise souvent torches enflammées et machettes. Cette dernière, qui descend d'une danse du diable du rite *Náñigo*, est aujourd'hui exclusivement masculine. Guettez le programme de spectacles de Los Muñequitos de Matanzas, Clave y Guaguancó, et Osaín del Monte ou encore Rumba Timba. Pour la rumba de rue, direction le Barrio Marina à Matanzas.

Versées au creuset culturel de Cuba, ces variantes ont peu à peu gagné un nouveau public parmi les Blancs des classes moyennes, et dans les années 1940, la musique a fusionné avec le *son* dans un nouveau sous-genre : le *son montuno*, qui posa à son tour les fondations de la salsa.

En effet, à la fin de la Seconde Guerre mondiale, la rumba avait acquis une telle influence que des artistes expérimentaux congolais comme Sam Mangwana et Franco Luambo (connu pour son groupe OK Jazz) la transposèrent en Afrique et inventèrent leur propre variante : le *soukous*.

La rumba cubaine est un spectacle spontané donné par des groupes pouvant compter une douzaine de membres. Congas, *claves*, *palitos* (bâtons), *marugas* (sorte de maracas) et *cajones* (caisses d'emballage) donnent le rythme, tandis que le chant alterne entre un chanteur (dont le texte est en partie improvisé) et un *coro* (chœur) qui lui répond.

Le son

Alors que la rumba et le *danzón*, venus de l'ouest, notamment de La Havane et de Matanzas, demeuraient des genres compartimentés entre Noirs et Blancs, la première véritable fusion apparut sous la forme du *son*.

Né au XIXe siècle dans les monts de l'Oriente, bien que l'on en trouve des traces remontant à 1570, le *son* prit son essor à peu près au même moment que le *changüí*, qui associe lui aussi la mélodie et le lyrisme de la musique traditionnelle espagnole aux rythmes des percussions des esclaves africains affranchis peu auparavant. Précurseur du *son*, le *nengón* est une forme musicale et chantée dérivée des chants religieux des travailleurs noirs des plantations de canne à sucre. On ne sait pas grand-chose du passage du *nengón* au *son*. Il semble que dans les années 1880 ou 1890, des *guajiros* (paysans) des montagnes des actuelles provinces de Santiago de Cuba et de Guantánamo commencèrent à associer les percussions du *nengón* à la guitare cubaine, le *tres* (comportant trois jeux de doubles cordes), tandis que, parallèlement, un chanteur improvisait des paroles sur la forme classique de la *décima* (strophe de dix vers octosyllabiques).

Dans sa forme pure, l'orchestration était assurée par un sextuor composé d'une guitare, d'un *tres*, d'une contrebasse et d'un bongo, accompagné de deux chanteurs jouant des maracas et des *claves* (baguettes marquant le rythme en 2/4). Descendus de leurs montagnes pour la ville, les tout premiers représentants du genre furent les musiciens du légendaire Trio Oriental, qui imposa le sextuor en 1912, lorsque le groupe se reforma sous le nom de Sexteto Habanero. Autre *sonero* de la première heure : le chanteur Miguel Matamoros, dont les classiques qu'il a signés comme *Son de la Loma* et *Lágrimas Negras* sont encore aujourd'hui une référence parmi les musiciens cubains.

Au début des années 1910, le *son* arriva à La Havane, où il adopta sa caractéristique *clave* (motif rythmique) de la rumba, qui constituera ensuite la base de la salsa. Une décennie plus tard, le *son* était devenu *la* musique de Cuba, gagnant l'approbation générale de la société blanche et balayant le mythe selon lequel la musique noire était vulgaire, sommaire et subversive.

Dans les années 1930, le sextuor était devenu un septuor avec l'ajout d'une trompette, et de nouveaux musiciens talentueux, comme le joueur de *tres* aveugle Arsenio Rodríguez – auteur-compositeur que Harry Belafonte a qualifié de "père" de la salsa –, ouvraient la voie au mambo et au cha-cha-cha.

Les génies du rythme

Dans les années 1940 et 1950, les groupes de *son* passèrent de sept à huit membres et plus, jusqu'à devenir de larges formations comprenant des sections entières de cuivres et de percussions jouant rumba, cha-cha-cha et mambo. Roi du mambo d'alors, Benny Moré, avec sa superbe voix et son formidable groupe de 40 musiciens noirs, était surnommé El Bárbaro del Ritmo ("le génie du rythme").

Le mambo se développa à partir de la *charanga*, qui dérivait elle-même du *danzón*. Plus impertinente et palpitante que ses deux incarnations précédentes, cette musique se caractérisait par ses exubérants riffs de trompette, le hurlement de ses saxophones, et les régulières exclamations enthousiastes du chanteur (généralement : *dilo!*, "dis-le !"). Les origines de ce style font débat. Certains disent qu'il fut inventé par le Havanais Orestes López, après qu'il eut composé un nouveau morceau à la rythmique particulière appelé "Mambo", en 1938. D'autres en attribuent la paternité au chef d'orchestre de Matanzas, Pérez Prado, qui fut le premier musicien à vendre ses chansons sous l'appellation de plus en plus lucrative de "mambo", au début des années 1940. Quoi qu'il en soit, cette danse a rapidement suscité un engouement mondial et, de New York à Buenos Aires, les gens raffolaient de ses rythmes entraînants.

Variation du mambo, le cha-cha-cha vit le jour en 1951, à l'occasion d'un concert du compositeur et violoniste havanais Enrique Jorrín avec l'Orquesta América. Portant à l'origine le nom de "mambo-rumba", la musique avait pour but de promouvoir un genre de danse cubaine plus simple, que les Nord-Américains seraient susceptibles de pouvoir maîtriser. Mais rapidement, des danseurs enthousiastes n'eurent de cesse d'y ajouter de nouveaux pas compliqués.

La salsa et ses variantes

Le terme générique de salsa (ou *casino* à Cuba) regroupe plusieurs genres musicaux issus de la fertile scène latino de New York dans les années 1960 et 1970, lorsque le jazz, le *son* et la rumba ont fusionné pour donner un style plus osé. Si elles ne sont pas un pur produit des Cubains vivant à Cuba, les racines de la salsa proviennent directement du *son montuno,* et on les doit à des pionniers comme Pérez Prado, Benny Moré et Miguel Matamoros.

La chanteuse Celia Cruz (1925-2003), la "reine de la salsa", fut maintes fois récompensée aux Grammy Awards. Née à La Havane en 1925, elle fit l'essentiel de son apprentissage musical à Cuba, avant un exil volontaire aux États-Unis à partir de 1960. En raison de sa ferme opposition au régime de Fidel Castro, ses albums ont longtemps été prohibés sur l'île, mais sa musique a toujours ravi les Cubains.

Dans les années 1970, l'orchestre de salsa le plus connu à Cuba était Los Van Van, créé par Juan Formell, un vétéran de l'Orquesta Revé d'Elio Revé ; il transforma la configuration de la *charanga* en y ajoutant des instruments plus modernes. Ce groupe, qui existe encore aujourd'hui, remporta en 2000 un Grammy pour *Llego Van Van*. Malgré la mort de Juan Formell en 2014, le groupe continue à produire des albums et à faire des tournées.

La salsa moderne poursuivit son évolution dans les années 1980 et 1990, s'alliant avec des genres avant-gardistes comme le hip-hop, le *reggaetón* et le rap, avant d'inventer de nouvelles variantes, notamment la *timba* et le *songo*-salsa.

La *timba* est, à bien des égards, la version cubaine expérimentale et fougueuse de la salsa traditionnelle. Mêlant des musiques new-yorkaises au *latin jazz*, à la *nueva trova*, au funk américain, au disco, au hip-hop et même à des influences classiques, cet avatar plus souple et plus agressif intègre des éléments majeurs de la puissante culture afro-cubaine de l'île. De nombreux groupes de *timba*, tels que Bamboleo et La Charanga Habanera, font appel à des riffs funk et à des instruments moins typiquement cubains, comme les synthétiseurs et les grosses caisses. D'autres (tels que NG La Banda, formé en 1988) imprègnent leur musique d'un souffle plus jazzy.

Le jazz, considéré comme la musique de l'ennemi durant la période la plus dogmatique de la révolution, s'est toujours glissé dans les mélodies cubaines. Le groupe de jazz Irakere, formé en 1973 par Jesús "Chucho" Valdés, a percé sur la scène cubaine en combinant percussions afro-cubaines, jazz et *son*. D'autres musiciens puisent dans le jazz cubain ; c'est le cas du pianiste Gonzalo Rubalcaba, d'Isaac Delgado et d'Adalberto Álvarez y Su Son.

Salsa dans les rues de La Havane (p. 46)

LESINKA372/SHUTTERSTOCK ©

Nueva Trova : la bande-son d'une révolution

Les années 1960 virent apparaître des formes radicalement nouvelles d'expression musicale. Aux États-Unis, Bob Dylan signait *Highway 61 Revisited* ; en Grande-Bretagne, les Beatles sortaient leur album *Sgt Pepper's* ; et dans le monde hispanophone, des musiciens activistes comme le Chilien Víctor Jara et le Catalan Joan Manuel Serrat faisaient de leurs poèmes à forte charge politique des chansons contestataires.

Bien décidés à élaborer leur propre musique révolutionnaire en marge de l'Occident capitaliste – les chanteurs et les groupes anglo-saxons étant interdits sur l'île, privant injustement la jeunesse de la musique pop et rock du moment –, les Cubain inventèrent la *nueva trova*.

Subtil mélange de paroles philosophiques et de mélodies d'inspiration populaire, la *nueva trova* descend en droite ligne de la *trova*, genre musical porté par des ballades jouées à la guitare né dans l'Oriente à la fin du XIXe siècle. Après 1959, le genre devient de plus en plus politisé et est adopté par des artistes plus avertis, comme Carlos Puebla, qui créa une jonction importante entre l'ancien style et le nouveau avec son ode à Che Guevara, *Hasta Siempre, Comandante* (1965).

La *nueva trova* franchit un nouveau cap en février 1968, lors du *Primer Encuentro de la Canción Protesta*, un concert de chansons contestataires organisé à la Casa de las Américas, à La Havane, avec en tête d'affiche des stars montantes comme Silvio Rodríguez et Pablo Milanés. Dans le contexte culturel de l'époque, l'événement s'apparente à un mini-Woodstock et retentit dans les milieux de gauche du monde entier comme une alternative révolutionnaire au rock'n'roll américain.

En décembre 1972, le mouvement naissant de la *nueva trova* est officialisé par le gouvernement cubain dans la ville de Manzanillo, lors d'un festival commémorant le 16e anniversaire du débarquement du *Granma*. Très influente dans le monde hispanophone des années 1960 et 1970, la *nueva trova* a souvent inspiré la musique protestataire des pauvres et des opprimés d'Amérique latine, qui, pour beaucoup, voyaient en Cuba un exemple à une époque marquée par des dictatures et l'hégémonie américaine sur leur continent. Cette solidarité s'exprima notamment à travers Silvio Rodríguez, auteur de nombreuses chansons qui connurent un succès international comme *Canción Urgente para Nicaragua* (en soutien aux sandinistes), *La Maza* (en soutien au Chilien Salvador Allende) et *Canción para mi Soldado* (en soutien aux soldats cubains envoyés en Angola).

Rap, reggaetón et au-delà

Né dans le béton des cités d'Alamar, à La Havane, le hip-hop cubain – assez semblable à son homologue américain – puise ses racines dans la pauvreté. Le rap a gagné Cuba au début des années 1980, diffusé par les radios de Miami que captaient les antennes bricolées sur les toits de l'île. Cette nouvelle musique s'est rapidement répandue au sein d'une population urbaine baignant dans l'inquiétude qui marquait la "période spéciale". Dans les années 1990, des groupes comme Public Enemy et NWA envahissaient les rues d'Alamar, et en 1995, la production de hip-hop était assez importante pour faire l'objet d'un festival.

Tempéré par ses influences latinos, et circonscrit par les paramètres d'une pensée révolutionnaire dogmatique, le hip-hop cubain a délaissé les stéréotypes américains pour prendre un ton progressiste bien à lui. Tambours *batá*, congas et basses entrent en jeu, tandis que les textes abordent des problèmes importants du pays, tels le tourisme sexuel et les difficultés liées à une économie stagnante.

Jugé au départ subversif et anti-révolutionnaire, le hip-hop cubain a trouvé un soutien inattendu auprès de certains dirigeants du pays pour qui cette musique a joué un rôle constructif dans la société en projetant la jeunesse cubaine vers l'avenir. Fidel Castro est même allé plus loin en qualifiant le hip-hop d'"avant-garde de la révolution".

Le *reggaetón* – fusion de hip-hop, de reggae espagnol et de *dancehall* jamaïcain apparu au Panamá dans les années 1990 et devenu un courant dominant à Porto Rico au milieu des années 2000 – n'a pas connu le même sort. En 2012, le gouvernement cubain a interdit les chansons de *reggaetón* à la télévision et à la radio, et nombre d'artistes hip-hop ont exprimé leur malaise face à des paroles ouvertement sexistes et narcissiques, à la gloire du sexe, de la violence et de la drogue.

Néanmoins, le *reggaetón* séduit la jeunesse cubaine, qui idolâtre les artistes du cru comme Osmani Garcia, Jacob Forever et Gente de Zona. Aujourd'hui, on entend du *reggaetón* un peu partout, au coin des rues, au bord des piscines ou aux fenêtres des voitures. Sa déclinaison cubaine comporte un soupçon de mélodie en plus par rapport à l'original. Le groupe Gente de Zona fait un tabac et le tube "Hasta Que Se Seque el Malecón" de Jacob Forever est, depuis 2016, un hymne national.

Et la fusion entra dans la danse

À Cuba, la danse est aussi hybride que la musique, d'où elle est souvent issue. Les premières formes de danse parodiaient les danses de salon à l'européenne pratiquées par les colons, en leur ajoutant des éléments africains. Cet assemblage peu orthodoxe peut s'observer dans des genres comme la *tumba francesa* franco-haïtienne, qui mêlait les danses de la cour française du XVIIIe siècle et les rythmes africains : les danseuses vêtues d'élégantes robes agitaient éventails et mouchoirs tout en se trémoussant sur les rythmes des percussions du Nigeria et du Bénin. D'autres danses reflétaient le travail des esclaves cubains. Dans la province de Granma, le *pilón* reproduit le pilonnage de la canne à sucre. À Baracoa, le *nengón* et le *kiribá* imitent le concassage des fèves de cacao et des grains de café avec les pieds.

La première danse hybride réellement populaire fut le *danzón*, enchaînement de figures effectué en couple, dont l'origine remonte à la *contradanza* française et anglaise, mais dont le rythme se distinguait par des syncopes africaines. Le mambo et le cha-cha-cha firent ensuite évoluer le *danzón*, créant des danses qui étaient plus improvisées et plus compliquées. Dans les années 1940, l'inventeur du mambo, Pérez Prado, fut aussi celui de la danse éponyme qu'il adapta à sa musique.

LES “FRANKENCARS” DE CUBA

Indissociables de l’image du pays, les belles carrosseries de ces modèles anciens racontent surtout l’histoire d’une résilience, des pénuries et d’une adaptation tout à fait cubaines.
Par Katya Bleszynska

LES VIEILLES VOITURES qu’on aperçoit dans les rues de La Havane sont sans conteste un des éléments les plus marquants de l’imagerie du pays, peut-être même plus encore que l’iconographie folklorique de la révolution. Comment venir à Cuba sans monter à bord d’une des 60 000 voitures de collection – surtout d’anciens modèles américains – qui dévalent le Malecón sous les yeux ébahis des touristes ?

L’ingéniosité des cubains

La plus grande concentration de voitures anciennes se trouve au Parque Central de La Havane, qui prend presque des allures de musée de l’Automobile, avec ses rangées de Cadillac rose bonbon, les Chevrolet écarlates, ou les Plymouth vert sapin à la carrosserie impeccable. Il y a aussi des véhicules en bien moins bon état, mais qui transportent plus rarement des touristes et qui sont tout

En haut à gauche, puis dans le sens horaire : Chevrolet Oldtimer ; Chrysler Plymouth ; Chevrolet décapotable ; coupé Cadillac DeVille

simplement le moyen de locomotion de leur propriétaire. Derrière cette image très soignée se cache une toute autre réalité. Ces véhicules sont surtout des assemblages du peu de pièces disparates que les habitants avaient à disposition. C'est d'ailleurs la raison pour laquelle certains s'amusent à les surnommer les "Frankencars", en référence au monstre de Frankenstein.

Ces véhicules démontrent toute la débrouillardise, l'ingéniosité, et le talent de mécanicien des Cubains, qui parviennent à les maintenir en état, malgré des décennies d'usure et des pénuries incessantes de matériaux, quitte à remplacer une pièce par une autre complètement différente. Et comme les voitures actuelles sont hors de prix, ils n'ont pas vraiment le choix. Un guide touristique emmène souvent les visiteurs dans sa "Ponyota", une superbe Pontiac de 1954 qu'il a améliorée avec un moteur de Toyata Hilux 1998, et des suspensions et des freins (pour mieux éviter les nombreux nids-de-poule) d'une Mitsubishi Montero Sport de 2008. Elle affiche pas moins de 777 000 km au compteur et ne montre aucun signe de fatigue.

Pour les grandes occasions

Même si ces vieilles voitures sont aussi utilisées par les Cubains, les modèles les plus beaux et les mieux conservés sont généralement réservés aux touristes. Les Havanais les louent exceptionnellement pour de grandes occasions comme un mariage ou une *quinceañera* (quinzième anniversaire), où des adolescentes posent sur le coffre en tenue de soirée pour quelques photos.

Attention à l'usure

En dehors de ces grands événements, les Cubains sont davantage portés sur le pratique que sur l'esthétique. Les taxis collectifs des années 1990, décennie de crise économique, ont roulé avec des versions très fatiguées de ces modèles, qu'ils surnomment affectueusement *almendrones*, en raison de leur forme en amande. Les pénuries d'énergie étaient telles, les transports en communs si défaillants que les Cubains avaient systématiquement recours au taxi collectif pour se déplacer. Beaucoup d'entre eux estiment que le pays ne s'est jamais remis de cette période et que ce système de transport est toujours d'actualité. Encore aujourd'hui, des vieilles voitures sillonnent les mêmes axes et servent de taxis collectifs pour les Cubains. Même si les touristes trouvent beaucoup de charme à ces véhicules rétro, ils portent en eux la marque des pénuries et de la ruine. Un simple coup d'œil dans l'habitacle révèle le piteux état de la plupart des voitures.Si vous vous retrouvez à bord d'une vieille Ford ou d'une Buick, vous pourrez remarquer des signes flagrants d'usure, comme des vitres qui ne s'ouvrent plus, transformant aussitôt la voiture en un véritable sauna. Il faut parfois claquer violemment la portière de certaines voitures pour qu'elle se ferme, mais si vous le faites sur un autre modèle, le chauffeur risque de vous faire les gros yeux. Pire encore, les portières s'ouvrent parfois toutes seules. Et pourtant, vous trouverez également des chargeurs USB ou de nouveaux lève-vitres électriques.

Quant à ce qui se cache sous le capot, il y a de grandes chances pour que rien ne fonctionne. La plupart des véhicules cubains ont roulé des centaines de milliers de kilomètres, bien souvent le double, voire le triple de la plupart des véhicules que les Américains envoient à la casse.

No Coges Lucha

Naturellement, avec des *almendrones* aussi chargées, les pannes sont monnaie courante sur les routes cubaines. Si, par malheur, votre taxi se retrouvé coincé au milieu de nulle part, les Cubains vous diront sans doute "*no coges lucha*" ("pas de stress"). Restez installé sur la banquette et vous pourrez voir le chauffeur soulever le capot, sortir quelques outils, et miraculeusement réparer la panne, l'air de rien.

Au fil du temps, ces vieilles voitures cubaines sont devenues de véritables carcasses motorisées, des assemblages grotesques de pièces de ferraille en tout genre. Mais elles incarnent parfaitement les difficultés et les transformations auxquelles le pays doit toujours faire face aujourd'hui. En tant que telles, elles attestent de la détermination et de la résilience extraordinaire d'un peuple qui ne recule jamais devant l'adversité.

INDEX

Référence des cartes **000**

I

J

K

L

Référence des cartes **000**

Référence des cartes **000**

LES GUIDES LONELY PLANET

Une vieille voiture déglinguée, quelques dollars en poche et le goût de l'aventure, c'est tout ce dont Tony et Maureen Wheeler eurent besoin pour réaliser, en 1972, le voyage d'une vie : rallier l'Australie par voie terrestre via l'Europe et l'Asie. De retour après un périple harassant de plusieurs mois, et forts de cette expérience formatrice, ils rédigèrent sur un coin de table leur premier guide, *Across Asia on the Cheap*, qui se vendit à 1 500 exemplaires en l'espace d'une semaine. Ainsi naquit Lonely Planet, dont les guides sont aujourd'hui traduits dans le monde entier.

À PROPOS DE CET OUVRAGE

Cette 11e édition en français du guide *Cuba* est une traduction de la 11e édition de *Cuba* (en anglais), écrite par Ray Bartlett, Katya Bleszynska, Claire Boobbyer et Brendan Sainsbury.

Traduction Tommy Bonnevialle, Cécile Giroldi, Servane Heudiard, Flore Mathieu, Michèle Salvat, Alcime Steiger et Antoine Thibault

Direction éditoriale Dominique Bovet

Responsable prépresse Jean-Noël Doan

Coordination éditoriale et adaptation française Muriel Chalandre

Maquette Christian Deloye

Cartographie Cartes adaptées en français par Eduardo Yanes Blanch

Couverture adaptée en français par Laurent Briard et Laure Wilmot

Remerciements à Françoise Precy, Geoffrey Durand et Clara Barfety pour leur précieuse contribution au texte. Merci à Christophe François pour sa relecture attentive et à Olympe Richez pour son travail de préparation. Merci aussi à Stéphanie Rian du bureau de Paris. Enfin merci à Luan Angel, Kim Else et Nigel Longuet à Londres et à Jean-Pierre Masclef à Melbourne.

CUBA

11e édition
Traduit et adapté de l'ouvrage *Cuba, 11th edition, December 2023*

92 avenue de France - 75013 Paris

Dépôt légal Avril 2024
ISBN 978-2-81619-574-3

Imprimé par ESTIMPRIM, Autechaux, France

En Voyage Éditions | un département édi8